科学出版社“十三五”普通高等教育本科规划教材

供中医学、中西医临床医学专业五年制、八年制及九年制用

中西医结合眼科学

第3版

邱　波　庞　龙　主编

科学出版社

北　京

内 容 简 介

本教材为科学出版社"十三五"普通高等教育本科规划教材之一，是第3版。全书分为上、下篇；上篇介绍了中、西医眼科的发展史，中、西医眼科学基础；眼科检查与常用药物治疗等基础知识；下篇各论共分17章，分别介绍眼科疾病，围绕眼科常见病、多发病，重点讲述病因病理、临床表现、实验室、其他辅助检查及中西医治疗等。

本教材主要供中、西医药院校中医学、中西医临床专业五年制、八年制及九年制学生使用，也可供其他从事中医眼科教学、临床工作和研究者阅读。

图书在版编目（CIP）数据

中西医结合眼科学 / 邱波，庞龙主编. —3 版. —北京：科学出版社，2018.6
ISBN 978-7-03-033360-5

Ⅰ. ①中… Ⅱ. ①邱… ②庞… Ⅲ. ①中西医结合-眼科学-医学院校-教材 Ⅳ. ①R77

中国版本图书馆 CIP 数据核字（2018）第 033021 号

责任编辑：郭海燕 / 责任校对：张凤琴
责任印制：吴兆东 / 封面设计：陈 敬

科学出版社 出版
北京东黄城根北街 16 号
邮政编码：100717
http://www.sciencep.com
北京富资园科技发展有限公司印刷
科学出版社发行 各地新华书店经销
*
2003 年 9 月第 一 版 开本：787×1092 1/16
2008 年 2 月第 二 版 印张：20
2018 年 6 月第 三 版 字数：592 000
2026 年 1 月第十次印刷
定价：69.80 元
（如有印刷质量问题，我社负责调换）

《中西医结合眼科学》第3版

编委会

主　审　张梅芳　金　明

主　编　邱　波　庞　龙

副主编　文　峰　刘　静　李振萍

编　者（以姓氏笔画为序）

王　燕（广州中医药大学）　　文　峰（中山大学）

刘　静（中国中医科学院）　　祁勇军（广州中医药大学）

李振萍（广州中医药大学）　　杨　光（天津中医药大学）

吴　京（南方医科大学）　　邱　波（广州中医药大学）

陈兹满（广州中医药大学）　　欧　扬（广州中医药大学）

金　明（中日友好医院）　　庞　龙（广州中医药大学）

秦　波（暨南大学）　　秦　霖（广州中医药大学）

唐犀麟（广州中医药大学）　　接传红（中国中医科学院）

程　浩（广州医科大学）　　蓝育青（中山大学）

秘　书　冀　杰（广州中医药大学）

罗艳华（广州中医药大学）

苗　倩（华南理工大学）

总　序

在国家大力推进医药卫生体制改革，发展中医药事业和高等中医药教育教学改革的新形势下，为了更好地贯彻落实《国家中医药发展战略规划纲要（2016—2030年）》和《医药卫生中长期人才发展规划（2011—2020年）》，培养推进中西医资源整合、创新中西医结合事业的复合型高等中医药专业人才，广州中医药大学第二临床医学院与科学出版社再次合作，第三次修订“中西医结合系列教材”共10个分册，该系列教材入选科学出版社“十三五”普通高等教育本科规划教材立项项目。

本套教材的编写遵循高等中医药院校教材建设的一般原则，注意教学内容的思想性、科学性、先进性、启发性和适应性。根据教学大纲的要求，坚持体现“三基”（基本理论、基本知识、基本技能）的教学内容，并在相关学科专业的教学内容上进行了拓宽，增加了病种，引用了中西医结合研究的最新成果；注重立足专业教学要求和中西医结合临床工作的实际需要，构筑中西医结合人才必须具备的知识与能力素质结构，强调学生临床思维、实践能力与创新精神的培养。在编写体例方面，注意基本体例保持一致，各学科根据自身不同的特点，有所侧重，加大图表的比例，增加数字化教材元素，使学生更加容易理解与掌握教学内容；在教学内容的有机组合方面，教材既注意中西医内容方面分别阐述，又尽量保持中西医理论各自的完整性；同时，在提供适宜知识素材的基础上，注意进一步拓展专业知识的深度与广度，采用辨病与辨证相结合，力图使中西医临床思维模式达到协调统一。

教材建设是一项长期而艰巨的系统工程，此次修订还需要接受教学实践的检验，恳请有关专家与同行给予指正。本套教材也将会定期修订，以不断适应中医药学术的发展和人才培养的需求。

[signature]

2017年11月

编写说明

科学出版社“十三五”普通高等教育本科规划教材《中西医结合眼科学》第3版修订工作，在第1版、第2版的基础之上，结合中医院校本科生、硕士研究生及博士研究生培养教育，以及国家中医药的执业医师考试、住院医师规范化培训等需求完成。本书面向中医院校五年制本科生、硕士研究生、博士研究生及住院医师、全科医师。编写原则体现传承性、规范性、科学性、先进性、实用性，力求夯实基础，紧密联系临床实际。随着现代科学技术的飞速发展，眼科学发展也日新月异，新技术、新理论、新方法层出不穷。为此，本书增加了现代眼科领域的一些新技术、新理论、新方法。

全书内容分上、下共2篇。上篇总论部分共有4章，简要介绍了中、西医眼科的发展史；中医眼科学基础；西医眼科学基础；眼科检查与常用药物治疗等。下篇各论共有17章，分别介绍眼睑病、泪器病、结膜病、巩膜病、角膜病、葡萄膜病、青光眼、晶状体病、玻璃体病、视网膜疾病、视神经及视路疾病、眼外肌病、眼眶病、眼视光学、眼外伤、全身疾病的眼部表现、眼科防盲治盲等。围绕眼科常见病、多发病，重点讲述病因病理、临床表现、实验室及其他辅助检查、诊断与鉴别诊断、辨证论治、西医治疗；尤其注重临床表现、辨证分析与治疗，部分疾病列入中西医结合思路。后附眼科常用正常值、眼科中药方剂索引及眼科名称中英文对照。全书黑白印刷，二维码内有部分彩色图片及手术视频，请扫描浏览。

本书仍采用西医病名，文中各个病种的流行病学数据采用出版时的最新数据，药名按《中华人民共和国药典》统一规范使用。在疾病治疗方面，本书参考金明主编《中医临床诊疗指南释义 眼科疾病分册》(2015年)，彭清华主编《中医五官科学》(2015年)，葛坚、王宁利主编《眼科学》(2015年)，反映了目前公认的中西医诊疗方案、专家共识和临床路径。

再版修订工作由九家中医、西医高等院校的专家共同完成，张梅芳、金明任主审，邱波、庞龙任主编，文峰、刘静、李振萍任副主编，编委有欧扬、王燕、吴京、陈兹满、杨光、秦霖、接传红、程浩、蓝育青、祁勇军、秦波、唐犀麟等，冀杰和罗艳华任编写秘书。华南理工大学建筑研究院苗倩工程师，为本书绘制、编辑整理图片做了大量的工作；袁灵梅博士和尚亚南硕士在本书校对、统稿过程中倾注了大量心血；本书编写过程中，广州中医药大学、广东省中医院、广东省中医药科学院及附属医院的各级领导、眼科同仁们给予了大量的无私帮助；出版过程中得到了科学出版社的大力支持；并承蒙唐由之国医大师、张梅芳名中医、金明名中医的热诚指导，在此一并致谢。

由于水平和时间所限，且中西医结合眼科学领域许多问题尚待研究解决，书中难免存在诸多不足，敬请读者不吝指正。

编委会

2018年5月

目　录

上　篇

下　篇

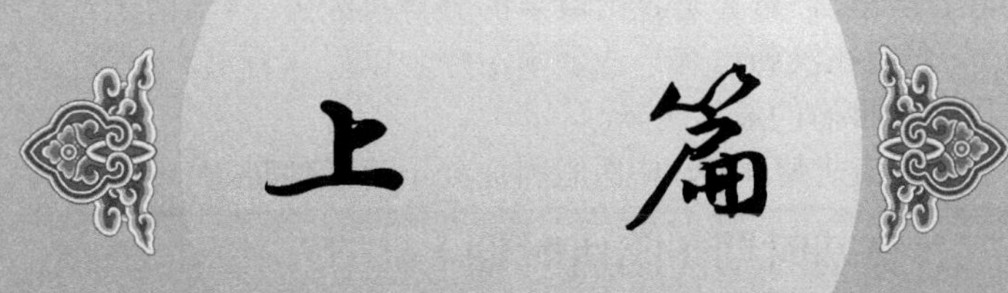

上篇

第一章　绪　论

第一节　中医眼科发展简史

中医眼科学是我国宝贵文化遗产的一部分。它的形成和发展过程，大体可分为萌芽、奠基、独立发展、兴盛、衰落与复兴五个时期。

一、萌芽时期（南北朝以前）

在南北朝以前只有散在的有关眼及某些眼病的资料。这是中医眼科的萌芽时期。根据考查河南安阳殷墟出土的甲骨文，早在武丁时代（公元前14～公元前13世纪），人们已将"眼"命名为"目"，病眼称"疾目"；病眼失明称"丧明"。春秋时期已将盲人称为"瞽人"。据《毛传》解释："有眸子而无见曰矇，无眸子曰瞍。"将盲目分成了两类。成书于战国末期的《黄帝内经》，则首次提出：目、眼、匡、内眦、外眦（锐眦）、约束、络、白眼、黑眼、瞳子、目系等名词，并记载了30余种眼部病症，已初具眼的生理、解剖、病机等方面的理论基础。大约成书于秦汉时期的《神农本草经》，记载的可用于防治眼病的中草药有70余味，包括明目药、利窍药、治目痛药、治青盲药、治泪出药、治目翳淫肤赤白膜药、治目中赤肿药、治面目浮肿药、治伤眦药、治目瞑夜视有精光药等。至东汉末，张仲景所著《伤寒杂病论》，也记载了若干眼症，参合全身脉证论治，对以后眼科应用全身辨证的方法有重要指导意义。晋朝王叔和所著《脉经》中出现眼科类证鉴别的萌芽。如目痛有肾与膀胱俱实，肝与胆经气逆之别；还有专节论述目病脉象，及利用眼部症状判断疾病预后等。皇甫谧的《针灸甲乙经》、葛洪的《肘后救卒方》、龚庆宣的《刘涓子鬼遗方》、陶弘景的《肘后百一方》等，分别载有医治眼病的针灸或方药。此外，如《荀子》《史记》记载舜帝、项羽有"重瞳"，是世界上关于瞳孔异常最早的记载。《史记》还记载扁鹊过雒阳时曾为"耳目痹医"，可算是我国最早的五官科医生。《淮南子》记载："目中有疵，不害于视，不可灼也。"表明在汉朝已有一些手术治疗。以后《晋书》记载："帝目有瘤疾，使医割之。"这是有关我国割治目瘤的最早文献。

总之在南北朝以前，中医眼科尚处于萌芽时期。

二、奠基时期（隋唐时期）

隋唐时期，中医眼科有了进一步发展。唐初武德年间的太医署中已有"耳目口齿科"。此期影响较大的著作有《诸病源候论》《备急千金要方》《外台秘要》《龙树眼论》《刘皓眼论准的歌》等。另外还有《陶氏疗目方》《天竺经论眼》等眼科医书，以及其他医籍中记载的眼科资料。

隋朝巢元方等所撰《诸病源候论》中，列目病专篇38候；首次应用了睑、眉、睫毛、缘等名称；对眼病症状的描述较前人详细。唐初孙思邈所著《备急千金要方》与《千金翼方》中，首次将眼科病因归纳为19因，并发展了眼科脏腑病机学说。介绍处方约80个，并有较系统的眼科针灸资料。晚唐时期，王焘撰《外台秘要》，卷二十一专论眼疾，载眼科处方150首。书中还提到三种手术治疗：对内障（脑流青盲）提出用针拨（金篦决）；对倒睫强调要用镊子拔除，勿使毛断；对胬肉之类眼病主张用烧灼法治疗。隋唐时期的《陶氏疗目方》《天竺经论眼》《龙树眼论》《刘皓眼论准的歌》等均为眼科专书，但皆无原书流传下来。

《龙树眼论》所提病症名，已增至 60 余种。手术方面首次详述了“开内障用针法”，并且治疗胬肉攀睛提出了割烙法。此外对“上睑皮里有核（胞生痰核）”施行手术治疗的记载以它为早。《刘皓眼论准的歌》成书于晚唐时期，为诗歌体裁。该书所载的五轮歌及眼病的内、外障分类法对中医眼科学术的发展影响深远。此外，唐朝已能配制义眼。据《吴越备史》载：“唐立武选，以击球较其能否。置铁钩于球杖以相击。周宝尝与此选，为铁钩摘一目，睛失……敕赐木睛以代之。”可见世界上装置义眼以我国为早。总之，隋唐时期，对眼的解剖、生理等基础理论、治疗的认识较前深入、系统，对相当多的眼病能够作出诊断与分类，为中医眼科发展为独立的专科奠定了基础。

三、独立发展时期（宋元时期）

北宋元丰年间的太医局，将眼科从耳目口齿科中分出，从此中医眼科作为独立学科发展起来。

北宋初期，王怀隐等所著《太平圣惠方》中的眼科专篇总结了唐以前的眼科成就。书中所述病因，增改为 21 因。并对五轮的配位作了改动，将它与眼病的病机联系起来，促进了五轮学说的临床应用；对金针拨内障及胬肉割烙术等也有详细介绍。北宋末叶的《圣济总录》中，眼科有十二卷，收方 760 余首，病种有所增加。也介绍了多种眼科外治法。此外《太平惠民和剂局方》，卷七有“治眼目疾”一篇。在金与南宋对峙时期，许叔微的《本事方》、刘完素的《宣明论方》、陈言的《三因方》、张从正的《儒门事亲》、李杲的《脾胃论》、杨士瀛的《仁斋直指方》等，有不少关于眼科的论述，丰富了眼科理论。另外在南宋开始出现八廓学说。大约成书于南宋末叶的《葆光道人眼科龙木集》首次介绍了八廓的名称和内容，主要是论眼病的病机，并未配属眼位。元朝危亦林所著《世医得效方》之卷十六为“眼科”，充实了五轮八廓的内容。各论列七十二症证治。元末，托名孙思邈所著之《银海精微》载有 81 种病症；治疗方面，除内服药外，有半数眼病配合点眼药外治，此外还有部分眼病使用手术疗法。其附篇从眼的生理、病理、辨证治疗以至中药药性与炮制、常用内服方剂与服药配制法等一应俱全。南宋赵希鹄的《洞天清录》记载有“叆叇，老人不辨细书以此掩目则明。”叆叇，即眼镜，表明早在宋朝我国已开始用眼镜矫正视力。总之，自宋元时期，眼科独立设科，在理论和临床上都得到了很大的发展。

四、兴盛时期（明朝至清朝鸦片战争以前）

元末明初倪维德著《原机启微》上卷将眼内、外各部病症按病因分 18 类，详细分析病机，辨证论治。治疗以内服药配合使用外治法。下卷论方剂配伍，附 40 余方，对各方都有说明。明初朱棣等编著的《普济方》有“眼目门”十六卷，收方 2300 多首，集病名 300 余种。《普济方》之后 60 年，由朝鲜来中国学医的金礼蒙等汇集了 150 多种中医古籍编成巨著《医方类聚》。该书卷 64～卷 70 为“眼门”，是研究中医眼科学的重要资料。明朝中叶徐春甫辑《古今医统》，其眼科部分仍列 72 证，有证有方。首次转载《原机启微》原文。明朝薛己等撰《薛氏医案》，同样收入了《原机启微》，并于其后附录了各家论述摘要、前贤医案等，具有较高的参考价值。明朝万历年间还有李梴所著《医学入门》和黄毅刊行的《秘传眼科龙木论》问世。在《医学入门》中，李氏主张眼病分表里，还将五轮学说中的肉轮细分为上胞属脾，下胞属胃；对八廓的配脏腑和配眼位也重新作了调整。《秘传眼科龙木论》为宋元医家辑前人著述而成，分三部分，第一部是《龙木总论》，共有 84 节，前 12 节概述眼科基本理论，其余为“七十二证方论”。文中包括有 77 首歌诀，据考来源于《刘皓眼论准的歌》。第二部分为正文卷，介绍诸家治眼方药和针灸。第三部分为所附录《葆光道人眼科龙木集》。明朝万历年间，李时珍的《本草纲目》问世，该书第四卷眼目一节记载治眼赤肿、昏盲、翳膜、诸物眯目等药物数百种，多数药后附有单方、验方，便于应用。杨继洲著《针灸大成》，记载了眼病 21 种，针灸用穴 80 余个。此外，还有不少针灸治疗眼病的记载，对穴位的主治功能也阐述较详。王肯堂所辑《证治准绳》、龚信的《古今医鉴》、龚廷贤的《寿世保元》、赵献可的《医贯》、张介宾的《景岳全书》等，都有眼科专篇。明末，傅仁宇著眼科专书《审视瑶函》。该书卷首介绍名医医案、五轮八廓、运气学说等；卷 1 主要讨论眼科的基础理论；卷 2 重点论述眼病的病因病机，收入了《原机启微》的十八节原文与处方；卷 3～6，列眼病 108 症，所述病理与辨证，主要以《内经》与《证治准绳》为依据；卷 6 之后，附有治疗要穴及较为详细的说明，并介绍了 22 个外用药方的配制与应用等。

此外，明朝袁学渊还著有《秘传眼科全书》，介绍了历代眼科理论、眼科 72 症、眼科常用药物之药性。清朝的中医眼科资料很丰富。其中有不少著述在理论方面有所发展。张璐所著《张氏医通》在"七窍门"内，汇集三十余种医著中的眼科资料。总论除阐述眼科基础理论外，详述了金针拨障术的适应证、操作方法和拨针的制造等，并列举若干手术成功与失败病例，以供参考。各论部分，列述眼部病证约 160 种，依症状及病因分为 43 类。黄庭镜著《目经大成》在对五轮八廓学说的发挥、针拨术规范化、病历记载、病名改进方面有不少突出的见解。以后该书曾经邓赞夫增补，易名为《目科正宗》，于公元 1810 年出版。顾锡的《银海指南》比较全面地论述眼科五轮八廓、运气学说、眼病的病因病机等，并列内服药方 170 余首，外用方 11 首，验案 170 余例。吴谦等编辑的《医宗金鉴》中，有"眼科心法要诀"两卷，文字简明易学。另如程玠的《眼科应验良方》、邓苑的《一草亭目科全书》、马化龙的《眼科阐微》、王子固的《眼科百问》，以及撰者不祥的《异授眼科》《眼科奇书》等，对后世也有一定影响。清朝代陈梦雷等所编《古今图书集成·医部全录·目门》共十三卷。择要辑录历代眼科文献，内容丰富，颇有参考价值。

总之，由于明清时期的中医眼科，在理论与临床方面都有很大发展，眼科文献的数量与质量大大超过以前各代，所以说是中医眼科最兴盛的时期。

五、衰落与复兴时期（清朝鸦片战争至中华人民共和国时期）

1840 年鸦片战争以后的百余年间，中华民族的经济文化遭到空前的破坏。特别是在国民党当政时期，宣扬洋奴买办思想和民族虚无主义，诬蔑中医不科学，企图消灭中医，中医眼科由兴盛趋于衰落。这一时期，中医眼科较有创见的著作不多。黄岩的《秘传眼科纂要》和康维恂的《眼科菁华录》等，在当时还有一定的影响。《秘传眼科纂要》一书，原为黄岩所作，后经程名成重订刊行。该书首重药物的临床应用，按脏腑及眼症分类叙述了 119 种内服药及 38 种外用药的制法与应用，参考价值较高。书中还介绍了 48 种眼科病症的证治及黄氏对 14 种眼病的治疗经验。《眼科菁华录》按 17 门分述了 123 种眼病的病因、症状及方剂等。此外，鸦片战争之后，由于西医眼科的传入和影响，我国眼科界中开始出现了中西汇通学派，如 20 世纪初陈滋所编《中西眼科汇通》就是一部具有代表性的著作。

中华人民共和国成立之后，党和政府特别制定了中医政策，使中医事业得到拯救与发展，中医眼科也走上复兴道路。从 1955 年以后，各省、市相继成立了中医院校，通过教学与临床，培养了一大批中医眼科教师与医生。自 1959 年以来，更有许多西医学习中医的眼科工作者加入中医眼科的队伍，共同为继承发扬中医眼科做出贡献。1960 年由广州中医学院等编写出版了历史上第一部全国统编教材《中医眼科学》，后经四次修订，渐臻完善。1978 年以来，不少省市相继成立了中医眼科学会，促进了学术交流与推动中医眼科发展。新中国成立以来，在报刊、杂志上发表了很多中医眼科论文，而且出版了不少中医及中西医结合的眼科专著，使中医眼科学不断地得到丰富和发展。

总之新中国成立以来，眼科的中医、中西医结合成果丰硕。目前，广大中医、中西医结合眼科工作者，正携手并进，共同为继承发扬祖国眼科宝藏，为实现中医眼科现代化而奋斗。

第二节　西医眼科学发展简史

随着西方医学传入我国，我国现代眼科学也逐渐形成和发展起来，其产生、形成和发展主要经历了以下几个阶段。

一、西方眼科学传入我国

明末（公元17世纪），西方传教士开始陆续进入中国，并开办了一些眼科诊所和学校，但由于这些传教士医生本身素质欠佳，也不精于医疗业务，医疗质量较低。

二、我国现代眼科学的建立和发展

从19世纪下半叶到20世纪早期，我国开始建立医学院校，设有眼科课程。一些留学回国人员成为我国现代眼科学的骨干，如陈耀真、罗宗贤、毕华德、郭秉宽等，他们对我国现代眼科学的发展起到积极作用。

三、新中国成立后开创了眼科迅速发展的新时代

1949年中华人民共和国成立，眼科学也出现了一派新气象。历经60多年的发展，全国眼科医生据称已经达到36000多人，眼科专业医师队伍迅速壮大，并得到较好的培养。特别在实行改革开放以来，随着我国经济的高速增长和“科教兴国”政策指引，更有力地促进了我国现代医学包括眼科学的发展。

（一）防盲治盲的战略性转变

全国性大规模防盲治盲工作取得巨大成绩。成立全国防盲指导小组，统筹全国防盲治盲工作，建立三级医疗预防保健网。积极开展防盲治盲领域中的国际间交流与合作，顺利进行“视觉第一，中国行动”。新中国初期，沙眼是最严重的致盲眼病，全国范围开展大规模的群防群治。而近二十余年来，非感染性眼病白内障则成为首位致盲眼病，防盲治盲工作重点已转到白内障复明手术。依靠各种形式活动：如医疗队、健康列车及国际合作，并逐步实现了现代白内障摘除及人工晶体植入术，大大提高了患者术后的视力，改善生活质量。防盲工作已进一步关注到低视力患病率及低视力眼病如屈光不正、弱视、青光眼及眼底病等的预防。

（二）临床研究与国际接轨

临床研究取得了巨大的成绩。循证医学推动了循证眼科学的发展。规范24小时眼压动态监测；青光眼个体化治疗；防治青光眼药物眼部的损害；防治青光眼视神经的损害。开展大规模的白内障手术，白内障超声乳化技术的普及应用，使白内障手术效果显著提高。提出ExPress联合白内障超声乳化手术治疗青光眼联合白内障的复杂病例的微创治疗理念。微创玻璃体视网膜手术的广泛开展，不仅可治疗复杂性视网膜脱离，如进行增殖性糖尿病性或外伤性视网膜病变手术，手术也从视网膜前发展到视网膜或膜下，称之为“膜手术”。内镜手术的应用部分改变了眼眶、泪道及视神经减压的治疗概念。共焦显微镜和角膜地形图等新型设备用于临床，对棘阿米巴角膜炎和感染性角膜病、移植排斥和干眼病的诊断进入了新的水平。角膜缘干细胞的临床研究，开发与发展了眼表重建术与手术方式，如后板层角膜移植术和双板层角膜移植术等。屈光性角膜手术，目前已进入全飞秒个体化切削治疗时代。随着渐变多焦点镜片设计和应用成功，验配对象正从老视眼扩大到儿童近视。除了人工晶体植入、屈光性手术、玻璃体切割术等最新一代技术、仪器设备或材料的引进、推广应

用及密切观察各种疗效外，各种现代仪器如荧光眼底血管造影（FFA）、靛青绿血管造影（ICGA）、彩色多普勒成像术、超声生物显微镜（UBM）、共焦激光扫描眼底镜（CSLO）、光学相干断层成像（OCT）和视网膜厚度分析仪等的应用大大提高了我国眼科临床的诊治水平。

（三）基础研究发展迅速，学术水平日益提高

我国眼科界对国际眼科界最具有标志性的贡献为 1955 年汤非凡与张晓楼教授首次在世界上分离培养出沙眼衣原体。随着分子生物学等迅速发展，我国在眼病遗传学、病理学、免疫学、细胞和基因工程学方面也有长足进展。我国眼科界评选出 2009～2013 年我国“眼科学十大研究进展”：真菌性角膜炎的创新理论及其技术应用；发现眼颅压力梯度增大是导致青光眼视神经损伤的主要原因；先天性白内障基因突变相关发病机制研究；眼眶外科内镜导航系统的研发与应用；弱视诊断专家共识；中国小儿视网膜疾病诊疗规范的实施和推广应用；国产抗 VEGF 药物康柏西普成功治疗脉络膜新生血管性疾病；IL-23/IL-17 通路及其调节在葡萄膜炎发生中的作用；近视眼研究动物模型的创建以及生物化学机制研究；人类 Tenon 囊成纤维细胞诱导分化为诱导性多潜能干细胞等。

（四）眼科学术机构不断壮大及充实、多种形式的国内和国际学术交流日益活跃

1950 年成立中华医学会眼科学分会，创办了《中华眼科杂志》。全国 31 个省与直辖市已经成立了眼科分会。中华医学会眼科学分会目前成立了 13 个专业组：防盲治盲、白内障、青光眼、角膜病、眼底病、斜视和小儿眼病、眼视光、眼外伤、眼眶病与整形、眼免疫、眼病理、视觉生理、神经眼科学。亚太眼科学院大会（APAO）秘书处永久落户于广州中山大学眼科中心。全国眼科大会每年召开一次，还穿插有各学组学术会议或各种类型专题研讨会等。同时国际学术组织先后在我国举行国际性大会，我国亦主办国际眼科会议，既加强学术导向作用，亦促进了我国眼科整体学术水平迅速提高。

目前我国眼科学术期刊，共接近 20 种,主要有《中华眼科杂志》《中华实验眼科杂志》《中华眼视光学与视觉科学杂志》《中华眼外伤职业眼病杂志》《中华眼底科杂志》《中国实用眼科杂志》《眼科学报》《眼科》《眼科新进展》《国际眼科纵览》等。同时眼科专著也从 60 年代前的有限几本增加到上百部，其中以《中华眼科学》为代表，其他各系统眼病或有图谱、手术学、诊断学、应用基础学、激光应用和检测技术等中文专著纷纷出版，并扩展到英文版专著，有利于学术交流、继续教育。

20 世纪 80 年代开始，我国各地纷纷成立各种类型的眼科中心、眼科医院，又建立了部属眼科学实验室、视光学中心等。同时国家也派遣人员或支持各种机构加强与国外的人才交流、学术交流。反映出我国政府对眼科事业发展的支持，尤其在发展基础科学和应用基础研究等方面，开创了新局面，使我国眼科的基础理论研究与诊疗技术一起提高，并与国际水平同步发展，创造新的辉煌。

第二章 中医眼科学基础

眼为视觉器官，属五官之一，它通过经络与脏腑和其他组织器官保持着密切的联系，共同成为有机的整体。脏腑、经络功能失调，可反映于眼部，甚至引起眼病。如消渴证，可引起视瞻昏渺、圆翳内障、暴盲等多种内障眼病。反之，眼部疾病也可影响相应的脏腑，引起全身性病症。如绿风内障猝发，可引起头痛、恶心呕吐等症状。因此，必须应用整体观念来研究眼的生理、病理和诊治眼病。

第一节 眼与脏腑的关系

眼能够明视万物，辨别颜色，有赖于五脏六腑精气的滋养。《灵枢·大惑论》说：“五脏六腑之精气皆上注于目而为之精。”如果脏腑功能失调，精气不能充足流畅地上注入目，就会影响眼的功能，甚至发生眼病。

眼与五脏六腑关系

1. 眼与心、小肠的关系 心主血脉，诸脉属目。心主全身血脉，脉中血液受心气推动，循环全身，上输于目，目受血养，才能维持视觉。心主藏神，目为心使。这里的“神”，是指人的精神、思维活动功能。由于心为神之舍，精神统于心，其外用在目，故目为心之使。人体脏腑精气的盛衰，以及精神活动的状态，均能反映于目。水谷由胃腐熟后，传入小肠，分清泌浊，津液和水谷之精气，由脾转输全身，从而使目受到滋养。小肠功能是否正常，既关系到心，也影响到眼。

2. 眼与肝、胆的关系 肝开窍于目：目为肝与外界联系的窍道，肝受藏的精微物质，源源不断地输送至眼，使眼受到滋养，从而维持其视觉功能。肝受血而能视，肝主藏血，具有贮藏血液、调节血量的功能。虽然五脏六腑之精气皆上注于目，但目为肝之窍，尤以肝血的濡养为重要。肝气通于目，肝主疏泄，具有调畅人体气机，推动血和津液运行的重要功能。只有肝气条达，眼才能够辨色视物。肝脉上连目系，十二经脉中，肝脉本经直接上连目系，有沟通表里、运行气血的作用。胆汁的分泌和排泄，受肝的疏泄功能的影响。胆之精汁积成珠内神膏，神膏涵养瞳神。胆汁减则神膏衰，瞳神遂失养护。

3. 眼与脾、胃的关系 脾输精气，上贯于目。脾主升清，能将精微物质升运于目，目得清阳之气温养则视物精明。脾主统血，血养目窍。脾统血，若脾气虚衰，失其统摄，可引起眼部的出血病症。脾主肌肉，睑能开合。脾主运化水谷之精，以生养肌肉。胞睑肌肉受养则开合自如。脾胃互为表里，脾主升清，胃主降浊，清浊分明，浊阴从下窍而出，不致上犯清窍。

4. 眼与肺、大肠的关系 肺为气主，气和目明。肺主一身之气，肺气调和，五脏六腑精阳之气皆能上输入目，则目视精明。若肺气不足，则昏暗不明。肺主宣降，眼络通畅 肺之宣降正常，目得卫气和津液的温煦濡养，卫外有权，且浊物下降，不得上犯，目不易病。肺与大肠相表里。若大肠积热，腑气不通，肺失肃降，则可导致眼部因气、血、津液壅滞而发病。

5. 眼与肾、膀胱的关系 肾精充足，目视精明。眼的视觉是否正常，与肾所受藏脏腑的精气充足与否关系最为密切。肾生脑髓，目系属脑。脑和髓都由肾精化生，而目系连脑。故肾精充沛，髓海丰满，则目光敏锐，若肾精亏虚，髓海不足，则目无所见。肾主津液，上润目珠：津液在目化为泪，则为目外润泽之水，化为神水，则为眼内充养之液。肾与膀胱脏腑相合，互为表里。膀胱的气化作用主要取决于肾气的盛衰。若肾气不足，或湿热蕴结，引起膀胱气化失常，水液潴留，可致水湿上泛于目。此外，膀胱属足太阳经，主一身之表，易遭外邪侵袭，亦常引起眼病。

6. 眼与三焦的关系 三焦主通行元气与运行水谷、疏通水道的功能。若三焦功能失常，致水谷精微之消化、吸收和输布、排泄紊乱或发生障碍，则目失濡养。若三焦水道不利，致水液潴留，水邪上犯于目，则可引起眼部病变。

眼与五脏六腑之间的关系各具特点，人体是一个有机整体，脏腑间在生理上是相互协调，相互依存的，在病理上是相互影响，相互传变的。因此，临证时应全面地进行观察和分析。

第二节 眼与经络的关系

一、眼与经络的关系

《灵枢·邪气脏腑病形》说："十二经脉，三百六十五络，其血气皆上于面而走空窍，其精阳气上走于目而为睛"，说明了眼与脏腑之间，靠经络的连接贯通，经络不断地输送气血，维持了眼的视觉功能。

1. 眼与十二经脉的关系 十二经脉，三阴三阳表里相合，正经首尾相贯，旁支别络纵横交错。营血在经隧中运行全身，始于手太阴，终于足厥阴，周而复始，如环无端。故从经络循行的路径来看，十二经脉都直接或间接地与眼发生着联系。

2. 眼与奇经八脉的关系 奇经八脉与脏腑无直接络属关系，然而，它们交叉贯串于十二经脉之间，具有加强经脉之间的联系，以调节正经气血的作用。只要能保持正经气血充足流畅，也就能维持眼部的正常营养。至于奇经中起、止、循行路径与眼直接有关的，主要有督脉、任脉、阴跷脉、阳跷脉及阳维脉等。其中阴阳跷脉相交于目内眦之睛明穴，司眼睑之开合。

二、眼与经筋的关系

十二经筋隶属于十二经脉，是经脉之气结聚散络于筋肉关节的系统。其位表浅，有联缀百骸，维络周身，主司人体正常运动的作用。分布于眼及眼周围有手足三阳之筋，它们共同作用，支配着眼睑的开合、眼球的转动，以及头面其他肌肉的正常活动。

第三节 五轮学说概要

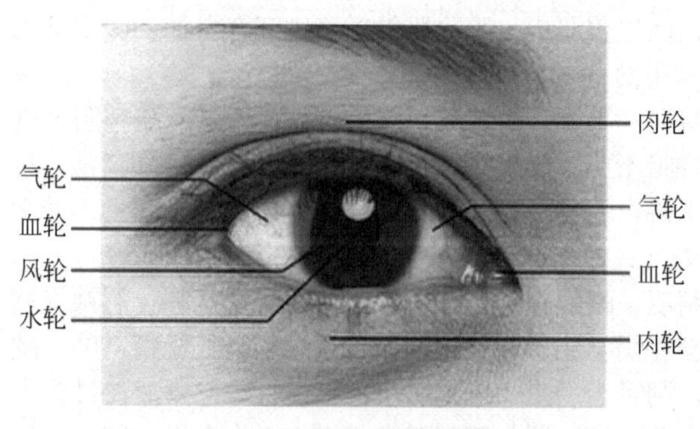

图 2-1 五轮解剖示意图

中医眼科将眼由外至内分为胞睑、两眦、白睛、黑睛和瞳神五个部分，分别内应于脾、心、肺、肝、肾五脏，命名为肉轮、血轮、气轮、风轮、水轮，总称五轮。借五轮以说明眼的解剖、生理、病理及与脏腑的关系，并用于指导临床辨证论治的理论，即五轮学说（图 2-1）。五轮学说源于《内经》中有关眼与脏腑关系的论述。如《灵枢·大惑论》云："五藏六腑之精气，皆上注于目而为之精。精之窠为眼，骨之精为瞳子，筋之精为黑眼，血之精为络，其窠气之精为白眼，肌肉之精为约束，裹撷筋骨血气之精而与脉并为系，上属于脑，后出于项中”。

鉴于五轮学说对临床辨证具有一定指导意义，故由来至今，眼科医家应用比较普遍。然而五轮辨证也有其明显的局限性，比如因受历史条件的限制，对水轮病变的观察和论述不如其他四轮详细；同时，由于过分强调“轮脏相应”的关系，往往忽略了眼与脏腑经络之间复杂的整体关系。以白睛发黄为例，其病位虽在气轮，却非肺之为病，乃由脾胃湿热交蒸肝胆，胆汁外溢所致。再如，瞳神为水轮，但其病变并不仅仅因于肾，还常与其他脏腑功能失调有关。所以临证时，既要详查五轮，又不可拘泥于五轮，应注意从整体出发，四诊合参，将局部辨证与全身辨证结合，全面分析，才能得出正确的诊断及治疗方案。

第四节　眼与气血津液的关系

气和血是人体生命活动的物质基础，也是脏腑功能活动的产物，因而气血功能的正常与否反映出脏腑功能的情况。人体生理病理变化无不涉及气血，眼的生理病理亦与气血密切相关。《太平圣惠方·眼内障论》云：“眼通五脏，气贯五轮”。气的正常与否，常直接或间接地在眼部表现出来。《内经》指出：“肝受血而能视”；《审视瑶函》谓：“夫目之有血，为养目之源，充和则有生发长养之功，而目不病，少有亏滞，目病生矣。”这都说明了目得血的濡养才能明视万物；若血的功能失常，则可引起眼病。津液由水谷精微所化生，经脾气运化传输，肺气宣降通调，以及肾气的气化蒸腾、升清降浊，随气血的运行，上输于目。其在目外为润泽之液，如泪液；在目内则为充养之液，如神水、神膏等。津液对于维持眼的明润有十分重要的作用。

第五节　中医病因病机

祖国医学认为，破坏人体相对平衡状态而引起疾病的原因就是病因。临床上任何症候都是某种原因的影响和作用下使机体所产生的一种病态反应。因此可以根据临床上的病态改变，即所谓症状，来推求病因，从而提供治疗用药的依据。

一、病因

病因是指导致人体阴阳失调，脏腑功能紊乱而发生疾病的原因。导致眼病的因素，包括各种外因及内因。外因包括外伤与时邪，而外邪往往在人体某些机能失去平衡的情况下引起发病，即所谓“邪之所凑，其气必虚”。而七情、劳倦、饮食不节之发病，亦涉及脏腑经络气血机能失调。眼病的诊治必须辨证求因。因此掌握各种致病因素的性质和特点是非常重要的。以下是几种常见的致病因素：

（一）六淫

六淫是指反常而且可以致病的风、寒、暑、湿、燥、火邪气的总称。六淫之邪往往乘人体之虚，从肌表或口鼻而入，也可直接加害于眼。可单独为害，亦可兼挟发病。临证中以风、火、湿对眼危害较大。六淫为害多与外界气候失常有关，具有明显的季节性，六淫致病以外障眼病为多见。

六淫为害，可单独亦可几种相杂而致成眼病，在辨证过程中除应注意不同病邪造成眼局部表现的差异外，尚应参合患者出现的全身症状。

（二）疠气

疠气又称“戾气”、“毒气”，是指来势急骤，能引起广泛流行，具有较强传染性的外来致病因素。在眼科，其表现与风火所致眼病症状大体相似。四季都可发生，以夏秋天气炎热时为多，如“天行赤眼”。

（三）七情

作为病因，七情乃指喜、怒、忧、思、悲、恐、惊七种情志的过度变化。其中尤以忧郁、忿怒、悲哀对眼危害为甚。例如，常因忿怒致使肝气上逆而造成暴盲、绿风内障等；长期忧郁而致肝郁气滞，脾虚湿滞所造成的视瞻有色、青风内障；悲哀不解而致心肺郁结，上焦壅塞，玄府闭密，目失所养，而致视瞻昏渺、青风内障、圆翳内障等。

（四）饮食不节

饮食不节是指过食辛辣炙煿、膏粱厚味或嗜好烟酒生冷之品，致使脾胃失运，痰湿内蕴，阻滞经络，使清阳不升，浊阴不降，或由饮食偏嗜，营养失调，进而脾胃损伤，运化失职，荣养不济。常见眼病有针眼、胞生痰核、睑弦赤烂、疳积上目、暴盲及五风内障、云雾移睛等。

（五）劳倦

劳倦乃指体力或目力的过度疲劳及思虑过度，房室无节而致气血耗伤，心火上炎，心肾不交，肝肾亏损等，从而使目睛失养。常可见视瞻昏渺、暴盲、视瞻有色等。

（六）外伤

外伤系指眼部因意外伤害而引起的创伤。造成眼外伤的原因很多，轻的如砂尘、小虫、碎屑进入眼目；重的如跌仆、碰撞、钝挫、锐器刺入、爆炸、电击及烫伤、化学腐蚀、辐射日照伤等。其致病于外则使通光之路受阻，于内则神光不得发越，重则可损坏眼珠而失明。

（七）其他

其他包括因先天禀赋不足，与生俱来的先天性眼病，如胎患内障、色盲等。或因年老体衰致使气血虚损，脏腑功能不足而发生的眼病，如老视、圆翳内障等。

此外，尚有全身病变引起的眼病，因气血功能失调造成的痰湿、瘀血等病理产物，在一定条件下亦可造成眼病。

二、病机

（一）外感

外感六淫及疠气，直接侵及眼珠，或自皮毛肌腠以及口鼻而入，通过经络、脏腑而侵害目窍。外感眼病之发展与变化，主要取决于正邪双方的斗争与消长。如邪盛而正不衰则表现为实证，如眵泪胶黏，赤脉粗紫，焮热而痛，翳膜高隆等。如邪盛而正虚，则表现为虚实错杂证，如眵泪稀薄、血脉淡赤不鲜、隐痛而痒、翳膜低平，病程缓慢难愈。在病情的变化转归方面，如正气虚或邪气盛则病情就会趋于恶化；如正气恢复，邪气退却，则疾病趋向好转以至痊愈。

（二）内伤

内伤之病因一般多由七情、劳倦或饮食不节引起。而这些原因之所以能够引起发病，主要是脏腑功能的阴阳失调和气机升降失常。

1. 经络失调 经络功能失调也可造成眼病，如风中于络，可以引起目偏视，脉气不荣，可致目不合等。

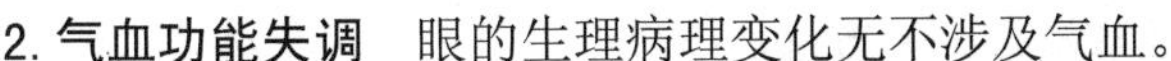

2. 气血功能失调 眼的生理病理变化无不涉及气血。

（三）外伤的病机

由眼部遭受意外的创伤而致成的眼病，尽管遭受损伤程度不尽相同，但其病机则无明显差异。受伤部位的经络气血通路受损，使目睛失养。伤在外则使通光之路受阻，伤于内则神光不得发越。

第六节 诊断概要

一、眼科诊法

1. 病史采集 通过眼科问诊，按辨证要求，详细询问有关眼病的病史如发病时间、起病情况及治疗经过；眼部的自觉症状如有无视力下降、眼痛、眼红、异物感、分泌物、视物变形、眼前黑影等；全身症状如有无头痛、饮食与二便、睡眠情况等。

2. 望诊 中医历来重视望诊，《灵枢·本藏》说："视其外应，以知其内藏，则知所病矣"。《银海精微》中专设立了"看眼法"，总结了望诊的方法和顺序。目前现代科学仪器如裂隙灯显微镜、检眼镜、眼底荧光血管造影仪、视觉电生理、视野仪等的应用，极大地扩大和丰富了眼科望诊的内容。

3. 闻诊 闻诊指听声音与闻气息，前者包括听患者的语言、呻吟、咳嗽等，后者指嗅病室、病体的异常气味，闻诊所获资料对一些眼病的辨证有一定的参考意义。

4. 切诊 切诊包括触诊和切脉两方面。触诊如触按胞睑有无肿块、硬结或压痛，肿块的软硬及是否与皮肤粘连；胞睑、眶内所生脓肿是否成脓；用两手食指触压眼珠，判断眼压的高低；对眼眶外伤者，通过触诊可初步判断有无骨折等。流泪患者，按压内眦睛明穴处，注意有无脓液或黏液从泪窍溢出。切脉是中医眼科辨证论治的重要方法之一，外障眼病，其脉多见浮、数、实等；内障眼病，其脉多见沉、细、弱等。

二、眼科辨证

眼科辨证方法与内科相似，通过四诊收集资料后，再以八纲、脏腑、病因等辨证方法进行分析归纳。但眼科辨证也有其独特之处，现分别介绍如下：

1. 辨外障和内障 内障、外障是按部位来归纳的一种分类方法。这两大类眼病虽是按部位划分，但其发病原因、症候特点、辨证论治方面皆有很大的不同，故眼科辨别内外障为一切辨证的前提。"障"是遮蔽之意，外障是从外而遮，内障是从内而蔽。

2. 辨翳与膜 翳膜是外障眼病的常见主要症候之一。狭义的翳，专指黑睛上的混浊，广义则包括瞳神内晶珠的混浊。但指晶珠混浊者，一般皆加以"内障"或"障"字，以便与黑睛翳之属外障者相区别，如"圆翳内障"等。膜主要是指眼珠表面有膜状物生长。

3. 辨常见症 眼病的症状颇多，较常见者，外障以眵、泪、赤、肿、痛、痒、翳、膜为主，内障以视觉变化为主。视力下降由外障眼病所致的视力下降，多属热证；由内障眼病所致的视力下降多属虚证，常见于血少神劳、阴虚火旺、肝郁气滞、肝肾两亏等。眼痛为眼科最常见的症状之一，内外障皆可有之。

第七节 治疗概要

眼科治疗分内治、外治两大类，内障眼病以内治为主，外障眼病则多配合点眼、洗眼、敷眼、手法等外治。此外，眼科亦常应用针灸、推拿及按摩等方法。

一、内治法

眼与整体关系密切，不论外感或内伤所致的眼病，皆可根据眼部表现，结合全身情况进行辨证，用内治法来调整脏腑功能或攻逐病邪，而获得治疗效果。常用的内治法有：疏风清热法、祛风散寒法、泻火解毒法、滋阴降火法、祛湿法、止血法、活血化瘀法、疏肝理气法、平肝法、益气养血法、补益肝肾法、软坚散结法、退翳明目法。

二、外治法

眼科外治法是用具有祛风、清热、除湿、活血祛瘀及退翳明目等各种不同作用的药物与手法，对眼病从外部进行治疗的方法。除了如冷敷、热敷等纯物理疗法外，有药物配合的外治法，如用眼药水、眼药粉点眼，眼药膏涂眼，药物熏洗、外敷等，还有用器械配合的外治法，如钩割、针拨、劆洗、熨烙等。在临床应用甚为广泛，常与内治法密切配合，相得益彰，尤其是外障眼病，更是如此。

三、常用传统手术法

手术法治疗是用器械对患眼进行外治的方法。它是中医眼科外治法的重要内容之一。常用手术法有钩、割、劆、熨、烙、针等。主要适用于用药物内治或外治难以奏效的眼疾。如目疡脓成，倒睫拳毛，眼生赘疣，胬肉攀睛及圆翳内障等。

四、眼科针灸概要

眼为宗脉之所聚，脏腑精气通过经络上滋于目而精明。眼科针灸疗法，是在辨明眼病之阴阳虚实，及所病脏腑与经络之后选穴，利用针刺、艾灸或其他方法，刺激腧穴，疏通经络，调理气血，扶正祛邪，从而达到治疗眼病的目的。

第三章　西医眼科学基础

第一节　眼的解剖

眼为视觉器官，由眼球及其周围协助眼球运动和保护它的附属器、视路、视皮质及眼的相关血管神经结构组成。

一、眼球

眼球由眼球壁和眼球内容物所组成。眼球近似球形，正常眼球前后径为 24mm，垂直径较水平径略短。眼球位于眼眶前部，借眶筋膜、韧带与眶壁联系，周围有眶脂肪垫衬，其前面有眼睑保护，后部受眶骨保护。

（一）眼球壁

眼球壁可分为三层，外层为纤维膜，中层为葡萄膜，内层为视网膜。

1. 外层　主要是胶原纤维组织，前 1/6 为透明的角膜，后 5/6 为瓷白色的巩膜共同构成眼球完整封闭的外壁（图 3-1）。

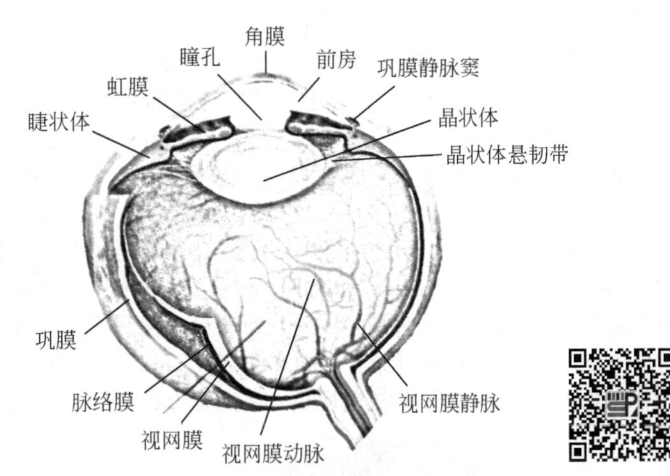

图 3-1　眼球结构模式图

（1）角膜（cornea）：位于眼球最前端，呈略向前凸的透明近圆形组织结构，横径为 11.5～12mm，垂直径为 10.5～11mm，角膜前表面的曲率半径为 7.8mm，后表面的曲率半径为 6.8mm。角膜中央部最薄，平均约为 0.5mm，周边厚度约为 1mm。组织学上角膜由前向后分为：①上皮细胞层：由 4～6 层上皮细胞组成，此层再生能力强，损伤后修复快。②前弹力层（Bowman 膜）：一层无细胞结构的胶原纤维膜，无再生能力，愈合时为瘢痕组织所代替。③基质层：厚约 500μm，占整个角膜厚度 90%，由 200 余层排列规则的胶原纤维束所组成，此层受损后不能再生，由不透明纤维组织代替。④后弹力层（Descemet 膜），为较坚韧的透明均质膜，抵抗力强，此层损伤后可迅速再生。⑤内皮细胞层：为单层六角形细胞组成，此层损伤后不能再生，其修复靠细胞的移行和扩展（图 3-2）。

（2）角巩膜缘（limbus）：是角膜与巩膜的移行区，宽约 1mm，是许多内眼手术切口的重要标志部位。

（3）巩膜（sclera）：位于眼球壁外层的后部，由致密而相互交错的纤维组织构成，质地坚韧，不透明。巩膜的厚度不均匀，后极部最厚（1mm），眼外肌附着处最薄（0.3mm）。

2. 中层　即葡萄膜（uvea），因含有丰富的血管和色素，故又称为血管膜或色素膜。由前向后分为虹膜、睫状体和脉络膜 3 部分。

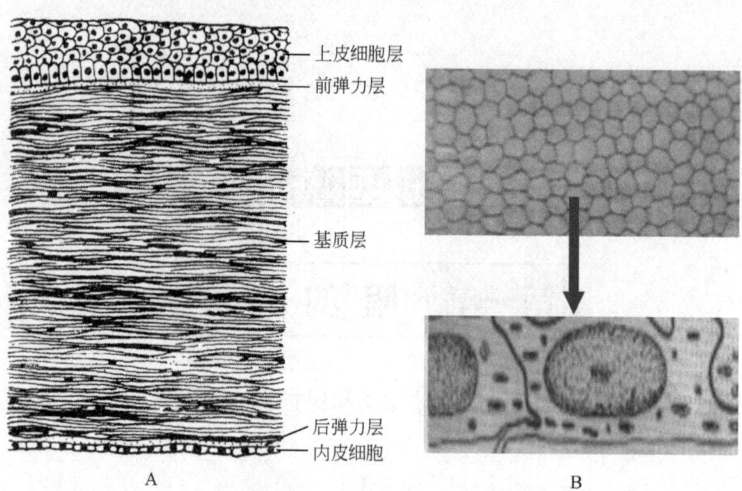

图 3-2　角膜组织结构

A. 角膜的组织结构；B. 角膜内皮细胞的组织结构

（1）虹膜（iris）：为一圆盘状膜，位于晶状体前面，根部与睫状体前缘相连。虹膜中央有一圆孔，称瞳孔（pupil），瞳孔的大小随光线的强弱而改变，平均直径 2.5～4mm。环状排列的瞳孔括约肌收缩时使瞳孔缩小，虹膜基质层后面放射状排列的瞳孔开大肌，收缩时使瞳孔开大。虹膜富含血管。

（2）睫状体（ciliary body）：位于虹膜与视网膜的锯齿缘之间，睫状体由前 1/3 隆起的睫状冠与后 2/3 睫状体平坦部组成，睫状冠表面有 70～80 个纵行放射状突起，称为睫状突，司房水分泌。

（3）脉络膜（choroid）：是色素层的最后面部分，位于巩膜与视网膜之间。脉络膜是色素丰富的血管性结构，由外向内分为大血管层、中血管层和毛细血管层。

3. 内层　为视网膜，是一层透明的膜，位于脉络膜与玻璃体之间。视网膜（retina）正后极有一椭圆形凹陷区，称黄斑（macula lutea）。其中央有一小凹，称中心凹，是视网膜上视觉最敏锐的部位。在视网膜后极偏鼻侧有一边界清楚的橙红色略呈竖椭圆形的盘状结构，称视盘（optic disc），又称视乳头（optic papilla），是视神经纤维穿出眼球的部位，大小约 1.5mm×1.75mm。视盘中央呈漏斗状凹陷，称视杯。视盘没有感光细胞，故无视觉，在视野检查中呈现一盲点，称生理盲点（图 3-3，图 3-4）。

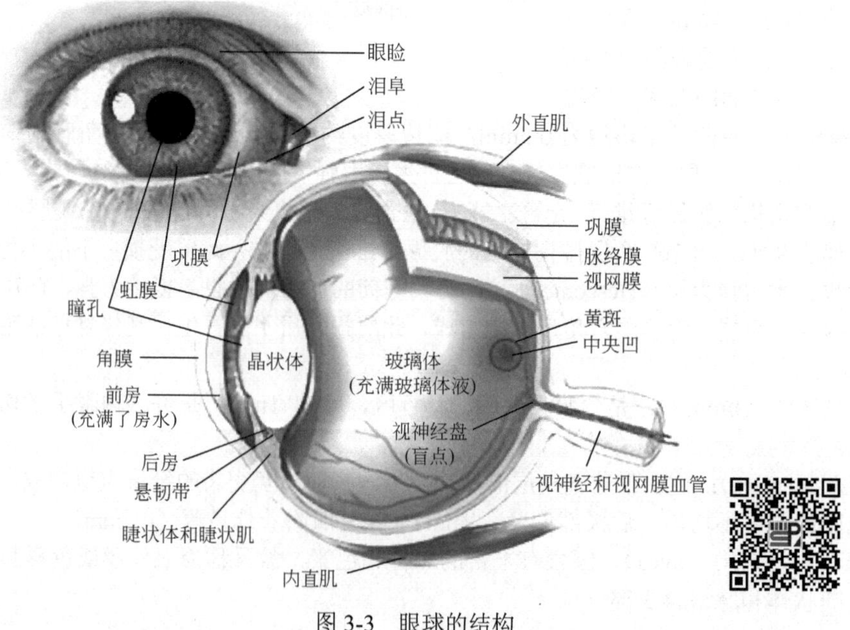

图 3-3　眼球的结构

视网膜是由胚胎时期神经外胚叶形成的视杯发育而来，视杯外层形成单一的色素上皮层，视杯内层则分化为神经感觉层，两者间有一潜在间隙，视网膜脱离即由此处分离。

视网膜色素上皮为排列整齐的单层六角形细胞，黄斑部较厚，周边部较薄。视网膜神经感觉层由外向内分别是：①视锥、视杆细胞层（光感受器细胞层）；②外界膜；③外核层；④外丛状层；⑤内核层；⑥内丛状层；⑦神经节细胞层；⑧神经纤维层；⑨内界膜（图 3-5）。

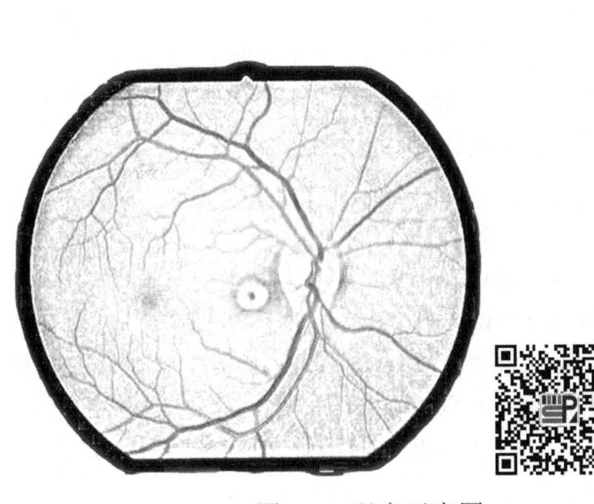

图 3-4　眼底示意图

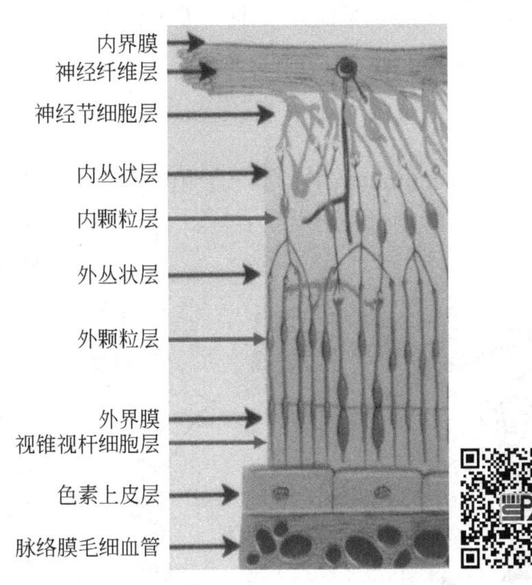

图 3-5　视网膜组织结构示意图

（二）眼球内容物

眼球内容物包括房水、晶状体、玻璃体，均属透明的屈光间质。

1. 房水（aqueous humor）　为由睫状突产生的无色透明的液体，房水充满后房和前房，其主要成分是水，占总量的 98.75%。

2. 晶状体（lens）　为一双凸面的弹性透明体，位于虹膜与玻璃体之间。晶状体由晶状体囊和晶状体纤维组成，晶状体随年龄增长晶状体核逐渐浓缩、增大，弹性逐渐减弱。

3. 玻璃体（vitreous body）　为无色透明的胶质体，充满在晶状体后面的空腔内，占眼球内容积的 4/5，成人的玻璃体约 4.5ml。玻璃体由 98%的水与 2%的胶原和透明质酸组成。

二、眼附属器

眼附属器包括眼眶、眼睑、结膜、泪器及眼外肌（图 3-6）。

（一）眼眶

眼眶（orbit）是由额骨、蝶骨、筛骨、腭骨、泪骨、上颌骨、颧骨 7 块颜面骨组成，呈尖端向后底向前的锥体。眼眶分为上、下、内、外四壁，眶尖部有视神经孔和眶上裂两个重要的通道。眼眶周围与鼻旁窦的关系较为密切，鼻窦的炎症或肿瘤，常可侵

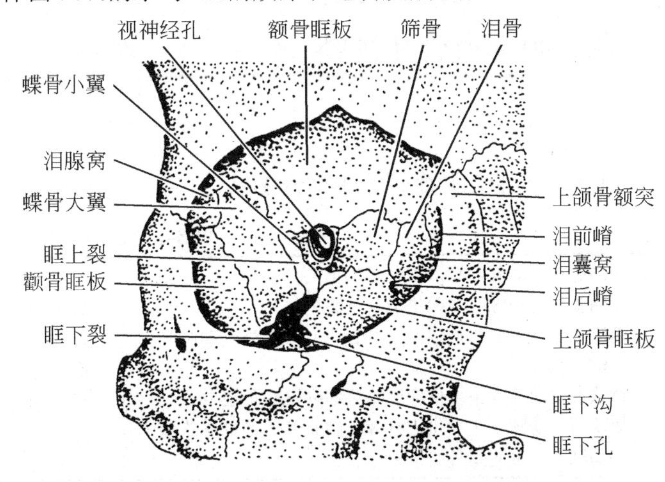

图 3-6　眼眶骨壁

及眼眶内。

（二）眼睑

眼睑（eye lids）分上下眼睑，覆盖眼球前面。上下眼睑交界处称眦角。上下眼睑的游离缘称睑缘，上下睑缘之间的裂隙称睑裂。眼睑组织分为5层，由前至后依次为皮肤、皮下组织、肌层、睑板和结膜。肌层包括眼轮匝肌、提上睑肌和Müller肌，睑板为致密的结缔组织，质硬似软骨，是眼睑的支架。

（三）结膜

结膜（conjunctiva）为一透明的菲薄黏膜组织，柔软光滑且富弹性，覆盖在睑板及前部巩膜的前面。根据解剖部位分为睑结膜、球结膜、穹隆部结膜，这三部分结膜形成一个以睑裂为开口的囊状间隙，称结膜囊。

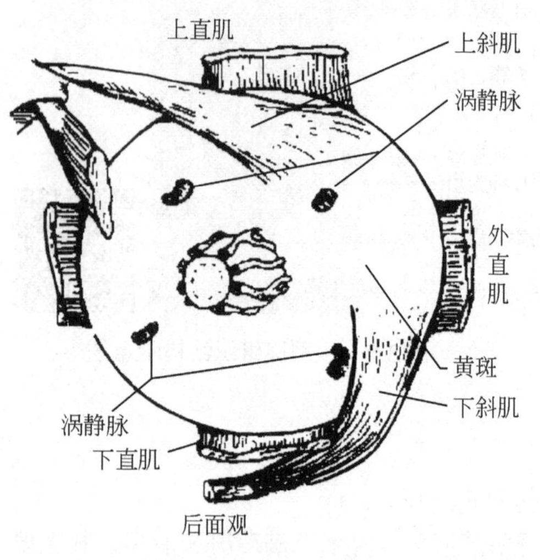

图3-7　眼外肌示意图

（四）泪器

泪器（lacrimal apparatus）包括分泌泪液的泪腺及排泄泪液的泪道两部分。泪腺位于眶缘外上方处，分为眶部泪腺与睑部泪腺两部分，共有排泄管 10～20条，开口于外侧上穹隆结膜部。泪道是泪液的排出通道，包括上下睑的泪点、泪小管、泪囊和鼻泪管。

（五）眼外肌

眼外肌（extraocular muscles）是司眼球运动的肌肉，附着在眼球壁，根据其行走方向分为直肌与斜肌，直肌有上直肌、下直肌、内直肌、外直肌四条，斜肌有上斜肌、下斜肌二条。除外直肌受外展神经支配、上斜肌受滑车神经支配外，其余均由动眼神经支配（图3-7）。

三、视路

视路（visual pathway）是视觉信息由视网膜到达大脑枕叶视觉中枢的传导径路。临床上通常指从视神经起，经视交叉、视束、外侧膝状体、视放射到枕叶视中枢的神经传导通路。

四、眼部血管和神经

（一）动脉

眼部主要的动脉血管分布见表3-1。

表3-1　眼部的血液供应

颈内动脉→眼动脉，进入眼眶后的主要分支： 视网膜中央动脉（主要供应视网膜内层） 泪腺动脉（主要供应泪腺和外直肌）→睑外侧动脉（参与睑动脉弓） 睫状后短动脉（主要供应脉络膜和视网膜外层） 睫状后长动脉（主要供应虹膜、睫状体、前部脉络膜） 肌动脉支（供应眼外肌）	眶上动脉（主要供应上睑及眉部皮肤） 鼻梁动脉（主要供应泪囊） 颈外动脉的主要分支： 面动脉→内眦动脉（主要供应内眦、泪囊与下睑内侧皮肤） 颞浅动脉（主要供应眼睑外侧及眼轮匝肌） 眶下动脉（主要供应下睑内侧、泪囊及下斜肌）

（二）静脉

眼球静脉回流主要为：①视网膜中央静脉，与同名动脉伴行，经眼上静脉或直接回流到海绵窦。②涡静脉，位于眼球赤道部后方，共 4～7 条，经眼上、下静脉回流到海绵窦。③睫状前静脉，上半部静脉血流入眼上静脉，下半部血流入眼下静脉，大部分经眶上裂注入海绵窦，一部分经眶下裂注入面静脉及翼腭静脉丛，进入颈外静脉。

（三）神经

眼部的神经支配丰富，共有 6 对脑神经与眼有关。第Ⅱ脑神经——视神经；第Ⅲ脑神经——动眼神经，支配眼内肌、提上睑肌和除外直肌、上斜肌以外的眼外肌；第Ⅳ脑神经——滑车神经，支配上斜肌；第Ⅴ脑神经——三叉神经，司眼部感觉；第Ⅵ脑神经——外展神经，支配外直肌；第Ⅶ脑神经——面神经，支配眼轮匝肌。

第二节　眼生理生化及代谢概述

一、泪膜

泪膜（tear film）由泪液均匀地涂布于眼表面而成，为眼表结构的重要组成部分。泪膜分 3 层，表面的脂质层，主要由睑板腺分泌形成；中间的水液层，主要由泪腺和副泪腺分泌形成；底部的黏蛋白层，主要由眼表上皮细胞及结膜杯状细胞分泌形成。泪膜的生理作用是润滑眼表，保持角膜光学特性，以及清洁、营养和保护眼表组织的功能。

二、角膜

角膜是主要的眼屈光介质，屈光力约+43D，占眼总屈光力的 70%。完整的角膜上皮细胞和泪膜、基质层胶原纤维束的规则排列、角膜无血管及角膜内皮细胞通过钠泵的主动转运，共同维持角膜透明性。角膜的营养代谢来源于房水、泪膜和角膜缘血管网，能量物质主要是葡萄糖，大部分通过内皮细胞从房水中获取。角膜富含感觉神经，三叉神经眼支的神经末梢在角膜内脱髓鞘后进入上皮细胞层，因此角膜感觉十分敏锐。

三、房水

房水具有维持眼内组织代谢作用，提供必要的营养维持其正常的运转并带走代谢废物。房水还维持调节适当的眼压，这对于维持眼球结构的完整性十分重要。房水循环途径为：睫状体产生，进入后房，越过瞳孔达到前房，再从前房角的小梁网进入 Schlemn 管，通过集液管和房水静脉，汇入巩膜表面的睫状前静脉，回流到血循环。另有少部分由葡萄膜巩膜途径引流和通过虹膜表面隐窝吸收。

四、晶状体

晶状体无血管，营养来自房水和玻璃体，通过无氧糖降解途径来获取能量。晶状体是眼屈光介质的重要部分，屈光力约+19D，具有独特的屈光通透和折射功能，且可滤过部分紫外线，对视网膜有保护作用。晶状体悬韧带附着在晶状体赤道部，通过睫状体的收缩来完成眼的调节功能。晶状体细胞结构的准确排列及晶状体纤维的蛋白基质的高度有序化保持了晶状体的透明度。晶状体囊受损或房水代谢变化时，晶状体将发生混浊形成白内障。

五、视网膜

视网膜是形成视功能的重要组织，其结构复杂、细致且脆弱。视网膜包含视锥、杆细胞，双极细胞和神经节细胞三级神经元，其中光感受器接受光刺激，并通过双极细胞和神经节细胞的传递把光刺激信号在视网膜上加工成大脑可接受的信号，通过视路传至视觉中枢。其中，视锥细胞主要感受明视觉、分辨精细形态和色觉，视杆细胞主司暗视觉。视网膜上视觉最敏感区域为黄斑区，含有丰富的视锥细胞。血-视网膜屏障是视网膜组织生理的一个重要组成部分，由视网膜血管和视网膜色素上皮组成，维持视网膜内环境的稳定。视网膜通过视网膜中央血管系统和脉络膜血管供应营养物质。

第三节　眼的胚胎发育

人胚第3周初神经外胚层受诱导形成神经板，逐渐长大凹陷形成神经沟，神经沟闭合成神经管，到前脑始基形成视沟，开始了胚眼的发育。再经视泡和视杯形成，诱导表皮外胚层增厚形成晶状体板，形成晶状体泡及视柄、视神经始基、胚裂等结构的发育，胚眼始具雏形（图3-8）。

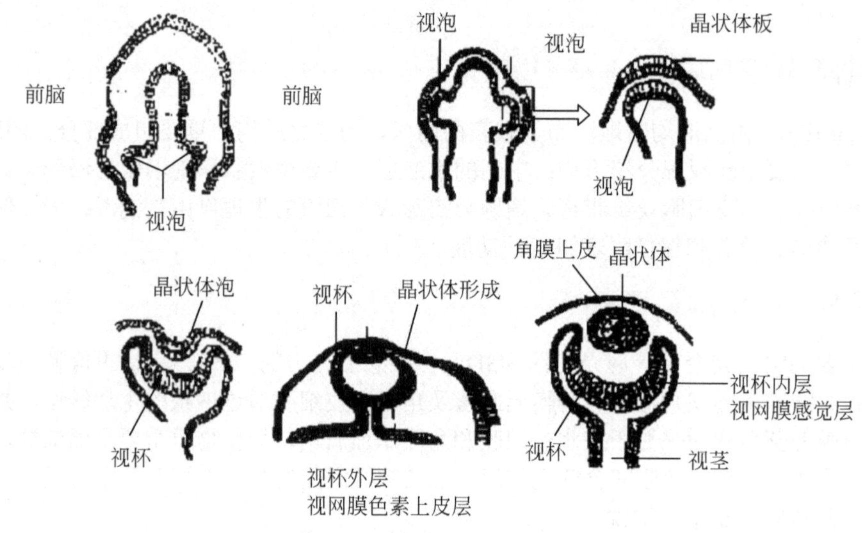

图3-8　眼的胚胎发育示意图

眼部各个组织结构的发育来源于胚胎的外胚层和中胚层，见表3-2。

表3-2　眼部组织的发育来源

神经外胚叶	视网膜、睫状体上皮、虹膜色素上皮、瞳孔括约肌和开大肌、视神经、玻璃体
脑神经嵴细胞	角膜基质和内皮、小梁网、睫状肌、葡萄膜基质、眶骨、结缔组织、巩膜、黑色素细胞、神经
表皮外胚叶	晶状体、角膜上皮、结膜、眼睑皮肤、泪器、玻璃体
中胚叶	血管、眼外肌、部分巩膜、玻璃体

第四节　眼科流行病学概述

眼科流行病学（ocular epidemiology）是将经典流行病学、临床流行病学与眼科学有机地结合，用于眼科学研究。它应用流行病学的描述性指标描述眼病的频率分布，阐明眼病发生和流行过程；

运用分析性指标探讨眼病分布原因、影响因素、预防或诊治措施的效果。

眼科流行病学常用的研究方法分为描述性研究和分析性研究两大类，描述性研究研究疾病在一定人群中发生的数量及其分布特点，包括病例报告、疾病发生的流行病学描述及描述性横断面的研究。分析性研究是检验特定病因假设时所用的研究方法，可以通过观察某一危险因素的暴露和疾病发生之间的关系来确定病因，又分为观察性研究和实验性研究两大类。

眼科流行病学研究的常用指标：

（1）患病率（prevalence）：是测量在某一时点或时段的人群中已经发生某种疾病的可能性。

（2）发病率（incidence）：是确定暴露于某种危险因素下的健康人群在某一特定时间内发生某种疾病的可能性。

发病率和患病率有明显的关联，可清楚地表达某一人群在特定时期内疾病发生的可能性和危险性。

第五节　眼科微生物学概论

眼的病原生物学是研究与眼科有关的病原生物的生物学性状、致病性与免疫性及其特异性的诊断和防治原则等的学科。眼的微生物学是眼的病原生物学的一个重要组成部分。可引起人类全身疾病的大多数病原生物也可以引起眼病。眼部常见的微生物包括细菌、病毒、衣原体、真菌及棘阿米巴、鼠弓形体等寄生虫。由病原生物感染所致的眼病称之为感染性眼病，作为眼科的常见病和多发病，应加强对其的研究和防治。

眼科常见的致病细菌包括金黄色葡萄球菌、表皮葡萄球菌、肺炎链球菌、铜绿假单胞菌、淋球菌等，其中铜绿假单胞菌是致眼感染最严重的细菌之一。常见的真菌有曲霉菌、镰刀球菌、白色念珠菌等。常见的病毒有单纯疱疹病毒、水痘-带状疱疹病毒、巨细胞病毒、EB 病毒等。沙眼是由沙眼衣原体感染的慢性传染病性炎症，其衣原体毒素作用于眼结膜。梅毒螺旋体感染可表现为多种眼病，棘阿米巴感染引起棘阿米巴性角膜炎。

第六节　其他相关基础知识概要

一、眼科遗传学

眼科遗传学主要研究眼遗传病及有眼部表现的全身性遗传病的遗传方式、发病机制及其可能的防治手段。根据遗传方式和与遗传物质的关系，眼遗传疾病分单基因遗传病、多因子遗传病及染色体病。眼遗传病中单基因遗传病最多，如高度近视、先天性上睑下垂、红绿色盲等。由遗传决定的个体具有易患某种疾病的倾向性，称为遗传易感性，如某些个体易患春季卡他性结膜炎。近年来分子生物学的进展研究对眼遗传疾病的发病机制、诊断和治疗等进行了研究和应用。

二、眼科用药概述

由于眼部存在血眼屏障等特殊解剖结构，大部分眼病的有效治疗是局部治疗。掌握药物在眼局部作用的药物动力学和药效学，方可做到合理用药。

药物在眼局部作用部位达到有效浓度和发挥作用，与药物的剂量，吸收率，组织中的结合与分布，循环药量，组织间的转运，生物转化等有关。局部给药进入眼内的药物主要通过角膜进入，药物到达眼内后通过房水弥散分布到眼内各组织，少量经玻璃体弥散到视网膜表面。滴眼剂是眼部给药最常用的方式，其他眼部给药方式还有涂眼膏法、眼周注射（结膜下注射、球筋膜下注射、球后注射）和眼内注射等。

第四章 眼科检查与常用药物治疗

眼科检查是眼病诊断的主要依据，它包括病史采集、视功能检查及眼部形态学检查。视功能检查可分为主观检测（需受试者配合）及客观检测，前者有视力、视野等；后者为视觉电生理检查。

第一节 视功能检查

视功能检查

视功能检查可分为视觉心理物理学检查（包括视力、视野、色觉、暗适应、立体视觉、对比敏感度）及视觉电生理检查两大类方法。

（一）视力

视力即视锐度（visual acuity），主要反映黄斑中心凹的视功能。分为远、近视力，后者通常指阅读视力。

视力表检查法 国际标准视力表以小数法记录视力。视力表的安放要求与被检者距离是 5m，高度在使 1.0 行与被检者眼睛等高的位置。查视力时左右两眼分别进行，可用手掌或小板遮盖一眼。检查者用杆指着视力表上的字符嘱被检者说出或用手势表示该字符缺口的方向，从上到下逐行检查，找出被检者的视力至多能将哪一行的字符完全正确认识，该行标志的数字即表示被检者的视力，正常视力标准为 1.0。如果在 5m 处连最大的字符（0.1 的一行）也不能认出，则嘱患者逐步向视力表走近，直到认出为止，此时再根据 V=0.1×d/D 的公式计算，V 为实际视力，d 为实际看见 0.1 行字符的距离，D 为应当看清该行字符的距离（5m），如在 3m 处看清，则其实际视力应为 V=0.1×3m/5m=0.06。如走到距视力表 1m 处仍不能辨认最大字符的缺口方向，则改查指数，即嘱被检者背光而立，检查者伸出不同数目的手指，嘱被检者说明有几个手指，距离从 1m 开始，逐渐移近，直到能正确辨认为止，并记下该距离，如“指数/30cm”。如在手指距眼 5cm 处仍不能正确数指，则改查手动，即在被检者眼的前方摆动检查者的手，并逐渐移近，直到能正确判断手在摆动还是没有摆动为止，并记下该距离，如“手动/50cm”。如即使在靠近被检者眼前摆手也不能正确判断手动，则改查光感，即在暗室内用检眼镜光或手电照射被检眼（这时须用手掌将另一眼捂紧不让透光），测试被检者是否能正确判断眼前有亮光还是没有亮光，如能则记为“光感”，并记录能看到光的距离，一般到 1m 为止，否则记为“无光感”。对有光感者还要检查光源定位，即嘱患者眼向前方注视不动，将检眼镜光放在被检眼前 1m 处的上下左右，或用小电筒从这些方位向被检眼投射，测试患者能否正确判定光源的方向，如能则记为“光定位存在”；否则记为“不能定位”，并说明哪个方向能判定、哪个方向不能判定。

近视力用标准近视力表（徐广第等制，用小数法记录）或 Jaeger 近视力表（用 J1～J7，表示近视力的好坏，J1 最好，J7 最差），在充足照明下，放在距眼 30cm 处检查，如近视力很差，在 30cm 处不能看清最大字符，也可移近距离检查，但这时须同时记录实际距离，因视角改变，所得结果的意义与在 30cm 处检查者不能等同。

检查视力时，须同时检查远、近视力，这样不仅可以大致了解患者的屈光状态，同时还可以比较正确地评估患者的劳动能力，例如有些患者虽然远视力很差而且不能矫正，但如将书本文件移近眼前仍可阅读书写。

正常小儿出生时视锐度略低于 0.1。出生后视力迅速发育增长，在 6 岁时已达 1.0，幼儿时期如视力发育发生障碍，则有形成弱视终生无法提高的危险，所以婴幼儿的视力检查，对早期发现疾病及时治疗有重要意义，虽不能得到小儿的合作，仍可检查注视反射和跟随反射是否存在，以大致了解其视力情况，即将手电筒光或不同大小色泽鲜亮的物体置于被检小儿的前方，观察其是否注视灯光或该物体，在目标移动时，其眼球或头部是否跟随目标移动。此外，如有一眼失明，则在遮盖盲眼时小儿安静如常，在遮盖健眼时则躁动不安，并力图移去或避开遮盖物。

有些国家不采用小数记录，直接按上述公式记录视力，将视力表置于 6m（或 20 英尺）处，将视力记录为 6/6、6/12、6/30、6/60，或 20/20、20/40、20/200 等，计算成相应的小数记录，则为 1.0、0.5、0.2、0.1 或 1.0、0.5、0.1 等。

（二）视野

视野（visual field）是当眼球向正前方固视不动时所见的空间范围，与中心视力相对而言，它是周围视力。距注视点 30° 以内的范围称为“中心视野”，30° 以外称为“周边视野”。视野与视力同样对人的劳动生活有重大影响，视野狭小者不能驾驶交通工具或从事本身或周围物体有较大范围活动的劳动，甚至行路也有困难。

许多眼病及神经系统疾病都可引起视野缺损，不同的眼病、不同部位的神经系统疾病所造成的视野缺损都有各自不同的特点。所以视野检查不仅用于鉴定劳动能力，同时也是诊断和鉴别眼科和中枢神经系统疾病的重要方法。检查视野的方法很多，并且在不断地改进，总的趋势是逐步走向定量和自动化，目前有下列几种。

1. 简单对比法 被检者与检查者对视，眼位等高，相距 0.5m。检查右眼时，被检者的右眼与检者的左眼彼此注视，并各遮盖另一眼，检查左眼时反之。检查者将手指（或持一棉球）置于与二人等距离之处，在各方向从外周向中央移动，如被检者能在各方向与检者同时看到手指，即可认为视野大致正常。

2. 弧形视野计（perimeter） 是比较简单的动态检查周边视野的器械。弧弓的半径为 33cm，被检眼注视中心目标，遮盖另一眼。检查者持带柄的视标沿弧的内侧面由周边向中央缓缓移动，直到被检者看见为止，记下弧上所标的角度，再将视标继续向中心移动直到注视点为止，如在中途患者感到在某处视标消失，或以后又在某处重新出现，就要再记录该处的角度。依次查 12 个径线，将各径线开始看见视标的角度在视野表上连接画线，即为被检眼的视野范围，将各方向视标消失及重现的各点连接成线则可显示视野中的暗点。

同一被检眼用不同大小、不同颜色的视标检查，所得视野范围不同。常用者为 3mm 的白色视标，其正常范围为颞侧 90°、鼻侧 60°、上方 55°、下方 70°。蓝、红、绿色视野依次递减 10° 左右。

3. Amsler 方格检查法 被检者在阅读距离注视小方格图形的中心，图形共有 400 个小方格，每小格长宽均为 5mm，线条均匀笔直、方格大小相等，相当于 10° 范围的中心视野，在黄斑部视网膜病变时被检者会感到直线扭曲、方格大小不等、或某处方格的线条缺失或被暗影遮盖等现象（图 4-1）。

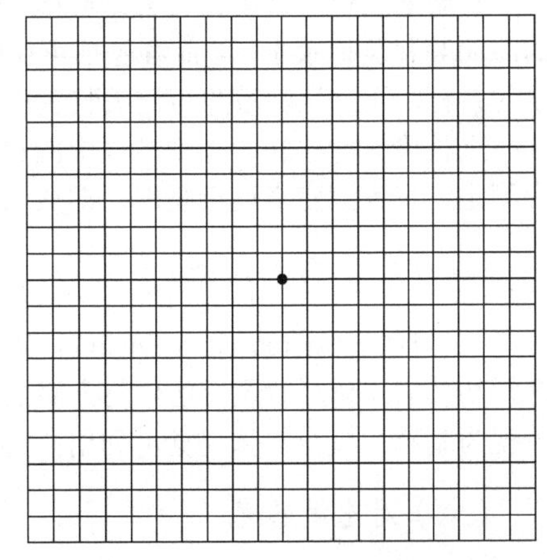

图 4-1 Amsler 方格表

4. 自动化视野计　最新的视野计在上述改进的基础上配备微机，自动按照程序在视野的各个位点显示由弱到强的光刺激，对被检者的应答（以按钮的方式表示看见与否）作出反应，在检查完毕后打印报告，以图形、记号及数字记录被检者视野中各个位点的光阈值及其与同年龄正常眼的差别，从而给出视野的总丢失量和局限性缺损的范围与深度。

（三）色觉

1. 色觉　从事交通运输、建筑、美术、化学、医学等工作的人应当有正常的色觉（color vision），在服兵役、就业、入学前必须检查色觉。

2. 色觉障碍　常见的色觉障碍是一种性连锁遗传的先天异常，也可发生于某些视神经、黄斑疾病，后者称获得性色觉障碍。色觉障碍按其轻重可分为色盲及色弱，色盲有红色盲、绿色盲、全色盲等不同种类，最常见者为红绿色盲。

3. 常用的色觉检查法　色觉检查属于主觉检查，有以下几种方法。

（1）假同色图（pseudoisochromatic plates）：常称色盲本。在同一幅色彩图中，既有以相同亮度不同颜色的斑点组成的图形或数字，也有以相同颜色不同亮度的斑点组成的图形或数字。色觉正常者能够辨别出各种不同颜色组成的图形或数字；虽然能够正确认出，但表现出困难或辨认的时间延长者为“色弱”；无法辨认出图形或数字，而只能判断明暗颜色者为“色盲”。检查时须在充足的自然光线下进行，图表距眼 0.5m，应在 5s 内读出。

（2）FM-100 色彩试验及 D-15 色盘试验：此法为在固定照明条件下，嘱患者将许多有色棋子依次将与前一个棋子颜色最接近的棋子排列在前一个棋子的后面，根据其排列顺序的正常与否来判断有无色觉障碍及其性质与程度。

（3）色觉镜（anomaloscope）：利用红光与绿光适当混合形成黄光的原理，根据被检查者调配红光与绿光的比例来判断是否有色觉障碍及色觉障碍的性质与程度。

（四）暗适应

当眼从强光下进入暗处时，起初一无所见，以后逐渐能看清暗处的周围物体，这种对光的敏感度逐渐增加、最终达到最佳状态的过程称为暗适应（dark adaptation）。暗适应检查可对夜盲这一主觉症状进行比较客观和量化的评定，所以可用以诊断和观察各种可以引起夜盲的疾病，如视网膜色素变性、维生素 A 缺乏症等。

1. 对比法　这是一种简易的方法，由被检者与暗适应正常的检查者同时进入暗室，分别记录在暗室内停留多长时间才能辨别周围的物体，如被检者的时间明显较长，即表示其暗适应能力差。

2. 暗适应计　常用的有 Hartinger 计、Goldmann-Weeker 计等，基本结构相似，分为可调光强度的照明装置及记录系统，前者包括可作明适应的强光投射及暗适应时从很弱的光刺激逐渐增高的光投射目标。通过光刺激源与记录装置相关联的旋转钮和活动标尺，在记录纸上以一定的时间间隔连续打上被检者能感知的光刺激强度的记号。通常在作 5～15min 的明适应以后，再作 30min 的暗适应测定，将各测定点连接画图，即成为暗适应曲线。

（五）立体视觉

立体视觉（stereoscopic vision）又称深度觉或空间视觉，即不仅能认识物体的平面形状，并能感知物体的立体形状及该物体与人眼的距离，或两个物体相对的远近关系。立体视觉一般须以双眼单视为基础。检查立体视觉可利用同视机或立体视觉检查图片，立体视锐度的正常值≤60 弧秒。

（六）对比敏感度

将不同空间频率（即在一定的视角内明暗相间的条纹数目不同）作为横坐标，将条纹与空白之间亮度的对比度作为纵坐标，即将视角与对比度结合起来，测定对各种不同空间频率的图形人眼所能分辨的对比度，得出对比敏感度函数（contrast sensitivity function，CSF）。某些疾病在利用视力表还不能查出视力减退时就已表现出对比敏感度曲线的异常，所以这种检查有助于更早地发现眼病。对比敏感度利用由光栅屏幕、记录装置和微机组成的仪器检查，也可用 Arden 图片进行简易的测量。

（七）视觉电生理检查

视觉电生理检查是利用视器的生理电活动了解视觉功能，包括眼电图（electrooculogram，EOG）、视网膜电流图（electroretinogram，ERG）及视觉诱发电位（visual evoked potential，VEP）。它是一种无损伤的客观检查法，现将其主要原理及反映病变的部位简述如下。

1. 眼电图 因眼球内外存在电位差，故在不加额外光刺激时，也有静息电位。眼电图就是使眼球依一定的角度转动，导致静息电位发生变化，在明适应和暗适应下记录静息电位的变化，测定变化中的谷值与峰值进行对比。产生 EOG 的重要前提是光感受器细胞与色素上皮的接触及离子交换，所以 EOG 异常可以反映视网膜色素上皮病变、光感受器细胞疾病、中毒性视网膜疾病及脉络膜疾病。

2. 视网膜电流图 利用光线刺激引起视网膜的电活动，称为动作电位。ERG 就是在给予一定的光刺激时，利用角膜接触镜或金箔电极收集视网膜的电反应，分析电位的振幅与时程，ERG 又分为以闪光作为刺激的闪光视网膜电流图（F-ERG）、以图形作为刺激的图形视网膜电流图（P-ERG）和多焦视网膜电流图（mERG）。F-ERG 来源于视网膜光感受器细胞，以及继它以后的神经元细胞（但不包括神经节细胞），它反映各种视网膜疾病，包括视网膜色素变性、视网膜循环障碍、视网膜脱离、糖尿病性视网膜病变、眼内金属异物或其他原因所致的视网膜中毒等。

P-ERG 是以方格转换图形的形觉刺激代替单纯的光刺激，它的波形决定于视网膜内层的功能状态，所以主要用于探测黄斑疾病、青光眼等眼病所造成的视网膜内层功能损害。

3. 视觉诱发电位 是由大脑皮层枕区对视觉刺激发生的一簇电信号，代表神经节细胞以上的视信息传递状况，故临床上可用于黄斑病变、视神经疾患、青光眼的诊断及客观视力的测定（图 4-2）。

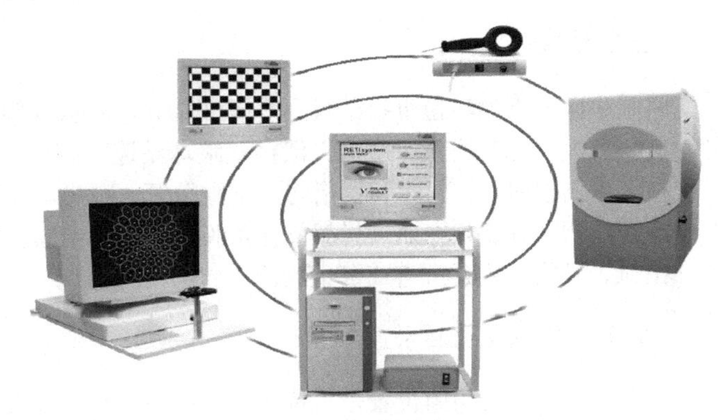

图 4-2 视觉电生理

第二节 眼部形态学检查

眼的检查应在良好照明下，系统地按顺序进行，由外向内，先右眼后左眼。如患者有严重的眼痛及刺激症状，可先滴 0.5%丁卡因 1～2 次后再作检查。患儿哭闹不合作，可嘱家长将手足及头部固定，如眼睑紧闭不睁开，可用开睑钩拉开眼睑进行检查。若遇有化学性烧伤时，应立即用大量生理盐水或清洁的自来水冲洗，并除去结膜囊内存留的物质，然后再详细询问病史，进行系统检查。

一、眼附属器检查

（一）眼睑

观察眼睑皮肤有无红、肿、化脓、糜烂、瘀血、气肿、瘢痕或肿物；有无内翻或外翻；两侧睑裂是否对称，上睑提起及睑裂闭合功能是否正常。睫毛是否整齐、方向是否正常、有无变色、脱落，根部有无充血、鳞屑、脓痂或溃疡。

（二）泪器

注意泪点有无外翻或闭塞，泪囊区有无红肿压痛或瘘管，在无红肿时压挤泪囊看有无分泌物自泪点溢出。在泪溢症时可采取下列方法检查泪道有无阻塞。

（1）荧光素钠试验：将1%～2%荧光素钠液滴入结膜囊内，2min后擤出鼻涕，如带绿黄色，即表示泪道通畅。

（2）泪道冲洗：用小注射器套上6号钝针头，向下泪小点注入生理盐水，如患者诉有水流入口、鼻或咽部，亦表示泪道通畅。

（3）X线碘油造影或超声检查：可进一步了解泪道阻塞的部位及泪囊大小，以便考虑手术问题。

泪液分泌减少或其组成成分异常可引起眼干燥症，诊断眼干燥症可采用Schirmer试验或检查泪膜破裂时间。Schirmer试验的方法是用一条5mm×35mm的滤纸，将一端折弯5mm，置于下睑内侧1/3结膜囊内，其余部分悬垂于皮肤表面，轻闭双眼，5min后测量滤纸被泪水渗湿的长度，如短于5mm则表明泪液的分泌减少。

测量泪膜破裂时间（breaking up time，BUT）：须先将患者头部安置在裂隙灯显微镜头架上，用钴蓝色滤光片观察。在球结膜囊内滴2%荧光素钠一滴，嘱患者眨眼数次使荧光素均匀分布在角膜上以后，再睁眼凝视前方，不得眨眼，检查者从患者睁眼时起立即持续观察患者角膜，同时开始计时，直到角膜上出现第一个黑斑（泪膜缺损）时为止，如短于10s则表明泪液分泌不足。

（三）结膜

将眼睑向上下翻转检查睑结膜及穹隆部结膜，注意其颜色，以及是否透明光滑，有无充血、水肿、乳头肥大、滤泡增生、瘢痕、溃疡、睑球粘连，有无异物或分泌物。

检查球结膜时，以拇指和食指将上下睑分开，嘱患者向上下左右各方向转动眼球，观察有无充血，特别注意区分睫状充血（其部位在角膜周围）与结膜充血（其部位在球结膜周边部），有无疱疹、出血、异物、色素沉着或赘生物。

（四）眼球位置及运动

注意两眼直视时角膜位置是否位于睑裂中央，高低位置是否相同，有无眼球震颤、斜视。眼球大小有无异常、有无突出或内陷。

检测眼球突出的简单方法是使患者采取坐位，头稍后仰，检查者站在患者背后，用双手食指同时提高患者上睑，从后上方向前下方看两眼突度是否对称。如需精确测量眼球前后位置是否正常，并记录其突出的程度，可用Hertel突眼计测量，即将突眼计的两端卡在被检者两侧眶外缘，嘱其向前平视，从该计反光镜中读出两眼角膜顶点投影在标尺上的读数。我国人眼球突出度正常平均值为12～14mm，两眼差不超过2mm。检查眼球运动时嘱患者向左右上下及右上、右下、左上、左下八个方向注视，以了解眼球向各方向转动有无障碍。

（五）眼眶

观察两侧眼眶是否对称，眶缘触诊有无缺损、压痛或肿物。

二、眼球前段检查

检查眼球前段常用的仪器是裂隙灯显微镜，用来检查角膜、前房、虹膜、晶状体及玻璃体。裂隙灯显微镜（slit lamp microscope）由两个系统组成，即供照明的光源投射系统及供观察的放大系统。用它可在强光下放大 10～16 倍检查眼部病变，不仅能使表浅的病变看得十分清楚，而且可以调节焦点和光源宽窄，形成光学切面，查明深部组织病变及其前后位置。附加前置镜、接触镜、前房角镜、三面镜，还可检查前房角、玻璃体和眼底。再配备前房深度计、压平眼压计、照相机，其用途更为广泛。

1. 角膜 注意角膜大小、弯曲度、透明度及表面是否光滑。有无异物、新生血管及混浊，感觉如何，角膜后有无沉着物（keratic precipitate，KP）。

为了查明角膜上皮有无缺损及角膜混浊是否溃疡，可用消毒玻璃棒沾无菌的 1%～2%荧光素钠液涂于下穹隆部结膜上，过 1～2min 后观察，黄绿色的染色可显示上皮缺损的部位及范围。

检查角膜感觉的简单方法是从消毒棉签拧出一条纤维，用其尖端从被检者侧面移近并触及角膜，如不引起瞬目反射，或两眼所需触力有明显差别，则表明角膜感觉减退，这多见于疱疹病毒所致的角膜炎或三叉神经受损者。

2. 巩膜 注意巩膜有无黄染、充血、结节及肿物。

3. 前房 观察前房深度、房水有无混浊、积血、积脓。

4. 虹膜 观察颜色、纹理，有无新生血管、色素脱落、萎缩、结节，以及前粘连（与角膜粘连）与后粘连（与晶状体粘连），有无根部离断及缺损，有无震颤等。

5. 瞳孔 两侧瞳孔是否等大、形圆，位置是否居中，边缘是否整齐。正常成人瞳孔在弥散自然光线下直径为 2.5～4mm，幼儿及老年人者稍小。检查瞳孔的各种反射对于视器及全身病的诊断都有重要意义，现分述如下。

（1）直接光反射：在暗光照明环境中用手电筒直接照射左眼（或右眼）瞳孔，该眼瞳孔迅速缩小，这需要该眼瞳孔反射的传入和传出神经通路共同参与。

（2）间接光反射：在暗光照明环境中，用手半遮盖右眼（或左眼）使该眼不受手电筒照射，但能被检查者窥视，用手电筒照射左眼（或右眼）时，右眼（或左眼）瞳孔缩小，这只需要对侧眼瞳孔反射的传出途径参与。

（3）Marcus-Gunn 瞳孔：先用手电筒照射左眼使左眼瞳孔缩小，随即迅速移动手电筒照在右眼上，这时见右眼瞳孔不但不缩小，反而扩大；这是因为右眼瞳孔本来由于间接反射而缩小，当手电筒从左眼移开照在右眼上时，右眼的间接反射已消失，而直接反射又不正常，所以，瞳孔反而扩大，右眼的间接反射存在而直接反射有障碍，说明右眼瞳孔反射的传出途径无障碍，传入途径有障碍，所以这种现象又称为相对性传入性瞳孔障碍，这种体征特别有助于诊断单眼的球后视神经炎及青光眼等眼病。

（4）辐辏及调节反射：先嘱被检者注视一远方目标，然后嘱其立即改为注视 15cm 处自己的食指，这时两眼会聚及瞳孔缩小。

（5）Argyll-Robertson 瞳孔：直接光反射消失而辐辏反射存在，这种体征可见于神经梅毒。

6. 晶状体 观察晶状体有无混浊，有无异物，有无形态异常和位置改变，有无脱位。

7. 玻璃体 观察前段玻璃体有无混浊、出血。

三、前房角镜检查

前房角由前壁、后壁、及两壁所夹的隐窝三部组成。前壁最前为 Schwalbe 线，为角膜后弹力层终止处，呈白色、有光泽、略微突起；继之为小梁网，上有色素附着，是房水排出的通路，巩膜静脉窦即位于它的外侧；前壁的终点为巩膜突，呈白色。隐窝是睫状体前端，呈灰黑色，又称睫状体带。后壁为虹膜根部。前房角的各种结构必须利用前房角镜（gonio-scope），通过光线的折射（直接房角镜）或反射（利用间接房角镜配合裂隙灯显微镜）才能查见（图 4-3）。

判断前房角的宽窄与开闭对青光眼的诊断、分类、治疗及预防具有重要意义，所以前房角镜检查是青光眼防治工作的常用方法。Shaffer 按所见虹膜平面与小梁表面所形成的夹角分类，此角>20° 为宽房角，<20° 为窄角，有房角关闭的可能，且此角越窄，发生闭角青光眼的可能性越大。

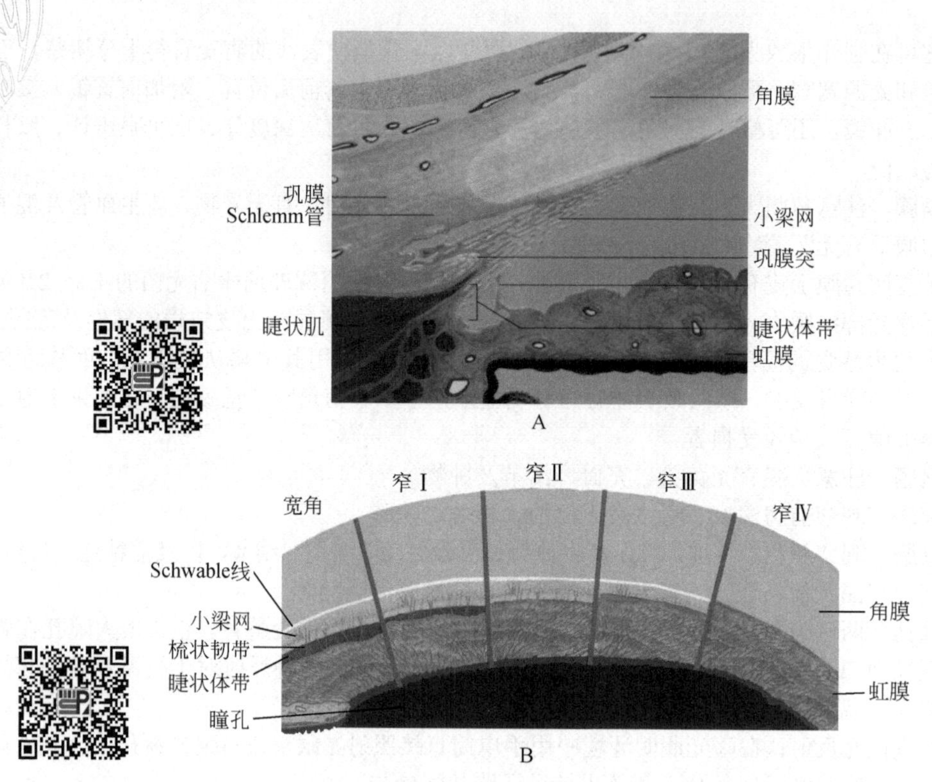

图 4-3
A.前房角的结构示意图；B.前房角宽窄分级法示意图

Scheie 则提出在眼球处于原位时能看见房角的全部结构者为宽角，否则为窄角，并进一步将窄角分为四级，即在改变眼球位置或施加少许压力后才能看到睫状体带者为窄Ⅰ，能看见巩膜突者为窄Ⅱ，能见前部小梁者为窄Ⅲ，只能见到 Schwalbe 线者为窄Ⅳ。小梁被虹膜根部贴附粘连为房角关闭，否则为房角开放。此外，为了发现前房角的细小异物、新生物及新生血管等病变，也必须应用前房角镜检查。目前一般都采用间接前房角镜检查。

四、眼压测量

眼球内容物对眼球壁的压力，称为眼内压。测量眼内压有两种方法，即指测法及眼压计测量法。

（一）指测法

最简单估计眼压的方法是指测法，测量时嘱患者两眼尽量向下注视，检查者将两手食指尖放在上睑板上缘的皮肤面，两指交替轻压眼球，估计眼球的硬度。记录时以 T*n* 表示眼压正常，T+1 表示眼压轻度增高，T+2 表示眼压很高，T+3 表示眼压极高。反之则以 T-1、T-2，T-3 分别表示眼压稍低、很低及极低。

（二）眼压计测量法

1. Schiotz 眼压计　此眼压计我国目前尚在比较广泛应用。患者仰卧低枕，滴 0.5%地卡因 2～3 次，一边等待充分的表面麻醉，一边准备眼压计，包括测试眼压计摩擦力是否过大，在试板上试测时指针是否指零，并用 75%酒精棉球擦拭底板待干。测量时嘱患者举起左手伸出食指，作为注视点，使角膜恰在水平正中位，检查者右手持眼压计，左手拇指及食指分开上下睑固定于眼眶缘上，不可使眼球受压。将眼压计底板垂直放在角膜中央，先用 5.5 砝码，读指针刻度，如读数小于 3，则需用更换更重的砝码再量。由刻度读数查表得出眼压的实际数字，测毕结膜囊内滴抗生素眼药水。此眼压计为压陷式，其刻度的多少决定于在眼压计压针的压迫下角膜向下凹陷的程度，在测量时引起眼球容积的变化较大，所以测出的数值受到球壁硬度的影响。在球壁硬度显著异常者会给出错误的偏高或偏低的数据，用两个砝码测量后查表校正可消除球壁硬度造成的误差，但仍不如压平眼压计准确。

2. Goldmann 压平眼压计 附装在裂隙灯显微镜上，用显微镜观察，坐位测量。它是一种压平眼压计，在测量时仅仅使角膜凸面稍稍变平而不下陷，眼球容积改变很小，所以基本上不受球壁硬度的影响。还有 Perkin 压平眼压计，原理与 Goldmann 眼压计相同，其优点是可以手持使用，不需要裂隙灯显微镜，被检者取坐位、卧位都可测量。

3. 非接触压平眼压计 非接触压平眼压计的原理是利用一种可控的空气脉冲，其压力具有线性增加的特性，将角膜压平一定的面积，再利用监测系统感受角膜表面反射的光线，并将角膜压平到一定程度所需的时间记录下来，换算成眼压的 mmHg 值。它的最大优点是彻底避免了通过眼压计引起的交叉感染，并能应用于对表面麻醉药过敏的患者。其缺点是所得数值可能偏低（图 4-4）。

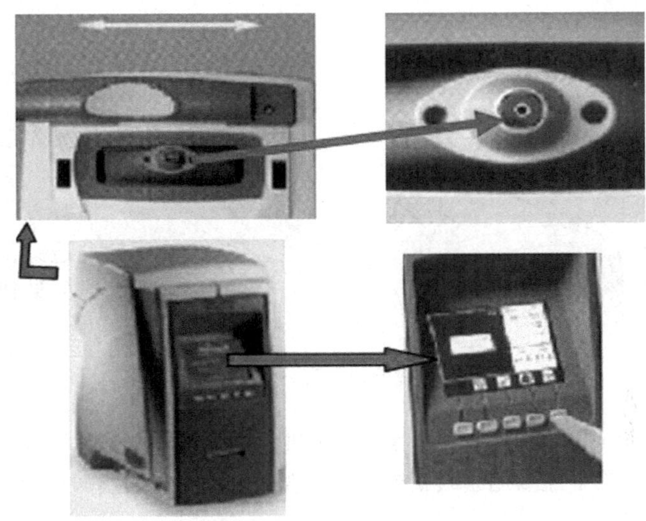

图 4-4 非接触压平眼压计

五、检眼镜检查

检眼镜是检查玻璃体、视网膜、脉络膜、视神经疾病的重要工具；由于视神经、视网膜是脑的延续部分，视网膜血管通过检眼镜可以直接观察，所以中枢神经系统、心血管、血液、内分泌等全身性疾病也要进行眼底检查。眼底检查最好在暗室进行，因为在黑暗中瞳孔可自然放大，使眼底检查更为方便，观察更准确。如有必要用药物放大瞳孔详查眼底，应当先了解前房深浅、房角的宽窄，因窄房角眼放瞳有激发闭角性青光眼发作的潜在危险。检眼镜有直接检眼镜和间接检眼镜两种。

（一）直接检眼镜

直接检眼镜所见眼底为正像，放大约 16 倍。

（1）持检眼镜法：食指放在检眼镜的镜片转盘上，以便随时调整屈光度；拇指及其余 3 指握住镜柄。检查右眼时，检查者站在被检者右侧，用右手持检眼镜，用右眼观察；检查左眼时，则改为左手和左眼，站在左侧。先作彻照法观察眼的屈光间质有无混浊，将镜片拨到+8～10D，距被检眼 10～20cm，将检眼镜灯光射入瞳孔，正常时瞳孔区呈橘红色反光，如角膜、晶状体或玻璃体有混浊，则在红色反光中出现黑影；此时嘱被检者转动眼球，如黑影移动的方向与眼球一致，则表明混浊位于晶状体前方，如相反则位于晶状体后方，如不动则在晶状体。再将转盘拨到“0”处，将检眼镜移近到受检眼前约 2cm 处检查眼底，如被检眼与检查者双方都是正视，则可看清眼底，如不能看清，可拨动转盘至看清为止。嘱患者向正前方注视，检眼镜则从颞侧约 15° 处投入光线以检查视乳头，再嘱患者向上、下、左、右各方向注视检查周边部，最后嘱患者注视检眼镜灯光检查黄斑部。

（2）眼底检查正常表现：为视乳头略呈椭圆形，淡红色，边界清楚。中央有凹陷，色泽稍淡，称为生理凹陷，亦称为视杯。视杯的直径与视乳头直径的比，称杯/盘比（C/D），正常 C/D 一般 ≤0.3，若 C/D>0.6，则可疑为青光眼杯。若视乳头边界模糊、隆起，应考虑为视乳头水肿或视神经炎，如色泽苍白可疑为视神经萎缩。

视盘有视网膜中央动脉和视网膜中央静脉。视网膜中央动脉色鲜红，静脉色暗红，动静脉管径之比为2∶3，如动脉变细或动静脉交叉处静脉中断或尖削，则表明有动脉硬化。

视网膜正常时透明，可透见下方之色素上皮及脉络膜，故呈均匀深橘红色或豹纹状，许多眼病或全身病都可使视网膜出现水肿、出血、渗出、坏死或色素异常。

黄斑部位于视乳头颞侧距2PD（乳头直径）稍偏下处，呈暗红色、无血管、其中心有一针尖样反光点，称为中心凹反光。

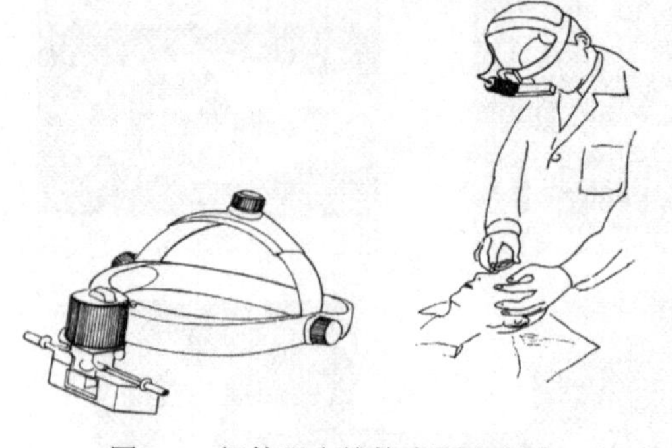

图 4-5　间接眼底镜检查眼底方法

（二）间接检眼镜

所见为眼底的倒像，放大4倍，可视范围大，须散大瞳孔，现多用双目间接眼底镜。

检查方法：用额带固定于头部，光源装在额带上，手持凸透镜置于眼前，接受从眼底反射出来的光线，检查时所见到的像是倒像（图4-5）。

（三）激光扫描检眼镜

对眼底检查有独特的优越性，可动态观察视网膜隆起或凹陷的形态和程度，还可进行视乳头的三维数据分析，计算生理凹陷深度、C/D比值、盘缘面积等。主要用于眼底视乳头、视网膜及黄斑部疾病检查。

第三节　眼科影像学检查

近年来影像学检查发展很快，已逐渐成为眼科临床诊断的常用方法，故在此作一简要的概述，其所见体征则将在各眼病有关章节中讨论。

一、超声检查

超声检查（ultrasonography）可以发现眼内及眶内病变；且因不同组织有不同的声学特征，可对眼各种组织进行生物测量及在一定程度上辨别肿物的组织学性质。超声的另一特点是在操作过程中可以作动态观察，如发现血管的搏动，加压时肿物形态的改变等。如再配合多普勒（Doppler）则更可测量颈内动脉、眼动脉、直到视网膜中央动脉、睫状动脉的血流速度。

常用的超声检查有A型和B型两种。A型超声对回声（即组织的界面反射）以波型显示，并以波幅反映回声的强弱，以波的形状反映界面及所测组织的情况；B型超声则以图形显示回声，以光点多少反映回声的强弱，以光点的形状反映界面及所测组织的情况。A型的优点是测距精确，回声的强弱比较量化，所以特别适用于生物测量及判断病变的性质。缺点是不够形象化，定位不方便，B型超声则能显示组织及病变的声学切面的图像，直接显示病变的大小范围形态、部位、性质及与周围组织的关系（图4-6，图4-7）。

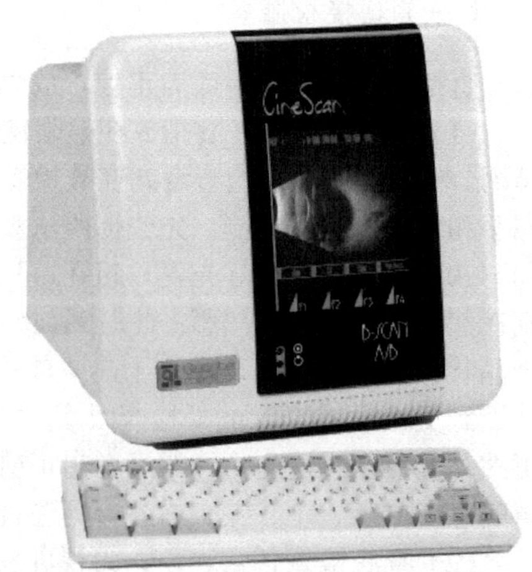

图 4-6　眼科A型和B型超声检查仪

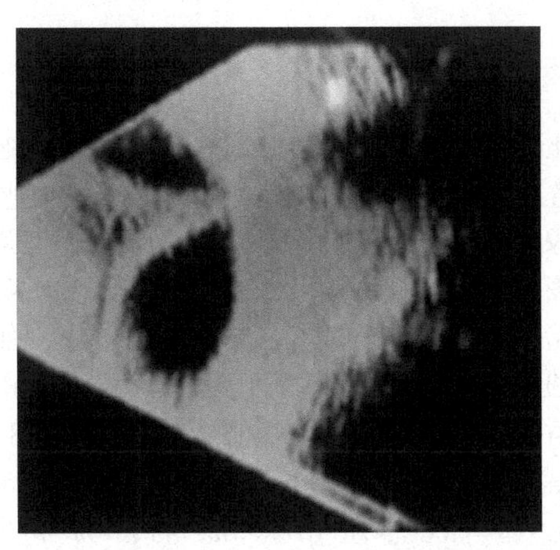
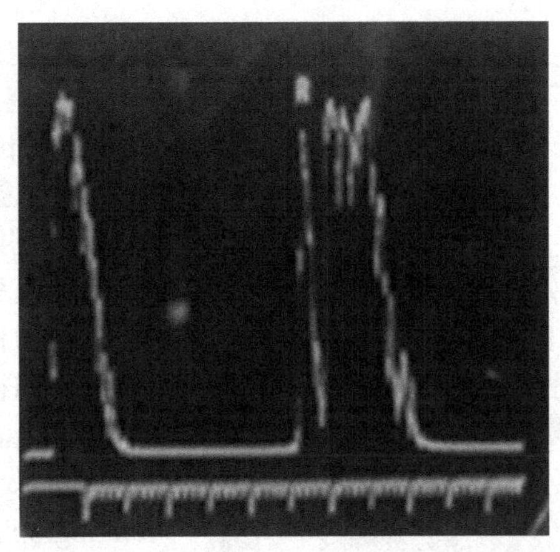

图 4-7 视网膜脱离 B 超和 A 超图像

二、电子计算机体层扫描检查法

电子计算机体层扫描检查法（computer tomography，CT）为将电子计算机技术应用于 X 线断层摄影，对眼内、眶内、及与眼有关的颅内疾病的诊断有广泛的应用价值。因不同组织透 X 线的程度不同，尤其是在用造影剂增强以后，其区分可更加明显，如一般占位病变 CT 值多在+50 左右，而眼眶脂肪则为负值，与之形成鲜明对比，故可发现很小的肿物或异物，又因其穿透力强，故可显示全部眼眶及眶周的情况，能全面地探查视器的病变，且能帮助确定病变的位置及其与周围组织的关系。但因许多肿瘤的 CT 值都很相近，所以此法对肿瘤组织的鉴别能力有限。

三、磁共振成像

磁共振成像（magnetic resonance image，MRI）通过射频探查病变，应用于眼内、眶内及有关的颅内病变的诊断。因其穿透力强，又能利用质子密度、质子流动情况，以及 T_1、T_2 等多种因素获得丰富的信息，所以在发现病变、确定病变性质，以及判定病变的位置及其与周围组织的关系上，其灵敏度均优于 CT；且因骨质缺水，质子密度很低，故可消除骨质的干扰与伪影，特别适合于检测各段视神经及与眼有关的脑神经的病变。其限制是在检查部位不能有磁性植入物，因此不能用以探测磁性异物；检查的费用也较昂贵。

四、图像分析

图像分析（image analysis）简言之是将形态信息转化为数字，进行电子计算机处理，再以图形或数字的形式输出，给检查者提供量化的信息，并且常利用色彩表示物体表面各部位不同的高度，给出所谓“地形图”（topography）。这种检查使形态学的观察具有良好的客观性、可重复性及可测量性。例如，结合眼底照相可给出有关视乳头形态的各种数据，诸如杯乳头直径比、面积比、杯体积、以及视网膜神经纤维层的厚度等；将角膜镜同心环在角膜表面投射的照片或录像输入计算机分析处理，可以给出整个角膜表面成百上千点的屈光度和曲率半径，即所谓角膜地形图，与角膜曲率计相比，它具有量化显示不规则散光，而且显示面积大，包括瞳孔区等优点，现已应用于各种角膜屈光手术的设计与评价，以及许多角膜病的早期诊断与观察；结合 Schleimpflug 照相机给出晶状体各部分各个不同层次的混浊情况；结合眼前部照相给出虹膜的弯曲度、前房角的宽度等。总之此种检查目前已成为眼科医疗及临床研究的一种重要方法。

五、荧光素眼底血管造影

荧光素眼底血管造影（fundus fluoresceine angiography，FFA）是利用装有滤光片的眼底照相机拍摄眼底照片，观察荧光素在视网膜血管及脉络膜充盈的时间和形态，以及是否有渗漏及血管外潴留等现象，可以查明一般检眼镜检查所不能发现的微循环病变。应用于视网膜及脉络膜疾病，以及视神经前部的检查。造影前一般都应常规作血、尿、血压及心电图检查。对有严重高血压、心血管疾病、肝肾功能不全者应慎用，有药物过敏史应禁用（图 4-8）。

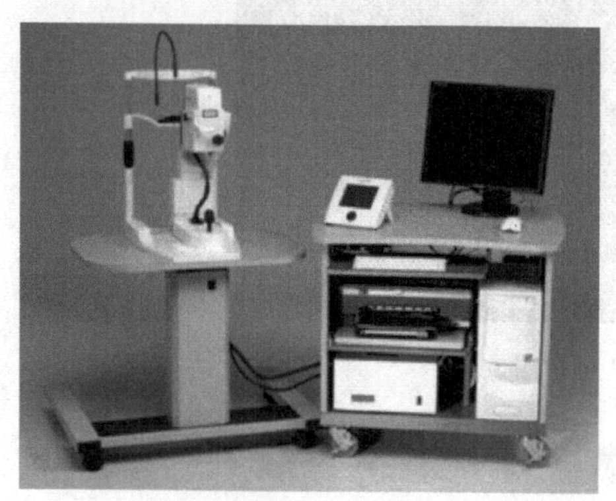

图 4-8 荧光素眼底血管造影仪、吲哚青绿脉络膜血管造影仪

吲哚青绿脉络膜血管造影（indocyanine green angiography，ICGA）是根据脉络膜结构和血循环特点而发展起来的造影检查技术。它是运用吲哚青绿快速注入受检者静脉内，经血循环至眼底血管中，在一定波长光（近红外光波）的激发下产生黄绿色荧光，与此同时作眼底实时摄像可得到眼底及脉络膜循环的动态图像。适用于脉络膜及色素上皮疾病，视网膜下新生血管等检查。其造影前准备与眼底荧光血管造影一样（图 4-8）。

六、光学相干断层扫描仪

光学相干断层扫描仪（optical coherence tomograph，OCT）是一种既可提供视网膜横断面图像，同时又可测量视网膜及视网膜神经纤维厚度的新型诊断仪器，可获得类似于活体组织病理学观察的结果（图 4-9）。于 1991 年由美国麻省理工学院的 Huang 和哈佛医学院的 Schuman 等首先报道，其原理是采用波长 830nm 的低相干光干涉仪应用光学外差式接收方式测量因在不同界面反射形成时间延搁的反射光及背景散射光，因而得到视网膜结构的横断面信息。结合因受控调制而发生位相改变的参照光路，经计算机处理可得到玻璃体视网膜界面与视网膜色素上皮层和脉络膜血管层之间的厚度，前者即视网膜神经纤维层厚度，其分辨率高于 B 超、CT、MRI，轴向分辨率 10μm，横向分辨率 20μm，一次 100 像素、深 3mm 的视网膜断层成像仅需 2.5s。虽然 Hee 等的研究表明不同个体之间的差异可受到眼球运动、仪器精密度、图像噪声等多种因素影响。但 OCT 仍不失为一种可靠的视网膜神经纤维层厚度测量法。

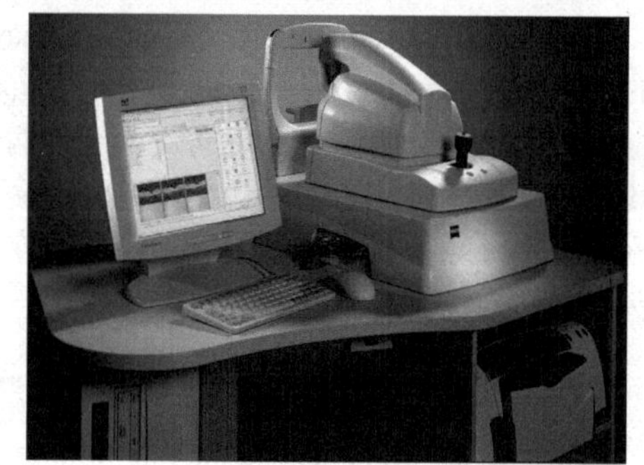

图 4-9 光学相干断层扫描（OCT）仪

正常眼 OCT：可显示眼、角膜各层，前房为特殊结构无暗区，虹膜表层、晶状体囊膜为较强反射。玻璃体为无反射区。视网膜前部红色高反射层为神经纤维层，后部的红色高反射层反映视网膜色素上皮和脉络膜毛细血管。在此前部的暗色层为视锥视杆细胞层，视锥视杆细胞层之前的黄绿色为视网膜中内层组织。黄斑中心凹为绿色。视盘为黄绿色。

七、超声生物显微镜

超声生物显微镜（UBM）是一种超高频率超声对眼前部结构进行类似低倍显微镜检查的一种新的影像学检查方法。超声频率 50MHz 或 100MHz。成像清晰，分辨力高，穿透性差，仅能探测深 4mm 左右眼前节变化，在使用上有一定局限性，在 20 世纪 90 年代开始在眼科应用。其成像原理同 B 型超声仪，亮度显示二维成像。由于探头频率高，探头体积大，重量大，为便于操作，探头为固定式，探头前放置眼杯，杯内为接触剂。直接接触角膜，增加图像清晰度。目前在可疑青光眼和青光眼患者中通过 UBM 检查，提高了青光眼筛选的阳性率和了解到甚至一些只有在病理组织学才能看见的致青光眼组织结构变化的情况（图 4-10）。

八、角膜地形图检查

角膜地形图是近年来新发展起来的一种检测角膜形态和屈光度的先进工具，其在屈光性手术及与屈光相关手术中显示出巨大的潜力。具有获取信息量大、精确度高、易于建立数学模型、受角膜病变影响较小、误差小、直觉性强等特点（图 4-11）。

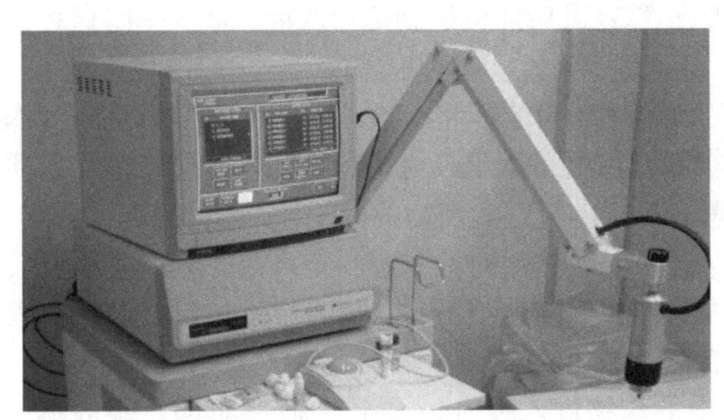

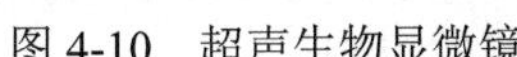

图 4-10　超声生物显微镜

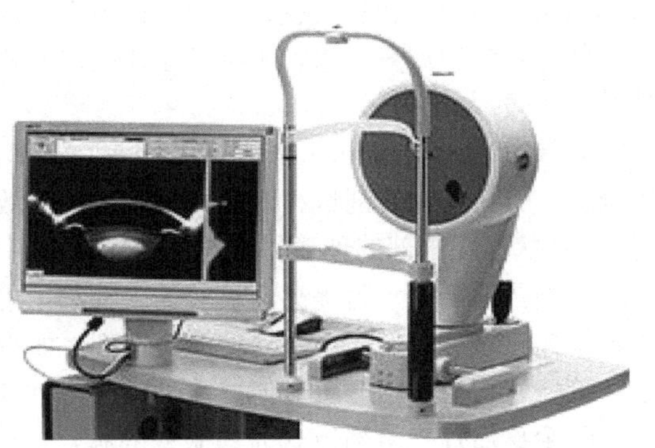

图 4-11　角膜地形图

无角膜病变的正视眼，角膜地形图显示其表面为非球性，中央陡，向周边逐步扁平，鼻侧角膜屈光度常低于颞侧。对于同一个体，其角膜地形图大致相似，但对于不同个体，其角膜地形图却常常彼此互不相同。一般可将正常角膜的角膜地形图分为以下几种：圆形、椭圆形、对称或不对称的领结形和不规则形。角膜地形图检查主要用于角膜疾病如圆锥角膜、角膜边缘透明变性及干眼症的诊断，或指导制订屈光手术方案、预测和检测手术效果。

第四节　眼科常用药物治疗概要

视觉器官是机体的重要感觉器官之一，治疗眼病时应有整体的观念。由于眼部解剖和生理的特殊性，存在血眼屏障（blood ocular barriers），包括房水屏障、血视网膜屏障（blood retinal barrier，BRB）等特殊的组织解剖结构，大多数眼病的有效药物治疗是局部给药。因此，眼科用药除了严格掌握适应证外，尚应对药物在眼局部作用的药物动力学和药效学有相当的了解，做到合理用药。各种类型的眼药水都可能导致不良反应和过敏反应，在这些情况发生时治疗必须停止，禁忌证与全身应用是相同的。例如，哮喘患者慎用β受体阻滞剂，因为这类药物可诱发哮喘发作。所以我们应当熟悉眼科治疗的特殊性。

一、常用眼药剂型及给药方式

1. 滴眼液（eyedrops）　为最常用的眼药剂型，通常滴入下方结膜囊，这种给药方式能使得药物在眼前段达到适当的浓度，又不引起全身其他系统的不良反应，相对于以全身给药途径来治疗眼病，具有明显的优点。正常时结膜囊内最多可容纳 30μl 液体，泪液以每分钟约 16%的速度更新，滴眼液 4min 后，只有 50%的药液仍留在泪液中，10min 后只剩下 17%。因此滴药后按压鼻泪道及闭睑数分钟，可减少泪道的排泄作用，增加眼部的吸收和减少全身的吸收。

2. 眼膏（ointrnents） 为增加眼药与眼表结构的接触时间，可选用眼膏。眼膏通常以凡士林、羊毛脂和矿物油作为基质，又称油膏。由于这些基质均为脂溶性的，因此可以明显增加脂溶性药物在眼部的吸收。大多数脂溶性药物在眼膏中呈微晶粒形式存在，只有眼膏表面的药物可溶入泪液中，限制了这类药物在泪液中达到有效浓度。眼膏的另一特点是，在眼表病损如角膜上皮缺损时，可起润滑和衬垫作用，减缓眼刺激症状。

3. 眼周注射（periocular injections） 包括球结膜下注射、球筋膜（Tenon 囊）下注射和球后注射，其共同的特点是避开了角膜上皮对药物吸收的屏障作用，一次用药量大（常为 0.5～1.0mL），可在眼局部达到较高药物浓度，尤其适于低脂溶性药物。球结膜下注射的药物吸收，主要是通过扩散到达角膜基质层和角巩膜缘组织，作用于眼前段病变；球筋膜下注射主要经巩膜渗入，适用于虹膜睫状体部位的病变；球后注射可使药物在晶状体虹膜隔以后部位达到治疗浓度，适用于眼后段及视神经疾病。

4. 眼内注射（intraocular injections） 最大的优点在于可立即将有效浓度的药物释送到眼内作用部位，所需药物的剂量和浓度均很小，且疗效很好，主要适用于眼内炎。给药方式包括前房内注射，经睫状体扁平部的玻璃体腔内注射应充分考虑到眼球内组织对药物的耐受性，药物的毒性作用。

5. 眼药新剂型 为提高滴眼液的生物利用度，延长局部作用时间和减少全身吸收带来的不良反应，常在滴眼液中加入适量的黏性赋形剂，如甲基纤维素、透明质酸钠、聚乙烯醇等制成胶样滴眼剂。这些新剂型眼药应用方便，疗效持续时间长，不良反应少。

6. 全身治疗 给药方式为口服或静脉，血液中的药物进入眼内必须通过血-眼屏障。眼内组织的药物浓度受到药物生物利用度、血清蛋白结合率和血-眼屏障的影响。

二、正确使用眼药的几点注意事项

（1）在使用眼药之前，必须要洗净双手。

（2）为避免用药错误，在使用眼药水或眼膏时，应仔细核对药物名称及浓度。

（3）为避免眼药的污染，瓶口开启后，不要接触其他物品，包括眼睑、睫毛等，用完后立刻盖紧瓶盖。

（4）同时使用两种或两种以上的眼药水，首先滴用一种，在间隔 10min 后，再使用另一种。如需同时使用眼药水或眼药膏，应先用眼药水再用眼药膏。另外，刺激小的眼药应该先用，刺激大的眼药后用。

（5）用药次数应遵医嘱或说明书，不要随意少用或停用。

（6）有些眼药（如散瞳药或缩瞳药）用完后出现视力改变，这是正常现象，停药后视力即可恢复。

（7）眼药应密闭保存在阴凉遮光处，不宜放在温度高或阳光直射的地方，以免失效。眼药一经打开，只能在一定的时间内使用，以免疗效降低或失效，或出现其他副作用和不良反应。眼药水出现异常混浊或变色就不能再用。

（8）使用眼药期间，如出现过敏反应或其他异常时，应马上停药，并及时到医院诊治；点眼药水的正确方法：点眼药水时，可采取坐位或半仰卧在床上，头稍后仰，眼视头顶方向，轻轻将下眼睑提起，使眼球与下眼皮之间形成一袋状。眼药瓶垂直向下，距离眼睛 2～3cm，将药水滴入结膜囊内，每次 1～2 滴。然后轻轻闭上眼睛 2～3min，同时压迫泪囊部，使药液在结囊内充分弥散，达到较好的治疗效果。

三、药物种类

细菌和其他病原微生物（如立克次体、衣原体、真菌、病毒）、寄生虫及癌细胞等所致疾病的药物治疗，统称为化学治疗。在眼科，药物治疗主要包括：抗菌药物（如磺胺类、抗生素类、氟喹诺酮类等）、抗真菌药、抗病毒药物、抗青光眼药物、抗恶性肿瘤药物等。

（一）抗细菌药物

细菌侵入是眼部感染的常见原因。了解引起眼部感染的常见病原菌和抗细菌药物的抗菌谱对正确使用抗细菌药物有着十分重要的意义。抗生素类滴眼液或眼膏常用于治疗外眼感染，如睑腺炎、睑缘炎、细菌性结膜炎和细菌性角膜炎或角膜溃疡等。滴用抗菌眼液或眼膏的次数与病变的严重程度有关。常用的抗生素滴眼液和眼膏有：

1. 红霉素（erythromycin） 主要对革兰阳性菌有较强抗菌作用。对沙眼衣原体也有抑制作用。常用的为 0.5%红霉素眼膏。

2. 新霉素（neomycin） 对多种革兰阳性和阴性菌有抑制作用。浓度多为 0.5%～1%新霉素滴眼液。

3. 多粘菌素 B（polymycin B） 对革兰阴性菌有作用。常用 0.1%～0.2%多粘菌素 B 滴眼液。

4. 四环素类（tetracyclines） 对革兰阳性和阴性菌、衣原体均有效。滴眼浓度为 0.5%眼膏。

5. 庆大霉素（gentamycin） 抗菌谱广，广泛用于严重眼部感染。常用 0.3%庆大霉素滴眼液。

6. 妥布霉素（tobrmycin） 抗菌谱同庆大霉素。常用 0.3%妥布霉素滴眼液，1%妥布霉素眼膏。

7. 氯霉素（chloramphenicol） 抗菌谱广，对革兰阳性和阴性菌都有效。常用其 0.25%溶液治疗外眼感染及沙眼，对造血系统有较大毒性，儿童及老年人慎用。

8. 喹诺酮类抗生素 抗菌谱广，对革兰阳性和阴性菌都有效。而且作用强。

9. 利福平（rifampicin） 为广谱抗菌素，对许多革兰阳性和阴性菌、沙眼衣原体有较强的抑制作用，常用浓度为 0.1%利福平滴眼液。

10. 磺胺（sulfananides）**类滴眼液** 常用于治疗细菌性结膜炎，可抑制革兰阳性和阴性菌，眼科最常用的磺胺类药物有磺胺醋酰钠滴眼液。

（二）抗真菌药

两性霉素 B（amphotericin B）为广谱抗真菌药，滴眼浓度为 0.1%～0.5%，对各种真菌性角膜溃疡有效。

（三）抗病毒药

1. 碘苷（疱疹净）（idoxuridine） 用于治疗单纯疱疹病毒（herpes simplex virus，HSV）角膜炎，常用浓度为 0.1%，根据病情，可 1～2h 点眼 1 次，或每日 3～4 次。

2. 无环鸟苷（acyclovir ACV） 又名阿昔洛韦，具有抑制Ⅰ型和Ⅱ型 HSV、水痘-带状疱疹病毒、EB 病毒和巨细胞病毒的作用。滴眼浓度为 0.1%或 0.2%。用法同碘苷。

3. 更昔洛韦（ganciclovir，GCV） 又名丽科明、丙养写芬。抑制疱疹病毒的复制。常用浓度为 0.2%更昔洛韦滴眼液或凝胶，根据病情，可 1～2h 点眼 1 次，或每日 3～4 次。

4. 干扰素（interferon，INF） 又名滴宁、安达芬，为广谱病毒抑制剂。常用滴眼剂 2ml：2×10^5U/L。

（四）糖皮质激素

糖皮质激素（glucocorticoids）可以眼部滴用，抑制角膜移植排斥反应、眼前段手术后前房炎症反应、青光眼滤过泡的瘢痕化、免疫性或外伤性虹膜炎或葡萄膜炎。也可以治疗眼部严重的炎症时，结膜下或球后注射给药。全身给予糖皮质激素用于治疗巨细胞动脉炎和严重的眼部炎症。糖皮质激素的不良反应包括增加单纯疱疹病毒的活性、发生糖皮质激素性青光眼和白内障。应用糖皮质激素的时间长短应根据各种疾病的具体情况定，有的只需数日，有的需数月。

常用的眼部滴用的糖皮质激素药有 0.1%地塞米松（dexamethasone）滴眼液、0.1%氟美松龙（fluorometholone）滴眼液、醋酸泼尼松龙滴眼液、氯替泼诺滴眼液、0.3%妥布霉素地塞米松滴眼液或眼膏等。

（五）非甾体类药物

1. 0. 1%双氯芬酸钠（diclofenac） 抑制环加氧酶活性，阻断花生四烯酸向前列腺素的转化，发挥抗炎作用。

2. 0. 1%普拉洛芬（pranoprofen） 抑制环加氧酶活性，阻断花生四烯酸向前列腺素的转化，抑制前列腺素生成，发挥抗炎作用。

（六）抗变态反应药

常用的眼部滴用的抗过敏药除糖皮质激素类药和一些非甾体类药外，还可以应用一些过敏介质阻释药和拮抗剂。

1. 2%～4%色苷酸钠滴眼液（cromolyn sodium） 可抑制过敏诱发的肥大细胞脱颗粒，阻止组胺、慢性反应物质等释放，可治疗春季卡他性结膜炎和其他的过敏性眼病。

2. 复方萘甲唑啉滴眼液 是一种血管收缩剂和组胺受体 H_1 阻断剂的复合制剂。用于缓解各种原因导致的眼部过敏。

（七）常用抗青光眼药物

1. β肾上腺素能受体阻滞剂 这类药的作用是减少房水生成，为非选择性β受体阻滞剂和选择性β受体阻滞剂二类。

噻吗心安（timolol）、贝他舒、贝他根（betagan）：都是非选择性β受体阻滞剂，滴眼浓度为 0.25%～0.5%，每日 1～2 次。单次滴眼后维持降压作用 12～24h。不影响瞳孔大小，不干扰视力。哮喘、心力衰竭等患者慎用。

卡替洛尔（carteolol）又名美开朗，为β肾上腺素能受体阻滞剂，有内在的拟交感神经作用，心血管不良反应出现的更少。滴眼浓度为 0.5%～2%，每日 1～2 次。

2. α肾上腺素能受体兴奋剂 溴莫尼定（brimonidine）又称阿法根（alphagan）为α_2受体兴奋剂。它既可减少房水的生成，又可显著增加房水经非常规通道外流。滴眼浓度为 0.2%，每日 2～3 次。它对心率和血压的影响小。滴眼后主要不良反应是口干、眼红、眼刺痛。

3. 拟副交感药物 毛果芸香碱（pilocarpine）其降压作用机制为在开角型青光眼中，收缩睫状体前后纵行肌，牵拉巩膜突和小梁网，使小梁网张开，促进房水外流；在原发性闭角型青光眼中，收缩瞳孔括约肌，产生缩瞳作用，拉紧虹膜，使堆积在前房角周边部的虹膜离开前房角前壁，开放前房角。常用滴眼浓度为 1%或 2%，根据病情，可 5～15min 1 次，连续 1～4h 后，瞳孔缩小，眼压下降后，逐渐减量至每日 4～6 次，该药物轻易地渗透入眼，滴眼后半小时开始出现降压作用，持续 4～8h。如果滴用次数过频，可引起全身不良反应，如流涎、流泪、出汗、恶心、呕吐、支气管痉挛和肺水肿。眼局部过敏，调节痉挛等。

4. 碳酸酐酶抑制剂 抑制睫状体中的碳酸酐酶，减少房水生成。临床常用乙酰唑胺（diamox），又名醋氮酰胺，片剂为 250mg，口服每次 125～250mg，每日 2 次。适用于各种青光眼，它一直是青光眼治疗最重要用药。主要的缺点是不良反应较多，不良反应主要包括感觉异常（肢端的麻木、听力异常、耳鸣、食欲及性欲的减退、口苦、恶心等，降低血钾）。服药时增加对含钾食物的需求，或加服钾片。

5. 拟前列腺素药物 拉坦前列腺素（latanoprost），该类药物包括：适利达、特力洁等，通过促进房水的流出降眼压。和其他治疗青光眼的药物不同，它通过脉络膜上腔引流房水，甚至使用很小量，也可在很长的时间内增加脉络膜上腔途径的流出，每日只使用一次，滴眼浓度为 0.005%，最适合的滴用时间是晚上。拉坦前列腺素不良反应主要是球结膜充血、刺眼感，有 10%～20%的患者产生虹膜色素增加。色素的改变是由于黑色素细胞中的黑色素增加。

6. 高渗剂 常用于急性青光眼、或眼内手术前后需要降眼压时。它通过增加血浆渗透压，使玻璃体容积减小而降眼压。临床常用的高渗剂有：

（1）50%甘油（glycerin）：单次口服剂量为 1～1.5g/kg 体重。用药后 10min 起作用，30min 达高峰，持续 5h。

（2）20%甘露醇（mannitol）：单次剂量为 1.5～2g/kg 体重。静脉用药后 30min 内注完，给药后 1h 达降压高峰，持续 5～6h。应注意老年人心血管和肺部的不良反应。

（八）眼表润滑剂

眼表润滑剂：包括人工泪液及组织营养药。

1. 人工泪液类 常用的有：0.3%右旋糖酐羟丙甲基纤维素滴眼液，0.3%羟糖甘滴眼液，0.3%玻璃酸钠滴眼液，羟甲基纤维素钠滴眼液，复方硫酸软骨素滴眼液，治疗干眼症、干燥性结膜角膜病变。

2. 组织营养药 常用的有 0.2%卡波姆，维生素 A 棕榈凝胶。

（九）眼科诊断药

1. 碘化油（lodinated oil） 用于泪道造影检查。

2. 荧光素钠（Fluorescein Sodium） 2%荧光素钠滴眼液诊断角膜浅层的病变、检查泪膜破裂时间。20%荧光素钠静脉缓慢注射进行眼底血管造影检查。

3. 吲哚菁绿（Indocyanine Green） 用于脉络膜血管造影、眼科手术中的组织标记物，用于对视网膜中央动脉阻塞患者视网膜静脉内注射溶栓药物 TPA 时显示视网膜血管，用于指导激光治疗。

4. 锥虫蓝（Trypan Blue） 用于晶状体前囊膜染色。

（十）抗胆碱能药物

抗胆碱能药物：用于散大瞳孔或麻痹调节，这些药物的合理选择主要根据作用时间的长短和睫状体麻痹效果的强弱来决定。常用剂型有 0.5%～1%阿托品眼液或眼膏（atropine），作用时间 2 周以上。0.25%～0.5%托品酰胺（tropicamide）作用时间 4～6h。

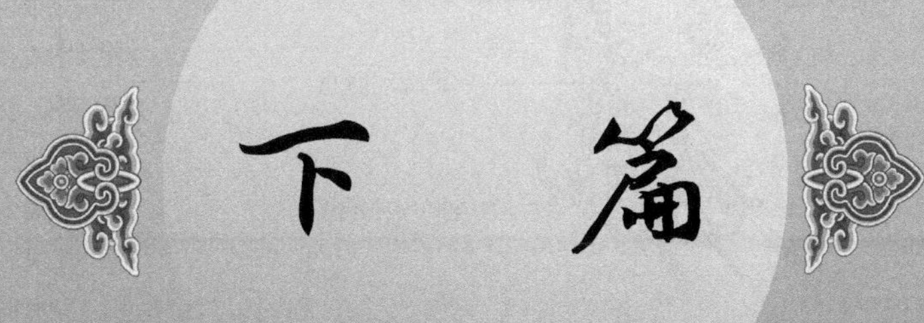

下　篇

第五章　眼　睑　病

第一节　概　述

眼睑分为上、下睑两部分，其主要功能是保护眼球。其形如帘幔，为眼眶的门户，覆被眼球前部，是眼球的保护屏障。眼睑皮肤细薄而富于弹性，有利于眼睑的运动。

眼睑经常性瞬目运动，可及时去除眼球表面的尘埃或微生物，将泪液均匀分布于眼表，形成泪膜，防止角膜和结膜干燥。睑缘排列整齐的睫毛，可以阻挡灰沙、汗水的侵扰，还有减少强光刺激的作用。因此，许多眼睑疾病的发生，与眼睑的开闭功能或眼球的位置关系失常有关。

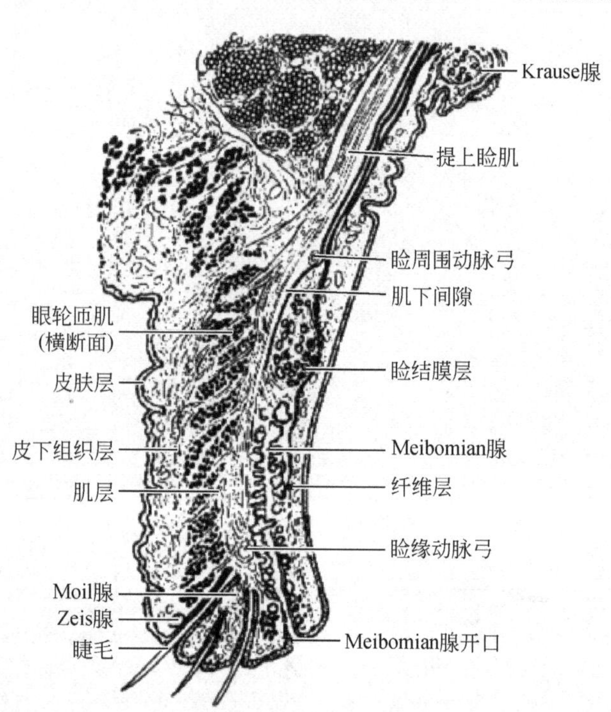

图 5-1　眼睑的组织结构

眼睑有旺盛的血液循环，其丰富的血液供应，对炎症、外伤有较强的抵抗力，眼睑损伤后组织修复亦较容易。眼睑的静脉与面静脉相通而无静脉瓣，眼睑的化脓性感染严重者或处理时挤压患部，细菌或毒素可通过静脉向眶内和颅内扩散而导致严重后果。

眼睑皮肤是颜面皮肤的延续，睑缘处又是皮肤与黏膜的移行带，并有特殊的腺体组织，因此不仅许多皮肤病可发生于眼睑，而且睑缘也是某些病的好发部位，如睑缘炎、鳞状细胞癌及基底细胞癌等。眼睑在颜面占有显要位置，是颜面仪容的重要组成部分，眼睑的形态对人的外观非常重要。因此，在治疗眼睑疾病时，既要注重眼睑的生理结构，保持眼睑的完整性和它与眼球的正常关系，又要顾及患者的心理需求，考虑到美容问题（图 5-1）。

眼睑在中医学中又名胞睑、眼胞、约束、睥等。在五轮学说中属肉轮，内应于脾，脾与胃相表里，故眼睑病多与脾胃有关。如脾胃湿热，可致眼睑红赤糜烂；脾胃虚弱，可使眼睑提举无力而常欲垂闭。眼睑位置居外，易受外邪侵袭，故治疗时既要重视脾胃，亦须注意祛除外邪。由于眼睑外露，其发病时，熏、洗、敷等外治亦是常用的治疗举措。

第二节 眼睑炎症

睑 腺 炎

睑腺炎（Hordeolum）是一种常见的急性化脓性炎症。临床以眼睑患部红、肿、热、痛、硬结为主要特征。发生部位接近眦部者，红肿疼痛尤为显著。本病多发于青少年，好反复发作。多由金黄色葡萄球菌感染而发病。睑板腺被化脓菌感染所致者，称内麦粒肿；睫毛囊或其附近皮脂腺被感染所致者，称外麦粒肿。

本病属于中医“针眼”（《医宗金鉴》）范畴，又名“土疳”（《证治准绳》）、“土疡”（《目经大成》）、“偷针”（《诸病源候论》）。

一、病因病理

（一）中医病因病机

（1）风热之邪客袭胞睑，滞留局部脉络，气血不畅，发为本病。

（2）过食辛辣炙煿，脾胃积热，火热毒邪上攻，胞睑局部酿脓溃破。

（3）脾胃虚弱或余邪未清，卫外不固，又感风热之邪，而反复发作。

（二）西医病因病理

本病多为葡萄球菌感染，特别是金黄色葡萄球菌。营养不良的儿童、糖尿病患者及抵抗力低下者较易患病；睑缘及结膜的慢性炎症、不注意眼部卫生、屈光不正等常为本病的诱因。

二、临床表现

（一）症状

初起眼睑微痒不适，继则眼睑焮热疼痛，脓成溃破后诸症减轻消退；病情严重者，可伴有全身发热恶寒等症。

（二）体征

（1）外睑腺炎初起在近睑缘处皮肤微红微肿，继之红肿加重而成局限性硬结，形似麦粒，压痛明显。若病发于外眦部，可见眦部结膜充血水肿。部分患者同侧耳前可扪及肿大的淋巴结，并有压痛。病轻者，数日内可自行消散，病重者一般3～5日后，眼睑局部皮肤硬结软化，出现脓点，溃破脓出后炎症消退（图5-2）。

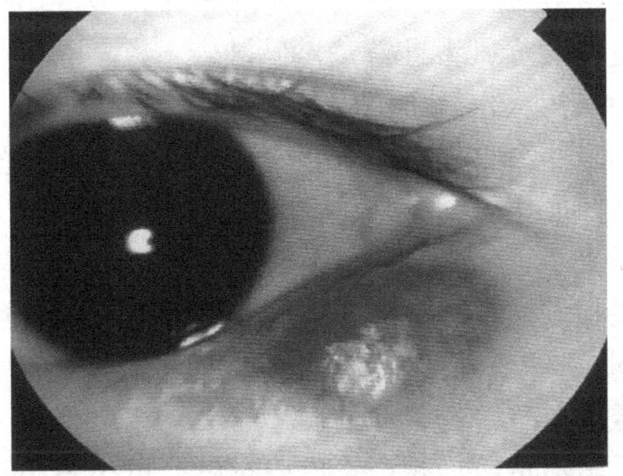

图5-2 外麦粒肿

（2）内睑腺炎肿胀较局限，病变处有硬结，触压则痛，结膜面局限性充血，2～4日后可出现脓点，向结膜囊内溃破后炎症逐

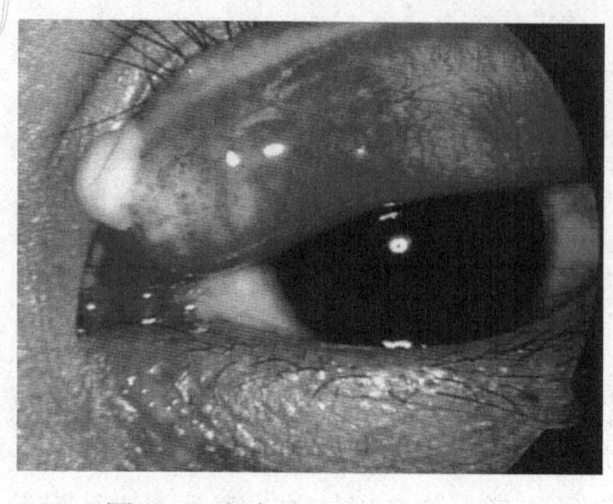

图 5-3 内麦粒肿

渐消退（图 5-3）。

（3）在儿童、老年人及糖尿病等慢性消耗性疾病的患者中，由于体弱，抵抗力较差，睑缘的炎症可能在眼睑皮下组织扩散，演变为眼睑蜂窝织炎，此时整个眼睑红肿，并可累及到同侧面部，眼睑睁开困难，触之坚硬而压痛明显，球结膜反应性水肿显著，甚则脱出睑裂之外。

三、实验室及辅助检查

血常规检查有时可见白细胞总数及中性粒细胞比例增高；病情严重或治疗效果不理想者可行局部分泌物细菌培养。

四、诊断与鉴别诊断

（1）眼睑局部焮热痒痛，严重者可有全身发热恶寒等症。

（2）眼睑红肿，有麦粒样硬结，触压则痛，硬结可软化成脓，可于睑皮肤面或睑结膜面溃破。

（3）病变位于外眦部者，球结膜可出现反应性水肿；严重者，眼睑红肿可波及同侧面部。

（4）本病有反复发作及多发倾向。

五、治疗

（一）中医治疗

1. 治疗原则 本病未化脓者，内外合治，促其消散；已化脓者，切开排脓；同时应注意防止复发。

2. 中医辨证论治

（1）风热外袭证

症候：病初起，眼睑微红微肿，微痒微痛，触之有硬结，按压则痛；可伴有发热，头痛不适；舌红苔薄黄，脉浮数。

治法：疏风清热，消肿止痛。

方药：银翘散加减。可去淡豆豉，加赤芍、牡丹皮以凉血活血，山楂活血散结；红肿显著者，加大青叶、蒲公英解毒消肿。

（2）热毒壅盛证

症候：眼睑红肿，硬结较大，疼痛拒按，或硬结变软，或顶端出现脓点，甚则球结膜水肿；可伴有口渴，便秘溲赤；舌红苔黄，脉数。

治法：清热泻火，解毒消肿。

方药：仙方活命饮加减。若病变位于下睑者，加知母、石膏清泻胃热；硬结生于眦部者，加木通、淡竹叶清降心火。

（3）脾虚夹毒证

症候：眼睑硬结红肿疼痛不甚，疖肿反复发作，或经久难消；可伴有面色少华，倦怠乏力；舌淡苔白，脉弱。

治法：健脾益气，托毒祛邪。

方药：托里消毒散加减。若疮口难敛，可去方中皂刺之攻坚；若食欲不振，胃脘饱胀者，加神曲、麦芽行滞消导；硬结难消，红肿不甚者，加海藻、昆布软坚散结。

3. 外治法 湿热敷：适用于本病初期，局部湿热敷，可促进血液循环，以助炎症消散。

4. 针刺治疗

（1）针刺：取穴太阳、风池、合谷、丝竹空以疏风清热、消肿止痛，每日1次。脾虚者可加足三里、脾俞、肾俞。

（2）针挑：适用于反复发作者。在肺俞、膏肓俞，或肩胛区皮肤，找出一个或数个反应红点，用毫针或三棱针挑破，挤出黏液或血水。隔日1次，10次为1个疗程。

（3）放血：在耳尖或合谷、太阳用针点刺放血0.1～0.2ml，有较好的泻热止痛消肿效果，每日1次。

（二）西医治疗

1. 药物治疗

（1）局部滴抗生素滴眼液，每日4～6次，睡前涂抗生素眼膏。

（2）病情严重者，可全身应用抗生素或磺胺类药物。尤其是脓肿切开过早或强行挤压排脓，造成感染扩散者，应及早应用足量的广谱抗生素。必要时做细菌培养及药敏试验，以选择最佳抗生素。

2. 手术治疗 眼睑疖肿已成脓者，宜切开排脓。若脓头在睑皮肤面者，切口应与睑缘平行；脓头在睑结膜面者，切口应与睑缘垂直。疖肿较大者，切开后应放置引流条，切忌挤压。

六、中西医临床诊疗思路

病未化脓者，内外合治，促其消散；已化脓者，切开排脓；同时应注意防止复发。

睑板腺囊肿

睑板腺囊肿（chalazion）是睑板腺的慢性肉芽肿性炎症。因该囊肿形似霰粒，故又称霰粒肿。本病以上睑多见，多单个发生，亦可新旧数个交替存在，一般病程进展缓慢，多见于青壮年。

本病属于中医“胞生痰核”（《眼科易知》）范畴，又名“睥生痰核”（《证治准绳》）、“眼胞痰核”（《医宗金鉴》）、“疣病”（《原机启微》）、“目疣”（《审视瑶函》）。

一、病因病理

（一）中医病因病机

（1）脾失健运，湿痰内聚，上阻胞睑脉络，与气血混结而成本病。

（2）恣食炙煿厚味，脾胃蕴热，灼湿生痰，痰热互结，阻滞脉络，以致气血与痰热混结于睑内，隐隐起核。

（二）西医病因病理

本病多因睑板腺分泌旺盛，或排泄管阻塞，腺体内的分泌物潴留，刺激该腺体及其周围组织而逐渐形成的慢性炎性肉芽肿。它有一纤维结缔组织包囊，囊内含有睑板腺分泌物及包括巨细胞在内的慢性炎性细胞的浸润。

二、临床表现

（一）症状

睑内肿核小者，无明显自觉症状；肿核较大者，眼睑可有重坠感；若肿核于睑内溃破而生肉芽肿者，可有异物样摩擦感。

（二）体征

眼睑皮下可触及一圆形肿核，大小不一，较大者可使眼睑皮肤局部隆起，触之不痛，略有弹性，与皮肤不粘连；翻转眼睑时，相应的结膜面可见一紫红色或灰蓝色的圆形病灶，微隆起。小的囊肿需仔细触摸方可发现，部分可自行吸收，但多数长期不变，或逐渐长大；囊肿偶可自破，排出胶样内容物后，在结膜面上见到外观呈息肉样肉芽。若继发感染，其表现与内睑腺炎相同（图 5-4）。

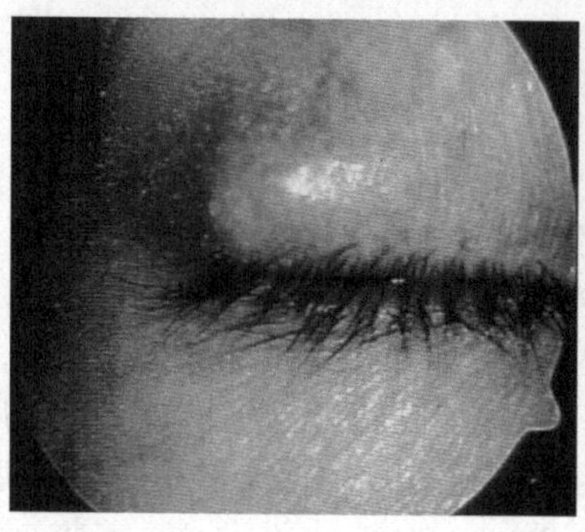

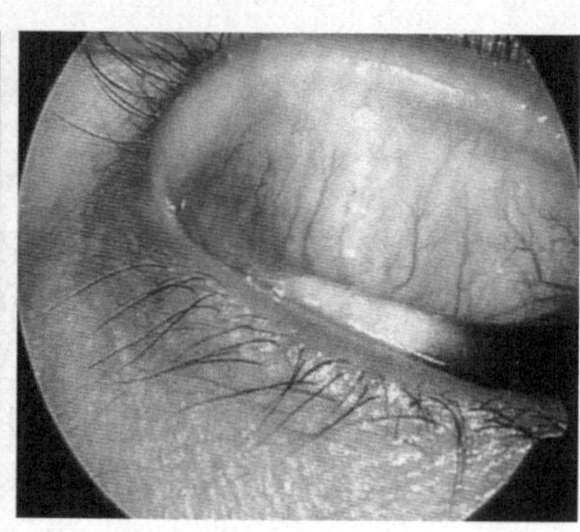

图 5-4　霰粒肿

三、诊断与鉴别诊断

（一）诊断要点

（1）眼睑皮下可触及大小不一的圆形肿核，按之不痛，与皮肤不粘连。

（2）睑结膜面有局限圆形病灶；呈紫红色或灰蓝色；若囊肿自行溃破，在睑内形成肉芽肿，有异物样摩擦感。

（二）鉴别诊断

本病需与睑腺炎相鉴别，本病病位在眼睑皮下，可触及圆形肿核，与皮肤不粘连，不红不痛，一般不化脓，病势缓；睑腺炎病位多在近睑缘或睑内，有触痛之硬结，红肿焮痛明显，常化脓溃破，病势急。

对于老年患者，其肿块质硬，呈结节状，与皮肤有粘连，或经手术切除后又多次复发，应考虑睑板腺癌的可能，可作病理切片确诊。

四、治疗

（一）中医治疗

1. 治疗原则　本病硬结小者，内外合治，促其消散；较大或有溃破趋势者或已溃破生肉芽肿者宜手术治疗。

2. 中医辨证论治

（1）痰湿互结证

症候：眼睑皮下可触及肿核，压之不痛，推之可移，皮色不变，与皮肤不粘连；若肿核较大者，眼睑有重坠感，睑结膜面可呈灰蓝或紫红隆起；舌淡苔白，脉缓。

治法：化痰软坚散结。

方药：化坚二陈汤加减。可加赤芍、桃仁活血行滞；若肿核日久不散，加夏枯草、浙贝母软坚散结。

（2）痰热互结证

症候：眼睑肿核处皮色微红，相应的睑结膜面呈紫红色；舌红苔黄，脉滑数。

治法：清热化痰散结。

方药：黄连温胆汤加减。可加僵蚕、天花粉以增强散结之力；睑内紫红显著者，加丹皮、栀子清热凉血。

3. 外治法　可用中药内服方再煎取汁作湿热敷；或取生南星加冰片少许研末，醋调敷患处皮肤面。

（二）西医治疗

1. 药物治疗

（1）局部可试用糖皮质激素注射在近肿核处的结膜下或直接注射在肿核内，对部分病例有效。

（2）若睑结膜面病灶紫红明显或有肉芽，可滴抗生素眼液，每日3～5次。

2. 手术治疗　肿核较大影响外观或压迫眼球者，宜手术切开刮除。手术时常规消毒患眼，在局麻下用睑板腺囊肿夹夹持住囊肿部位眼睑并翻转，于睑结膜面作与睑缘垂直的切口，切开睑结膜并向两侧分离暴露囊肿壁，将囊肿完整摘除。若术中囊肿壁已破，须将囊肿内容物刮净，并彻底剪除囊壁。术后结膜囊涂抗生素眼膏包扎，不需缝合。

五、中西医临床诊疗思路

本病硬结较小者给予中药内外合治，促其消散；较大或有溃破趋势者或已溃破生肉芽肿者宜手术治疗。

睑　缘　炎

睑缘炎（blepharitis）是发生在睑缘皮肤、睫毛毛囊及腺体的亚急性或慢性炎症。常双眼发病，病情较为顽固，愈后可复发。临床上分为鳞屑性、溃疡性和眦部睑缘炎三种。

本病属于中医“眼弦赤烂”（《银海精微》）范畴。眦部睑缘炎又专称“眦帷赤烂”（《证治准绳》）、“目赤烂眦”（《张氏医通》），俗称“烂弦风”或“烂眼边”。

一、病因病理

（一）中医病因病机

（1）脾胃蕴热，复受风邪，风热合邪触染睑弦所致。

（2）脾胃湿热，外感风邪，风、湿、热邪相搏，循经上攻睑缘。

（3）心火内盛，风邪外犯，引动心火，风火上攻，灼伤睑眦而成。

（二）西医病因病理

1. 鳞屑性睑缘炎　与眼睑皮脂腺及睑板腺脂溢过多有关。患部常可发现卵圆皮屑芽孢菌，它能把脂类物质分解为有刺激性的脂肪酸。屈光不正、视疲劳、长期使用不适宜化妆品及营养不良，均可成为其发病的诱因。

2. 溃疡性睑缘炎　多为金黄色葡萄球菌感染所致。鳞屑性睑缘炎的各种因素常同时存在，亦可由鳞屑性睑缘炎再罹感染后转变为溃疡性。

3. 眦部睑缘炎 多由莫阿双杆菌感染引起，或与核黄素及维生素 B_2 缺乏有关。

二、临床表现

（一）症状

患眼睑缘或眦部灼热疼痛，刺痒难忍，可伴有干涩不适。

（二）体征

根据病变的部位、性质及程度的不同，其体征有一定的差异。

1. 鳞屑性睑缘炎 睑缘及睫毛根部有糠皮样鳞屑附着，色蜡黄或灰白，清除后可见睑缘充血、潮红，但无溃疡、无脓点。睫毛易脱落，但可复生。

2. 溃疡性睑缘炎 睑缘充血肿胀，有散在的小脓疱，睫毛根部有黄色脓痂附着，除去痂皮后有脓液渗出，并露出小溃疡。睫毛常与脓痂粘结成束状，随痂皮剥脱而睫毛脱落，脱落的睫毛往往不能再生而形成秃睫，或睫毛乱生而排列不整。患病日久或久治不愈者，睑缘常肥厚变形，引起外翻泪溢。

3. 眦部睑缘炎 眼睑内外眦皮肤充血，浸渍糜烂，有时有小皲裂和出血；眦部常附着少量黄白色分泌物，多合并眦部结膜炎。

三、诊断与鉴别诊断

1. 鳞屑性睑缘炎 自觉刺痒为主，以睑缘附有鳞屑、无脓点、无溃疡为特征。

2. 溃疡性睑缘炎 自觉疼痛灼热为主，以睑缘附有脓痂、有溃疡、睫毛生长异常为特征。

3. 眦部睑缘炎 自觉刺痒灼热为主，以眦部充血糜烂为特征。

四、治疗

（一）中医治疗

1. 治疗原则 本病较为顽固，常迁延难愈，愈后又常复发。因此，必须内外兼治，愈后仍需坚持用药一段时间，以巩固疗效。

2. 中医辨证论治

（1）风热外袭证

症候：睑缘红赤，睫毛根部有糠皮样鳞屑，灼热刺痒，干涩不适；舌红苔薄黄，脉浮数。

治法：疏风清热。

方药：银翘散加减。可加蝉蜕、徐长卿祛风止痒；睑缘红赤显著者，加丹皮、赤芍凉血活血；干涩较重者，加麦冬、天花粉生津润燥。

（2）湿热壅盛证

症候：睑缘红赤溃烂，溢脓出血，眵泪胶黏，睫毛脱落或秃睫，疼痛并作；舌红苔黄腻，脉濡数。

治法：清热除湿。

方药：除湿汤加减。痛痒明显者，加白蒺藜、白鲜皮、夏枯草疏风止痛止痒；糜烂脓多者，加苦参、栀子、蒲公英清热解毒除湿。

（3）心火上炎证

症候：眦部睑缘红赤糜烂，甚至皲裂出血，灼热刺痒，小便短赤；舌红苔黄，脉数。

治法：清心泻火。

方药：导赤散合黄连解毒汤加减。若刺痒较重者，加蝉蜕、乌梢蛇祛风止痒；糜烂显著者，加茵陈、车前子清热利湿；眦部结膜充血者，加丹皮、赤芍凉血退赤。

3. 外治法

（1）鳞屑性睑缘炎：用生理盐水或 3%硼酸溶液清洁局部，并以湿棉签拭去鳞屑后涂抗生素眼膏。痊愈后还应坚持用药 2 周。

（2）溃疡性睑缘炎：用 3%硼酸溶液或生理盐水清洗睑缘，除去痂皮及已经松脱的睫毛，可用 2%碘酊涂搽患处，或 2%硝酸银烧灼溃疡面，并选用 0.5%新霉素、10%磺胺醋酰钠、0.3%氟喹喏酮类滴眼液或眼膏，治疗至炎症完全消退后 2～3 周。

（3）眦部睑缘炎：用 0.5%硫酸锌眼液滴眼；睑缘及其附近病损处先涂 3%硼酸溶液，再涂 2%氧化锌眼膏。

（4）中药煎水洗眼：对于不同类型睑缘炎均可使用，偏风重者，用二圣散；偏湿重者，用疏风散湿汤；偏热重者，用万金膏等。煎水去渣外洗。

（二）西医治疗

药物治疗：眦部睑缘炎者，可内服复合维生素，尤其是维生素 B_2。

五、中西医临床诊疗思路

睑缘炎一般病程较长，常迁延难愈，愈后又常复发。需坚持用药。睑缘炎的发病诱因为理化因素、屈光不正、不良卫生习惯等。平时注意饮食调节，少食辛辣炙煿及肥甘厚味之物，以防助湿生热。注意个人卫生，除去各种诱因，避免过用目力，防止风沙烟尘对眼的过度刺激。

接触性睑皮炎

接触性睑皮炎（contactdermatitisofthelids）是眼睑皮肤对某种致敏原所产生的过敏反应。眼睑可被单独侵犯，亦可是头面部皮肤过敏反应的部分表现。本病单眼或双眼发病，以营养不良及过敏体质者多见。

本病属于中医“风赤疮痍”（《秘传眼科龙木论》）范畴，又名“风赤疮疾”（《沈氏尊生书》）。

一、病因病理

（一）中医病因病机

本病多因风热外袭，客于胞睑；或脾胃蕴结湿热，循经上攻于目，郁于胞睑所致。若病情迁延，热邪灼津，血虚化燥生风，则可加重本病。

（二）西医病因病理

本病为接触过敏原所致。常见的致敏原是药物，如眼局部应用的抗生素溶液、表面麻醉剂、阿托品、毛果芸香碱、磺胺、碘、汞等制剂；与眼睑接触的化学物质如化妆品、清洁剂、气雾剂、按摩膏、染发剂、眼影粉、眼镜及全身接触某些致敏物质等也可诱发本病发生。

二、临床表现

（一）症状

患眼眼部发痒及有灼热感，甚则全身发热恶寒。

（二）体征

1. 急性 眼睑红肿，随即出现丘疹、水疱或脓疱，疱内为黄色黏稠液体，继则糜烂、胶黏结痂、脱屑。有时睑结膜充血明显。

2. 慢性 眼睑皮肤肥厚粗糙，表面有鳞屑样物脱落，呈苔藓状。

三、实验室及辅助检查

反复发作者可行过敏原测试以寻找过敏原。

四、诊断与鉴别诊断

（一）诊断要点

（1）自觉眼睑皮肤发痒灼热，多有接触药物或化学物质史。

（2）急性者眼睑皮肤红肿而出现疱疹，继则糜烂；慢性者眼睑皮肤变得肥厚而粗糙。

（二）鉴别诊断

本病应与睑弦赤烂相鉴别。两者均有红赤湿烂等症，但睑弦赤烂病变仅局限于睑弦或眦部睑弦，不波及眼睑皮肤；风赤疮痍则以眼睑及颜面皮肤病变为主。

五、治疗

（一）中医治疗

1. 治疗原则 本病胞睑红赤焮痛、起脓疱属热毒为犯，皮肤溃烂起水疱属湿热熏蒸，胞睑肿痒为风邪。证虽属风、湿、热毒为犯，但以红痛为主。治疗应以清热泻火解毒为法。

2. 中医辨证论治

（1）风热侵袭证

症候：病初起，眼睑皮肤灼热瘙痒，皮色红赤肿胀，间有丘疹；舌淡红苔薄黄，脉数。

治法：祛风清热。

方药：除风清脾饮加减。若无便秘，可去大黄、元明粉，加丹皮、赤芍以凉血退赤；肿胀显著者，加金银花、蒲公英以解毒消肿，痒甚者可加薄荷、蝉蜕、木贼以疏风散邪止痒。

（2）湿热内蕴证

症候：眼睑红肿灼热，水疱、脓疱并见，渗液糜烂，痂皮污秽；舌红苔黄腻，脉濡数。

治法：清热除湿。

方药：除湿汤加减。若水疱多而渗出明显者，加茵陈、猪苓以淡渗利湿；若脓疱灼热而痛者，加大青叶、蒲公英清热止痛。

（3）风火上攻证

症候：胞睑红赤如涂朱砂，焮痛难忍，局部坏疽溃烂；或伴发热寒战。舌质红苔黄燥脉数有力。

治法：清热疏风，泻火解毒。

方药：普济消毒饮加减。可加赤芍、生地、牡丹皮以加强清热凉血、散瘀止痛作用。

（4）肝脾毒热证

症候：胞睑红赤痒痛，水疱、脓疱簇生，患眼涩痛，畏光流泪，抱轮红赤或白睛混赤，黑睛生星翳或黑睛生翳溃烂。全身伴见头痛发热，口苦，溲黄便结；舌红苔黄脉弦数。

治法：清热除湿，散邪退翳。

方药：龙胆泻肝汤加减。可加地肤子、白鲜皮、金银花、防风以助疏风散邪。

3. 外治法

（1）可用地肤子、苦参、蛇床子、蒲公英各30g煎水滤去药渣，取药液待凉外洗，每日2～3次。

（2）可用银黄注射液、鱼腥草注射液等作雾化液，治疗时出雾口正对患处，每次10～15min，每日1～2次。

（3）急性期渗液明显者，可用滑石粉撒布患处，或青黛散外搽。

（二）西医治疗

（1）口服维生素C及抗组胺药，如扑尔敏等。反应严重者，可口服泼尼松或地塞米松等糖皮质激素。

（2）急性期渗液明显者，可用3%硼酸溶液湿敷；结膜囊内滴0.25%地塞米松等糖皮质激素类滴眼液。眼睑渗液停止后，可涂可的松等糖皮质激素类眼膏。慢性期眼睑皮肤近于干燥的病变，可涂氧化锌软膏或糖皮质激素类眼膏。

（3）放射治疗：慢性顽固性病例，可局部行浅层放射治疗。

六、中西医临床诊疗思路

立即中断致敏原，若患者同时应用多种药物，难以确认何种药物导致过敏者，暂时停用所有药物。西医可局部及全身应用糖皮质激素；中医以祛风、清热、除湿为治疗要点。平时注意增强体质，避免过劳及感冒。饮食宜清淡，忌食辛辣肥甘厚味。尽量保持患处皮肤清洁干燥，切忌搔抓揉戳。

病毒性睑皮炎

病毒性睑皮炎（virus dermatitis of eyelid）是由单纯疱疹病毒、带状疱疹病毒引起的睑皮炎。天花病毒、传染性软疣及人乳头状病毒引起的感染少见。本病可单独发生于眼睑，亦可由邻近部位蔓延而来，可归属中医学“风赤疮痍”（《秘传眼科龙木论》）范畴。

一、病因病理

（一）中医病因病机

本病多因过食辛辣厚味，酿成脾胃积热，复感风邪，循经上扰。上攻胞睑所致；或因风湿热邪外侵，肝胆湿热上乘，内外合邪，搏结胞睑而发。

（二）西医病因病理

1. 单疱病毒性睑皮炎 系由单纯疱疹病毒感染所致。常发生于热性传染病，特别是呼吸道感染，如流行性感冒、肺炎等，故亦称热病性疱疹。亦可出现于怀孕期或劳累之后。

2. 带状疱疹病毒性睑皮炎 系由带状疱疹病毒感染了三叉神经半月节或三叉神经第一支所致，多发生于年老体衰或抵抗力低下者。

二、临床表现

（一）症状

眼睑皮肤有不同程度的灼热疼痛感。单疱病毒引发者，疼痛较轻微；带状疱疹病毒所致者，疼痛较剧烈，发病前可有轻重不等的前驱症状，如全身不适、发热等。

（二）体征

1. 单纯疱疹病毒性睑皮炎 病变可侵犯上下睑，下睑多见，感染病灶可局限于睑缘，或累及眶周皮肤，并与三叉神经眶下支分布范围符合。睑部皮肤出现簇状半透明水疱，有刺痒烧灼感。初起水泡内含有透明黄色液体，约在1周内干痼，结痂脱落而不留瘢痕，但可有轻度色素沉着。少数病例表现为眼睑糜烂溃疡形成，以睑缘间存在糜烂区及睑缘皮肤溃疡为特征。

2. 带状疱疹病毒性睑皮炎 起病前常有轻重不等的前驱症状，如周身不适、发热等，继则在三叉神经的分布区域内发生剧烈的神经痛。数日后在该区皮肤出现成簇的疱疹，内含透明液体，周围有红晕，疱疹的分布常不超过鼻中线，数日后疱疹内液体变混化脓，此时可出现耳前淋巴结肿大、压痛、发热或全身不适等症状。1～2周后疱疹逐渐干枯，最后结痂。因皮损已达真皮层，故脱痂后留有永久性疤痕，可同时发生带状疱疹性角膜炎或虹膜炎。

三、实验室及辅助检查

渗液涂片或病毒培养阳性即可确诊。

四、诊断与鉴别诊断

（一）诊断要点

1. 单疱病毒性睑皮炎疱疹 主要出现在下睑，疱破渗液，疼痛轻微，愈后不留瘢痕。

2. 带状疱疹病毒性睑皮炎疱疹 出现在三叉神经第一分支分布区域，不超过鼻中线，疱液成脓，疼痛剧烈，愈后结瘢。

（二）鉴别诊断

鉴别诊断同前接触性皮炎。

五、治疗

（一）中医治疗

1. 治疗原则 本病证虽属风、湿、热毒为犯，但以红痛为主。治疗应以清热泻火解毒为法。

2. 中医辨证论治

（1）脾经风热证

症候：眼睑水疱簇生，周围充血，溃烂胶黏，渴不欲饮，食欲不振；舌红苔黄或黄腻，脉滑数。

治法：清脾祛风。

方药：除风清脾饮加减。若水疱渗液明显者，加苦参、地肤子清热燥湿；胸闷纳差者，加谷麦芽、枳壳消积化滞。

（2）肝胆湿热证

症候：眼睑及额部簇生水疱，疼痛剧烈，睫状充血，甚则瞳孔缩小，小便短赤；舌红苔黄，脉弦数。

治法：清肝泻火。

方药：龙胆泻肝汤加减。兼有风热者，加荆芥、薄荷疏风清热；若疼痛剧烈者，加乳香、夏枯草行滞止痛；角膜感染者，加决明子、青葙子退翳明目。

3. 外治法

（1）取六神丸和云南白药等份，调成糊状涂于患处；或用青黛散外涂。

（2）可用地肤子、苦参、蛇床子、蒲公英各30g煎水滤去药渣，取液待凉外洗，每日2～3次。

4. 针刺治疗

（1）脾经风热者，取穴三阴交、血海、足三里、合谷、丝竹空、攒竹，每次选2～3穴针刺；溃烂较著者，加灸大骨空、小骨空、二间、关冲。

（2）肝胆湿热者，取穴太冲、风池、太阳、睛明、阳陵泉、外关，每次选2～3穴针刺；疼痛较剧者，加灸蠡沟、膈俞、大骨空、二间。

（二）西医治疗

1. 局部治疗

（1）可于皮损处涂3%无环鸟苷眼膏或0.5%疱疹净眼膏，并可在结膜囊内滴0.1%无环鸟苷或0.1%疱疹净或0.5%阿昔洛韦滴眼液，以防角膜感染。带状疱疹病毒性睑皮炎可用35%～40%高浓度疱疹净溶液作湿敷。

（2）若并发角膜炎、虹膜睫状体炎者，应及时应用抗病毒滴眼液及眼膏；并注意散瞳。

2. 全身治疗

（1）疼痛剧烈者，可口服或注射止痛药，以减轻疼痛。

（2）带状疱疹病毒性睑皮炎可注射胎盘球蛋白或丙种球蛋白，以提高机体抵抗力；亦可肌内注射恢复期血清或全血，有一定疗效。炎症严重者，可应用无环鸟苷、抗生素及糖皮质激素。

六、中西医临床诊疗思路

本病为病毒感染所致，首先是抗病毒治疗，中药治宜清热利湿解毒。局部治疗以干燥、收敛、防止继发感染为治疗原则。对重症患者需全身应用抗病毒、抗生素及糖皮质激素制剂。

第三节　眼睑位置与功能异常

睑　内　翻

睑内翻（entropion）是指睑缘向眼球方向内卷，部分或全部睫毛倒向眼球。睫毛摩擦刺激角膜、结膜，出现异物感、疼痛、畏光、流泪等症状。重者可进一步引起角膜浸润或溃疡，最终形成角膜白斑或角膜血管翳而严重危害视力。临床上根据睑内翻的不同发病原因，分为先天性睑内翻、痉挛性睑内翻和瘢痕性睑内翻。

睑内翻属中医“倒睫拳毛”（《秘传眼科龙木论》）范畴，又名“拳毛倒睫”（《银海精微》）、“倒睫拳挛”（《圣济总录》）。

一、病因病理

（一）中医病因病机

本病多因脾虚气弱或肝血不足，风邪乘虚而入，眼睑筋脉或肌肉失养、紧缩所致，多发于胞睑或白睛疾病失治误治之后，亦见于年老体弱或先天禀赋不足者。

（二）西医病因病理

1. 瘢痕性睑内翻 本病主要由于睑结膜或睑板经受某种病变后瘢痕收缩所致。多由沙眼引起，其他如结膜灼伤、结膜天疱疮及白喉性结膜炎等病变之后亦可发生，上、下睑均可出现。

2. 痉挛性睑内翻 主要发生在下睑，常见于老年人。由于皮肤失去正常张力，同时皮下组织松弛，使睑板下缘处的眼轮匝肌纤维向前上方滑动而压迫睑板上缘；或因眶脂肪萎缩，眼球内陷，下睑失去依托，使其向内翻卷，故亦称为老年性睑内翻或退变性睑内翻。若因炎症刺激，引起眼轮匝肌，特别是近睑缘的眼轮匝肌反射性痉挛，导致睑缘向内倒卷者，称之为急性痉挛性睑内翻。

3. 先天性睑内翻 主要见于婴幼儿下睑内倒，大多由于内眦赘皮及体质肥胖加之鼻根部发育不够饱满所致；无眼球、小眼球、眼睑发育异常等患者亦可发生。

二、临床表现

（一）症状

本病有不同程度的异物感、疼痛、畏光、流泪，甚至视力障碍。

（二）体征

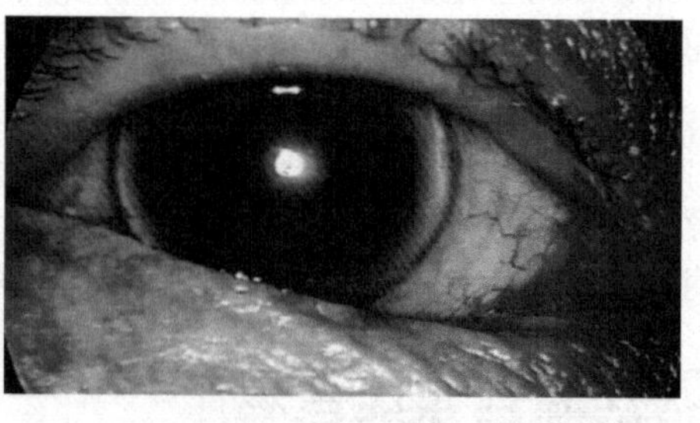

图 5-5　睑内翻

先天性者常见于双眼，瘢痕性和痉挛性者可为单眼。睑缘向眼球方向卷曲，睫毛亦随之倒向眼球刺激角膜。倒睫不断摩擦角膜，致角膜上皮脱落，荧光素染色呈弥漫性着色。若继发感染，则发展成为角膜溃疡。长期慢性刺激可使角膜表层发生混浊，失去透明性，并有新生血管生长（图 5-5）。

三、诊断与鉴别诊断

诊断要点：

（1）患眼有异物感、畏光、流泪等刺激症状。

（2）睑缘内翻，部分或全部睫毛倒向眼球。

（3）角膜可有混浊等炎症性改变。

四、治疗

（一）治疗原则

本病应积极治疗原发病，以手术治疗为主，并配合抗生素眼药水点眼。对于痉挛性睑内翻行中医针灸治疗结合辨证论治，可收到较好效果。

（二）局部治疗

（1）滴抗生素滴眼液，以防治角膜病变。

（2）老年性内翻可试行肉毒杆菌毒素局部注射。

（3）痉挛性睑内翻治疗首先应除去引起痉挛的病因，治疗眼部炎症如角膜炎、沙眼，电解睫毛、松解绷带等；对于部分急性痉挛或阵发性痉挛者，可作远端眼轮匝肌封闭，暂时解除痉挛，缓解症状。

（三）手术治疗

1. 倒睫 只有少数倒睫而无明显内翻者，可用睫毛电解器破坏睫毛毛囊。使用时将电解器阳极端贴附在患者面颊部，阴极毫针插入倒睫的睫毛根部 1～2mm 后通电，通电 5～10s 即可取出睫毛。若睫毛不易取出，可重复电解。

2. 先天性睑内翻 随年龄增长可自行消失。若 5～6 岁时，睫毛仍然内翻者，可考虑行眼睑皮肤-穹隆部埋线术，或眼睑皮肤-穹隆部穿线术，利用缝线牵拉的力量，睑缘向外牵拉以矫正内翻。

3. 痉挛性睑内翻 手术治疗方法不一，总的原则为增强眼睑皮肤的紧张性，削减眼轮匝肌的力量，使睑缘外倾。常用的手术方法有：睑板-眼轮匝肌切除术，下睑收缩肌增强术及眼睑皮肤-穹隆部支持眼睑缝线术。

4. 瘢痕性睑内翻 手术原则为消除瘢痕中心的牵引力，整复睑板形状，恢复睑缘位置。常用的方法有：睑板楔形切除术、板层睑板横切术伴睑缘转位术、游离睑板——结膜移植术及睑缘后退合并（或不合并）黏膜移植术。

（四）针刺治疗

本病主穴取攒竹、阳白、四白；配穴取太阳、合谷、行间。每次取主、配穴各 2 个，每日 1 次。亦可对眼局部穴位加用按摩，主要用于痉挛性睑内翻。

睑　外　翻

睑外翻（ectropion）是指睑缘向外翻转、离开眼球的异常状态。外翻程度不同，症状也有差异。轻者仅睑缘后唇离开眼球，但由于破坏了眼睑与眼球之间的虹吸作用而导致泪溢；重者则睑缘外翻，暴露部分球结膜，使之变得干燥，继而充血、肥厚、呈角化现象。泪点外翻，则泪溢加重，下睑皮肤由于泪液浸渍潮湿而形成湿疹。同时由于习惯的向下揩拭眼泪动作，促使外翻加重。高度眼睑外翻时，眼睑不能完全闭合，角膜不能被其遮盖湿润，角膜上皮干燥脱落，形成暴露性角膜炎。睑外翻病因较多，根据其病因归纳为下列四种：瘢痕性睑外翻、老年性睑外翻、痉挛性睑外翻、麻痹性睑外翻。

睑外翻属于中医“睥翻粘睑”（《证治准绳》）范畴，又名“地倾”、“残风”（《目经大成》）、“皮翻粘睑”（《眼科菁华录》）。麻痹性睑外翻中医称为“风牵睑出”（《秘传眼科龙木论》）、“风牵生睑”（《银海精微》）。

一、病因病理

（一）中医病因病机

本病多因络脉空虚，腠理不固，风邪乘虚入中胞睑；或因脾虚失运，聚湿成痰，肝风内盛，风痰阻络所致。

（二）西医病因病理

（1）眼睑皮肤广泛瘢痕收缩所致，多见于眼睑烧伤、炎症、创伤或眼睑手术后，上下睑均可发生，此类称为瘢痕性睑外翻。

（2）面神经麻痹，眼轮匝肌收缩功能丧失引起，由于重力关系，这一种睑外翻多发生于下睑，称为麻痹性睑外翻。

（3）老年人眼轮匝肌功能减弱，眼睑皮肤及外眦韧带亦较松弛，并因重力作用，使眼睑不能紧贴眼球，常见于下睑，因与老年相关，故称为老年性睑外翻。

（4）青少年时期，眼睑皮肤紧张，富于弹性，眶内脂肪丰富使眼睑有充分的支撑，遇到眼轮匝肌痉挛时，可引起上、下眼睑同时外翻，称为痉挛性睑外翻，常见于泡性结角膜炎、眼球突出、结膜水肿的患者。

二、临床表现

（一）症状

流泪，可伴有口眼㖞斜。

（二）体征

睑外翻轻者仅有睑缘离开眼球，眼睑与球结膜之间有细缝样空隙；重者则睑缘外翻，部分或全部睑结膜暴露在外。结膜干燥充血，久之粗糙肥厚；严重者眼睑闭合不全，角膜暴露而致干燥脱落，甚则形成溃疡（图 5-6）。

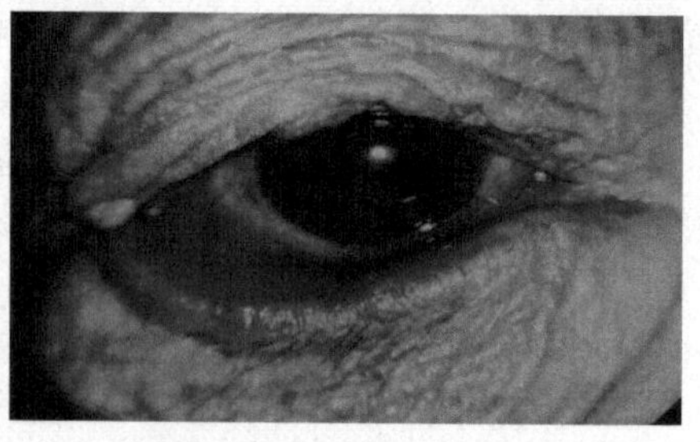

图 5-6　睑外翻

三、诊断与鉴别诊断

诊断要点：

（1）流泪，或伴有口眼㖞斜。

（2）睑外翻或仅有睑缘离开眼球；或睑缘外翻，暴露结膜；或眼睑闭合不全，角膜暴露。

四、治疗

（一）中医治疗

1. 治疗原则　本病风邪作祟，或外风邪中经络，或内与痰合阻滞脉络，故应以疏风通络为治。

2. 中医辨证论治

（1）风中经络证

症候：起病急，口眼㖞斜，下睑外翻，睑内干燥，流泪；舌淡苔白，脉弦。

治法：舒筋息风止痉。

方药：钩藤饮子加减。可加白芍、松节加强舒筋解痉之力；睑内干燥充血明显者，加生地、玄参、麦冬增液润燥。

（2）风痰阻络证

症候：下睑外翻，口眼㖞斜，睑内粗糙，流泪；舌淡苔白腻，脉弦滑。

治法：祛风化痰通络。

方药：正容汤加减。可加川芎、当归、丹参、海风藤以增强养血通络；若头晕泛吐痰涎者，加全蝎、竹沥以助祛风化痰；体弱气虚者，加党参、白术、黄精益气扶正。

中成药：补中益气丸。

3. 针刺治疗　针刺主穴取阳白、承泣、迎香、地仓；配穴取颊车、翳风。亦可用透刺疗法，如攒竹透丝竹空、地仓透迎香、颊车透下关等。还可配合电针，或下睑皮肤梅花针捣刺。

（二）西医治疗

1. 局部治疗 麻痹性睑外翻可局部涂眼药膏，以保护角膜及结膜，或作上、下睑暂时缝合。

2. 手术治疗

（1）瘢痕性睑外翻：其矫正原则是清除和松解瘢痕的牵引，并可行游离植皮术。

（2）老年性睑外翻：主要切除部分睑板，并缝合拉紧皮肤以矫正。作“Z”形皮瓣矫正术，或用“V”、“Y”改形术。

（3）麻痹性睑外翻：可做筋膜条悬吊术。

五、中西医临床诊疗思路

瘢痕性及老年性睑外翻通常需行手术治疗。痉挛性睑外翻治疗主要治疗原发病。麻痹性睑外翻其治疗关键在于面瘫的治疗，面瘫治愈则外翻即好转。以药物治疗为主，中药及针灸尤显优势。

上 睑 下 垂

上睑下垂（ptosis）系指提上睑肌和 Müller 平滑肌的功能不全或消失，或其他原因所致的上睑部分或全部不能提起所造成的下垂状态，即在向前方注视时上睑缘遮盖角膜上部超过角膜的 1/5。轻者只影响外观，重者则遮盖全部瞳孔，影响视力。本病可单眼发病，亦可为双眼，可突然发生，亦可缓慢起病。

本病属中医“眼睑垂缓”（《圣济总录》）范畴，又名“睢目”、“侵风”（《诸病源候论》），严重者称为“睑废”（《目经大成》）。

一、病因病理

（一）中医病因病机

中医认为患者久病体衰，年老气弱，饮食不节等均可导致脾气虚弱，清阳不升，脉络空虚；先天禀赋不足，命门火衰，致中气不足，主肌无力，约束失用；另外，风邪夹痰，或头、眼部外伤，致气血瘀滞，胞络受阻，精气不能上承于胞睑，皆可发为本病。

（二）西医病因病理

1. 先天性上睑下垂 是因为动眼神经核或提上睑肌发育不良，肌纤维收缩和舒张功能均异常，常染色体显性或隐性遗传。

2. 后天性上睑下垂 多为动眼神经麻痹引起，常见于脑血管硬化、颅内或眶内炎症、肿瘤及全身中毒等，亦可由交感神经麻痹所致，如颈部交感神经受伤。此外，重症肌无力、提上睑肌损伤，以及机械性开睑运动障碍，如上睑的炎症肿胀或新生物等亦可导致本病。

二、临床表现

（一）症状

上睑下垂，影响视物；或伴有复视。

（二）体征

两眼自然睁开向前平视时，有不同程度的睑裂变窄，上睑遮盖角膜上缘超过 2mm，甚至遮

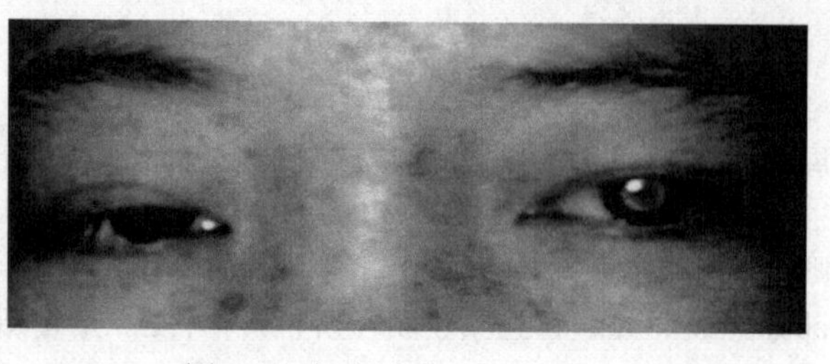

图 5-7 上睑下垂

盖部分或全部瞳孔。为了看清物体，患者常抬头仰视，或借额肌牵引而睁视，日久则额皮皱褶，眉毛高耸，形成特殊面容。儿童单眼下垂，因遮盖瞳孔而影响视力，日久则形成废用性弱视（图 5-7）。

三、实验室及辅助检查

（1）为了估测提上睑肌的功能，可在抵消了额肌收缩力量的前提下，分别测定眼球极度向上、向下注视时的上睑缘位置。如前后相差不足 4mm 者，表示提上睑肌功能严重不全。

（2）皮下或肌内注射甲基硫酸新斯的明 0.5mg，15～30min 后，若见上睑下垂减轻或消失者，多为重症肌无力眼睑型。

四、诊断与鉴别诊断

诊断要点：

（1）上睑下垂，影响视物，常需仰头、耸眉、皱额以助视物。

（2）两眼向前平视时，上睑遮盖角膜上缘超过 2mm，睑裂变窄。

五、治疗

（一）中医治疗

1. 治疗原则 本病因先天所致，应用药物治疗效果不佳者，宜行手术矫治。后天性者在内服中药基础上，常配合针灸治疗。

2. 中医辨证论治

（1）脾肾阳虚证

症候：自幼双眼上睑下垂，无力抬举，睑裂变窄；可伴有倦怠乏力，畏寒肢冷，小便清长；舌淡苔薄，脉沉细。

治法：温肾健脾。

方药：右归丸加减。可加党参、黄芪健脾益气升阳。

（2）脾虚气弱证

症候：上睑下垂，劳累加重，甚或眼珠转动不灵，四肢乏力，精神困倦；舌淡苔白，脉弱。

治法：健脾益气。

方药：补中益气汤加减。可加僵蚕、全蝎祛风通络；食欲不振者，加淮山药、扁豆健脾以助运化。

（3）风痰阻络证

症候：突发上睑下垂，眼珠转动失灵，或视一为二；舌淡苔白腻，脉弦滑。

治法：祛风化痰。

方药：正容汤加减。可加全蝎、伸筋草祛络中之风；眼珠转动失灵日久者，加桃仁、地龙活血通络。

3. 外治法 眶神经干刺激疗法：适用于麻痹性上睑下垂者。方法是取眶上神经与面神经刺激点，即位于眶上切迹与眼外眦连线的中点，眶上神经接负极，面神经刺激点接正极，每次 20min，隔日 1 次，10 次为 1 个疗程。

4. 针刺治疗

（1）梅花针点刺患侧眼睑及眼眶部皮肤。

（2）命门火衰，脾阳不足者，可选用肾俞、命门、脾俞、陷谷、申脉、攒竹、丝竹空、睛明、鱼腰。脾虚下陷，中气不足者可选用攒竹透睛明，鱼腰透丝竹空。太阳透瞳子髎，并配以阳白、足三里、三阴交，眩晕者加气海、百会。

（二）西医治疗

1. 药物治疗

（1）应用能量合剂、神经保护剂，如三磷酸腺苷、肌苷、维生素 B_1、维生素 B_{12} 等。

（2）重症肌无力者，可用抗胆碱酯酶药物，如新斯的明、溴吡斯的明等。

2. 手术治疗

（1）先天性上睑下垂者，手术的目的是恢复双眼外观对称，如果提上睑肌功能部分正常，宜选择提上睑肌缩短术，若提上睑肌功能全部消失时，宜选择额肌悬吊术或自体阔筋膜悬吊术。

（2）后天性上睑下垂患者，经药物治疗 6 个月后无效者可考虑手术。

六、中西医临床诊疗思路

先天性上睑下垂以手术治疗为主。如果遮盖瞳孔，为避免弱视应尽早手术，尤其是单眼患儿。手术的目的是恢复双眼外观对称。后天性上睑下垂患者经药物和针刺治疗 6 个月后无效者可考虑手术。本病病因多变，视其不同症情，分别应用温肾、补脾、祛风活血通络等治法。

第四节　眼睑先天异常

一、内眦赘皮和下睑赘皮

内眦赘皮（epicanthus）是遮盖内眦部垂直的半月状皮肤皱襞，可能的病因是面部骨骼发育不良。儿童和亚洲人多见，皮肤皱襞有时遮盖鼻侧部分巩膜，常被误认为内斜视。最常见的是上睑的内眦赘皮。下睑赘皮（epibiepharon of lower lid）是指平行于下睑睑缘的皮肤皱襞。它可以覆盖全部下睑睑缘，但多半只占据下睑睑缘的内 1/3。有时这一横行皮肤皱襞还经内眦部向上垂直延伸，形成逆向内眦赘皮。赘皮将下睑睫毛向内推挤，当眼球下转时睫毛就接触角膜，引起不适，但一般不会造成严重伤害。随年龄的增长，鼻梁发育隆起，内眦赘皮和下睑赘皮可以消失。因此一般不需治疗，如为美观可行整形术。

二、双行睫

双行睫（distichiasis）是在正常睫毛根部后方相当于睑板腺开口处生长另一排多余的睫毛。如这种位置偏后的睫毛触及角膜者不多，刺激症状不重，可常涂眼膏或戴软性角膜接触镜以保护角膜；如多数摩擦角膜刺激严重，可用冷冻法破坏其毛囊或切开缘间部加以分离，暴露出后排睫毛的毛囊，在直视下逐一切除，再将缘间部切口的前后唇对合复位。

三、先天性睑裂狭窄综合征

先天性睑裂狭窄综合征（congenital blepharophimosis）亦称先天性小睑裂，是一种常染色体显性遗传病，表现为上睑下垂、内眦赘皮、内眦距离过远、下睑外翻、睑裂缩小、鼻梁低平、上眶缘发育不良等一系列眼睑和颜面发育异常，呈现一种特殊的面容。此病可分期进行整形手术。

四、先天性上睑缺损

先天性上睑缺损（congential coloboma of upper lid）罕见，可能和胚胎期接触X射线或萘等化学性致畸物有关，有的患者家族有近亲结婚史。上睑三角形缺损，也有呈梯形或椭圆形。缺损区较大，角膜失去保护，容易发生干燥或感染。手术修补以保护角膜和改善面容。

第五节 眼睑肿瘤

良性肿瘤

一、眼睑血管瘤

眼睑血管瘤（hemangioma of lid）是一种血管组织的先天发育异常，病理上可分为毛细血管型和海绵窦型两类。前者为扩张的许多大小分化不全的毛细血管腔所构成；后者病变多在真皮下或皮下组织内，由扩大的静脉网组成，有大小不等的血窦，窦与窦之间有纤维组织间隔。毛细血管型血管瘤较表浅、扁平、色泽较红，累及的范围不一，可仅限于眼睑极少部分，亦可遮盖整个颜面，或侵及第V对脑神经各分支区域，颜面部三叉神经分布区域的“火焰痣”，是组成Sturge Weber综合征的典型毛细血管瘤。海绵窦型血管瘤位于皮下较深层，色紫蓝稍隆起，质软，指压变小，低头、咳嗽或哭闹时可稍增大，偶尔可与眶内海绵窦型血管瘤相联系；若为进行性发展者，可致上睑下垂，影响视功能。

毛细血管型血管瘤有自行退缩倾向，若5岁仍不退缩而继续增大，或虽未到5岁而肿瘤使上睑不能提起而影响视力时，应积极治疗。首选的方法是直接向血管瘤内注射糖皮质激素，但注射时切忌误入全身血循环中。此外，还可选用冷冻、X线照射或手术切除。海绵窦型血管瘤是发育性的，它不会自行退缩，故一般采用手术切除。

二、色素痣

色素痣（nevus）为眼睑的先天性病变，由痣细胞构成。一般在出生时即存在，少数在青春期出现。婴儿时期生长较快，以后生长渐缓，至成年期逐渐静止。本病多见于眼睑皮肤，有时亦可发生在睑缘部；或上下眼睑各半，闭睑时合二为一，后者称为眼睑分裂痣。若围绕眼眶、眼睑和眉部皮肤生长的蓝痣，是先天性睑皮肤黑色素细胞增多症，又称太田痣。色素痣大多扁平，亦可稍稍隆起，界限清楚，表面平整，有时可长有毛发。其通常为静止性，偶有恶变。若发现其体积迅速增大变黑，表面变粗糙、破溃、出血，以及色素向周围组织扩散者，可能是恶变的征兆。

静止的色素痣一般不需治疗。若为美容可采用激光或冷冻治疗，亦可用艾灸；睑分裂痣可做整形治疗；疑有恶变需手术切除者，必须完整而彻底，否则残留的痣细胞可能受手术刺激而促使其恶变。

三、黄色瘤

黄色瘤（xanthelasma）属脂肪代谢障碍性皮肤病，为类脂样物质在皮肤组织中沉淀所致，可能与高血脂、血清高胆固醇有关，多见于中老年女性，好发于上下睑内眦部皮肤，位于上睑者偏多，两侧对称呈蝴蝶状，色黄，略隆出于皮肤表面，生长缓慢，与正常皮肤之间有鲜明分界。

无出血倾向和不伴有凝血迟缓的本病患者，可用肝素注射液0.1ml（含625单位）注于瘤体的下方，每周1次。因肝素有促进脂肪代谢、消除血脂的作用，注射后可使瘤的范围缩小或消失。若为美容，可行手术切除；亦可采用激光、微波、冷冻等治疗，但均不能防止复发。平时应注意饮食调节，少食高脂食物。

四、乳头状瘤

乳头状瘤（papilloma）有鳞状细胞乳头瘤和脂溢性角化病两种类型，其共同特点是在增生的上皮周围有血管化结缔组织，呈乳头状瘤外观。脂溢性角化病是老年人最常见的病损，常见于中年或老年人眼睑、面部，表现境界清楚、表面分叶或乳头状的病灶，有色素沉积。患者有美容要求的可以手术切除、或者激光切除。

五、角化棘皮瘤

角化棘皮瘤（Keratoacanthoma）是发生于成人皮肤的良性炎症性肿瘤，和阳光过度照射有关，部分病例伴有免疫缺陷病如着色性干皮病、Muir-Torre 综合征。其临床表现及组织学特点和鳞状细胞癌相似，需通过活检加以排除。

恶 性 肿 瘤

一、基底细胞癌

本病可能与眼睑皮肤较薄，暴露在外，容易受到慢性损伤有关。老年角化病等原有损害有可能成为其诱因。其由类似表皮的基底细胞所组成，呈巢状排列，基底膜破裂是其恶性的主要特征。本病多见于中老年人，是眼睑恶性肿瘤中发病率最高的一种。好发于睑缘移行处的下睑内眦部。初起时呈丘疹样的小结节，富含色素；病程稍久，其表面覆盖的痂皮脱落，中央部形成溃疡，溃疡边缘隆起潜行，形似火山口，并逐渐向周围组织侵蚀延伸，引起睑、眶、颜面组织的广泛破坏，但一般不向远处转移。

此肿瘤对放疗敏感，故累及范围较小者，可单行放射治疗。肿瘤早期可行手术切除，晚期应行眶内容剜除术，但均需结合放射治疗。

二、鳞状细胞癌

本病的诱因多为炎症或瘢痕损害，如眼睑热烧伤、放射治疗灼伤之后、或见于狼疮瘢痕、眼睑疣等。本病癌细胞呈巢状排列，其外面一层细胞排列较整齐；向内为许多杂乱无章的多角形细胞层；再向内细胞染色更红，有程度不等的角化，并见角化珠。在癌巢的进行性边缘有淋巴细胞、浆细胞及嗜伊红细胞浸润。本病在临床上较为常见，老年男性更易罹患。好发于睑缘皮肤与黏膜移行处，初起像乳头状瘤，表面粗糙角化，上皮逐渐脱落、皲裂及结痂；以后形成溃疡，边缘稍隆起，底部高低不平，质地坚硬，可有坏死及继发感染；晚期肿瘤向深部及邻近组织蔓延，破坏眼睑、眼球、眼眶等，以至达到颅内。本病可通过淋巴系统向远处转移。

肿瘤范围小者可彻底切除，整复眼睑；波及眼眶者应行眶内容剜除术，术前术后均应行放射治疗，或术后进行冷冻治疗。有淋巴结肿大者应摘除并作病理检查。

三、睑板腺癌

本病系原发于睑板腺的恶性肿瘤，原因不明。该癌无真正包膜，其由大小不等的腺细胞组成，腺泡被血管丰富的结缔组织所分隔，癌组织呈腺小叶样排列，癌细胞内能染出脂肪染色的阳性物质。本病是我国比较常见的眼睑恶性肿瘤，多见于老年人，女性多于男性。好发于上睑，早期表现为眼睑皮下结节，质硬，与皮肤不粘连，酷似睑板腺囊肿，甚则误认为是睑板腺囊肿切除而又复发。肿瘤继续发展到睑板组织以外时，局部可触及分叶状硬块，结膜面或睑皮下透见黄色结节，继而形成溃疡，或呈菜花样。该癌向眶内侵犯，可引起眼球突出。本病早期即可转移，可向局部淋巴结和内脏转移。

该肿瘤对放射线不敏感，应及早手术切除，切除要彻底。病变广泛者，应行眶内容剜除及淋巴切除术。

第六节　睑板腺功能障碍

睑板腺功能障碍（meibomain gland dysfunction，MGD）在油性皮肤及年老者中十分常见，是蒸发过强型干眼症的主要原因。它可以被广义的分为阻塞型和非阻塞型。本病多见于老年人，但是无明显性别差异，寒冷地带的和发病率高于温暖气候地区。

一、病因病理

MGD 早期阶段，分泌的睑板腺脂质构成异常，表现为游离脂肪酸增高，形成泡沫影响泪膜稳定性，蜡酯下降，胆固醇酯升高，增加黏度阻塞导管，从而为细菌繁殖提供所需底物。一些研究发现表皮葡萄球菌的胆固醇酯酶和脂肪蜡酯酶可以分解睑板腺脂质，形成的代谢产物对眼睑缘产生刺激，加重 MGD 患者的眼部不适症状。MGD 患者常常出现泪液缺乏，导致泪膜不稳定，泪膜蒸发速率加快，泪液渗透压增加。此外导致 MGD 的危险因素还包括红斑狼疮、酒糟鼻等。

二、临床表现

（一）症状

眼红、眼部烧灼感、异物感、干燥感，刺激感、痒、视疲劳、视力波动、流泪等。

（二）体征

睑缘常增厚，可伴有红斑、过度角化等体征，睑缘后层出现自后向前的永久性血管扩张，睑板腺开口有白色角质蛋白堵塞而凸起变形，挤压后分泌物呈泡沫样、颗粒样或牙膏样。病变进展时睑板腺会有黄色的黏液样分泌物。睑板腺炎症持续多年后，睑板腺广泛萎缩。

其他常见的伴随体征有霰粒肿、结膜结石、结膜充血、乳头增生、角膜点状着色等，严重者出现角膜血管翳、角膜溃疡与睑外翻。单侧顽固睑板腺功能障碍病例，眼睑缘同一部位持续炎症，且周围有解剖学异常（如睫毛毛囊丢失或扭曲），应考虑脂肪细胞癌。

三、诊断要点

（1）睑板腺体缺如。
（2）睑缘及睑板腺开口异常。
（3）睑板腺分泌物数量和质量改变。
以上任何一种体征结合症状可诊断睑板腺功能性障碍。

四、治疗

（一）基础治疗

1. 眼睑的物理清洁　注意眼睑卫生。睑板腺堵塞时可热敷眼睑 5～10min 软化睑板腺分泌物，然后将手指放于眼睑皮肤面相对睑板腺的位置，边旋转边向睑缘方向推压，以排出分泌物。

2. 热敷和按摩 眼睑热敷有助于增加眼睑局部血流、融解睑板腺脂质，并有利于泪膜脂质层稳定性和均匀性，可缓解 MGD 患者的刺激症状。用任何热的物体（如微波炉加热的湿毛巾、电热宝、装热水的瓶子等等）热敷眼部 3min，然后按摩眼部周围的几个穴位（四白、承泣、攒竹、睛明、鱼腰），尤其是在上眼皮的中部从上向下挤压。眼疲劳时就做一遍，睡前和早晨醒后各做一遍。它对睑板腺分泌障碍（泪膜破裂时间短）造成的干眼症有明显的疗效。

3. 睑缘擦洗 能够去除睑缘碎屑及堵塞睑板腺导管开口的固化分泌物，减轻外部睑板腺开口堵塞，也是治疗葡萄球菌和皮脂溢睑缘炎的常用方法。本病可用无刺激性的香波或专用药液如硼酸水溶液清洗局部眼睑缘和睫毛。由于夜晚鳞屑堆积，清晨清洗眼睑更有效。

4. 睑板腺按摩 简单方便，是患者在家进行的常见物理疗法。操作方法是用食指指腹前端在睑缘做旋转的动作，或者用食指指腹从内眦角向外眦角方向刮擦睑缘。通常在眼睑热敷后进行。原理是通过升高温度和增加压力使睑板腺内稠厚的分泌物排出，从而消除睑板腺的阻塞，使患者症状减轻。

5. 睑板腺压榨 通常在医院内进行，需要使用表面麻醉剂。具体方法：结膜囊表面麻醉后，左手翻转眼睑，大拇指位于睑皮肤面加压睑板，右手持玻璃棒或棉棒在睑结膜面靠穹隆部睑板向睑缘合力挤压，疏通睑板腺开口，挤压出睑板腺分泌物。睑板腺压榨可以有效解除睑板腺堵塞，但操作要在表面麻醉下进行，会产生明显的痛感，有的患者治疗后出现急性结膜炎和结膜下出血等情况。

（二）药物治疗

1. 全身应用抗生素治疗 主要的药物有四环素类，强力霉素及米诺环素。如强力霉素 50mg 口服，2 次/天。需连续服用数周才起效，而且需维持数月。常见不良反应是对光敏感，以及引起牙釉质异常，因此 8 岁以下儿童、孕妇及哺乳期妇女慎用。

2. 局部药物的应用 包括治疗睑缘炎的抗生素眼液、短期糖皮质激素眼液、免疫抑制剂、不含防腐剂的人工泪液。局部 1%甲硝唑膏或 1%克林霉素洗液对控制酒渣鼻面部皮肤的感染有效。如果存在脂溢性皮炎的患者，可使用含抗脂溢药如二硫化硒或焦油的洗发剂清洁头部皮肤。

3. 雄激素治疗 睑板腺有雄激素受体，而且全身其他皮脂腺对雄激素并不敏感，抗雄激素治疗已经证明可以改善睑板腺分泌功能。对于性激素水平异常患者，雄激素可改善睑板腺结构，提高脂质层质量。但全身应用雄激素会产生明显的不良反应，局部使用雄激素作为治疗 MGD 一种可能的方法，正在评估中。

（三）泪小点栓塞

由于 MGD 常伴发 ATD，两者常表现出共同的症状和体征，所以对此类患者常进行泪小点栓塞（punctal occlusion，PO），可以显著缩短脂质传播时间，改善脂质层均匀度、厚度。

第六章 泪器病

泪器分为泪液分泌系统（secretory apparatus）与泪液排出系统（excretory apparatus）两大部分。

泪液分泌系统由泪腺、副泪腺、结膜杯状细胞组成，具有分泌泪液的功能。泪腺为反射性分泌腺，在受到外界刺激（如角膜异物、化学物质刺激等）或感情激动时分泌大量增加，起到冲洗和稀释刺激物的作用。副泪腺和结膜杯状细胞为基础分泌腺，分泌的泪液量很少，维持正常情况下角膜、结膜湿润，能减少眼睑和眼球间摩擦。

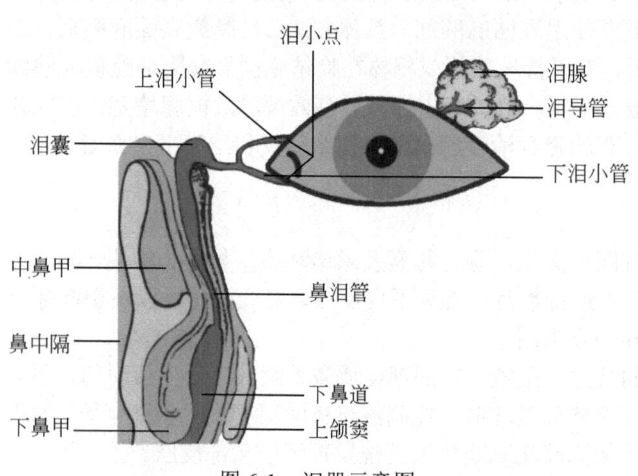

图 6-1　泪器示意图

泪液排出系统由泪腺导管、泪点、泪小管、泪囊、鼻泪管组成，具有排泄泪液的作用。在正常情况下，除了很少量的泪液通过蒸发消失外，大部分泪液依赖于眼轮匝肌的“泪液泵”作用，通过泪道排出（图 6-1）。

在眼睑闭合时，泪小点暂时封闭，眼轮匝肌收缩，挤压泪小管和泪囊，迫使泪囊中的泪液通过鼻泪管排入鼻腔。睁开眼睑时，眼轮匝肌松弛，泪小管和泪囊因自身弹性扩张，腔内形成负压，泪湖的泪液通过重新开放的泪小点被吸入泪小管和泪囊。泪器病分为泪腺病和泪道病两大类。临床上泪道病以泪道炎症、泪道狭窄和泪道阻塞多见；泪腺病以泪腺分泌功能异常、泪腺炎症和泪腺肿瘤多见。此外，泪液分泌不足是引起眼表疾病的重要因素之一。

泪器病属中医眼科学两眦疾病的范畴。中医学认为两眦属于五轮中的血轮，内应于心，心与小肠相表里，故两眦疾病与心和小肠关系密切。心属火，主血脉。若心火炽盛，热壅血凝，脉络不通可致眦角赤脉丛生、疼痛，甚或成疮成漏；若心阴暗耗，虚火上炎，则见眦角赤脉隐隐，或干涩刺痒等。而泪为肝液，肝肾同源，所以两眦疾病与肝肾也密切相关。肝藏血，肾藏精，肝肾亏虚，不能固摄泪液而表现为冷泪常流。此外，两眦暴露于外，易受风热邪毒侵袭，毒邪搏结于眦部，与久蓄于内之泪液蕴腐为脓而成眦漏，或漏睛疮。病机辨证有心火上炎、外邪火毒、心火内炽、心经虚火；在治疗方面辨证属实者，治以清心泻火解毒；属虚者，治以滋阴降火，补益肝肾；结合滴眼液滴眼、泪道冲洗、手术等治疗措施，内外合治，以获得预期的临床效果。

第一节 泪道病

泪道狭窄或阻塞

泪道阻塞（stenosis of lacrimal passage）常发生在泪点、泪小管、泪囊与鼻泪管交界处及鼻泪管下口，主要症状为泪溢。本病以间歇性或经常性流泪，泪液清稀为主要临床特征，多见于老年人，常为双眼发病。

本病属中医“冷泪”（《银海精微》）的范畴，又名“目风泪出”、“无时泪下”（《诸病源候论》）、“冲风泣下”（《原机启微》），《证治准绳》明确将本病分为“迎风冷泪”与“无时冷泪”两类。

一、病因病理

（一）中医病因病机

泪为肝之液，肝肾亏虚，精血不能上荣于目，目失濡养，泪窍空虚，风邪乘虚引泪而出；或气血不足不能约束泪液而致冷泪常流；或邪毒侵犯泪窍，窍道闭塞，泪液无以排泄而致无时泪流。

（二）西医病因病理

本病多因泪小点位置异常，泪小点狭窄、闭塞或缺如，泪小点不能接触泪湖，泪液不能进入泪道；或炎症、肿瘤、外伤、异物、先天性闭锁、药物毒性等因素引起泪道的狭窄或阻塞，泪液不能排出；或泪囊周围眼轮匝肌松弛，泪液泵的作用降低或丧失，泪液排出障碍而导致功能性泪溢。

二、临床表现

（一）症状

（1）自觉无时流泪，寒冷或遇风时流泪加重。

（2）由于经常泪溢，泪液长期浸渍，容易引起慢性结膜炎，颜面部皮肤湿疹；泪道阻塞者常引起泪囊的继发感染而形成慢性泪囊炎，或发展为急性泪囊炎；或经常揩拭眼泪，可致下眼睑外翻。

（二）体征

功能性泪溢者，泪道冲洗无阻力，液体顺利进入咽部。器质性阻塞者，冲洗泪道发现泪道狭窄或阻塞，冲洗液部分或全部从泪小点反流。

三、实验室及辅助检查

1. 染料试验　于结膜囊内滴入2%荧光素钠溶液1滴，2min后用湿棉棒擦拭下鼻道，若棉棒带有绿黄色，提示泪道通畅或不完全性阻塞，若棉棒无染色，提示泪道阻塞。

2. 泪道冲洗法　从泪小点注入生理盐水，根据冲洗液的流向判断泪道是否阻塞以估计阻塞的部位：①泪道通畅：冲洗液顺利进入咽部；②泪小管阻塞：冲洗液全部从注入原路反流；③泪总管阻塞：冲洗液自下泪点注入，液体从上泪小点反流；或冲洗液自上泪小点注入，液体从下泪小点反流；④鼻泪管狭窄：冲洗有阻力，部分自泪小点反流，部分流入咽部；⑤鼻泪管阻塞合并慢性泪囊炎：冲洗液自上泪小点反流，同时有黏液脓性分泌物。

3. 泪道探通术　用泪道探针探通泪道，以判断泪道阻塞的部位。

4. X线碘油泪道造影　可显示泪囊的大小和阻塞的部位。

四、诊断与鉴别诊断

（一）诊断要点

（1）溢泪。

（2）挤压泪囊区无分泌物从泪小点溢出。

（3）冲洗泪道或通畅、或狭窄、或阻塞。

（二）鉴别诊断

本病应与慢性泪囊炎鉴别：两病都以流泪为主要症状。慢性泪囊炎者指压泪囊区常有黏液性或脓性分泌物从泪小点溢出，泪道冲洗时冲洗液全部反流，同时有黏液性或脓性分泌物随冲洗液从泪小点反流。本病指压泪囊区无分泌物从泪小点溢出，冲洗泪道或通畅、或狭窄、或阻塞，但无黏液性或脓性分泌物随冲洗液反流。

五、治疗

（一）中医治疗

1. 治疗原则 功能性泪溢者，以中医治疗为主，治宜补虚；器质性泪溢者，以手术治疗为主，术后可配合中药治疗，以巩固疗效。

2. 中医辨证论治

（1）肝肾亏损证

症候：溢泪清稀；视物模糊，头晕耳鸣，腰膝酸软；舌淡红，苔薄，脉细。

治法：补益肝肾。

方药：左归饮加减。迎风流泪显著者选加木贼、白蒺藜、防风、白芷，以增祛风之功。

（2）气血两虚证

症候：无时泪下，兼见面色无华，心悸健忘，神疲乏力，或产后失血过多；舌质淡，舌苔薄白，脉细弱。

治法：益气养血。

方药：八珍汤加减。可加白蒺藜、防风、白芷等以祛风止泪；伴畏寒肢冷者，加桂枝、细辛等以温经散寒。

（3）肝血不足证

症候：冷泪绵绵，迎风更甚；面色少华，头昏目眩；舌质淡，苔薄白，脉细。

治法：补养肝血。

方药：止泪补肝散加减。可加菊花、白薇、石榴皮等以祛风止泪。

3. 外治法 泪小点狭窄：用泪小点扩张器扩张；若闭锁或缺如，或泪小管阻塞者，用泪小点扩张器扩张后，再进行泪道探通。

4. 针刺治疗 主穴取睛明、四白、肝俞、太冲、合谷、风池、肾俞、脾俞、足三里。针法以补法为主，针灸并用。若流泪清冷者，可加神阙艾灸及同侧睛明穴温针治疗。

（二）手术治疗

（1）睑外翻导致泪小点位置异常者，可于泪小点下方切除一水平椭圆形结膜及结膜下结缔组织，以矫正睑外翻，使泪小点复位；或用电烙术，电灼泪小点下方结膜，借助结膜瘢痕收缩使泪小点复位。如有眼睑松弛，可做眼睑水平缩短术。

（2）鼻泪管阻塞者，行泪道探通联合逆行鼻腔泪道插管术，或泪囊鼻腔吻合术。

六、中西医临床诊疗思路

功能性泪溢者多属气血不足、肝肾两虚，表现为无时流泪之本虚标实证，以中医治疗为主；若配合针灸治疗效果更佳。若有慢性结膜炎者，应同时治疗。泪道阻塞者以手术治疗为主，根据阻塞的部位和病程选择手术方式。病程较短者，可选用泪道探通联合逆行鼻腔鼻泪管插管术或泪道激光成形术；病程长者，选用泪囊鼻腔吻合术，术后配合内服祛风散瘀中药——双黄连液泪道冲洗，以巩固手术效果。

新生儿泪囊炎

泪道系统的先天性阻塞通常是覆盖于鼻泪管鼻侧末端 Hasner 瓣发生膜性阻塞所致，可单眼或双眼发病。泪液排出系统在胚胎发育中逐渐形成，其中鼻泪管形成最迟，有的在出生时鼻泪管下端仍有一黏膜皱襞（Hasner 瓣）部分或完全遮盖鼻泪管开口，或鼻泪管下端发育不完全，是婴幼儿泪溢主要原因。泪囊若有继发感染，可出现黏脓性分泌物，形成新生儿泪囊炎（neonatal dacryocystitis）。先天性泪囊膨出患儿出生时可见扩张的泪囊，同时缺乏炎症表现，检查鼻腔可见到泪囊向下膨出到鼻腔的外侧壁（图 6-2）。

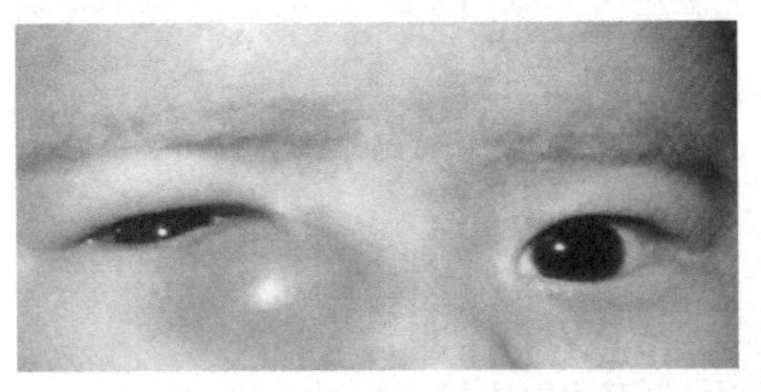

图 6-2　新生儿泪囊炎

大部分先天性 Hasner 瓣阻塞可在出生后 4～6 周自行开放，因此可先行局部按摩和抗生素眼水点眼，鼻腔应用缓解充血的婴儿滴鼻剂等保守治疗。可试用手指自下睑眶下线内侧与眼球之间向下压迫，有规律地压迫泪囊区数次，促使鼻泪管下端开放，压迫后滴抗生素滴眼液，每日 4 次。若保守治疗无效，6 个月以后可行泪道探通术。若不能自行痊愈或治疗无效，可以考虑行泪道探通术。先天性泪囊膨出采用按摩和局部抗生素眼液滴眼，进行泪道探通。先天性皮肤泪道瘘管可给予手术切除。

急性泪囊炎

急性泪囊炎（acute dacryocystitis）是以泪囊及周围组织突然发生红、肿、热、痛为主要临床特征的急性感染性炎症。大多在慢性泪囊炎的基础上发生，也可以无溢泪史而突然发生。最常见的致病菌为β-溶血链球菌和金黄色葡萄球菌或者少见的白色念珠菌等。常见于中年妇女，多单眼发病。若及时治疗，预后良好。本病可归属中医学“漏睛疮”（《医宗金鉴》）范畴，又名“睛漏疮”（《圣济总录》）。

一、病因病理

（一）中医病因病机

本病多因心火炽盛，火势上炎，结于大眦；或因脾胃积热，热毒蕴结于大眦；或素有漏睛，热毒内蕴，复感风热毒邪，引动内火，内外合邪，侵袭大眦而成；或素嗜辛辣厚味，热蕴心经，复感风邪，循经上攻泪窍，热盛肉腐，结聚成疮。

（二）西医病因病理

本病多因慢性泪道阻塞，化脓性分泌物积存于泪囊，致病菌在泪囊繁殖、感染而发生急性化脓性炎症，或由于泪道黏膜的创伤性感染、鼻腔黏膜等邻近组织感染性病变蔓延而致。致病菌多为链球菌和肺炎双球菌。严重时炎症向周围组织扩散，引起泪囊周围蜂窝织炎。

二、临床表现

（一）症状

（1）发病突然，泪囊区红肿热痛，严重者伴恶寒发热。

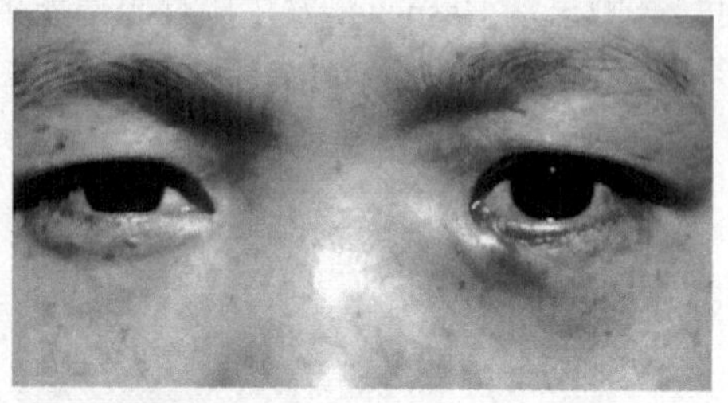

图 6-3　急性泪囊炎

（2）可并发眶蜂窝织炎。若泪囊脓肿穿破皮肤，脓液排出后，可形成泪囊瘘管。

（二）体征

泪囊区红肿、坚硬、压痛，重者蔓延至眼睑、鼻根部及颊部，甚至形成脓肿或溃疡。部分患者耳前淋巴结或颌下淋巴结肿痛（图 6-3）。

三、实验室及辅助检查

血常规检查可见白细胞总数及中性粒细胞增高。

四、诊断与鉴别诊断

（一）诊断要点

（1）有慢性泪囊炎病史，或泪道阻塞和泪道外伤史。
（2）泪囊区红肿，坚硬，压痛。

（二）鉴别诊断

（1）皮脂腺囊肿继发感染：继发感染前多有囊肿存在，冲洗泪道通畅。
（2）急性筛窦炎和急性上额窦炎：以鼻塞、流脓涕、头痛为主要症状，常累及内眦部泪囊区域，但是肿胀和压痛常居内眦韧带上方，冲洗泪道通畅。鼻腔检查和鼻旁窦 X 线摄片可明确诊断。

五、治疗

（一）中医治疗

1. 治疗原则　早期疏风清热；中期解毒排脓，祛瘀消肿；后期宜扶正祛邪，托里排脓。若已形成脓肿须切开排脓。

2. 中医辨证论治

（1）风热外侵证

症候：初起泪热多眵，内眦部红肿疼痛；或兼恶寒；舌质红，苔薄黄，脉浮数。

治法：祛风散邪，清热解毒。

方药：驱风散热饮子加减。热甚者去防风、羌活，加紫花地丁、蒲公英、野菊花，以清热消肿。

（2）热毒炽盛证

症候：内眦部充血肿胀，重者蔓延至颊面、眼睑，疼痛拒按；常伴身热口渴，小便赤涩，大便秘结；舌质红，苔黄厚，脉数有力。

治法：清热解毒散结。

方药：黄连解毒汤加减。热盛者可加金银花、紫花地丁，以增强清热解毒之效；大便燥结者加大黄、芒硝、厚朴，以通腑泻热；或加枳实、皂角刺，以加强消瘀散结之效。

（3）心脾湿热证

症候：泪囊区皮肤红肿热痛，热泪时流；兼口渴咽干，心烦少寐，小便短赤；舌边尖红，脉数。

治法：清心泻火。

方药：竹叶泻经汤加减。心烦、大便秘结者，加栀子、大黄，以泻热通腑；痛甚者，加泽兰、皂角刺，以活血通络，消肿止痛。

（4）正虚邪留证

症候：患处微红微肿，轻度压痛，但不溃破，或溃破后创口难愈，脓液常流不断；面色苍白，神疲食少；舌质淡，苔薄白，脉细弱。

治法：扶正祛邪。

方药：托里消毒散加减。脓液黄稠者加连翘、黄芩，以增清热之力；热盛伤阴者，加天花粉、麦冬，以养阴清热。

3. 外治法

（1）发病初期可湿热敷泪囊区，每日 3 次，每次 20min。

（2）未成脓者，用紫金锭磨水涂患处皮肤，或以如意金黄散调和外敷，或用新鲜芙蓉叶、野菊花、马齿苋、紫花地丁等量，洗净捣烂外敷。每日 2 次。

（二）西医治疗

1. 药物治疗 早期用抗生素滴眼液滴眼，严重者应全身兼用抗生素，控制炎症扩散。

2. 手术治疗

（1）局部脓肿形成，须手术切开排脓，放置引流条，每日换药至伤口愈合。

（2）若泪囊瘘管形成，行泪囊摘除联合瘘管切除术。

六、中西医临床诊疗思路

本病为急性感染，其治疗必须及时使用抗生素控制感染。早期用抗生素滴眼液滴眼，局部热敷或药物敷。辨证内服中药，早期以疏风清热为治法；中期重在解毒排脓，祛瘀消肿；后期以扶正祛邪、托里排脓为主。严重者应全身兼用抗生素，控制炎症扩散。若已形成脓肿，需切开排脓，同时放置引流管。急性炎症消退后参照慢性泪囊炎进行治疗。

慢性泪囊炎

慢性泪囊炎（chronic dacryocystitis）是以常溢脓泪及冲洗泪道有黏液脓性分泌物反流为临床特征的常见的泪囊组织慢性炎症，可单眼或双眼发病，因鼻泪管下端狭窄或阻塞，泪液滞留于泪囊内，伴发细菌感染所致的泪囊炎症。本病常见于中老年女性。

中医学归属“漏睛”（《太平圣惠方》）范畴，又称“热积必溃之病”（《原机启微》）、“目脓漏”（《诸病源候论》）、“窍漏”（《证治准绳》）、“睛漏”（《目经大成》）、“漏睛脓出外障”（《秘传眼科龙木论》）。

一、病因病理

（一）中医病因病机

本病多因风热邪毒侵袭，停留泪窍，积伏日久，蓄腐成脓；或心有伏火，脾蕴湿热，循经上犯内眦，积聚成脓，浸渍泪窍；或邪毒侵犯泪窍，窍道闭塞，复加风热邪毒外袭所致。

（二）西医病因病理

常因睑缘炎、沙眼、慢性鼻炎或鼻窦炎、鼻息肉、鼻中隔偏曲、鼻甲肥大等因素，引起鼻泪管阻塞而泪液潴留在泪囊，感染细菌，导致泪囊黏膜的慢性炎症，使泪囊及鼻泪管组织增生，产生黏液性或脓性分泌物。常见致病菌有葡萄球菌、链球菌和肺炎双球菌等。

二、临床表现

（一）症状

（1）患眼常溢黏液性或黏液脓性分泌物。

（2）角膜损伤或内眼手术时容易并发细菌性角膜溃疡或化脓性眼内炎。

（二）体征

用指挤压泪囊区可见黏液性或脓性分泌物从泪小点溢出。部分患者泪囊区皮肤出现浸渍、糜烂或粗糙增厚。若分泌物大量潴留，使泪囊扩张，可形成泪囊黏液囊肿。

三、实验室及辅助检查

泪道冲洗：冲洗液从上、下泪小点反流，同时伴有黏液脓性分泌物随冲洗液反流。

四、诊断与鉴别诊断

（一）诊断要点

（1）溢黏液性或脓性分泌物。

（2）冲洗泪道时见冲洗液全部反流，并有黏液性或脓性分泌物自泪小点反流。

（二）鉴别诊断

1. 泪溢 本病与泪溢都以流泪为主要症状。泪溢者冲洗泪道或通畅，或狭窄或阻塞，但无黏液性或脓性分泌物随冲洗液从泪小点反流。本病冲洗泪道时冲洗液全部反流，并有黏液性或脓性分泌物随冲洗液从泪小点反流。

2. 急性泪囊炎 以大眦部近泪囊处突发红肿高起，继则破溃出脓为特点，可由慢性泪囊炎演变而来。

五、治疗

（一）中医治疗

1. 治疗原则 本病为邪深久伏所致的顽固眼病，辨证主要是以局部症状为主，结合参考全身情况。发病初期，脓汁量少清稀者，多为风热停留泪窍，以祛风清热为主；眦部红赤，脓稠黏浊者，多为心脾湿热上攻泪窍，以清热除湿为主；风热引动内火者，可参照两者施治。同时要重视外治法，如用点眼剂、泪道冲洗等方法。对日久不愈者，可考虑手术治疗。

2. 中医辨证论治

（1）风热停留证

症候：溢泪黏稠或呈脓性，眼部微痒不适，内眦结膜充血；舌淡红，苔薄黄，脉数。

治法：疏风清热止泪。

方药：白薇丸加减。如泪液呈黏液脓性者，加蒲公英、野菊花、紫花地丁，以助清热解毒。

（2）心脾湿热证

症候：溢黏液脓性泪；小便黄赤，大便干结；舌尖红，苔黄腻，脉濡。

治法：清心利湿。

方药：竹叶泻经汤加减。如脓多黏稠，去羌活，选加败酱草、蒲公英、桔梗、泽兰，以清热排脓，祛瘀消积。

（二）西医治疗

1. 治疗原则 手术治疗是治疗本病的根本措施，根据病情选择手术方式，可滴抗生素滴眼液，或冲洗泪道等以缓解症状。

2. 药物治疗

（1）局部抗生素滴眼液滴眼。

（2）用生理盐水或抗生素稀释液或0.02%α糜蛋白酶溶液冲洗泪道，以清除泪囊分泌物。

3. 手术治疗

（1）泪道探通联合逆行鼻泪管插管术：适用于泪小点、泪小管正常，无严重鼻腔疾病者。

（2）泪囊鼻腔吻合术：适用于泪小点、泪小管正常，泪囊无过小者。

（3）泪囊摘除术：适用于兼有萎缩性鼻炎、泪囊过小及年老体弱者。

（4）鼻泪管激光重建术：各类型慢性泪囊炎。

六、中西医临床诊疗思路

慢性泪囊炎是眼部一个感染灶，结膜囊长期处于带菌状态。如发生眼外伤或施行内眼手术，容易引起化脓性感染，并发细菌性角膜溃疡或化脓性眼内炎，应高度重视慢性泪囊炎对眼球构成的潜在威胁，在角膜及内眼手术前，必须预先治疗本病，防止并发症的发生。手术治疗是治疗本病的根本措施，根据病情选择手术方式。配合用中药治疗，或滴抗生素滴眼液，或冲洗泪道等以缓解症状。若患沙眼、慢性结膜炎及鼻部疾病应及时治疗，防止本病的发生发展。

第二节 泪 腺 病

泪 腺 炎

泪腺炎（dacryoadenitis）是各种原因引起的泪腺组织炎症性疾病的总称。临床上按其起病的缓急程度分为急性和慢性两种。临床较少见，好发于儿童或青年，慢性者多双侧发病，预后较好。本病属中医“胞肿如桃”（《银海精微》）范畴。

一、病因病理

（一）中医病因病机

本病多为风热毒邪客于胞睑肌肤之间；或脾肺壅热，上犯胞睑；或肝经实热传脾，风热壅于胞睑；或脾失健运，痰湿内聚，与气血混结于胞睑所致。

（二）西医病因病理

急性泪腺炎（acute dacryoadenitis）临床上较少见，一般单侧发病，多为细菌、病毒感染所致，以金黄色葡萄球菌或淋病双球菌常见。感染途径可由眼睑、结膜、眼眶或面部的化脓性炎症直接扩散，远处化脓性病灶转移或来源于全身感染。

慢性泪腺炎（chronic dacryoadenitis）为病程进展缓慢的一种增殖性炎症，病变多为双侧性。临床上原因较多，主要有沙眼、结核、梅毒、不明原因的肉芽肿性病变，也可为急性泪腺炎的后遗症。

二、临床表现

（一）症状

（1）急性者表现为眼痛头痛，常伴发热；慢性者无明显疼痛，或可出现复视。

（2）常见并发症有泪腺瘘管或囊肿、泪腺萎缩、干眼等，严重者可并发脑膜炎、海绵窦感染。

（二）体征

（1）急性者表现为眶外上方局部肿胀、疼痛，上睑水肿呈“S”形弯曲变形，耳前淋巴结肿大。触诊可扪及包块，有压痛，结膜充血水肿，有黏性分泌物。提起上睑，可见泪腺肿大充血。

（2）慢性者表现为泪腺肿大，一般无疼痛，可伴有上睑下垂。在外上眶缘下可触及较硬的包块，但多无压痛，眼球可向内下偏位，向上、外看时可有复视，但眼球突出少见。有时伴有 Mikulicz 综合征。

三、实验室及其他辅助检查

1. 眼眶 X 片及鼻窦 X 片 以排除眶内疾患及鼻窦炎。

2. 病因学相关检查 如结核菌素试验、梅毒确诊试验、沙眼包涵体检查等。

四、诊断与鉴别诊断

（一）诊断要点

（1）外上眶缘下可触及肿大的泪腺；急性者伴有眼睑红肿、压痛。

（2）眼球向内下方移位，眼球运动受限。

（3）急性者多伴有发热、感冒等病史。

（二）鉴别诊断

1. 急性者与眼睑脓肿相鉴别 眼睑脓肿可见眼睑肿胀，球结膜水肿，病灶局限后，脓肿溃破而外溢；重者可向眶深部蔓延，发展为眶蜂窝织炎。

2. 慢性者与眶骨膜炎、眶骨髓炎等鉴别 眶骨膜炎、眶骨髓炎ＣＴ检查可见眶壁骨质破坏。

五、治疗

（一）中医治疗

1. 治疗原则 以疏风清热、清肺泻热、化痰散结为治法，兼以解毒排脓、祛瘀消肿。

2. 中医辨证论治

（1）风火热毒证

症候：目赤肿痛，肿胀如桃；兼见头痛身热，恶风鼻塞；苔薄黄，脉浮数。

治法：清热泻火，祛风解毒。

方药：普济消毒饮加减。眼睑红肿甚者加金银花、生地黄、赤芍；头痛甚加白芷、菊花、白蒺藜以祛风止痛。

（2）肺热壅盛证

症候：目赤疼痛，畏光流泪，眼睑肿胀，结膜充血、水肿；伴壮热头痛，口渴引饮，溲黄便秘；舌红脉数。

治法：泻肺清热。

方药：桑白皮汤加减。泪腺肿胀显著者可选加龙胆草、金银花、黄芩、苦参、蒲公英以增强清热解毒之效；大便秘结者加生大黄、枳实以清热通腑。

（3）痰瘀互结证

症候：胞睑内生有硬结，皮色如常；舌暗红或有瘀点，苔白或腻，脉弦滑。

治法：化痰散结，祛瘀消肿。

方药：化坚二陈汤合桃红四物汤加减。可加白术、山楂、鸡内金以健脾消食，化痰散结。

3. 外治法

（1）可用超短波理疗或微波电疗，每日 1 次，以促进炎症吸收。

（2）局部湿热敷，每次 20min，每天 3 次。以减少疼痛，促进炎症吸收。

（二）西医治疗

局部可使用抗生素滴眼液滴眼，严重者应全身兼用抗生素或抗病毒药控制炎症扩散，同时进行病因治疗。若泪腺脓肿形成，需切开排脓。

六、中西医临床诊疗思路

早期以中医为主，中西医结合的方法治疗。辨证应用中药，局部湿热敷和使用抗生素眼水，以促其消散。严重者应配合全身使用广谱抗生素或抗病毒药控制炎症，避免炎症扩散及发生并发症。

积极寻找病因，有邻近及全身炎性病灶者应针对病因或原发疾病及时治疗。如有发生流行性感冒、肺炎、葡萄膜炎、麻疹、眶内炎症、扁桃体炎、中耳炎等病变者，应及时治疗。切忌用手挤压病变部位，以防病菌血行扩散，引起急性脓毒血症。

泪腺脱垂

眶部泪腺脱垂（prolapse of the lacrimal gland）常由于外伤或由于肿瘤所致眶内压增高。自发性泪腺脱垂则由于泪腺支持组织薄弱，较为常见，双侧对称性，青年发病，女多于男。临床表现为上睑外侧肿胀下垂，甚至阻碍视线。在皮下可扪得质硬肿块，大如杏仁，分叶明显，活动自如，可以压回泪腺凹。无痛，情绪刺激性流泪减少，但少有结膜干燥。治疗主要是手术复位，将泪腺缝合固定于泪腺凹骨膜上，并缝合加固眶膈。眼睑皮肤松弛严重者，切除过剩的皮肤。

泪腺混合瘤

泪腺混合瘤（mixed tumor of lacrimal gland）多见于 30～40 岁中年人，多单侧发病，若多次复发可出现恶变，属多形性腺瘤（pleomorphic adenomas）。起源于双层腺管上皮，同时含有异常的间质成分如黏液、软骨等；因此称为“混合瘤”。肿瘤有包膜，生长慢，颞上眶缘内可触及实性包块。眼球向内下方移位，由于肿瘤生长缓慢，因此没有复视或疼痛。年龄大的患者可能为恶性混合瘤，生长较快，并有明显的骨质破坏。治疗方法是手术切除。应尽可能连同包膜完整切去。术后可配合中药治疗。

泪腺囊样腺性癌

泪腺囊样腺性癌（adenoid cystic carcinoma of lacrimal gland）居上皮性肿瘤第二位，是泪腺最常见且恶性程度高的肿瘤。本病多见于 30 岁以下女性，单侧发病，病程短，复发率高，常出现颅内转移，有明显疼痛，出现复视和骨质破坏，常有视力障碍，于外上方眶泪腺窝可触及坚硬的包块，压痛明显，眼球突出，向内下方移位，运动障碍。治疗以手术清除病灶并联合放射治疗配合中药治疗。但复发率较高，预后较差。

第七章　结　膜　病

结膜（conjunctiva）是由眼睑缘间部开始覆盖在眼睑后面和眼球前面的一层薄而半透明的黏膜组织，由球结膜、睑结膜和穹隆部结膜三部分构成，睑结膜和睑板结合紧密，角结膜缘外的球结膜和穹隆部结膜则与眼球结膜结合疏松。结膜从组织学上分为上皮层和黏膜下基质层。结膜上皮的细胞形态变化很大，球结膜以复层鳞状上皮为主，睑结膜上皮为分层立方状，向穹隆部逐渐过渡为柱状上皮，杯状细胞数量在结膜上皮基质细胞的数量中约占 10%，多分布在睑结膜和鼻下区域球结膜。结膜的实质层由疏松结缔组织组成，并且含有淋巴细胞和其他白细胞组成的结膜相关淋巴样组织。

结膜富含神经和血管。睑结膜和眼睑有共同的血液供应，球结膜的血液供应来源于眼动脉分支的睫状前动脉。结膜感觉由第 V 对脑神经眼支的泪腺神经、眶上神经、滑车上神经和眶下神经分支支配。结膜不仅具有眼表屏障功能，还含有相关的淋巴组织，包含了免疫球蛋白、中性粒细胞和淋巴细胞（100 000 个/m^2）、肥大细胞（5000 个/mm^2）、浆细胞等，除此之外，结膜基质层本身含有抗原呈递细胞。生理情况下结膜组织不含嗜碱性粒细胞和嗜酸性粒细胞。

结膜上皮毗邻角膜上皮，并延伸至泪道和泪腺，因此这些部位的疾病容易相互影响。结膜大部分表面暴露于外界，易受外界环境的刺激和微生物感染而致病，最常见的疾病为结膜炎，其次为变性性疾病。结膜上皮细胞的创伤愈合与其他黏膜细胞相似，上皮细胞损伤通常在 1～2 日内可修复。而结膜基质层的修复伴有新生血管的生长，修复过程受血管生成数量、炎症反应程度、组织更新速度等因素影响。结膜的浅表层通常由疏松组织构成，在损伤后不能恢复为与原先完全相同的组织，深层的组织（纤维组织层）损伤修复后，成纤维细胞过度增生，分泌胶原使结膜组织黏附于巩膜，这也是内眼手术后结膜瘢痕组织形成的原因。

古人对结膜病的认识：结膜病归属于中医眼科外障眼病范畴，其病变主要在胞睑、白睛和两眦如沙眼、包涵体性结膜炎、结膜结石属胞睑疾病，翼状胬肉属两眦疾病，其他则属于白睛疾病。在五轮学说中，眼睑属肉轮，内应于脾和胃；球结膜属气轮，内应于肺和大肠；两眦属血轮，内应于心和小肠。若脏腑功能失调，或感受六淫之邪及疫疠之气都可以引起结膜疾病，或为内外因素共同作用的结果，所谓“正气存内，邪不可干，邪之所凑，其气必虚”。结膜疾病起病急，发病快、外部症状明显，症候有虚有实。实证多用疏风散邪、清热解毒、泻肺利气、泻火通腑、除湿止痒、凉血退赤等法；虚证多用滋阴润燥、益气生津等法。局部可用清热解毒、祛风止痒的药物熏洗，或用清热解毒药物制成的滴眼液滴眼。《一草亭目科全书》：“因腠理为风邪所束，内火不得外泄，挟肝木而上奔眼窍，血随火行，故患眼赤……”

第一节　细菌性结膜炎

急性细菌性结膜炎

正常情况下结膜囊内可存有细菌，大约 90%的人结膜囊内可分离出细菌，其中，35%的人可以分离出一种以上的细菌。这些正常菌群主要是表皮葡萄球菌（>60%）、类白喉杆菌（35%）和厌氧的痤疮丙酸杆菌，这些细菌可以通过释放抗生素样物质和代谢产物，减少其他致病菌的侵袭。当致病菌的侵害强于宿主的防御功能或者宿主的防御功能受到破坏的情况下，即可发生感染。按发病快慢可以分为超级性（24h 内）、急性或亚急性（几小时至几天）、慢性（数天至数周）。急性结膜炎患者均有不同程度的结膜充血、水肿、结膜囊分泌物多。慢性结膜炎可由急性结膜炎治疗不及时演变而来，也可以由毒力不强的菌类感染引起。急性结膜炎通常有自限性，病程在 2 周左右，慢性结膜炎无自限性。

本病根据古籍认为与“暴风客热”相当。暴风客热首载于《银海精微·卷之上》，《龙树菩萨眼论》称此病为“暴风”，《秘传眼科龙木论》称此病为“暴风客热外障”，而且有较为详尽的记载。

一、病因病理

（一）中医病因病机

本病因风热之邪外袭，客于内热阳盛之人，风热相搏，内外相和交攻于目而发。

（二）西医病因病理

各型细菌性结膜炎常见的病原体有：大肠杆菌、肺炎双球菌、Koch-weeks 杆菌、流感嗜血杆菌、金黄色葡萄球菌、淋病奈瑟菌、脑膜炎奈瑟菌等。成人淋球菌性结膜炎多因接触自身或他人的淋球菌性尿道炎分泌物或淋菌性结膜炎患者的眼部分泌物而传染所致；偶有经血行感染者，即所谓内因性淋菌性结膜炎。新生儿淋球菌性结膜炎则多因出生时为母体淋菌性阴道炎分泌物或被其污染的物品所感染。

淋球菌主要侵犯泌尿生殖道黏膜和结膜，并可由结膜扩展至角膜。细菌可寄生于感染的细胞内，菌体表面的纤毛或包膜可将细菌有力地黏附于宿主细胞，有利于淋球菌侵入结膜上皮细胞并能抵抗细胞的吞噬作用。淋球菌可产生氧化酶和自溶酶等多种酶破坏细胞组织，细菌释放的内毒素可导致黏膜出血。淋球菌的感染也可引起结膜杯状细胞分泌增多和多形核白细胞的反应。

慢性结膜炎致病因素分两类：急性结膜炎未愈而转变为慢性者，也可为其他毒力不强菌类感染而表现为慢性炎症者。常见的致病菌包括葡萄球菌、卡他球菌、链球菌、变形球菌和 M 双杆菌等。可同时存在内翻倒睫、睑缘炎、慢性泪囊炎、慢性鼻炎等周围组织炎症。非感染性者可因有毒气体的刺激，风沙、粉尘的刺激，眼部长期应用刺激性药物，强光，屈光不正，烟酒过度，睡眠不足等引起。

二、临床表现

（一）超急性细菌性结膜炎

超急性细菌性结膜炎由淋病奈瑟菌或脑膜炎奈瑟菌引起，是一种极为剧烈的急性化脓性结膜炎。其特点为高度眼睑结膜充血水肿及大量脓性分泌物，如治疗不及时，将短时间内发生角膜溃疡及穿孔，导致失明。

成人淋球菌性结膜炎潜伏期短，为数小时至 3 天。通常从一侧开始，但大多累及双眼，起病急骤，病情呈进行性发展，眼痛、畏光、流泪等症状明显。眼睑高度肿胀、睑结膜充血水肿，伴小出血点及假膜形成，球结膜水肿，重者突出于睑裂外，耳前淋巴结肿痛，重症患者甚至可出现耳前淋巴结的化脓。

新生儿淋球菌性结膜炎是新生儿眼炎的主要原因，大多经母亲产道感染，发病率约为 0.04%，潜伏期为 2～4 天，双眼多同时受累。临床表现与成人相似，为严重的急性化脓性结膜炎，但临床过程较成人稍缓和。

并发症：如果治疗不及时会发生角膜溃疡和穿孔，且多因发生在角膜中央而严重影响视力。

本病特点是结膜刮片上皮细胞胞质内可见淋球菌存在。

（二）急性细菌性结膜炎

急性细菌性结膜炎初起有干涩、异物感。继而自觉流泪、灼热、刺痛、异物感加重，由于分泌物多，常使上下睫毛粘在一起，早上起床时睁眼困难。视力一般不受影响，分泌物过多时，可有暂时性视物模糊和虹视。

眼睑肿胀，结膜充血，以穹隆部和睑结膜最为显著。结膜表面有分泌物，分泌物先为黏液性，后呈脓性。若为肺炎双球菌、Koch-Weeks 杆菌引起的严重结膜病，结膜表面可覆盖一层假膜。Koch-Weeks 杆菌或肺炎双球菌性结膜炎可发生结膜下出血斑。

本病的特点是：发病早期和高峰期，分泌物涂片或结膜刮片检查可见中性粒细胞和细菌。细菌培养可见肺炎双球菌、Koch-Weeks 杆菌、流感嗜血杆菌和葡萄球菌等。

（三）慢性结膜炎

慢性结膜炎临床症状轻微或无明显不适。主要有自觉痒，异物感，眼干涩或视疲劳。

结膜充血，扩张的血管行径清楚。少量乳头增生和滤泡形成，以睑结膜为主。晨起内眦部有分泌物，白天眦部可见白色泡沫状分泌物。炎症持续日久者可有结膜肥厚，但无瘢痕和角膜血管翳。Morax-Axenfeld 双杆菌可引起眦部结膜炎，伴外眦角皮肤结痂、溃疡形成及睑结膜乳头和滤泡增生。

三、实验室及其他辅助检查

急性期结膜囊分泌物涂片或结膜刮片、Gram 染色、结膜囊细菌培养、免疫荧光素标记抗体或免疫酶标检查等，均可做出诊断。细菌培养可见肺炎双球菌、Koch-Weeks 杆菌、流感嗜血杆菌和葡萄球菌、淋病奈瑟菌或脑膜炎奈瑟菌等。

四、诊断与鉴别诊断

（一）诊断要点

1. 辨病要点 起病急或有接触史，结膜充血，分泌物多；分泌物涂片或结膜刮片检查见多行核白细胞和细菌菌体；细菌培养可见致病菌。

2. 辨证要点 全身实热证。

（1）风重于热证：眼红、分泌物多；伴有恶风发热，头痛鼻塞；舌质红、苔薄白或微黄。脉浮数。

（2）热重于风证：眼红痛、分泌物多；兼有口渴，便秘溲赤；苔黄，脉数。

（3）风热俱盛证：眼红痛，分泌物多；兼恶风发热，便秘，溲赤；苔黄，脉数。

（二）鉴别诊断

本病与急性虹膜睫状体炎相鉴别。两者皆自觉眼红、眼痛等自觉症状，急性虹膜睫状体炎有角膜后 KP、前房渗出、瞳孔变形、缩小等炎症反应，本病无前房渗出、无瞳孔变形、缩小等炎症反应，可以鉴别。

五、治疗

（一）中医治疗

1. 治疗原则 本病中医治疗以局部外治，加上内治，内治法以祛风清热散邪为本。根据细菌培养及药敏试验结果选择敏感抗生素滴眼液，或选择广谱抗生素眼液。

2. 中医辨证论治

（1）风重于热证

症候：痒涩交作，灼热感；畏光，结膜充血，黏液或水样分泌物，眼睑微肿等；可伴有恶风发热，头痛鼻塞；舌质红、苔薄白或微黄。脉浮数。

治法：疏风散邪，兼以清热。

方药：银翘散加减。

中成药：金莲花软胶囊、黄连上清丸、明目蒺藜丸。

（2）热重于风证

症候：患眼灼热疼痛较重，怕热畏光，分泌物多而黏稠，流泪，眼睑红肿，结膜充血；可兼有口渴，便秘溲赤；苔黄，脉数。

治法：清热泻火，疏风散邪。

方药：泻肺饮加减。

中成药：明目上清丸、清宁丸、熊胆丸、牛黄上清丸。

（3）风热俱盛证

症候：患眼灼热疼痛，刺痒较重，怕热畏光，球结膜红赤甚至水肿；兼见恶风发热，头痛鼻塞，口渴，便秘，溲赤；苔黄，脉数。

治法：祛风清热，表里双解。

方药：防风通圣散加减。

中成药：防风通圣丸。

3. 外治法

可选用蒲公英、紫花地丁、野菊花、防风、黄连、黄芩等清热解毒药物熏洗患眼，每日 2～3 次。分泌物多者用 3%硼酸溶液或氯化钠注射液冲洗结膜囊。

4. 针灸治疗

（1）点刺眉弓、眉尖、耳尖、太阳放血。

（2）耳针：选眼、肝、目 2、肺穴，每日 1 次。

（二）西医治疗

1. 治疗原则 通过实验室检查确定病原菌及敏感药物；去除病因并且选择敏感的抗生素治疗。以局部应用敏感抗生素为主，根据病情轻重选择局部用药、结膜囊冲洗、全身用药及联合用药等。

2. 药物治疗 局部充分滴用有效的抗生素眼液和眼药膏。急性期每 1～2h 1 次。对革兰阳性菌所致者可局部选用：青霉素滴眼液、杆菌肽滴眼液、甲氧苄啶-多粘菌素 B 滴眼液、10%磺胺醋酰钠滴眼液、红霉素眼膏等。对革兰阴性菌所致者，可选用氨基糖苷类或喹诺酮类药物，如 0.3%妥布霉素滴眼液、0.3%左氧氟沙星滴眼液、0.3%环丙沙星，加替沙星滴眼液或眼药膏等。

3. 并发角膜炎或者虹膜炎时 用阿托品散瞳。角膜溃疡穿孔时，在抗生素治疗下，行穿透性角膜移植或巩膜移植。

六、预防与调护

（1）本病通过接触传染。

（2）加强公共事业，集体生活单位的卫生管理，加强对旅馆、游泳池、理发店等服务行业的卫生管理，注意个人卫生。

（3）医护人员在接触患者之后必须彻底洗手，以防交叉感染。

第二节　衣原体性结膜炎

沙　眼

沙眼（trachoma）是由沙眼衣原体（chlamydia）感染引起的一种慢性传染性结膜角膜炎。因其在睑结膜表面形成粗糙不平的外现，形似沙粒，故名“沙眼”。本病根据古籍描述与“椒疮”相当。古人认为本病因脾胃积热，复感风热邪毒所致。本病名首见于《证治准绳·杂病·七窍门》，《目经大成》记载的“椒疡”也属于本病。中医学对该病并发症的认识先于本病，许多古典医籍都记载了沙眼的并发症，如《银海精微》《秘传眼科龙木论》等记载了“拳毛倒睫”、“赤膜下垂”、“脾肉黏轮”等沙眼的某些并发症。

一、病因病理

（一）中医病因病机

本病因外感风热邪毒，内有脾胃积热，内外合邪，上塞眼睑、脉络。

（二）西医病因病理

本病由 A、B、C 或 Ba 抗原型沙眼衣原体感染所致。1955 年我国汤飞凡、张晓楼等首次应用鸡胚卵黄囊接种法，培养分离出世界第一株沙眼衣原体，为研究、预防和治疗沙眼做出了巨大贡献。

二、临床表现

本病多发于儿童和少年时期，常双眼急性或亚急性发病，潜伏期为 5～14 日，平均 7 日。

（一）急性期

1. 症状 畏光、流泪、异物感、眼痛。

2. 体征 睑球结膜充血显著及脓性分泌物，睑结膜乳头增生，上下穹隆结膜布满滤泡，急性期可不留瘢痕。耳前淋巴结肿大。

（二）慢性期

1. 症状 急性期经过 1～2 个月进入慢性期。自觉症状一般轻微，常于体检时发现。少数病例有痒感、异物感、烧灼和干燥感等症状。当合并睑内翻、倒睫、角膜溃疡时，则出现明显刺激症状，同时出现视力减退。

2. 体征 结膜充血减轻，表现为弥漫性睑结膜及穹隆结膜充血，睑结膜肥厚、乳头增生，滤泡形成。滤泡大小不一，呈圆形、椭圆形或不规则隆起，可融合而呈黄红或暗红色胶样颗粒，不透明。于上睑结膜和结膜上穹隆最为显著，下睑结膜则少而轻，严重者可侵及半月皱襞。经过数年至数十年，结膜的病变逐渐被结缔组织代替而形成瘢痕，初期为白色横纹，渐渐相连呈网状瘢痕，最后可发展成白色腱样（图 7-1）。

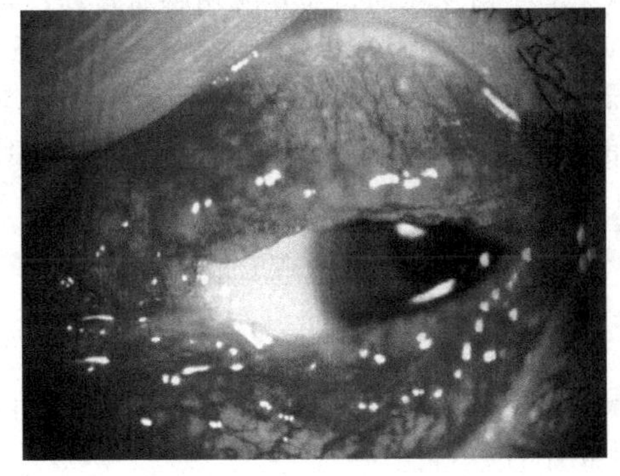

图 7-1 沙眼

沙眼衣原体感染的早期就有血管从角膜上方结膜侵入角膜缘内，且整齐地在同一水平上，重者如垂帘状，称为角膜血管翳。其末端常见浸润且形成溃疡。常发生于角膜上方 1/3，但可向中央瞳孔区发展，使角膜受损、混浊而影响视力。有时在角膜缘部尤其上部形成小的隆起滤泡，滤疱破溃形成浅的溃疡，当上皮修复后形成小凹状，称 Herbert 小窝。

3. 并发症和后遗症

（1）睑内翻及倒睫：睑结膜逐渐为结缔组织肥厚变形，睑结膜瘢痕收缩形成睑内翻。或因睫毛根部附近瘢痕，改变睫毛方向，发生倒睫，睫毛触及眼球，摩擦角膜，使角膜浑浊。

（2）上睑下垂：由于沙眼浸润、水肿、充血使上睑重量增加，或因提上睑肌浸润、破坏、纤维化所致。上睑提举无力，睁开困难，呈下垂状态。

（3）睑球粘连：结膜穹隆部因瘢痕而变浅变短，甚至完全消失，发生睑球粘连，下睑较多见。

（4）实质性结膜干燥症：结膜瘢痕使杯状细胞和副泪腺的分泌功能遭到破坏，同时泪腺排出口因瘢痕出现堵塞，使泪液减少，角结膜干燥，眼表上皮逐渐角化，角膜浑浊。

（5）慢性泪囊炎：病变累及泪道黏膜，使泪道狭窄或阻塞所致。

（6）角膜瘢痕：沙眼衣原体可致上皮性角膜炎，角膜血管翳末端可发生角膜浸润，睑内翻、倒睫擦伤角膜上皮，使角膜上皮点状浸润，甚至溃疡，影响视力。

三、实验室及其他辅助检查

结膜刮片可查出沙眼包涵体；荧光灯抗体染色法或酶联免疫测定法等方法检测到沙眼衣原体抗体。

四、诊断与鉴别诊断

（一）诊断要点

WHO 要求诊断沙眼时至少符合下述标准中的 2 条：①上睑结膜 5 个以上滤泡；②典型的睑结膜瘢痕；③角膜缘滤泡或 Herbert 小凹；④广泛的角膜血管翳。典型的沙眼根据睑结膜的乳头、滤泡、角膜血管翳和结膜瘢痕等临床表现较易诊断。

结膜刮片后行 Giemsa 染色或 Diff-Quik 染色常见包涵体或者采用荧光抗体染色法或酶联免疫测定法。

（二）鉴别诊断

1. 慢性滤泡性结膜炎（chronic follicular conjunctivitis） 原因不明，常见于儿童及青少年，皆为双侧。下穹隆部及下睑结膜见大小均匀、排列整齐的滤泡，无融合倾向。结膜充血并有分泌物，但不肥厚，数年后不留痕迹而自愈，无角膜血管翳。无分泌物和结膜充血等炎症症状者谓之结膜滤泡症（conjunctival folliculosis）。一般不需治疗，只在有自觉症状时才按慢性结膜炎治疗。

2. 春季角结膜炎（vernal keratoconjunctivitis） 本病睑结膜增生的乳头大而扁平，上穹隆部无病变，也无角膜血管翳。结膜分泌物涂片中可见大量嗜酸性细胞。

五、治疗

（一）中医治疗

1. 治疗原则 中医治疗以局部外治，加上内治，内治法以祛风清热利湿散邪为本。应着重于局部和全身用药相结合。

2. 中医辨证论治

（1）风热壅盛证

症候：眼微痒不适，干涩有分泌物；睑结膜轻度充血，有少量乳头，或见角膜血管病；舌红，苔薄黄，脉浮数。

治法：疏风清热。

方药：银翘散加减。急性可加生地、丹皮、紫草、赤芍以清热凉血退赤；眼干涩较重加沙参、麦冬等养阴生津。

（2）湿热蕴结证

症候：眼灼热痒痛，沙涩不适，分泌物多而黏稠，畏光流泪；睑结膜充血明显，乳头较多，色红而坚，状若花椒，并见滤泡，角膜血管翳；舌红苔黄，脉数。

治法：清热解毒，疏风散邪。

方药：除风清脾饮加减。湿盛者去玄参、知母，加苦参、地肤子、苍术以杀虫燥湿止痒；若睑结膜充血较重、乳头较多，可酌加金银花、蒲公英、板蓝根、丹皮、赤芍等增加清热解毒、凉血退赤之功；眼痒沙涩较甚，加僵蚕、白蒺藜以疏风止痒。

（3）血热壅滞证

症候：眼内刺痛灼热，沙涩畏光，分泌物多，流泪；眼睑厚硬，重坠难开，睑结膜充血明显，乳头滤泡多，间杂有白色条纹状瘢痕，角膜血管翳明显；舌质红，苔薄黄，脉数或弦。

治法：凉血散瘀，祛风清热。

方药：归芍红花散加减。若眼睑厚硬，睑结膜充血明显，乳头较多者，可酌加丹皮以助凉血散瘀退赤；若沙涩畏光，分泌物多，流泪较多者，可加金银花、蒲公英、板蓝根等增强清热解毒之功；若角膜血管翳严重或角膜浸润者，可加草决明、木贼、蝉蜕以退翳明目。

（二）西医治疗

1. 治疗原则　一方面要用衣原体敏感的药物如红霉素、四环素、磺胺嘧啶、利福平等；另一方面要保证足够的时间。

2. 急性期或严重的沙眼　可选用全身应用抗生素治疗，包括强力霉素、红霉素或螺旋霉素等，3～4 周为一个疗程。

3. 局部治疗　选用衣原体敏感药物，如 0.1%利福平滴眼液、0.25%氯霉素滴眼液、0.5%金霉素眼膏、0.1%肽丁胺滴眼液、0.5%红霉素眼膏、0.5%四环素眼膏及喹诺酮类（诺氟沙星、氧氟沙星、左氧氟沙星）滴眼液或眼膏等。

4. 手术治疗　针对滤泡较多，合并有睑内翻倒睫、慢性泪囊炎、角膜血管翳、角膜瘢痕等，可以考虑手术治疗。

（1）海螵蛸棒摩擦法、滤泡压榨术等，术后坚持上药 1 周。

（2）睑内翻矫正术：沙眼并发睑内翻倒睫被称为瘢痕性睑内翻，若睑板变形不甚严重，可行睑板切断术；若形成严重的瘢痕性睑内翻，行睑板楔状切除术。

（3）泪囊鼻腔吻合术：沙眼引起慢性泪囊炎，经泪道冲洗、探通均无效者，应行泪囊鼻腔吻合术。

（4）角膜移植术：角膜白斑导致失明，在无急性炎症、无新鲜病灶的前提下，可行角膜移植术，以求提高视力。

六、预防与调护

（1）大力开展沙眼普查和防治工作。

（2）加强公共事业，集体生活单位的卫生管理，加强对旅馆、游泳池、理发店等服务行业的卫生管理，注意个人卫生。

（3）医护人员在接触患者之后必须彻底洗手，以防交叉感染。

包涵体性结膜炎

包涵体性结膜炎（inclusion conjunctivitis）是 D～K 型沙眼衣原体引起的一种通过性接触或产道传播的急性或亚急性滤泡性结膜炎。

有成人和新生儿包涵体性结膜炎，成人潜伏期1～2周，新生儿潜伏期生后5～14日。双眼同时或者先后发病，表现为轻中度眼红、刺痛，结膜囊水样或少许黏液样分泌物或黏脓性分泌物。眼睑肿胀，结膜充血，睑结膜和穹隆部结膜滤泡形成，乳头增生，或有耳前淋巴结肿大。3～6个月后可恢复。

结膜刮片，接种鸡胚卵黄囊或细胞培养分离衣原体；单克隆抗体试剂盒免疫荧光染色，酶联免疫吸附试验，检测血清、泪液抗体，均可作出诊断。

治疗同沙眼。

第三节　病毒性结膜炎

病毒性结膜炎（viral conjunctivitis）是一种由病毒感染导致的结膜病变，病变程度因个体免疫状况、病毒毒力大小不同而存在差异，通常有自限性。临床上常见两种：一种是急性出血性结膜炎（epidemic or acute haemorrhagic conjunctivitis），是由病原体为微小型核糖核酸（RNA）病毒中的70型肠道病毒感染的一种传染性极强的急性结膜炎，多发生于夏秋季节。其特点为起病急剧、刺激症状重，伴有结膜下出血，严重者可使角膜上皮损害及耳前淋巴结肿大，常迅速蔓延流行，俗称“红眼病”。另一种是由腺病毒感染所致的腺病毒结膜炎主要表现为滤泡性结膜炎及角膜炎。本病传染性强，可散在或流行性发病。主要有流行性角结膜炎（epidemic keratoconjunctivitis）和咽结膜热（pharyngoconjunctival fever）两种。

本病属中医学“天行赤眼”范畴。

一、病因病机

（一）中医病因病机

中医认为本病因外感疫疠之气，或兼肺胃积热，肺金凌木，内外合邪，交攻于目而发病。

（二）西医病因病理

本病病原体为微小型核糖核酸（RNA）病毒中的70型肠道病毒。

主要由腺病毒8、19、29和37型（人腺病毒D亚组）引起，通过接触传染，常引起流行。咽结膜热由腺病毒3、4、7型引发。

二、临床表现

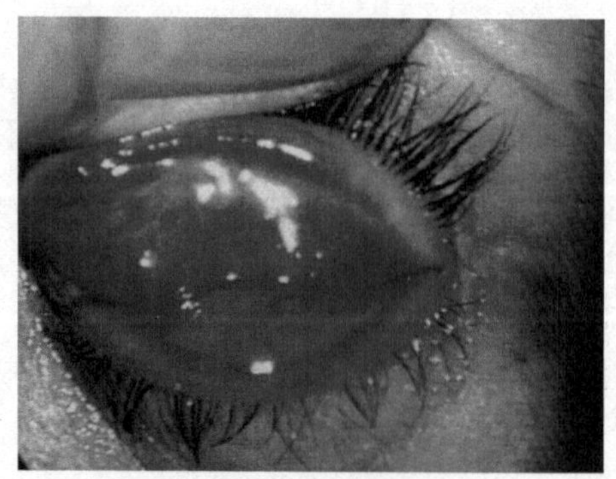

图7-2　流行性出血性结膜炎

（一）症状

本病潜伏期短，大部分在24～48h内发病，多同时侵犯双眼，也可先后发病。婴幼儿一般不患此病，如果感染，症状亦很轻微。自觉症状明显，有明显眼红、畏光、流泪、异物感、分泌物多和剧烈眼痛等。

（二）体征

眼睑及结膜充血水肿，球结膜点状或片状出血，睑结膜有滤泡，耳前淋巴结肿大。角膜上皮有一过性、细小点状浸润（图7-2）。

三、实验室及其他辅助检查

本病结膜刮片镜检以单核细胞为主。

四、诊断与鉴别诊断

（一）诊断要点

1. 辨病要点 起病急或有接触史，结膜充血，有显著的结膜下出血，分泌物多。耳前淋巴结肿大。分泌物涂片或结膜刮片检查见单核细胞为主。

2. 辨证要点 全身实热证。

（1）肺经风热证：病初起，双眼同时或先后发病，眼痛，球结膜下点片状出血，分泌物不多，舌质红、苔薄白或微黄，脉浮数。

（2）热毒炽盛证：患眼灼热疼痛，眼睑红肿，球结膜充血明显，弥漫点片状出血，流泪，耳前淋巴结肿大；兼有头痛烦躁，或便秘溲赤；苔黄，脉数等。

（二）鉴别诊断

本病需与急性虹膜睫状体炎相鉴别。两者皆自觉眼红、眼痛等自觉症状，急性虹膜睫状体炎有角膜后 KP、前房渗出、瞳孔变形、缩小等炎症反应，本病无前房渗出、无瞳孔变形、缩小等炎症反应，可以鉴别。

五、治疗

（一）中医治疗

1. 治疗原则 中医治以清热泻火为主。

2. 中医辨证论治

（1）肺经风热证

症候：病初起，双眼同时或先后发病，碜涩灼痛，畏光流泪，球结膜下点片状出血，分泌物稀薄等眼部症状悉具，但不严重，全身症状多不明显。

治法：疏风清热。

方药：驱风散热饮子加减。可酌加金银花、黄芩、蒲公英、板蓝根等增强清热解毒之功；若溢血严重，可加生地、丹皮、紫草以清热凉血退赤。

（2）热毒炽盛证

症候：患眼灼热疼痛，眼睑红肿，球结膜充血明显，弥漫点片状出血，流泪，耳前淋巴结肿大；兼有头痛烦躁，或便秘溲赤；苔黄，脉数等。

治法：泻火解毒。

方药：普济消毒饮加减。若眼睑红肿，球结膜充血明显，加生石膏、知母、桑白皮清泻肺热；若球结膜出血严重，加生地、丹皮、赤芍以清热凉血；便秘可加大黄、芒硝清腑泻热。

3. 外治法 0.2%鱼腥草滴眼液频繁滴眼。中药熏洗：大青叶、金银花、蒲公英、紫花地丁、菊花、防风，熏洗患眼，每日 2 次。

（二）西医治疗

1. 抗病毒药 常用的有 4%吗琳胍、0.1%疱疹净、0.1%无环鸟苷滴眼液。可与抗生素眼液交替滴眼，预防混合感染。

2. 局部冷敷和使用血管收缩剂　可缓解症状。

六、预防与调护

（1）本病为接触传染，传染性强，易引起流行，故传染期间，应注意隔离。

（2）严格消毒患者用过的洗脸用具，手帕，使用过的医疗器具。

（3）医护人员在接触患者后必须洗手消毒，以防交叉感染。

（4）保持局部清洁。

第四节　免疫型结膜炎

免疫型结膜炎（immunologic conjunctivitis）以前又称变态反应性结膜炎，是结膜对外界过敏原的一种超敏性免疫反应。结膜经常暴露在外，易与空气中的致敏原如花粉、尘埃、动物羽毛等接触，也容易遭受细菌或其他微生物的感染（其蛋白质可致敏），药物的使用也可使结膜组织发生过敏反应。由体液免疫介导的免疫性结膜炎呈速发型，临床上常见的有枯草热、异位性结膜炎和春季角结膜炎；由细胞介导的则呈慢性过程，常见的有泡性结膜炎。眼部的长期用药又可导致医源性结膜接触性或过敏性结膜炎，有速发型和迟发型两种。还有一种自身免疫性疾病，包括干燥性角结膜炎、结膜类天疱疮、Stevens-Johnson 综合征等。

一、病因病理

（一）中医病因病机

风邪侵袭，经络受阻；或脾胃湿热内蕴，外感风邪，风湿热相搏，上壅于目；或肝血亏虚，血虚生风。

（二）西医病因病理

病因尚未明确。一般认为是对外源性过敏原的高度过敏反应。过敏原通常是花粉，以及各种微生物的蛋白成分、动物皮屑、羽毛、紫外线等，目前尚未能鉴定出特异性反应原。

二、临床表现

（一）春季卡他性结膜炎

春季卡他性结膜炎（vernal conjunctivitis）是变态反应性疾病，季节性很强，常侵犯双眼。多见于儿童及青年，男性较多，无传染性。本病特点为双眼奇痒，睑结膜出现大而扁平的乳头及角膜缘附近结膜胶样增生，分泌物为黏丝状，有大量嗜酸性粒细胞。常见有以下表现。

1. 睑结膜型　病变位于上睑结膜，一般不侵犯穹隆结膜及下睑结膜。上睑结膜有大小不等、硬韧而扁平的淡红色粗大乳头，排列如铺路石样。表面似覆盖一层假膜，擦下时为透明索状物。分泌物量少、色白、黏稠成丝状，内含大量嗜酸性粒细胞。愈后良好，乳头完全消退，不遗留瘢痕。

2. 球结膜或角膜缘型　病变多发生在上方角膜缘附近，睑裂区角膜缘的球结膜呈黄褐色或污红色胶样增厚，病变可扩展波及上 1/2 周或整个角膜缘。

3. 混合型　同时兼有以上两种病变。

并发症各型偶然都可发生角膜受累，常为弥漫性上皮型角膜炎，表现为角膜弥漫性上皮点状病变。偶见局部角膜炎，常为局限于上方和中央的椭圆形或三角形病灶，愈后遗留轻微的角膜瘢痕。

部分患者在角膜缘病变区内出现小的灰白斑点，称为 Hornor-Trantas 点。

（二）过敏性结膜炎

过敏性结膜炎是由于接触药物或其他抗原过敏而引起的结膜炎。速发型过敏的抗原有花粉、接触镜等，迟发型有各种药物，如阿托品、新霉素、广谱抗生素及缩瞳剂等。其属中医学“目痒”范畴。本病起病急，患眼痒涩、羞明、流泪并有少许分泌物，可以同时伴有哮喘、过敏性鼻炎等。眼局部见眼睑红肿，周围皮肤红肿并常有湿疹和渗液。睑结膜及穹隆结膜乳头滤泡增生，球结膜水肿，有少量浆液或黏液性分泌物。角膜并发症不多见。停用致敏药物或脱离过敏源后症状、体征均可消退，不留痕迹。

（三）泡性角结膜炎

泡性角结膜炎（phlyctenular kerato conjunctivitis）是由微生物蛋白质引起的迟发型变态反应性疾病，主要发生于春夏季节。其特点为球结膜、角膜缘上皮下反复出现泡性结节，病变中央坏死脱落后形成溃疡，结节周围局限性充血，有异物感或灼热感，如侵及角膜则有严重的畏光、流泪、刺痛和睑痉挛等症状。本病可自愈，但易复发。本病多发生于儿童及青少年，特别是营养不良和过敏体质者。其属中医学“金疳”范畴。

三、实验室及其他辅助检查

（1）结膜刮片可找到较多嗜酸性粒细胞。
（2）过敏原筛选可筛选出特定过敏原。
（3）体液免疫与细胞免疫检查可见血清和泪液中 IgG 增高。

四、诊断与鉴别诊断

（一）辨病要点

依据典型的临床表现，如奇痒、睑结膜乳头增生呈扁平的铺路石样，或结膜缘部胶样结节等。结膜分泌物中较多的嗜酸性粒细的、血清和泪液中 IgG 增高等，可予以诊断。

（二）辨证要点

（1）外感风热证：眼部奇痒，灼热微痛，舌红，苔薄白，脉浮数。
（2）湿热熏蒸证：眼部奇痒，痒涩不适，舌红，苔黄腻，脉数。
（3）血虚生风证：双眼干涩不适，面色无华，或失眠多梦；舌淡，苔白，脉细或弦细。

五、治疗

（一）中医治疗

1. 治疗原则 中医治疗以疏风、清热、养血为主。

2. 中医辨证论治

（1）外感风热证

症候：眼部奇痒，灼热微痛，分泌物胶结如白色丝样；睑结膜遍生弥漫性滤泡，状如卵石，球结膜暗红污秽；舌红，苔薄白，脉浮数。

治法：疏风止痒。

方药：银翘散加减。若球结膜充血明显，加丹皮、赤芍、桑白皮、郁金以清热凉血退赤；痒甚者，加桑叶、菊花、刺蒺藜以增祛风止痒之功。

（2）湿热熏蒸证

症候：眼部奇痒，痒涩不适，泪多畏光，分泌物胶结呈黏丝状；睑结膜弥漫性滤泡，状如卵石，球结膜污黄，或球结膜、角膜交界处呈胶样隆起；舌红，苔黄腻，脉数。

治法：清热除湿，疏风止痒。

方药：防风通圣散加减。痒甚者，加白鲜皮、地肤子、茵陈、乌梢蛇以增疏风除湿止疗之功；睑内颗粒明显及有胶样结节者，酌加郁金、川芎等消郁除滞。

（3）血虚生风证

症候：双眼痒痛较轻，干涩不适，时作时止；睑结膜滤泡颗粒大而扁平，球结膜稍污红；面色无华，或失眠多梦；舌淡，苔白，脉细或弦细。

治法：养血息风。

方药：四物汤加减。宜加僵蚕、防风、白芷蒺藜以祛风止痒；若失眠多梦，加夜交藤、枣仁、合欢花、远志等养血安神。

（二）西医治疗

1. 治疗原则 本病西医治疗为主，包括抗组胺药物、血管收缩剂和糖皮质激素。本病季节性强，不发生合并症，有自限性，预后较好。由于患眼奇痒难忍，治疗以减轻症状为主。避开可能的过敏原，避免阳光刺激。

2. 全身药物治疗 口服抗过敏药物如氯雷他定片或马来酸氯苯那敏（扑尔敏）。最好睡前使用。病情严重者选用10%葡萄糖酸钙20ml缓慢静脉注射。

3. 局部治疗 选用一种或二种药物联合治疗。

（1）血管收缩剂：如羟甲唑啉（欧斯林）滴眼液、萘甲唑啉滴眼液，一日3次，滴眼。血管收缩剂滴眼能抑制肥大细胞及嗜酸性粒细胞脱颗、靶细胞释放活性物质，从而改善眼部不适减轻结膜充血。疗程不超过7天，若长期使用易引起干眼。

（2）抗组胺药物：如特非那丁、0.1%Emedastine滴眼，一日3次，症状减轻后停药。

（3）细胞膜稳定剂：如2%～4%色苷酸钠（宁敏）、洛度沙胺滴眼液（阿乐迈）、吡嘧司特钾（研立双）滴眼液，一日3次。对消除瘙痒、流泪、畏光症状有明显疗效。以上药物联合应用，可改善症状。

（4）糖皮质激素及非留体类抗炎药：在症状加重时，应用糖皮质类固醇眼液或眼膏。但长期用药会引起激素性青光眼、白内障、眼表感染等。非甾体固醇类眼液也可减轻症状，且不良反应较小，如双氯芬酸钠滴眼液、普南扑灵滴眼液，一日3次，滴眼。症状减轻停药，连续应用不超过7～10天。

（5）局部应用免疫抑制剂：对屡发不愈的病例，可用环孢素A、FK-506等，有较好效果。

六、预防与调护

（1）避开可能的过敏原，避免阳光刺激。

（2）条件允许，迁至空调房或寒冷地区。

（3）避免进食辛辣厚味之品。

（4）嘱患者不要揉眼，避免引起角膜上皮损害及导致肥大细胞降解而加重症状。

第五节　其他常见结膜病

一、翼状胬肉

翼状胬肉（pterygium）是睑裂部增生的球结膜呈三角形样侵袭角膜。患者有异物感，刺痛感及畏光等。病变引起角膜散光或侵及瞳孔区时，视力障碍。

本病属中医学“胬肉攀睛”范畴。

本病的发生与阳光、风尘、温度等外界因素的慢性刺激，特别是紫外线的照射有关。亦与遗传、营养不良、泪液分泌不足、过敏反应及解剖等因素有关。这些因素导致角膜缘部结膜血管或结膜上皮组织发生非感染性慢性炎症，组织增生，纤维母细胞增殖，淋巴细胞和浆细胞浸润，从而形成翼状胬肉。

小而静止的翼状胬肉无须治疗。如胬肉为进行性或已接近瞳孔区影响视力或眼球转动受限时则可行手术切除。现在常用术式有：胬肉切除术、胬肉切除联合游离结膜瓣移植术、胬肉切除联合结膜瓣转位术、胬肉切除联合羊膜移植术、胬肉切除联合角膜缘干细胞移植术等。手术后有复发倾向（图 7-3）。

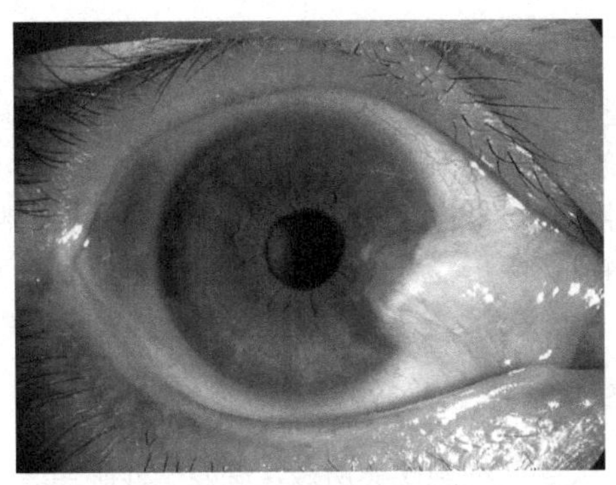

图 7-3　翼状胬肉

翼状胬肉切除联合角膜缘干细胞移植术

二、睑裂斑

睑裂斑（pinguecula）位于睑裂部之角膜两侧，是一黄白色三角形微隆起的斑块，三角形的基底部向角膜缘，四周有小血管分支包围，一般内侧较为明显，结膜上皮与病变组织相粘合，不能移动。无明显不适症状，不影响视力，无须治疗。

三、结膜结石

结膜结石（conjunctival concretion）是睑结膜上凝结物。常见于老年人或慢性结膜炎者，为黄白色小点，质硬，可单发或密集成群（图 7-4），属中医学“粟子疾”范畴。本病一般无自觉症状，初起位置较深，以后渐露于结膜表面，可单个或多个，散在或密集，硬结突出于结膜表面时有异物感，甚至引起角膜擦伤，出现疼痛、畏光、流泪等症状。如无刺激症状可不必处理，当结石突出于结膜表面导致异物感时可行结石剔除术。

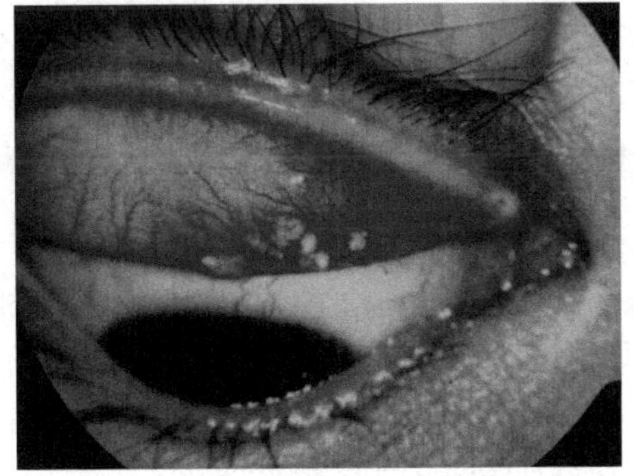

图 7-4　结膜结石

四、球结膜下出血

球结膜下出血（subconjuntival haemorrhage）是由于球结膜下血管破裂或血管壁渗透性增加引

起，属中医学“白睛溢血”范畴。由于球结膜下组织疏松，故临床上常表现为出血积聚成片状，边界清楚，出血初期呈鲜红色，逐渐由鲜红变成棕黄色，1～2周后吸收消退。出血二天后作眼部热敷，适当口服维生素C、E和滴抗生素眼水。

五、结膜色素痣

结膜色素痣（conjunctival nevi）是先天性良性瘤。结膜色素痣多发于角膜缘附近及睑裂部的球结膜，呈不规则的圆形，大小不等，境界清楚，稍隆起于结膜面。一般为黑色，浓淡不等，有的呈深黑色，有的为棕红色，痣内无血管。出生时常不明显，在青春期痣可发生变化，由色素很淡变为黑色，也有生长趋势。如痣体突然增生，表面粗糙，且有血管长入者，表明有恶变的征象。一般不需治疗，如影响容貌，或者发现有恶变倾向，应手术切除。

六、结膜血管瘤

结膜血管瘤（conjunctival angioma）多为先天性，出生时或出生后不久即出现，分毛细血管瘤和海绵状血管瘤两型。前者系一团扩张的毛细血管，无明显界限；后者则为一隆起的紫红色肿瘤，外有包膜，可为多叶，其中为相互交通的血液腔隙。有压缩性，随结膜一起移动。发生于睑结膜者可带蒂，有些则表现为血管扩张，可与眼眶或颅内血管畸形伴发，位于泪阜的结膜血管瘤可与鼻腔血管瘤伴发。其可手术切除或电凝、冷凝。

七、浆细胞瘤

浆细胞瘤并非真正肿瘤，而是慢性炎症刺激下大量浆细胞聚集所成，好发于沙眼患者。其多发于上睑结膜及穹隆部结膜，表面光滑，淡红色或略带黄色的小结节，质硬而脆，形状不规则，弥漫性生长，无明显界限，严重时使上睑肥厚下垂。本病不仅发生于睑结膜、球结膜，甚至侵及角膜。可手术切除，但易复发。

八、皮样脂肪瘤和结膜皮样瘤

皮样脂肪瘤（dermolipoma）常出现在靠近外侧的球结膜下，呈黄色、质软的光滑肿块，表面光滑或为皮革样上皮所覆盖。肿物可向上、向外延伸，并界于外直肌、上直肌之间，可向前生长至角膜，向后长入眼眶。此肿物多为双侧性。病理上属实性皮样肿类型，但上皮结构稀少或缺如，主要由脂肪组织构成。结膜皮样瘤（dermoid tumor）常见于颞下角膜缘，表现为圆形、表面光滑的黄色隆起的肿物，其中常见有毛发。此类肿物多为眼睑遮盖，显露不多，一般不需切除。如影响美容，可部分切除。前部切除时注意勿损伤外直肌，后部切除时要谨慎，注意勿引起眶内出血及眼眶紊乱等并发症。

九、结膜鳞状细胞癌

结膜鳞状细胞癌（squamous cells carcinoma）是一种比较常见的结膜恶性肿瘤。其多发生于睑裂区的角膜缘处、睑缘皮肤和结膜的交界处或内眦部泪阜等部位，很少见于结膜的非暴露区。一些肿瘤外观类似胬肉。大多数肿瘤呈胶质，上皮异常角化。肿瘤生长缓慢，但可向深部组织浸润，很少发生转移。因此，彻底切除病灶是最佳的治疗方式，创面用黏膜、结膜或羊膜移植，角膜创面用板层角膜移植修复。冷冻可降低复发率。

十、恶性黑色素瘤

恶性黑色素瘤（malignant melanoma）少见，多数起自后天原发性黑色瘤，一部分起自结膜色素痣，极少数起自正常结膜。其中一部分是结膜黑色素沉着病。多数可手术切除，放疗不一定能提高手术预后，切除肿瘤后冷冻可防止复发。

第八章　巩　膜　病

巩膜是眼球壁的最外层，巩膜组织由坚韧的胶原纤维和弹力纤维构成，有维持眼球形状的功能。巩膜几乎无巨噬细胞、中性白细胞及淋巴细胞等，血管少，无淋巴管，纤维致密交错不易有细胞浸润，其表面被球结膜及球筋膜所覆盖，不与外界环境直接接触，所以很少患病，发生化脓性感染更少见。巩膜基本成分的胶原性质，决定了其病理过程缓慢及所致的胶原紊乱难于修复，其病理通常表现为肉芽肿性增殖反应，胶原纤维可发生变性、坏死和慢性炎性细胞浸润，形成炎性结节或弥漫性炎性病变。

巩膜属中医眼科白睛，白睛为五轮中的气轮，内应于肺，而肺与大肠相表里，故其发病多与肺和大肠有关。肺主气，宜宣发肃降，而大肠主传导，宜通畅，若肺失治节，则肺气闭郁，可致气血瘀滞，症见白睛红赤肿胀，甚至白睛青紫，结节高隆等；因肺主皮毛，主一身之表，外邪入侵，首先犯肺，使其宣发失职，亦可使白睛发病；而大肠结热，便秘不通也可能波及肺经，使气机不利，同样会导致白睛疾病。

第一节　巩　膜　炎

巩膜的疾病主要为炎症。巩膜前部与睫状体间的血管联系，远比后部巩膜与脉络膜间的血管联系密切，故前巩膜炎比后巩膜炎多。炎症容易发生在表层血管较多、尤其是前睫状血管穿过巩膜的部位。眼球是胶原的“窗户”，因此巩膜炎常是全身结缔组织疾病的眼部表现。

一、病因病机

（一）中医病因病机

1. 病因　心肺热盛，阴虚火旺。

2. 病机

（1）肺热亢盛，气机不利，以致气滞血瘀，病从白睛而发。

（2）心肺热毒内蕴，火郁不得宣泄，上逼白睛所致。

（3）湿热内蕴，兼感风邪，阻滞经络，肺气失宣，郁久白睛发病。

（4）肺经蕴热，日久伤阴，阴虚火旺，上攻白睛。

（二）西医病因病理

巩膜炎的病因多不明确，目前公认巩膜炎的病因有三方面：

1. 外源性感染　外因性者较少见，或为细菌、病毒、真菌等通过结膜感染灶、外伤、手术创面等直接引起。

2. 内源性感染　包括化脓性转移性（化脓菌）及非化脓性肉芽肿性（结核、梅毒、麻风等）。

3. 自身免疫性疾病　各种结缔组织病（胶原病）与自身免疫性疾病等并发的巩膜炎，特别是血管炎性免疫疾病，是最常见引发严重巩膜炎的病因。此类型的巩膜炎的发生、发展和病变程度与自身免疫性疾病的性质、持续状态和严重程度有关。如类风湿关节炎、系统性红斑狼疮、复发性多软骨炎、结节性多动脉炎、痛风等。

二、临床表现

根据炎症侵犯巩膜或表层巩膜组织中的部位、症状及预后，将巩膜炎分为如下类型：表层巩膜炎和深层巩膜炎，深层巩膜炎包括前巩膜炎及后巩膜炎。

（一）表层巩膜炎

表层巩膜炎（episcleritis）是巩膜表层（或浅层）组织的炎症，多位于角膜缘至直肌附着线之间的区域。有周期发作的病史，愈后不留痕迹。成年男女皆可患病，但女性较多见，多数患者为单眼发病，也称为巩膜外层炎。

1. 单纯性表层巩膜炎

（1）症状：本病有周期性复发，发作突然，发作时间短暂，数天即愈的特点。约半数患者有轻微疼痛，但常为灼热感，刺痛不适。偶见因虹膜括约肌与睫状肌痉挛而致瞳孔缩小与暂时性近视。发作时亦可出现眼睑神经血管反应性水肿。严重者可伴有周期性偏头痛，视力一般无影响。

（2）体征：病变部位的表层巩膜及相应的球结膜上，突发弥漫性充血，色调暗红，充血局限或呈扇形，多数病变局限于某一象限，范围广泛者少见。上巩膜表层血管迂曲扩张，但仍保持为放射状，无深层血管充血的紫色调，亦无局限性结节。

2. 结节性表层巩膜炎

（1）症状：结节性表层巩膜炎是以限局性结节为特征的一种表层巩膜炎，常有眼红、畏光、流泪等症状，无明显疼痛，结节处可能有压痛，视力一般不受影响。

（2）体征：在角膜缘外表层巩膜上出现局限性圆形或卵圆形结节（图 8-1）。结节由小及大，直径数毫米不等。结节上方之球结膜可以随意推动，并有压痛。结节在巩膜上可被推动，表示与深部巩膜无关。巩膜血管丛在结节下部保持正常状态。病程 2 周左右自限，结节由火红色变为粉红色，形态也由圆形或椭圆形变扁平，最后可完全吸收，留下表面带青灰色调的痕迹。此处炎症愈后也可在他处继发，一个结节消退后另一个结节又出现，多次复发可以绵延数月。由于在不同部位多次发作，最后可形成环绕角膜周围巩膜的环形色素环。轻度角膜炎是表层巩膜炎的唯一并发症，如有畏光、流泪症状则预示有轻度角膜炎，且以临近结节处的角膜缘部多见。

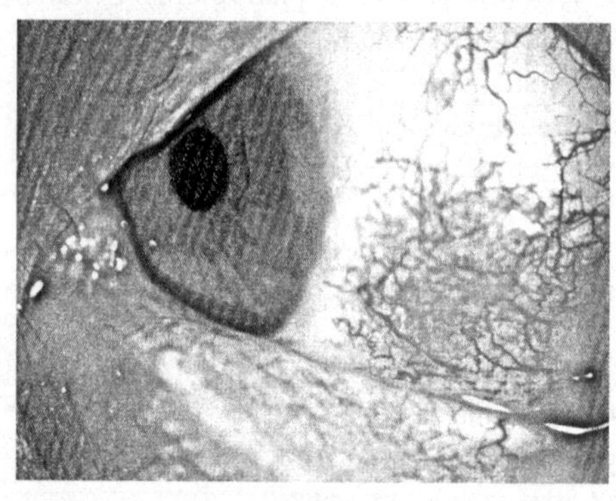

图 8-1　结节性表层巩膜炎

（二）深层巩膜炎

深层巩膜炎是巩膜深层组织的炎症，较表层巩膜炎少见，但其临床症状较表层巩膜炎严重，常合并有角膜炎及葡萄膜炎，少数可发展为坏死性巩膜炎。深层巩膜炎包括前巩膜炎（anterior scleritis）及后巩膜炎（posterion scleritis），前巩膜炎又包括弥漫性前巩膜炎（diffuse anterior scleritis）、结节性前巩膜炎（nodular anterior scleritis）、坏死性前巩膜炎（necrotizing scleritis）、穿通性巩膜软化（scleromalacia perforans）。成人好发，尤其是以女性患者居多，或双眼同时发病或先后发病。病程较长，容易复发，炎症范围广泛，病情控制不良可发生较多并发症，如巩膜葡萄肿、葡萄膜炎、玻璃体混浊、继发性青光眼、渗出性视膜脱离等。

1. 前巩膜炎 病变位于赤道前部，又可分为四种类型：弥漫性前巩膜炎、结节性前巩膜炎、穿通性巩膜软化、坏死性前巩膜炎。

（1）弥漫性前巩膜炎

症状：患眼疼痛，或眼球转动时疼痛加剧，触压痛；若合并角膜及葡萄膜感染则出现畏光、流泪，视力减退症状。

体征：突发弥漫性结膜充血水肿，看不到巩膜的情况，必要时可滴 1∶1000 肾上腺素于结膜囊，以便确认有无深层血管充血及结节形成。病变范围可限于一个象限或占据全眼球前部。

（2）结节性前巩膜炎

症状：患眼痛剧烈，放射到眼眶周围眉弓及颧颞部，约半数患者眼球有触压痛；若合并角膜及葡萄膜感染则出现畏光、流泪，视朦症状。深层巩膜紫红色，局限性炎性结节，完全不能推动，拒触按。

体征：结节与其上的巩膜组织分界清楚，表面的血管被结节所顶起。结节可为单发或多发。有时炎症围绕角膜缘而形成环形巩膜炎，此时全眼球呈暗紫色，间有灰白色结节，病程较长，炎症经过数周或数月甚至数年后，浸润逐渐吸收而不溃破，巩膜变薄呈暗紫色或瓷白色，由于不能经受眼内压而膨隆，形成巩膜葡萄肿。如果病变发生在角膜缘处，炎症侵犯角膜，形成舌形浸润，或呈匐行性溃疡，遗留下永久性混浊，位于瞳孔区则影响视力。

（3）穿通性巩膜软化

症状：本病约半数患者与类风湿关节炎或强直性多关节炎有关，也可先于关节炎发病。患者多为年逾 50 岁的女性。病变一般为双侧性，但其表现程度不一。病情隐蔽无眼痛，发展缓慢，但也有表现急剧，于数周内导致失明者。

体征：在角膜缘与赤道部之间的巩膜上，有黄或灰色斑。在最严重者局部巩膜逐渐呈腐肉样而陷入坏死性改变，坏死组织一经脱落巩膜可完全消失。在残留的巩膜组织中的血管明显减少，从外表看呈白色搪瓷样。约半数患者有一处以上的坏死病灶。由于坏死而造成的巩膜缺损，可被一层可能来源于结膜的很薄结缔组织所覆盖，除非眼压增高，一般不见葡萄肿。角膜一般不受影响。缺损区没有组织再生修补，最终导致穿孔，葡萄膜脱出。

（4）坏死性前巩膜炎

症状：本病亦称炎症性坏死性巩膜炎，此型临床上虽比较少见，但却最具破坏性，也是全身严重胶原病的先兆。病程迁延缓慢。约半数患者有并发症及视力下降。

体征：病变早期表现为局限性炎症浸润，病变区急剧充血，血管迂曲及阻塞。典型表现为局限性片状无血管区。在此无血管区下面或附近巩膜水肿，巩膜浅层血管向前移位（用无赤光线易发现此体征）。病变的发展可限于小范围内，亦可发展成大面积坏死，或从原始病变处周围向眼球两侧发展。最后损及整个眼球前部。病变愈后该处巩膜仍继续变薄，可透见葡萄膜色素呈蓝紫色，除非眼压持续高达改为 30mmhg 以上，一般不形成葡萄肿，如坏死区域小，新生的胶原纤维可将其修补。如其上方的结膜有破坏则会产生凹陷性瘢痕。眼球压痛约占半数。

2. 后巩膜炎

（1）症状：后巩膜炎是指发生于赤道后部及视神经周围巩膜的炎症。患眼疼痛、眼眶深部疼痛，可痛及眉部、颞部、或颧骨部，眼球压痛，视力减退，其原因是伴有视神经视网膜病变。疼痛轻重不等，与前部巩膜受累的严重程度相关。

（2）体征：眼睑肿胀，眼球轻度突出及活动受限，球结膜水肿等可见于重症巩膜周围炎，这种炎症常扩散到眼外肌或眼眶。因眼外肌炎症可有眼球运动受限及运动时疼痛，或有复视。患者均有前部巩膜受累，表现为穹隆部浅层巩膜和血管扩张、斑片状前巩膜炎、结节性前巩膜炎；部分患者眼压升高。严重者可伴有眼内并发症，可查见玻璃体混浊、脉络膜皱襞及脱离、视网膜条纹、视盘水肿、界限清楚的眼底包块，甚至可见渗出性视网膜脱离、囊样黄斑变性等。

三、实验室及其他辅助检查

B 超、CT、MRI 等能显示后巩膜增厚，有助于诊断。实验室检查：梅毒检测、结核杆菌检测也可以明确病因。

四、诊断与鉴别诊断

（一）诊断要点

1. 辨病要点

巩膜炎多以局部症状为主，少有全身不适。因此辨证依据主要是按照中医眼科的五轮学说：白睛属肺。《内经》云“气之精为白眼”。因肺主气，肺之气上结而为白睛，故五轮中为气轮。五轮为标，脏腑为本，轮之有症即脏之不平所致。

2. 辨证要点

（1）肺热亢盛证：发病缓慢，局部紫红色结节隆起及自觉症状均轻，全身症可有咽痛，咳嗽，便秘，苔黄，脉数。

（2）心肺热毒证：发病较急，疼痛明显，羞明流泪，视物不清等症较重；白睛结节大而隆起，周围血脉紫赤怒张，压痛明显，病变多在睑裂部位。全身症可见口苦咽干，呼出之气热，便秘溲赤，舌红苔黄脉数有力。

（3）风湿热邪攻目证：白睛结节，色较鲜红，周围有赤丝牵绊，眼珠胀闷而痛，且有压痛感，自觉羞明流泪，视物不清。全身症常伴有骨节酸痛，肢节肿胀，胸闷纳减，舌苔白厚或腻，脉滑或濡，病程缠绵难愈。

（4）久病伤阴，虚火上炎证：病情反复发作，病至后期，症见结节不甚高隆，血丝色偏紫暗，四周有轻度肿胀，压痛不明显，眼感酸痛，畏光流泪，视物欠清。全身症可见口咽干燥，或有潮热颧红，便秘不爽，舌红少津，脉细数。

3. 西医诊断要点 临床诊断方面，表层巩膜炎通常疼痛较轻，病变部位为眼部表层巩膜组织水肿，浅表层巩膜血管充血，局部滴 10%去氧肾上腺素滴眼液后浅表层巩膜血管的充血可消失。而深层巩膜炎是疼痛较剧烈的炎症，触痛、放射痛波及前额、眉区、颚部、鼻窦；同时有表层结膜及结膜组织水肿，表层及深层巩膜血管充血，局部滴 10%去氧肾上腺素滴眼液后深层巩膜血管的充血仍存在。由于表层巩膜炎和巩膜炎在病情轻重、病位深浅、治疗方法及预后等方面各不相同，故其至关重要。

（二）鉴别诊断

泡性结膜炎：泡性结膜炎位于白睛表层，其颗粒较小，呈灰白色小泡样，突于结膜表面，界限明显，可以溃破，其丝脉多鲜红，病程较巩膜炎为短，不波及虹膜，预后较巩膜炎较好。

五、治疗

（一）中医治疗

1. 治疗原则 本病轻者为心肺火郁而滞结，重者是肺肝实火上蒸，络脉瘀滞所致，治疗的关键是早期泻火除邪，在治疗中除邪务尽，不留后患。如果拖延，可使病情加重，或日久正衰，邪气深入滞留，造成反复发作。治以清热泻火（或平肝泻火），活血化瘀为主，辅以祛风止痛。对热伤阴津者，需适加滋阴生津之品。

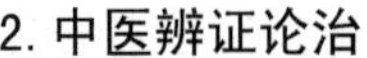

2. 中医辨证论治

（1）肺热亢盛证

症候：发病缓慢，局部紫红色结节隆起，舌红，苔黄，脉数。

治法：泻肺利气，活血散结。

方药：泻白散加减。

中成药：银翘解毒片，口服，每次 4 片，每日 3 次。

（2）心肺热毒证

症候：发病较急，疼痛明显，白睛结节大而隆起，压痛明显。便秘溲赤，舌红，苔黄，脉数有力。

治法：泻火解毒，凉血散结。

方药：还阴救苦汤加减。

中成药：一清胶囊，口服，2 粒，每日 3 次。

（3）风湿热邪攻目证

症候：眼珠胀闷疼，且有压痛感，舌苔白厚或腻，脉滑或濡，病程缠绵难愈。

治法：祛风化湿，清热散结。

方药：除湿汤加减。

中成药：清热除湿颗粒，口服，1 袋，每日 3 次。

（4）久病伤阴，虚火上炎证

症候：病情反复发作，后期症见结节不甚高隆压痛不明显，可伴口咽干燥，舌红少津，脉细数。

治法：养阴清肺，兼以散结。

方药：养阴清肺汤加减。

中成药：知柏地黄丸，口服，每次 6～9g，每日 2 次。

3. 外治法 可选用鱼腥草滴眼液滴眼，眼症重时每小时 1 次；眼症减轻改为每日 4～6 次。湿热敷：选用清热解毒中药如大青叶、野菊花、金银花各 20～30g，秦皮、防风 15g，煎水澄清过滤洗眼，或煎水湿热敷；亦可用内服药渣再煎取药汁湿热敷，每日 1～2 次。

4. 针刺治疗 针法以泻为主，取列缺、尺泽、合谷、曲池、攒竹、丝竹空、太阳等。

（二）西医治疗

1. 治疗原则 治疗上如果发现有梅毒、结核、麻风病等，应针对病因进行积极治疗。局部应用皮质类固醇滴眼剂对部分轻度的弥漫性和结节性前巩膜炎有效；局部应用或全身应用非甾体性抗炎药对非坏死性巩膜炎有效。对严重病例，应予口服皮质激素。结膜下注射皮质激素可能会造成巩膜坏死，所以一般禁用结膜下注射。经 2～3 周后无效或加重的病例，应考虑更改治疗方案。如果单纯口服或静脉滴注皮质激素无效，则应用免疫抑制剂或免疫调节剂（如环孢素 A）。合并有葡萄膜炎者要注意散瞳。

2. 药物治疗

（1）糖皮质激素滴眼液，如 0.1%地塞米松滴眼液或 0.5%醋酸氢化可的松滴眼液，每日 3 次。

（2）非甾体类抗炎药滴眼液，如普拉洛芬滴眼液，双氯芬酸钠滴眼液等。

（3）免疫抑制剂，顽固性巩膜炎可以选用 0.5%环孢素 A 滴眼液。

（4）散瞳剂：合并有葡萄膜炎者，用 0.5%阿托品滴眼液散瞳。

（5）全身治疗：非坏死性巩膜炎非类固醇类抗炎药和环氧酶抑制剂，如布洛芬片 0.25mg/次，每日 1 次。严重的或坏死性巩膜炎需口服泼尼松 1.0～1.5mg/kg，视病情变化，1～2 周后逐渐减量，维持 5mg/d 至少 6 个月。

3. 手术治疗 只适用于坏死性巩膜炎经药物治疗无效、巩膜坏死穿孔及大面积的巩膜坏死等情况，可清除病灶，同时植入同种巩膜、自体骨膜、筋膜和同种硬脑膜等进行修补，也是有效的治疗手段。

六、中西医临床诊疗思路

巩膜炎是较为复杂的眼科疾病，尤其是合并全身疾病的巩膜炎，临床治疗存在一定的难度。中医辨证施治联合糖皮质激素治疗具有较好的临床疗效。

第二节　巩膜色调先天异常

一、蓝色巩膜

蓝色巩膜（blueseleral）是先天发育异常，比较罕见。通常指先天性巩膜透明度增加，透见葡萄膜色素，使除邻接角巩膜缘部 1～2mm 区外的全部巩膜外观呈均匀亮蓝色或蓝灰色，新生儿特别是早产儿，巩膜发育不成熟而薄。半透明的巩膜下可隐约显露葡萄膜色调，呈均匀的蓝色。但只有在生后 3 年巩膜仍持续为蓝色时，始为病理状态。本病多为双眼发病，但也有单眼者。

此病虽可单独出现，但多与其他全身发育异常，与全身的支持组织发育异常相伴发，如骨脆症、关节脱臼和耳聋等。Van der Hoeve 等作了比较全面的描述，以后即称其为 Van der Hoeve 综合征。本征患者大多数有蓝巩膜，其次可出现骨脆症及耳聋。

骨脆症可分三型：①成骨不全：在出生前及出生后即有自然骨折倾向或多数骨折。②骨脆症：常见婴儿早期出现骨折；③缓慢型：又称 Spurway 病。骨脆症发生于 2～3 岁时，青春期后可发生耳硬化症。上述多种类型可出现于同一家族的同一代人。

蓝色巩膜-脆骨综合征，常并发颅骨变形、关节脱位、牙齿畸形、胸廓异常、韧带弛缓、下肢不全麻痹等。在眼部可并发角膜幼年环、绕核性或皮质性白内障、大角膜、小角膜、圆锥形角膜、小眼球、眼球震颤、青光眼、眼睑下垂、眼睑畸形、青年性脉络膜硬化、部分性色盲等。

本征有较明显的遗传倾向，多数为中胚叶组织的先天发育异常，也有人认为与内分泌异常有关。少数为散发病例。其遗传方式以常染色体显性为主，也有少数隐性遗传病例。

二、巩膜黑变病

巩膜黑变病是在巩膜前部约距角膜缘 3.5mm 处，有紫灰色或蓝灰色境界鲜明的着色斑块，斑块不隆起呈形状不整的花斑状，特别多见于前睫状血管穿过处。病侧眼虹膜呈深褐色，眼底也可见色素增多。多数为单眼，仅 10%为双眼。同时伴有同侧颜面，特别是眼睑皮肤范围较广的色素斑，视功能一般均不受影响，有些病例有遗传倾向，遗传方式多为常染色体显性遗传，但也有隐性者。本病一般无特殊治疗，但应注意观察眼压及眼底改变，如发现眼压增高则按青光眼治疗原则给予适当治疗。

第三节　巩膜膨出和巩膜葡萄肿

巩膜膨出系指巩膜在眼内压增高或正常眼压作用下，由于巩膜的先天异常或病理性损害，致其抵抗力降低，巩膜部分或全部向外膨出、扩张。如果扩张部分仅为巩膜，不包含葡萄膜组织时，即称为巩膜膨出；如果连同相应部位的葡萄膜一同向外膨出，状如葡萄的紫黑色隆起时则称为巩膜葡萄肿。成年后组织发育牢固，其扩张与膨出只限于抵抗力比较薄弱处或有病损处，如在视乳头筛板处形成的青光眼凹陷。但成年人中更多的是巩膜葡萄肿，如高度近视眼后巩膜葡萄肿。

巩膜葡萄肿根据其膨胀范围，分为部分巩膜葡萄肿与全巩膜葡萄肿。按解剖部位又分为前部、赤道部和后葡萄肿。

一、前部葡萄肿

前部葡萄肿多为单发，也有多发融合形成环形。前葡萄肿有睫状体部葡萄肿和插入性葡萄肿。两者的区别在于睫状动脉通过的位置，前者发生在睫状体区域，前睫状动脉通过其前；后者发生于角膜后弹力层终止处到巩膜突之间，前睫状动脉通过其后。

二、赤道部葡萄肿

赤道部葡萄肿发生在涡状静脉穿出巩膜处，呈深紫色或暗黑色局限性隆起，多见于炎症之后及慢性闭角型青光眼和绝对期青光眼。

三、后葡萄肿

后葡萄肿最常见于视神经周围及后极部，约 15%高度近视眼可产生此所谓真性或称原发性后巩膜葡萄肿（图 8-2）。

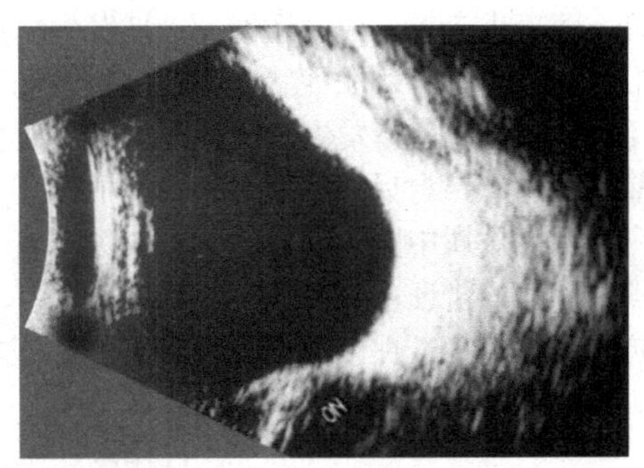

图 8-2　后巩膜葡萄肿

四、全巩膜葡萄肿

全巩膜葡萄肿眼球完全扩张变大，在胚眼或生后巩膜组织尚未达到牢固阶段，抵抗力弱，在进行性眼内压增高的影响下，整个巩膜包括角膜可以全面扩张。但以眼球前部为主形成所谓先天性青光眼（“水眼”）或后天性婴儿青光眼（“牛眼”）。

第九章 角 膜 病

角膜为眼球纤维膜前端 1/6 的透明部分，近似圆形，具有保护眼内组织及维持眼球形态的作用，是屈光间质的重要组成部分。由于角膜直接与外界接触，容易感染或损伤。并且由于角膜本身无血管，营养供应差，代谢缓慢，一旦发生病变，则需较长时间才能愈合。角膜病变以疼痛、畏光、流泪和视力下降等刺激症状为特征。角膜炎症治疗不及时或治疗不当，容易产生角膜溃疡，甚至角膜穿孔，虹膜脱出，发生虹膜粘连、青光眼甚至全眼球化脓性炎症而毁坏整个眼球，当病变损及角膜前弹力层下，愈后往往遗留瘢痕。

角膜病属中医黑睛疾病。在中医五轮学说中，黑睛属风轮，内应于肝，由于肝与胆相表里，故黑睛疾病的辨证多从肝胆着手。中医认为，黑睛疾病的主要治则是祛除邪气，消退翳障，控制发展，防止传变他症，促使早期愈合，缩小和减薄瘢痕组织。

第一节 角 膜 炎 症

单疱病毒性角膜炎

单疱病毒性角膜炎（hetpes simplex keratitis，HSK）是由单纯疱疹病毒Ⅰ型感染引起的角膜炎。单纯疱疹病毒已分离出 7 种，感染人类的单纯疱疹病毒有Ⅰ型和Ⅱ型两种，Ⅰ型引起皮肤、黏膜、眼及脑组织的感染，而Ⅱ型造成新生儿及生殖器的感染。感冒为最常见诱因，角膜病变表现为树枝状、地图状、盘状浸润等多种形式。病情反复发作，迁延难愈。若病变发展至角膜实质深层或治疗不及时，则严重影响视力甚至失明。本病属中医学“聚星障”、“花翳白陷”、“凝脂翳”、“混睛障”等范畴。

一、病因病机

（一）中医病因病机

1. 病因 中医认为本病是由于风热或风寒之邪外侵，上犯于目；外邪入里化热，或肝经伏火，复受风邪，风火相搏，上攻黑睛；过食煎炒五辛，致脾胃蕴积湿热，熏蒸黑睛；肝肾阴虚，或热病后阴津亏耗，虚火上炎，攻侵黑睛所致。由于黑睛属肝所主，故本病常责之于肝。

2. 病机 本病位于黑睛，责之于肝，但与脾肾关系密切。

（1）病初起，因风邪为犯，风性轻扬，有升发、向上的特性。目为上窍，易受风邪，黑睛属肝，风邪上攻黑睛，可致黑睛生翳，目赤疼痛、畏光流泪等症状；若肝火炽盛，邪毒入里，黑睛受灼，则眼症加重，黑睛溃陷；火邪壅滞，气血瘀阻，可致抱轮红赤或白睛混赤等，多属实证。

（2）脾胃湿热内蕴，浊气上犯，蒙蔽清窍，致眼症缠绵不愈，黑睛水肿明显，星翳经久不愈或反复发作，多属实证。

（3）本病多属热证，热病伤阴，肝肾同源，肝肾阴虚，或素体虚弱，正不胜邪，致黑睛翳障久不愈合或反复发作；多为本虚标实的表现，如治疗不当，则严重影响视力甚至失明。

（二）西医病因病理

现代医学认为本病是由单纯疱疹病毒Ⅰ型感染引起，单疱病毒广泛存在于健康人体口腔、肠道及呼吸道内，但无症状。原发感染多见于对病毒无免疫力的儿童，尤其6个月～2岁的婴儿，多表现为水疱及溃疡性口腔炎，如发生在眼部则为急性结膜角膜炎，但临床较为少见。由于原发感染后患者体内产生抗体，病毒受抗体的抑制，长期潜伏在体内，遇有免疫力低下（如发热或用免疫抑制剂）时，病毒重新活跃，则可引起复发感染，在眼部表现为角膜炎。尤其近年来广泛应用皮质类固醇、免疫抑制剂，使全身或眼部免疫力低下，导致本病发病率有所增加，甚至反复发作，患者终生带病毒及免疫力降低是复发的原因。

二、临床表现

（一）症状

发病急，常有不同程度畏光、流泪、疼痛、异物感等刺激症状，视力呈不同程度下降。本病临床可表现多种多样，一般分为五种类型，即树枝状角膜炎、地图状角膜炎、盘状角膜炎、坏死性角膜基质炎和角膜-葡萄膜炎等，并可交叉出现。其共同症状为：发病急，常有不同程度畏光、流泪、疼痛、异物感等刺激症状，视力不同程度下降。各类型病变的眼部体征各具特点。

（二）体征

1. 树枝状角膜炎 初起时角膜表面发生细小颗粒状小泡，呈点状、线状、星芒状。小泡破裂上皮脱落形成浅层裂隙状凹陷，病变连缀融合成沟状、树枝状、珊瑚状，末端可见结节状小泡。病变区附近上皮水肿、松懈，易自前弹力层剥脱，可见睫状充血。用2%荧光素染色，病变区明显呈树枝状，且为淡绿色染色，病变区角膜知觉明显减退或消失（图9-1）。

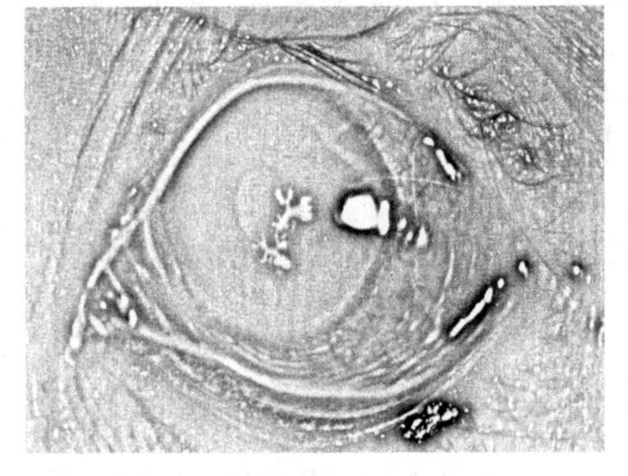

图9-1 树枝状角膜炎

2. 地图状角膜炎 树枝状角膜炎病变向深层侵犯，溃疡面积扩大加深，边缘不整齐，呈灰白色地图状，溃疡底部基质混浊，后弹力层及内皮细胞层出现肿胀、皱褶，前房闪辉（+）。荧光素染色阳性。

3. 盘状角膜炎 角膜病变多位于中央或旁中央，角膜基质层呈边界清楚的盘状混浊、水肿，荧光素染色阴性。常见后弹力层皱褶和内皮水肿；角膜后常有羊脂状沉着物。

4. 坏死性角膜基质炎 角膜上皮常有大泡样变性，上皮下基质层受破坏，反复水肿、溃疡、浸润增厚，同时伴有新生血管长入，严重时可发生基质溶解，坏死脱落，甚至穿孔。

5. 角膜-葡萄膜炎 除相应的角膜改变外，角膜后壁常有较大的灰白色或羊脂状沉着物，房水混浊，严重时可有前房积脓和虹膜粘连现象。

常见并发症：树枝状角膜炎病程持续一周至数周，修复后角膜不遗留瘢痕或遗留薄翳。常可反复，有时病变向深层或四周扩展，形成地图状、盘状。地图状、盘状角膜炎常并发虹膜睫状体炎。病情严重时可发展成深层溃疡或坏死，造成后弹力膜膨出、前房积脓、穿孔，甚至合并感染。常因虹膜睫状体炎症而未能及时散瞳以致虹膜后粘连，甚至继发青光眼。

三、实验室及其他辅助检查

角膜上皮刮片检查：病灶区刮片作显微镜检查，可发现有多核巨细胞及核内包涵体。此法仅能证实病毒感染而不能区分是否 HSV 感染。病毒分离：刮取角膜溃疡边缘组织，进行小白鼠接种或鸡胚囊膜培养或组织培养，不但可分离出病毒，而且还可鉴定出病毒类型。该法仅适用于早期树枝状角膜炎病例。荧光抗体染色技术：上皮刮片荧光抗体染色及房水细胞荧光抗体染色，在被感染的细胞浆或核内可找到特殊的荧光染色区，证明有病毒存在。免疫功能状态检查：包括体液免疫（免疫球蛋白）、细胞免疫检查（玫瑰花结试验、淋巴细胞转化试验、白细胞移动抑制试验及外周血 T 淋巴细胞亚群检测等）。本病发病和复发与体液免疫关系不大，而复发时细胞免疫则有明显波动。

四、诊断与鉴别诊断

（一）诊断要点

本病最可靠的诊断是实验室诊断，但实验室诊断目前难于普遍开展，故临床主要依据病史及裂隙灯显微镜检查来完成。

1. 辨病要点 治疗本病，宜分辨病之新久，邪之轻重。一般病初期及新病，以实证为主，宜祛除邪气为先；病情缠绵，反复发作者，须分辨虚实之孰轻孰重，采用扶正祛邪法耐心调理方能奏效。

2. 辨证要点

（1）外感风热证：病初起，自觉羞明、流泪、涩痛，但症较轻，角膜出现点状、树枝状混浊，睫状充血；或伴发热恶寒、咽痛，舌苔薄黄，脉浮数。

（2）外感风寒证：病初起羞明流泪明显，有鼻塞流涕，舌苔薄白，脉浮紧。

（3）肝火炽盛证：患眼红肿疼痛，胁痛、溲赤，口苦苔黄，脉弦数。

（4）湿热蕴蒸证：角膜病变迁延不愈，口黏便溏，舌红苔黄腻，脉濡数。

（5）阴虚邪留证：病程日久，时愈时发，舌红少苔，脉细数。

（6）正虚邪留证：眼症日久，自觉症状不重，角膜溃疡久不修复；或反复发作，时轻时重。全身见面色无华，舌淡脉弱。

3. 西医诊断要点 树枝状、地图状或盘状，病情反复发作，会有感冒、发热、疲劳等诱因。

（二）鉴别诊断

本病当与细菌性角膜炎及真菌性角膜炎相鉴别（表 9-1）。

表 9-1 病毒性角膜炎与细菌性角膜炎及真菌性角膜炎鉴别诊断

	病毒性角膜炎	细菌性角膜炎	真菌性角膜炎
病因	病毒感染	细菌感染	真菌感染
分泌物	水样	灰黄色脓性	灰白色黏液性
角膜溃疡	多个细点状浸润树枝状、地图状	灰黄色基质浸润或有脓疡	不规则圆形、边缘稍隆起
前房积脓	少见	脓量少，多见	脓量较多见，呈淡黄色
病程	病程缓慢	起病急	起病缓慢
病原体检查	可分离出病毒	溃疡面刮片可找到细菌	溃疡面刮片可找到真菌

五、治疗

（一）中医治疗

1. 治疗原则 本病原则上是局部予抗病毒，全身口服中药治疗，以中医辨证治疗为主。一般病初期及新病，以实证为主，宜祛除邪气为先；病情缠绵，反复发作者，须分辨虚实之孰轻孰重，采用扶正祛邪法治疗。西药治疗的原则是从病毒学上要消除 HSV 抗原，抑制 KSV 增生及潜伏，同时减轻免疫反应，防止复发和迁延。从生物学上要阻止病变区浸润进展，促进上皮修复，抑制新生血管生长，减轻角膜瘢痕形成，恢复视力。

2. 中医辨证论治

（1）外感风热

症候：初起角膜出现点状、树枝状混浊，睫状充血；或伴发热恶寒、咽痛，舌苔薄黄，脉浮数。

治法：疏风散热。

方药：新制柴连汤。

中成药：银翘解毒片，口服，每次 4 片，每日 3 次。

（2）外感风寒

症候：病初起羞明流泪明显，角膜出现点状、树枝状浸润，睫状充血；全身并有鼻塞流涕，恶寒头痛，舌苔薄白，脉浮紧。

治法：发散风寒。

方药：羌活胜风汤。

中成药：抗病毒口服液，口服，每次 1～2 支，每日 2 次。

（3）肝火炽盛

症候：患眼红肿疼痛，畏光流泪加重，角膜树枝状或地图状浸润混浊或溃疡扩大加深，睫状充血或混合充血明显，胁痛，溲赤，口苦苔黄，脉弦数。

治则：清肝泻火。

方药：龙胆泻肝汤加减。

中成药：一清胶囊，口服，2 粒，每日 3 次。

（4）湿热蕴蒸

症候：角膜病变迁延不愈，或反复发作，时轻时重，角膜水肿明显；全身见头重胸闷，口黏便溏，舌红苔黄腻，脉濡数。

治法：清热除湿，解毒散邪。

方药：除湿汤加减。

中成药：双黄连口服液，口服，1 支，每日 3 次。

（5）阴虚邪留

症候：病程日久，时愈时发，眼症较轻，眼内干涩，角膜炎症性混浊与瘢痕夹杂，睫状充血轻。舌红少苔，脉细数。

治法：滋阴散邪。

方药：白薇丸加减。

中成药：知柏地黄丸，口服，每次 6～9g，每日 2 次。

（6）正虚邪留

症候：眼症日久，自觉症状不重，角膜溃疡久不修复；或反复发作，时轻时重。全身见面色无华，舌淡脉弱。

治法：扶正祛邪，退翳明目。

方药：托里消毒散加减。

中成药：杞菊地黄丸，口服，每次6～9g，每日2次。

3. 外治法 可选用鱼腥草滴眼液滴眼，眼症重时每小时1次；眼症减轻改为每日4～6次。湿热敷：选用清热解毒中药如大青叶、野菊花、金银花各20～30g，秦皮、防风15g，煎水澄清过滤洗眼，或煎水湿热敷；亦可用内服药渣再煎取药汁湿热敷，每日1～2次。

4. 针刺治疗 眼症初期配合针刺睛明、攒竹、瞳子髎、承泣、曲池、足三里、合谷以祛风通络止痛、清泻肝胆，每次取局部2穴，远端1～2穴，每日1次，一般用泻法；眼症后期配合针刺肝俞、脾俞、肾俞，以滋养肝肾，降火明目。

（二）西医治疗

1. 治疗原则 以抗病毒为主，若有合并细菌感染，联合使用抗生素。

2. 药物治疗

（1）选择性抗HSV药物临床上常用的有0.1%阿昔洛韦滴眼液或3%眼膏，丙氧鸟苷及利巴韦林等。

（2）增强免疫药物应用非特异性提高机体免疫功能的药物，提高机体免疫应答水平，有促进HSK治愈、防止复发的作用。左旋咪唑：对急性HSK无治疗作用，但能减少其复发频率及严重程度。干扰素：具有广谱抗病毒作用，可行结膜下注射和肌内注射，与阿昔洛韦、丙氧鸟苷等合用有很好的协同作用。

（3）皮质激素对于上皮完好的基质型角膜炎、角膜葡萄膜炎及角膜内皮炎，在使用足量抗病毒药物的情况下，加用微量皮质激素，有利于减轻角膜基质水肿。但对于树枝状角膜炎、地图状角膜炎、或伴有角膜溃疡者，绝对禁用皮质激素。由上皮型HSK蔓延至基质层者，尽管上皮已愈合，应用皮质激素也应十分慎重，临床上常有因此而导致复发或加重的病例。

（4）充分散瞳：在有虹膜睫状体炎或盘状角膜炎且内皮水肿明显时，宜用1%阿托品滴眼液或眼药膏充分散瞳。

3. 手术治疗 适用于静止期HSK，视力小于0.1者，临床上严重的基质型HSK溶解，坏死临近穿孔或出现穿孔的病例。常用的术式有：结膜瓣遮盖术、板层角膜移植术、穿透性角膜移植术等。

六、中西医临床诊疗思路

单疱病毒性角膜炎由于临床表现不一，而且病程长，易复发，因此应根据不同阶段进行治疗。治疗原则为抑制病毒在角膜内复制，控制炎症，抑制病毒的增殖；防止混合感染，防止并发症，减少炎症反应引起的角膜损害，减少瘢痕形成，缩短病程，增进视力。始终坚持整体与局部相结合，辨证与辨病相结合。当角膜炎症尤其是溃疡缠绵不愈，在局部使用抗病毒药物时，酌情应用抗生素，以防继发细菌感染；同时禁用糖皮质激素。当免疫反应引起盘状角膜炎时，或角膜上皮基本修复，角膜实质层仍有水肿浸润，或伴有虹膜睫状体炎时，均可在使用抗病毒药物同时局部使用糖皮质激素。

细菌性角膜溃疡

细菌性角膜溃疡是一种常见的急性化脓性角膜溃疡，因病变向中央匍行扩展而得名。本病又因前房常有积脓现象，又名前房积脓性角膜溃疡。本病发病以夏秋季节较多，农村患者多于城市，多半发生于老年人，婴幼儿或儿童少见，也可见于暴露性角膜炎的继发感染，近年来偶见于戴角膜接触镜者。

一、病因病机

本病主要为毒力较强的细菌感染引起，常见致病菌有金黄色葡萄球菌、溶血性或草绿色链球菌、肺炎双球菌、淋球菌、枯草杆菌、产碱杆菌、绿脓杆菌等。角膜上皮外伤、慢性泪囊炎常是本病的

重要感染因素。

二、临床表现

（一）症状

本病的临床特征是起病较急，有明显的眼部刺激症状，眼痛、眼红、羞明、流泪，分泌物多。

（二）体征

结膜充血、水肿，角膜出现灰黄色或黄白色浸润或溃疡，并呈潜掘状向中央匍行进展，早期即有虹膜炎症反应，常合并前房积脓。如病情未能得到控制，数日内可导致角膜穿孔。

三、实验室及其他辅助检查

角膜刮片行细菌培养可以查到病原菌。

四、诊断与鉴别诊断

（一）辨证要点

1. 风热壅盛证 眼痛、头痛、羞明流泪、视力下降，舌红，苔薄黄，脉浮数。
2. 肝胆火炽证 疼痛难忍，眵多色黄，尿赤便秘，胁痛口苦，舌质红，苔黄，脉弦数。
3. 正虚邪恋证 病程日久，眼痛羞明较轻，舌质淡，脉弱，或舌质红，脉细数。

（二）诊断要点

起病较急，有明显的眼部刺激症状，眼痛、眼红、羞明、流泪，分泌物多。结膜充血、水肿，角膜出现灰黄色或黄白色浸润或溃疡，角膜刮片查到致病菌，即可明确诊断。

（三）鉴别诊断

该病的鉴别诊断参见表 9-1。

五、治疗

（一）中医辨证论治

1. 风热壅盛证

症候：眼睑轻度浮肿，黑睛生翳如星，色灰白，边缘不清，表面污浊，如覆薄脂。白睛红赤或抱轮红赤，羞明流泪，视力下降，眼痛，头痛，舌红，苔薄黄，脉浮数。

治法：祛风清热。

方药：新制柴连汤加减。

中成药：双黄连口服液。

2. 肝胆火炽证

症候：黑睛凝脂大片，窟陷深大，黄液上冲，胞睑红肿，白睛混赤，紧涩难开，热泪频流，疼痛难忍，眵多色黄，尿赤便秘，胁痛口苦，舌质红，苔黄，脉弦数。

治法：清肝泻火解毒。

方药：龙胆泻肝汤加减。

中成药：龙胆泻肝丸。

3. 正虚邪恋证

症候：病程日久，凝脂溃陷不敛，抱轮轻度发红，眼痛羞明较轻，舌质淡，脉弱，或舌质红，脉细数。

治法：益气养血，托里解毒。

方药：方选托里消毒散加减。

中成药：障翳散滴眼液。

（二）西医治疗

1. 全身治疗 本病主要为毒力较强的细菌感染引起，发病急、进展迅速，在行病原学检测的同时给予广谱抗生素联合治疗。首选药物为青霉素或头孢类抗菌药物联合喹诺酮类抗菌药物。临床一般采取多种抗生素联合用药的方法，在获取药敏试验结果后，应及时选用敏感药物。

2. 局部滴眼 氧氟沙星、环丙沙星和左旋氧氟沙星滴眼液频繁点眼；氨基糖苷类药物多选用妥布霉素；除局部点眼药外，同时配合结膜下注射万古霉素等。早期即应用 1%阿托品滴眼液（或眼膏）散瞳，以减轻虹膜睫状体反应和疼痛症状。同时应用胶原酶抑制剂，如乙酰半胱氨酸等，此类药物能抑制角膜组织内胶原酶的释放，阻止该酶对组织胶原成分的溶解，减缓组织的破坏和溃疡扩散。对伴有慢性泪囊炎患者，应及时行泪囊摘除术。

3. 手术治疗 不能控制病情发展者，应早期行治疗性板层或穿透性角膜移植术。

真菌性角膜炎

真菌性角膜炎（fungal keratitis）是由真菌所引起的感染性角膜疾病。本病是严重的致盲眼病。

一、病因病机

完整的角膜上皮是抵御各种微生物侵入角膜发生感染的生理屏障，但当各种原因引起角膜上皮损伤时，角膜容易受到真菌感染，尤其是农作物的外伤常引起角膜的真菌种植性感染。所以在我国这个农业大国里，以农民患病率占首位。多数学者认为真菌是一种条件致病菌，因为正常结膜囊内培养出真菌，检查阳性率高达 27%，但不发病，只有长期使用抗生素，致结膜囊内菌群失调或长期应用糖皮质激素，使局部免疫力低下，角膜外伤等情况下，才导致本病发作。

二、临床表现

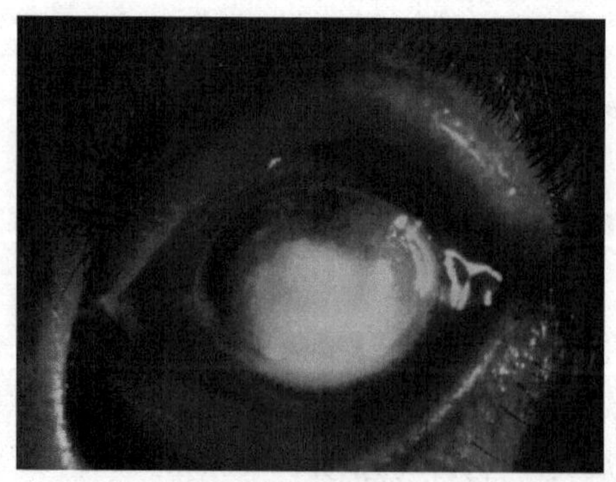

图 9-2 真菌性角膜溃疡

本病一般起病较慢，病程较长，虽然也有疼痛、畏光、流泪等症状，但较细菌性角膜溃疡为轻。感染的真菌菌株不同，其溃疡形态也不一致，较典型的溃疡表面粗糙干燥，呈“牙膏样”，有时微微隆起，略高于平面，溃疡与周围健康角膜分界大多清楚。中心病灶的周围有时可见到“伪足”及“卫星灶”。对着菌丝灶后面的角膜内皮常有明显的水肿，伴有皱褶，常附有糨糊样的灰白色沉着物，前房积脓常常存在，且较稠厚（图 9-2）。真菌性角膜溃疡如同时伴有细菌感染时，临床表现就变得不典型，给诊断带来困难。

三、实验室及其他辅助检查

溃疡面坏死组织镜检可找到菌丝，真菌培养可以鉴定菌型。

四、治疗

（一）中医辨证论治

1. 风热壅盛

症候：黑睛生翳，渐渐扩大凹陷，表面粗糙不平，常伴有黄液上冲，羞明流泪，头目俱痛，抱轮红赤，口干，舌红苔黄，脉弦数。

治法：祛风清热。

方药：新制柴连汤加减。

2. 湿热熏蒸

症候：黑睛生翳大片，表面溃烂如腐渣，抱轮红赤，病情缠绵，经久不愈，舌红苔黄腻，脉濡数。

治法：清热利湿。

方药：方选三仁汤加减。

3. 阴虚邪留

症候：黑睛凝脂渐退，可见赤脉伸入，抱轮红赤，羞明流泪较轻，眼内干涩不适，舌红少津，脉细数。

治法：养阴生津，清肝退翳。

方药：养阴清肺汤加减。

（二）西医治疗

目前在眼科临床上用于治疗真菌性角膜病的药物主要为多烯类抗真菌药、咪唑类、三唑类及嘧啶类药物。

（三）手术治疗

当药物治疗无效时，可采用手术治疗真菌性角膜溃疡。对于即将穿孔或已经穿孔的病例，如果有新鲜角膜供体材料，则首选穿透性角膜移植术。在无角膜供体材料的情况下，可行角膜病灶切除联合球结膜瓣遮盖术，炎症控制数月后行板层角膜移植术可取得增视效果。羊膜覆盖术治疗真菌性角膜炎的临床疗效则有待于远期观察。对于已并发真菌性眼内炎的患者，可在行穿透性角膜移植术同时进行前部玻璃体切割，或行人工角膜下玻璃体切割及眼内注射抗真菌药物，也能挽救部分患者的眼球。

角膜基质炎

角膜基质炎（interstitial kdratitis）也称为角膜间质炎或非溃疡性角膜炎，是一种角膜基质层的非化脓性和非溃疡性的炎症，多与全身疾病相关，其特点是基质层的炎性浸润和深层新生血管形成，一般不累及角膜上皮和内皮。

角膜基质炎可能与细菌、病毒、病原虫感染有关，梅毒螺旋体、麻风杆菌、结核杆菌、单纯疱疹病毒的感染是常见的发病原因。发病机制一般认为与感染原引起的免疫反应相关。

角膜基质炎的临床表现：裂隙灯下检查可见角膜病变区基质层弥漫性水肿，新生血管形成，炎症静息后可见角膜基质瘢痕及无灌注的血管（鬼影血管）。

角膜基质炎的诊断主要取决于病史、眼部特征及全身检查。

中医辨证论治：①肝经风热证，黑睛混浊，抱轮红赤，畏光流泪，头眼俱痛，舌红苔薄黄，脉浮数。治宜祛风清热。方选羌活胜风汤加减。②肝胆热毒证，黑睛混浊，赤脉贯布，抱轮暗赤，刺痛流泪，便秘尿赤，口苦苔黄，脉数。治宜泻肝解毒。方选银花解毒汤。③虚火上炎证，病情反复发作，疼痛不显，抱轮微红，舌红少津，脉细数。治宜滋阴降火。方选百合固金汤加减。

局部应用激素眼药水可以控制炎症反应；对于遗留瘢痕，视力在 0.1 以下者，可考虑行穿透性角膜移植术。

暴露性角膜炎

暴露性角膜炎（exposure keratitis）是角膜失去眼睑的保护而暴露在空气中，导致干燥、角膜上皮脱落进而继发感染的角膜炎症。常见病因有：眼睑缺损、眼球突出、睑外翻、面神经麻痹、深度麻醉或昏迷引起的眼睑闭合不全等。病变多见于下半部的角膜。暴露部位的结膜充血、粗糙，角膜上皮点状缺损，逐渐融合成大片的上皮缺失，新生血管形成，继发感染时发生化脓性角膜溃疡。治疗原则为去除暴露因素，保护和维持角膜的湿润状态。可根据角膜暴露的原因作眼睑缺损修补术、睑植皮术等。上睑下垂矫正术所造成的严重眼睑闭合不全，应立即手术处理，恢复闭睑功能。夜间涂眼膏以预防感染，或形成人工湿房保护角膜，其他措施参考神经麻痹性角膜炎。

蚕食性角膜溃疡

蚕食性角膜溃疡（rodent corneal ulcer）又称 Mooren 溃疡，其病因尚不清楚，许多研究表明它可能是一种自身免疫性疾病。角膜溃疡从角膜缘发生，开始表现为角膜缘充血和灰白色浸润，几周内逐渐向纵深发展为局限性溃疡，病灶可能多处发生，并逐渐互相融合，角膜的溶解发展较缓慢，但其疼痛症状剧烈。严重病例溃疡由周边向中央发展并向角膜另一侧进展，溃疡深度可达 1/3～1/2 基质层。溃疡面常有新生上皮覆盖并有新生血管生长，很少引起角膜穿孔。病变有时向巩膜发展。如果继发细菌或真菌感染，可以导致前房积脓和角膜穿孔。临床上根据病情的轻度分为良性型（自限型）及恶性型。良性型常单眼发病，对药物或手术反应良好，恶性型常双眼发病，药物或手术反应差，常有复发趋向，角膜穿孔率较高。本病尚无特效疗法，对轻症者积极进行药物治疗，对重症者采取药物与手术相结合的方法。药物治疗方面可予激素、胶原酶抑制剂、环磷酰胺、非甾体类抗炎剂等，合并有葡萄膜炎时，应用睫状肌麻痹剂。手术治疗根据病情可行板层角膜移植联合结膜切除术，穿透性角膜移植术等。

表层点状角膜病变

表层点状角膜病变（superficial punctuate keratopathy）是一系列累及角膜上皮、上皮基底膜、前弹力层及其邻近的角膜浅基质层的点状病变，它不是一种独立的疾病。表层点状角膜病变包括以下类型：点状上皮角膜炎、点状上皮糜烂、点状上皮下浸润。

常见病因有以下几方面，①物理、化学性损伤：如角膜上皮擦伤、倒睫、结膜结石、角膜暴露、紫外线等；②病原微生物感染：如衣原体、葡萄球菌、疱疹病毒等引发的角膜病变；③药物毒性：各种化学清创剂、过度频繁地用含有防腐剂的各种眼药水滴眼；④医源性损伤：各种眼科手术或检查对眼表组织造成的损害，如三面镜检查、视网膜脱离复位手术、角膜移植手术等；⑤患眼本身各种疾患的影响：眼干燥症、神经营养性角膜炎等；⑥其他原因：营养不良性，如长期维生素 A 或维生素 B 缺乏；长期佩戴角膜接触镜亦可能导致表层点状角膜病变的发生。患眼临床表现有异物感、可伴有畏光、流泪症状；可能伴有视力下降，视力减退程度因个体病情而异。裂隙灯检查见点状上皮角膜炎表现为：角膜上皮有点状混浊，呈灰白色。点状上皮糜烂表现为单个或多个点状上皮缺损区，邻近角膜上皮水肿。点状上皮下浸润表现为前弹力层下水平最浅层基质略呈灰白色或灰黄色的点状混浊，愈后遗留薄翳。治疗应针对病因进行治疗。对已明确病因者应尽快去除病因，如倒睫引起者予拔除倒睫或行倒睫矫正术；紫外线辐射性点状角膜病变应脱离受辐射环境；药物中毒性者予停用致病药物。佩戴接触镜引起的角膜上皮病变应停止使用角膜接触镜。滴用不含防腐剂的人工泪液、生长因子等角膜营养剂等；并可予含低浓度或微量激素的抗生素滴眼液点眼。治疗性角膜接触镜：对顽固性复发性上皮糜烂可试用软性角膜接触镜。对一些药物治疗无效的顽固病例，可试用羊膜覆盖术。

丝状角膜病变

丝状角膜病变（filamentary keratitis）是较常见的单眼或双眼角膜病变，由上皮愈合异常所致。可能与下列因素有关：上皮细胞的异常增殖；基膜与前弹性膜接合异常；类黏液形成过多。本病多见于眼干燥症和病毒感染（腺病毒、单疱病毒等），也可见于神经营养性角膜炎、复发性角膜上皮糜烂、暴露性角膜炎，此外长时间包眼或上睑下垂、角膜擦伤、戴角膜接触镜、内眼手术后也可引起本病。患者有异物感、疼痛、眼红、视力下降等症状，眼部可见含脱落上皮细胞的黏液丝一端附着于角膜上皮，荧光素能染色，结膜充血，点状上皮糜烂，泪膜异常。治疗上应治疗原发病，局部滴用角膜滑润剂、营养剂、黏液溶解剂（乙酰半胱氨酸滴眼液）。无效时可在裂隙灯下，表面麻醉后用棉签蘸生理盐水抹除丝状物。症状严重或药物治疗无效，不伴明显干眼的，可戴绷带型软性角膜接触镜并滴抗生素滴眼液，可取得一定疗效。

神经源性角膜炎

神经源性角膜炎是由多种原因导致角膜感觉减退或丧失，造成角膜上皮细胞层的退行性病变。三叉神经眼支的病变可引起角膜知觉的传入神经异常或中断，其特征是角膜知觉减退或消失，角膜上皮更新受阻，从而出现一系列角膜的病变。常见的病因有：病毒性角膜炎、化学性烧伤等角膜的局部病变；外伤、手术等导致三叉神经麻痹；维生素 A 缺乏、糖尿病等全身疾病；长期局部滴用各类眼药、长期戴用角膜接触镜、角膜变性，等等。神经源性角膜炎的初期表现为角膜缘周的充血和水肿，随即出现角膜上皮水肿、缺损，逐渐形成大面积的角膜上皮缺失和溃疡，溃疡边缘的上皮光滑略隆起，周围无明显基质浸润，不同于感染性溃疡，又称之为“营养性溃疡”或“惰性溃疡”。在继发感染或局部应用激素等不适当的治疗时，可出现基质溶解，溃疡加重，甚至导致角膜穿孔。药物治疗方面可应用人工泪液、神经生长因子、胶原酶抑制剂、睫状肌麻痹剂、抗生素等；手术治疗可根据病情选择睑缘缝合术、结膜瓣遮盖术、羊膜移植术、穿透性角膜移植术等。

第二节　角膜变性与营养不良

一、角膜老年环

角膜老年环（arcus senilis）是最常见的边缘性角膜混浊，是周边部角膜基质内类脂质沉着所致，可能与异常高脂血症有关。40 岁出现老年环时，常提示血脂异常；50～60 岁人中，约 60%的人角膜出现老年环，80 岁以上者，几乎全部发生老年环。在双眼角膜缘内对称发生，逐渐形环状、宽约 1mm 的灰白色改变，与角膜缘之间有一透明的角膜带分隔。本病无自觉症状，对视力无影响，不需治疗。

二、大泡性角膜病变

大泡性角膜病变（bullous keratopathy）是一种常见的致盲性角膜病变，以角膜全层水肿、出现弥漫性上皮大泡为特征。其发病的根本原因不在于上皮水肿，而在于角膜内皮组织结构和生理功能的失常。手术创伤、炎症、原发性角膜内皮病变等为主要的病因。临床表现为：视力下降、异物感、畏光、流泪、眼部充血，角膜全层水肿增厚，后弹力层皱褶，角膜上皮布满大小水泡。治疗上宜根据病因作对症或对因治疗，方法包括：局部应用抗病毒药物、激素、高渗盐水、角膜基质层间注射自体血浆、穿透性角膜移植、深板层内皮角膜移植术等。

三、带状角膜病变

带状角膜病变（band keratopathy）又称为钙沉着性角膜病变（calcific band keratopathy），是一种钙质沉着性角膜变性。常发生于较严重慢性眼病的后期，如葡萄膜炎、角膜基质炎、青光眼、眼球萎缩等；甲状旁腺功能亢进、慢性肾衰竭、维生素D中毒等引进钙、磷代谢障碍的全身疾病也会导致本病，此外还有原发遗传性带状角膜病变。本病发生于各年龄段，多为单眼发病，病程缓慢。初起角膜混浊轻微，混浊发生于睑裂部暴露区角膜，分别在鼻侧、颞侧近周边处前弹力层中出现灰白色混浊斑，混浊区与角膜缘间有狭窄的透明带相隔。混浊缓慢向中央发展，多年后两侧的混浊可能相接，形成3～5mm宽的带状病变，可伴有新生血管生长。混浊斑可逐渐增厚，病变区上皮隆起、粗糙不平，甚至上皮糜烂，引起畏光、流泪、视力下降等症状。轻症患者无需治疗。发生上皮糜烂者可配戴软性角膜接触镜。对严重病例可考虑作光学性虹膜切除、角膜表层切除联合羊膜移植或板层角膜移植。对于继发于全身者，应注意原发病的治疗。

四、角膜营养不良

角膜营养不良（corneal dystrophy）是指正常角膜组织受某种异常基因决定而使其结构和功能受到进行性损害的病变。本病为遗传性疾病，多为常染色体显性遗传，但其外显率和表现度有时不同。角膜营养不良一般不伴有全身病或眼部其他疾病，是原发于角膜的病变，多发病于 20 岁以前，进展缓慢，多为双眼对称性发病，好发于角膜中央部，不伴有炎症或新生血管。其特征为双眼角膜有异常物质沉积，初起一般只侵犯角膜的某一层次，后期随着病情进展可能侵及全层角膜。近年来随着分子遗传学的发展，已证实至少10个人类染色体上的7种基因突变是15种角膜营养不良的致病原因，故对患者的分子遗传学分析，有助于提高本病的诊断精确性。本病种类较多，文献报道已有 20 余种。多数学者按其病变出现于角膜的层次进行分类，即按解剖部位分为角膜前部（上皮、前弹力层）、基质部及后部角膜（内皮）营养不良三类，以下介绍三种具有代表性的角膜营养不良疾病：

（一）角膜上皮基底膜营养不良

角膜上皮基底膜营养不良（epithelial basement membrane dystrophy）又名地图-点状-指纹状角膜营养不良或 Cogan 微囊肿状角膜营养不良，是前部角膜营养不良最常见者。30 岁以后的人较多见。双眼对称性发病。角膜病变区上皮层可见灰白色混浊，呈点状、地图状、微小囊肿状或指纹状，形态和数量可随时间的不同而有变化。患者偶因发生角膜上皮糜烂而出现疼痛、畏光及流泪症状和暂时的视力模糊。早期无自觉症状时无需治疗。晚期出现症状时的治疗包括滴用甲基纤维素、高渗盐水、上皮刮除、戴软性接触镜等。

（二）颗粒状角膜营养不良

颗粒状角膜营养不良（granular corneal dystrophy）是较常见的角膜基质营养不良，从幼年发病，但一般没有症状。裂隙灯检查可见在角膜前基质内有局限性分散的、边界清晰的、小颗粒状灰白色面包渣样的混浊块，混浊块形态不规则，混浊间角膜透明，病变多集中在中央部，不侵犯周边角膜。随着年龄增长，混浊逐渐增多，晚期病例原来混浊病变之间的透明角膜亦出现轻度混浊或毛玻璃样外观，视力逐渐减退。角膜表面大多数保持光滑，只有少数病例会出现上皮糜烂。早期不需治疗，晚期如视力障碍严重可行穿透性角膜移植术。

（三）Fuchs 角膜营养不良

Fuchs 角膜营养不良（Fuchs，endothelial dystrophy）是角膜后部变性的典型代表。本病属于常染色体显性遗传。本病通常于 50～60 岁开始发病，女性发病较男性多 2.5 倍左右。双眼发病，但通常不对称，病程缓慢。临床上分为三期：第一期称为角膜滴状赘疣期，主要表现为中央部角膜内皮变性和丧失，角膜中央部的后表面出现滴状赘生疣，裂隙灯下可见角膜后壁有小点状突起，又称为滴状角膜。第二期为原发性角膜内皮功能失代偿期，表现为角膜基质水肿及角膜上皮水肿，使角膜增厚、混浊，甚至发生大泡变性，引起剧烈疼痛及畏光、流泪等刺激症状。第三期为结疤期，角膜长期水肿可导致深、浅层新生血管侵入，在上皮下形成弥漫性结缔组织，多次反复发作大泡破裂者，更易形成瘢痕。角膜结疤后知觉减退，上皮水肿减轻，刺激症状减轻，但视力日趋下降。第一期病变无自觉症状，暂可不必治疗。内皮细胞功能失代偿的早期可局部应用高渗药物、角膜营养药物及抗炎抗感染眼膏等；软性接触镜可减轻刺激症状；对晚期视力严重损害时可施行穿透性角膜移植。

第三节　角膜的先天异常

一、大角膜

大角膜（macrocornea）指角膜直径超过正常范围，而眼压、眼底和视功能均正常者，为 X 性连锁隐性遗传。其角膜横径在 13mm 以上，纵径在 12mm 以上，多为双眼改变。其角膜透明，组织结构正常，部分病例角膜厚度低于正常，但无后弹力层断裂；前房深，房角结构正常。早年晶状体透明，但由于悬韧带不稳定而有虹膜和晶状体震颤。40 岁左右常发生白内障，呈周边或核心混浊。大角膜一般为静止性，除高度屈光不正外，对眼视功能无明显不利影响，但由于晶状体脱位或半脱位所致的青光眼和白内障这两种并发症治疗较为棘手。根据其与生俱来的病史和典型的临床表现可确诊。本病主要与先天性青光眼相鉴别，该病除了大角膜外，还有不同程度的角膜水肿和混浊，角膜后弹力层断裂伴眼压升高。大角膜无特殊治疗。

二、小角膜

小角膜（microcornea）指角膜直径小于 10mm，为先天性发育异常，是在胎儿第 5 个月分化完成后角膜生长受阻的结果，角膜透明，组织结构正常，常合并虹膜缺损、脉络膜缺损、先天性白内障等，视力低下常伴有眼球震颤或斜视。眼球直肌附着点前移，角膜弧度增加，折光率相对增大而呈近视状态，但常因整个眼球小眼轴短而总的折光度为正视甚至有可能为远视。小角膜与小眼球的鉴别诊断主要通过超声波眼轴测定来鉴别。无特殊治疗。约 20%的病例可发展为青光眼，不发生青光眼者病情静止。

三、圆锥角膜

圆锥角膜（keratoconus）是一种以角膜扩张为特征，致角膜中央部向前凸出呈圆锥形，并产生高度不规则近视散光和不同视力损害的原发性角膜变性疾病。它可以是一种独立的疾病，也可以是多种综合征的组成部分。本病多发生在青年期，常双眼发病，但可能程度不一。目前确切病因尚不清楚，可能为多因素致病，遗传、发育障碍、内分泌紊乱、代谢障碍、变态反应等都可能导致本病。患者常因视力不佳求治，检影验光时可发现很大的球面差，在中央有一个不规则的环状暗区，有的呈剪动，散光度数高而不规则，视力往往不能矫正。临床上对散光>4D 的近视者应提高警惕，定期的电脑化角膜地形图检查有助于早期诊断。由于角膜向前突出，故当眼球下转时，下睑的睑缘可被角膜向外下方推挤。由于中央部向前鼓出，角膜基质变薄，容易因外伤而穿孔。在病变的后期，有时可发生急性后弹力层破裂，称为“急性阶段的圆锥角膜”或“急性圆锥角膜水肿”，患者出现患眼疼痛、畏光、流泪等严重刺激症状及视力锐降，其角膜基质层和上皮层急生水肿、混浊。一般数周后角膜水肿逐渐消退，形成薄雾状瘢痕，使病变角膜呈半透明，若累及视区，则视力显著下降。圆锥角膜还可与其他眼部疾患并存，如先天性白内障、晶体异位、蓝巩膜、视网膜色素变性等。治疗原则：告知患者避免揉眼，轻度病例戴眼镜矫正视力，若不能充分矫正，则用刚质透气角膜接触镜，用接触镜仍不能满意矫正视力者需行角膜移植术。角膜积水者应用扩瞳剂，氯化钠眼膏（高渗），角膜水肿消退后，如瘢痕影响视区，可考虑行角膜移植术。

第四节　角膜肿瘤

一、皮样肿瘤和皮脂瘤

皮样肿瘤（dermoid）和皮脂瘤（dermolipoma）均为先天性，多发于颞下方角膜缘，单眼或双眼发病，常伴发附耳、耳前瘘管、眼睑缺损等先天异常。本病初起瘤体较小，呈黄色或粉红而微隆起，表面状似皮肤，如表面有毛发生长，患眼出现眼部刺激症状。肿物可含外胚叶的衍生物，如毛囊、皮脂腺和汗腺等，可逐渐增大，尤以在外伤、刺激和青春期时，其生长速度可以加快。治疗：可作角膜浅板层切除术，必要时可行板层角膜移植术；若病变侵及穹隆部及眦，瘤组织可能深入眶内或波及眼外肌，手术中注意切勿损伤泪腺及眼外肌。

二、Bowen 病

上皮内上皮瘤（Bowen 氏瘤，intraepithelial neoplasia），最早由美国皮肤科医师 Bowen 作为一种癌前期角化不良详细描述，故名。本病为癌前角化不良病或原位癌，患者多为 60 岁以上的男性，单眼或双眼发病，常发生在以前有过病的眼上（炎症、外伤或烧伤）。临床表现为：缓慢增长的角膜缘半透明或胶冻状新生物，轻度隆起，呈红灰色，其表面见“松针”样新生血管，部分病例呈乳头状。肿瘤向角膜内而不向球结膜扩展。病变过程极不一致。有的病变多年静止，有的直接恶变或全身转移。治疗：应切除肿物，切除范围在病变组织边界 2mm 以上，根据切除范围而决定是否需行角结膜移植或羊膜敷贴。

三、角膜鳞状细胞癌

角膜鳞状细胞癌（squamous cell carcinoma）是一种眼球表面的原发性上皮恶性肿瘤，也可由上皮内上皮癌迁延发展而来。多见于中年以上，一般起自角膜缘，为灰白色结节，向膜内伸展变为胬肉样或乳状肿物，表面凹凸不平，富含血管。肿瘤受到前弹力层的阻隔多向表面或扁平方向扩散发展，将角膜及巩膜全部掩盖，可呈菜花状，伴有出血时呈黑色素瘤外观；也可在角膜缘经巩膜小梁进入眼内，向眼内蔓延。角膜鳞状细胞瘤恶性程度较低，相当长时间在局部缓慢生长，转移到邻近的淋巴结的发生率很低。治疗：大范围的结膜和浅层角膜切除，并辅以局部冷冻治疗可达到根治目的。切缘疑有残留肿瘤细胞者，术后应加用β射线照射或冷冻治疗，并根据眼表受损范围决定是否行羊膜敷贴或联合角膜缘移植。

第五节 角膜接触镜及其并发症

由配戴接触镜而引起的一系列结膜角膜的病症，统称为接触镜引起的角膜并发症。角膜接触镜的配戴一般是安全的，但如果戴前未严格掌握配戴适应证、消毒不严格、镜片管理不善、个人卫生习惯不良或因配戴镜片不合适等，则可引起各种眼部损伤或继发感染，从而引起各种并发症。接触镜引起角膜并发症的常见病因有：对护理液中防腐剂发生过敏或毒性反应；对沉积在接触镜上的蛋白质过敏；长时间或整日戴软性角膜接触镜；戴过紧的软性接触镜或硬性接触镜；较长时间戴不透气的硬镜；患有变应性结膜炎、上方角膜缘角结膜炎；细菌、真菌、棘阿米巴感染。不同并发症的临床表现和治疗如下：

1. 中毒性、变应性结膜炎 戴镜后不久即出现烧灼感、痒、眼红等症状。体征：结膜充血，滤泡性结膜炎，表层点状角膜炎。治疗：用无防腐剂的人工泪液湿润眼表，不用含防腐剂的护理液，改用过氧化氢系列的护理液。考虑用日戴抛弃型接触镜。

2. 巨乳头性结膜炎 烧灼感、痒、黏液性分泌物等。体征：上睑结膜有中到大的乳头，镜上可见沉积物。治疗：完善地清洁镜片，减少戴镜时间。考虑用日戴抛弃型接触镜或硬性透气型镜片。

3. 接触镜性角膜病变 戴镜后不久即出现烧灼感、痒、眼红等症状。体征：表层点状角膜炎，上皮下浸润和雾状混浊，可有上方角膜上皮病变。治疗：用无防腐剂的人工泪液湿润眼表，不用含防腐剂的护理液，改用过氧化氢系列的护理液。考虑用日戴抛弃型接触镜。

4. 接触镜过度配戴综合征 异物感、烧灼感、痒、眼红、视朦等。体征：弥漫性结膜充血，角膜上皮水肿，点状上皮糜烂，轻度虹膜炎。慢性病例可见浅表或深层角膜新生血管形成。治疗：用无防腐剂的人工泪液湿润眼表，停止戴过夜，减少每日戴镜时间。更换更透气的，较宽松的接触镜。

5. 接触镜镜片过紧综合征 戴镜后数小时出现刺激症状，患者通常不能取下镜片。体征：瞬目时镜片不移动，取下镜片后结膜上留有镜片印迹或取下硬镜片后角膜上留有印迹。角膜上皮及浅基质层水肿，点状角膜病变，虹膜炎等。治疗：停止戴接触镜，治疗炎症；重新配戴时，选择较宽松的接触镜。

6. 角膜扭曲 戴框架眼镜时视物模糊。体征：角膜曲率仪和角膜地形图上出现中到重度的不规则散光。治疗：停止戴接触镜，让角膜曲率恢复正常，一般需数月。恢复正常后重新配硬性透气镜片或软镜，同时监测其稳定性。

7. 角膜新生血管 可以无明显症状。体征：通常在上方角膜缘，但也可见360°周边发生，浅表，偶见基质层的新生血管。治疗：停止戴接触镜。

8. 无菌性角膜炎 可以无明显症状，或仅有较轻的刺激症状。体征：单或多个小的周边角膜上皮或上皮下混浊灶。治疗：停止戴接触镜。广谱抗生素眼药水滴眼，每日4次。1～3日内随访患者。

9. 感染性角膜炎 疼痛，刺激症状，眼红，流泪，分泌物，畏光，视物不清等。体征：结膜充血，角膜浸润，角膜溃疡，虹膜炎，前房积脓。治疗：停止戴接触镜。按细菌性角膜炎处理。

接触镜引起的角膜并发症属中医风轮疾病，类似于“聚星障”、“花翳白陷”、“凝脂瞖”等。无论是初期或溃烂期，大多以肝胆火盛为主，多因接触镜先致黑睛表面损伤，复受风热毒邪外侵，致使黑睛混浊溃烂，若素体肝胆火炽，则风火交攻，酿脓为患，黄液上冲，症情更剧，故治疗以清泻肝胆为主，可参照“聚星障”、“花翳白陷”、“凝脂翳”等章节进行治疗。

配戴前应详细检查配戴者，是否有禁忌证，如有禁忌证改用框架眼镜矫正视力，若有结膜或角膜病变，则应根据情况积极治疗，只有在禁忌证治愈后方可配戴。继发感染者，参照感染性角膜炎进行治疗。

第十章　葡萄膜病

葡萄膜也称色素膜或血管膜，由虹膜、睫状体和脉络膜三部分组成。葡萄膜组织血管密集、色素丰富，提供眼内组织必要的营养和代谢，保证生理光学功能的充分发挥，同时也是导致多种疾病的内在因素，其病理生理状态和免疫状态与全身各系统组织的病变关系十分密切，故葡萄膜疾病的发生率很高。葡萄膜疾病以葡萄膜炎症为主，常见的葡萄膜炎主要有前葡萄膜炎、中间葡萄膜炎、后葡萄膜炎、全葡萄膜炎，特殊类型的葡萄膜炎有 Behcet 病、Vogt-小柳原田综合征、Fuchs 虹膜异色性葡萄膜炎、急性视网膜坏死综合征、交感性眼炎等；另外还有葡萄膜肿瘤、葡萄膜先天异常等葡萄膜疾病。葡萄膜疾病的诊断除用裂隙灯显微镜、检眼镜等眼科常规检查外，尚需结合眼底荧光血管造影、免疫学、结核菌素试验、胸部 X 线等检查手段。临床上由于诊疗技术的进步，对葡萄膜一些常见疾病的防治已在不断更新，对一些疑难病症也在不断地从基础和临床方面进行探索。实验室运用医学细胞与分子生物技术对葡萄膜的感染性疾病、遗传性疾病、肿瘤等的病因与发病机制进行了广泛和深入的研究，并取得了显著成就。目前人们关注的重点多集中在葡萄膜炎与免疫学、葡萄膜黑色素瘤的扩散与转移，以及脉络膜新生血管的形成机制及防治研究等方面。

葡萄膜病发病累及虹膜、房水、玻璃体、脉络膜等结构。虹膜、房水、玻璃体、脉络膜分别对应于中医学的“黄仁”、“神水”、“神膏”、“视衣”概念，四者皆属于中医学广义“瞳神”的范畴。因此将葡萄膜病归属于中医瞳神疾病范围。五轮学说中瞳神为水轮，瞳神疾病理应责之肾和膀胱，但结合临床可见除肾和膀胱外，其发病与肝脾功能失调及邪气侵袭也密切相关。

第一节　葡萄膜炎

葡萄膜炎（uveitis）是常见眼病，也是主要致盲眼病之一，据统计在我国其患病率占眼病的 5.7%～8.2%，致盲率达 1.1%～9.2%，葡萄膜炎的诊治在防盲治盲中占有重要地位。葡萄膜炎的病因较为复杂，除外伤、手术、感染等因素外，绝大多数属于内源性，是一种自身免疫性疾病。葡萄膜炎的分类方法有多种，按病因可主要分为外因性、内因性和继发性三种，其中内因性葡萄膜炎是葡萄膜炎的主要原因。常见感染因素有结核、梅毒、病毒、钩端螺旋体等；按病程可分为急性、慢性及复发性；按病理性质可分为肉芽肿性与非肉芽肿性。临床上常按解剖部位分为前部、中间、后部及全葡萄膜炎。前葡萄膜炎即炎症累及虹膜及睫状体冠以前的睫状体组织；中间葡萄膜炎即炎症累及睫状体扁平部、周边部视网膜、玻璃体基底部；后部葡萄膜炎即炎症累及脉络膜、视网膜，前、中、后均发生炎症则称全葡萄膜炎，简称葡萄膜炎。

葡萄膜属中医眼科之黄仁，黄仁属广义瞳神范畴，目为肝窍，瞳神属肾，故黄仁病与肝肾关系密切。当急性虹膜睫状体炎出现瞳孔缩小时，中医学称为“瞳孔紧小”（图 10-1）；当虹膜与晶状体粘连出现瞳孔参差不齐如梅花、锯齿状时，称为“瞳神干缺”（图 10-2）；当虹膜与晶状体全部粘连又有机化膜形成时，称为“金花内障”；当后部葡萄膜发炎而致视物模糊时，称为“视瞻昏渺”；当炎性渗出物渗入玻璃体而眼前出现暗影浮动时，中医学又将其概括在“云雾移睛”内。

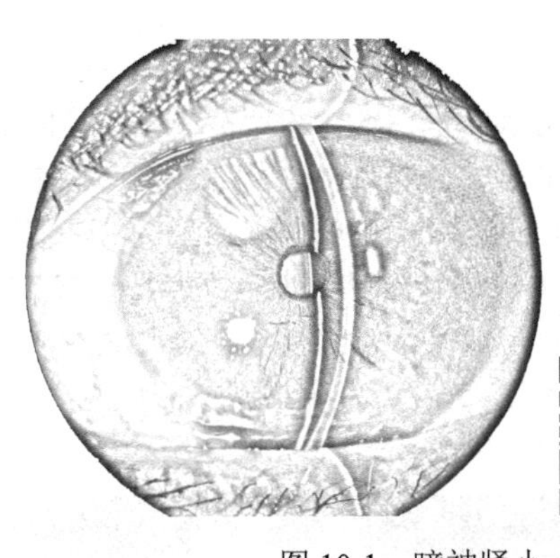

图 10-1　瞳神紧小

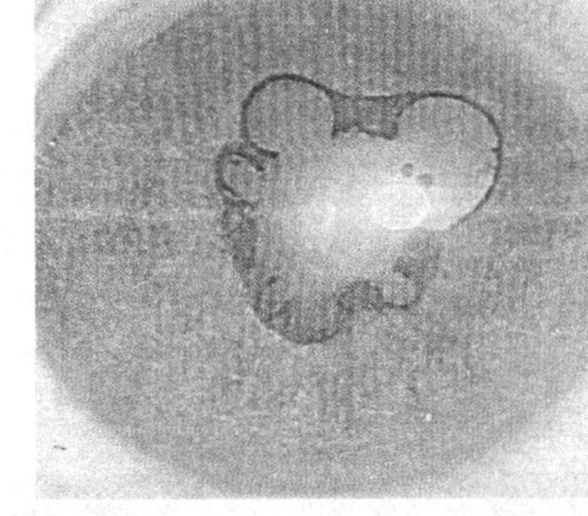

图 10-2　瞳神干缺

前葡萄膜炎

前葡萄膜炎（anterior uveitis）是指虹膜和睫状体的炎症，故又称虹膜睫状体炎。本病是葡萄膜炎中最常见的一种类型，约占内因性葡萄膜炎的一半，可单眼发病，亦可双眼同时或先后发病。急性前葡萄膜炎可归属于中医学“瞳神紧小”（《证治准绳》）范畴，慢性前葡萄膜炎可归属于中医学“瞳神干缺”（《银海精微》）范畴。

一、病因病理

（一）中医病因病机

前葡萄膜炎的发生主要责之于邪气侵袭；从脏腑辨证，与肝、胆和肾的功能失调有关。

肝经风热或肝胆湿热上攻于目；或风湿热邪流窜经络上犯清窍；或肝肾阴亏，虚火上炎，灼伤瞳神而发为本病。

（二）西医病因病理

根据病因前葡萄膜炎可分为感染性和非感染性两大类。感染性前葡萄膜炎常见的类型有单纯疱疹病毒性、带状疱疹病毒性、结核性、梅毒性等；非感染性前葡萄膜炎常见的类型有特发性、HLA-B27相关性、风湿关节性、Fuchs 综合征、青睫综合征、晶状体相关性、幼年型特发性关节炎伴发的葡萄膜炎等。除外伤、手术、感染等因素外，绝大多数属于内源性。

二、临床表现

（一）症状

本病起病常较急，多表现为急性虹膜睫状体炎。自觉患眼疼痛、畏光、流泪及视力下降。

（二）体征

（1）视力不同程度下降。

（2）睫状充血或混合充血。

（3）角膜后沉着物（KP）：尘状或中等大小 KP，是由多核中性粒细胞、淋巴细胞和浆细胞构成，多见于非肉芽肿性炎症；羊脂状 KP（图 10-3）是由单核巨噬细胞和类上皮细胞相融合构成，见于肉芽肿性和慢性炎症；色素性 KP 为陈旧性，但疱疹性炎症由于组织严重被破坏，在急性期也可有较大的色素性 KP。前房内渗出物也可沉着于晶状体表面。

（4）房水闪辉：虹膜血管壁有血—房水屏障功能，正常时房水内蛋白质含量极少。当炎症时血—房水屏障功能破坏，血管通透性增加，大量蛋白质或者纤维素性成分的渗出物及炎性细胞等渗出进入房水中，造成房水混浊不清。用裂隙灯显微镜观察房水时，见光束增强，呈灰白色混浊，似阳光透过有灰尘的空气，形成 Tyndall 现象，称为房水闪辉（图 10-4），是炎症活动期的重要标志。如房水中渗出物含纤维蛋白较多，在前房内呈絮状或胶样状团块，形成纤维素性渗出；有时大量渗出的炎性细胞可沉积在前房角下部形成水平面，形成前房积脓（图 10-5）；若虹膜血管扩张或者破裂，红细胞进入前房，形成前房积血（图 10-6）。

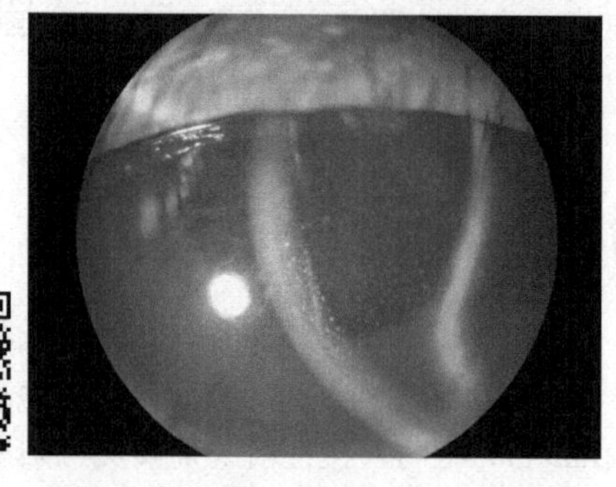

图10-3　角膜后羊脂状KP

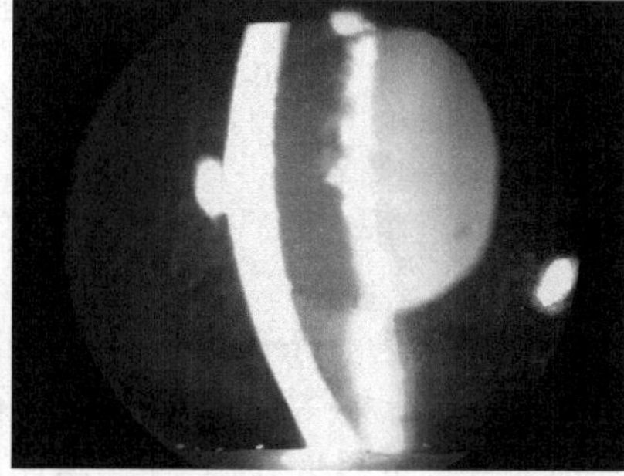

图10-4　房水闪辉

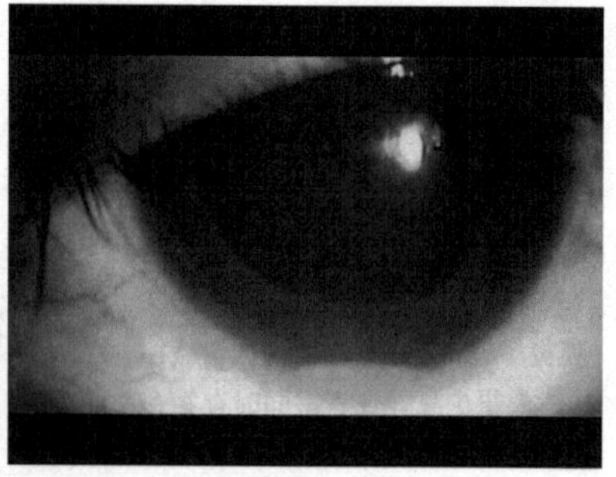

图10-5　前房积脓

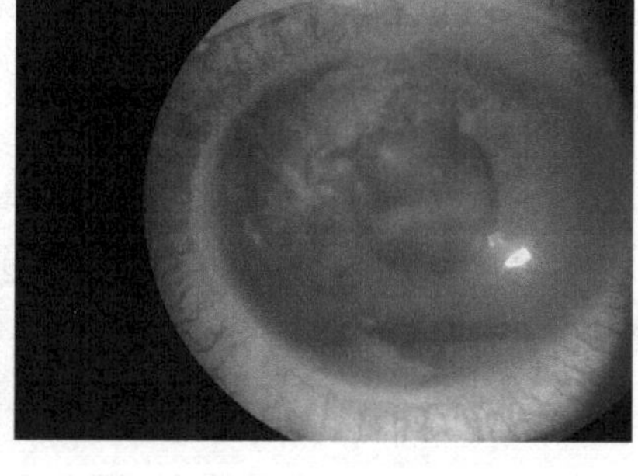

图10-6　前房积血

（5）虹膜异常表现：出现水肿、纹理不清、虹膜结节；虹膜与晶状体前表面的纤维蛋白渗出和机化，使虹膜与晶状体黏附在一起，形成“虹膜后粘连”，如后粘连广泛，后房水不能流向前房，虹膜被向前推移而呈膨隆状，形成“虹膜膨隆”。虹膜与角膜后表面的粘附称为“虹膜前粘连”，此种粘连发生在房角处，称为“房角粘连”。

（6）瞳孔改变：因睫状肌痉挛和瞳孔括约肌的持续性收缩，引起瞳孔缩小；散瞳后若虹膜后粘连不能完全拉开，瞳孔出现梅花状、梨状、不规则状等多种外观。如果虹膜在 360° 范围粘连，则称为“瞳孔闭锁”（图 10-7），如果纤维膜覆盖整个瞳孔区，则称为“瞳孔膜闭”。

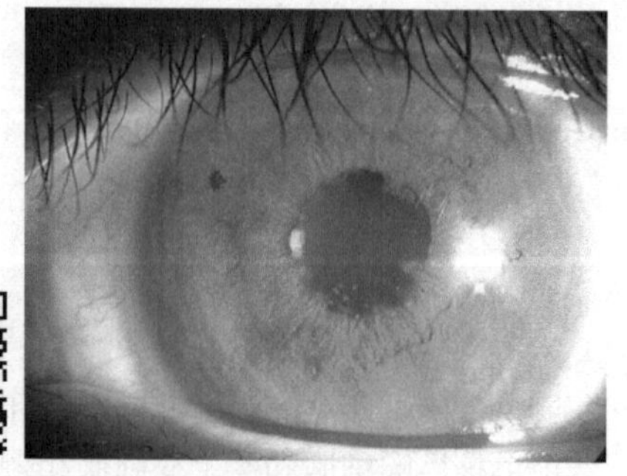

图 10-7　瞳孔环状后粘连（瞳孔闭锁）

本病的并发症有：

（1）继发性青光眼：由于炎性细胞、细胞碎片、纤维素样渗出物阻塞小梁网、虹膜周边前粘连、瞳孔闭锁或膜闭封闭房水从后房向前房的流出，伴发小梁网炎症影响房水的流出，小梁网硬化、睫状体炎症使房水分泌过多及糖皮质激素应用等均可以引起眼压升高。

（2）并发性白内障：前葡萄膜炎反复发作或长期持续，房水性质改变，影响晶状体的代谢，同时色素沉积晶状体前表面，均导致晶状体的混浊。

（3）低眼压及眼球萎缩：炎症初期睫状体水肿，导致房水分泌减少，引起低眼压；反复发作或者炎症长期持续，可致睫状体萎缩，房水分泌障碍引起眼球萎缩。

三、实验室及其他辅助检查

血常规、血沉、C 反应蛋白、类风湿因子检查、HLA-B27 抗原检测、骶髂关节 X 线或 MRI 检查、结肠镜检查等，如怀疑感染时应行相应病原学检查。

四、诊断与鉴别诊断

（一）诊断要点

1. 辨病要点

（1）突发睛珠疼痛伴畏光、流泪、视物模糊等症；

（2）检查可见抱轮红赤或白睛混赤，黑睛后壁点状、沉状或羊脂状沉着物，神水混浊，或可及瞳神紧小、瞳神干缺。

2. 辨证要点

（1）肝经风热证：急性起病，舌红苔薄黄，脉浮数。

（2）肝胆湿热证：口苦咽干、大便秘结，舌红苔黄腻，脉弦数。

（3）风湿上犯证：关节重着酸痛，发热，舌红苔白腻，脉滑数。

（4）阴虚火旺证：心烦失眠，手足心热，舌红少苔，脉细数。

3. 西医诊断要点 根据典型的眼痛、畏光、流泪及视力下降等症状结合睫状充血（混合充血）、KP、前房闪辉、虹膜及瞳孔典型改变体征，常不难做出诊断。

（二）鉴别诊断

本病需要与急性结膜炎、急性闭角型青光眼鉴别。依据有无角膜后 KP、房水闪辉与急性结膜炎鉴别；依据瞳孔的大小及眼压的变化与急性闭角型青光眼鉴别。

五、治疗

（一）中医治疗

1. 治疗原则 在整体观念与辨证论治理论指导下早期防治，并尽可能防止瞳神与睛珠黏着，以减少变症发生。

2. 中医辨证论治

（1）肝经风热证

症候：以起病急，眼球及眼眶疼痛，视力下降，畏光流泪，睫状充血，虹膜肿胀，瞳神缩小，角膜后壁附有炎性渗出物，舌红苔薄黄，脉数为主证。

治法：祛风清热。

方药：新制柴连汤（《眼科纂要》）。若前房积脓者，加石膏、知母以清阳明胃火；若睫状充血明显，眼痛严重，加生地、丹皮以凉血。

中成药：清开灵注射液静脉滴注。

（2）肝胆湿热证

症候：以头目剧痛、房水混浊或玻璃体混浊、虹膜水肿伴口苦咽干、恶心、呕吐，舌红苔黄腻，脉弦数为主证。

治法：清肝泻胆。

方药：龙胆泻肝汤（《医方集解》）。若大便秘结，加芒硝、大黄以通便泻火。若口苦、头重痛，苔黄而腻者，可加绵茵陈、石菖蒲。

中成药：龙胆泻肝丸、雷公藤多苷片口服，双黄连粉针剂静脉给药。

（3）风湿上犯证

症候：以瞳孔缩小，虹膜肿胀，房水混浊，睫状充血，头目疼痛，关节重着酸痛，发热，舌红苔白腻，脉滑数为主证。

治法：祛风除湿。

方药：除湿汤（《眼科纂要》）。若胸脘痞闷，加厚朴、薏苡仁、茯苓；若关节红肿疼痛加忍冬藤、桑枝。

（4）阴虚火旺证

症候：以患病日久，反复发作，眼内干涩，视物昏矇，睫状充血较轻，角膜后 KP 不消退，玻璃体混浊，视网膜黄白色渗出，全身兼心烦失眠，手足心热，舌红少苔，脉细数为主证。

治法：滋阴降火。

方药：知柏地黄汤（《医宗金鉴》）。若眼内干涩较甚，口干不欲饮，加石斛、玉竹、菊花；若角膜后 KP 日久不消，伴纳差、乏力，加党参、白术、茯苓。

中成药：知柏地黄丸、杞菊地黄丸。

3. 针刺治疗

（1）常用穴位：眼局部常用穴：睛明、承泣、阳白、丝竹空、攒竹、四白、太阳。全身常用配穴：太冲、行间、申脉、风池、百会、曲池、合谷、曲泉、三阴交、太溪、肝俞等。

（2）针法：针对主症配穴，将眼周穴位和远端肢体穴位配合应用，每次眼周穴位 1～2 个，远端肢体取 2～3 个，每日或隔日 1 次，留针 20～30min，10 次为 1 个疗程，休息 3～5 日再做下 1 个疗程。眼周穴位不宜运针提插、捻转，禁灸；对于肢体、腹部及背部穴位可以针灸并用。

（二）西医治疗

1. 治疗原则 由于本病的病因难以确定，目前仍以对症治疗为主。及时散瞳、迅速控制炎症反应，减少并发症的发生。

2. 局部治疗 首选散瞳剂，常用 1%～2%阿托品眼液或者眼膏，每日 3 次，保持瞳孔充分散大，直至炎症全部消失。若瞳孔不能散大，可用混合散瞳剂（1%阿托品液、1%可卡因、0.1%肾上腺素等量混合）作球结膜下注射。同时给予糖皮质激素制剂滴眼如：0.1%地塞米松、0.5%泼尼松龙或 0.1%的氟甲松龙眼液滴眼等，每日 4～8 次，病情严重者每 1h 一次，睡前涂可的松眼膏。由于长期应用糖皮质激素制剂可引起皮质类固醇性青光眼，应慎重。配合双氯芬酸钠滴眼液，每日 4 次，以减轻炎症反应。

3. 全身治疗 严重的前葡萄膜炎、明显的玻璃体混浊或者病情迁延难愈者，给予全身糖皮质激素及抗生素治疗。可用泼尼松 50～150mg，每日清晨口服，随后可根据病情减量。长期服用应注意：低血钾、水钠潴留、骨质疏松、消化道溃疡、高血压及糖尿病等不良反应。为减轻葡萄膜炎症可以口服阿司匹林（aspirin）、吲哚美辛等。

4. 手术治疗 继发青光眼给予降眼压药物治疗，虹膜膨隆可行虹膜穿刺或激光虹膜切除，因虹膜周边粘连而引起的高眼压，可行周边虹膜切除术或滤过性手术。并发白内障，若光感、光定位良好，眼压基本正常者，可在炎症控制的情况下行白内障摘除术。

六、中西医临床诊疗思路

前葡萄膜炎病因及分型复杂，如能明确病因应及时针对病因治疗，如抗结核、驱梅等；如病因不明，目前仍以对症治疗为主。及时散瞳、迅速控制炎症反应并减少并发症的发生至关重要。临证中以虚实辨证为纲，施以祛风清热、清肝泻火、祛风除湿、滋阴降火等内治方药，中西医结合治疗对治疗该病有一定的优势。

中间葡萄膜炎

中间葡萄膜炎（intermediate uveitis）是一类累及睫状体平坦部、玻璃体基底部、周边视网膜、脉络膜的炎症性和增殖性疾病，多发于 40 岁以下，男女相似，常累及双眼，可以同时或者先后发病。其通常表现为一种慢性炎症过程，发病隐匿，多不能确定发病时间。目前病因不明，一般认为可能是一种在感染基础上发生的自身免疫疾病。本病属中医“云雾移睛”（《证治准绳》）、“视瞻昏渺”（《证治准绳》）范畴。

一、病因病理

中医病因病机：中医对中间葡萄膜炎多分辨虚实，实者多为痰浊上泛，虚者多为肝肾不足。

二、临床表现

（一）症状

轻者可无任何症状或仅出现飞蚊症，重者有视物模糊、暂时性近视。黄斑受累或出现白内障时，视力可以明显下降。少数有眼红、眼痛等。

（二）体征

1. 眼前段改变 大多正常或仅有轻微炎症改变，少数患者可有羊脂状或尘状 KP，轻度房水闪辉，少量至中等量前房细胞，可出现虹膜后粘连、前粘连及天幕状房角粘连。在儿童患者可出现睫状充血、房水中大量炎症细胞等急性前葡萄膜炎体征。

2. 玻璃体及睫状体扁平部改变 玻璃体雪球状混浊（snow-ball opacity）最为常见，多见于下方玻璃体基底部，呈大小一致的灰白色点状混浊。雪堤样渗出（snow bank exudate）改变是特征性改变，是指发生于睫状体扁平部伸向玻璃体中央的一种舌形病灶，多见于下方，严重者可累及鼻侧和颞侧，甚至所有象限。

3. 视网膜脉络膜损害 易发生下方周边部视网膜炎、视网膜血管炎和周边部的视网膜脉络膜炎。

（三）本病的并发症

（1）黄斑病变：黄斑囊样水肿最常见，亦可出现黄斑前膜、黄斑裂孔等改变。

（2）并发性白内障：常见，主要表现为后囊下混浊，与炎症持续时间和局部应用糖皮质激素有关。

（3）其他：视网膜新生血管、玻璃体积血、增生性玻璃体视网膜病变、视盘充血水肿或视神经萎缩等也可发生。

三、诊断

（一）诊断要点

1. 辨病要点

（1）轻者无明显不适，重者眼前似有阴影漂浮，视物模糊，暂时性近视。

（2）若出现黄斑囊样水肿，白内障时，视力可明显下降，少数有目赤疼痛等症。

2. 辨证要点

（1）痰浊上泛证：视物昏矇，或兼有头晕胸闷；舌苔白腻或黄腻，脉弦滑。

（2）肝肾阴虚证：视物模糊，兼有头晕耳鸣，腰膝酸软；舌红苔少，脉弦细。

3. 西医诊断要点 根据典型的玻璃体雪球样混浊、雪堤样改变及下方周边视网膜血管炎等改变，可做出诊断。但在临床上易被误诊或漏诊，因此应进行详细的检查。

四、治疗

（一）中医治疗

1. 治疗原则 根据局部症状及舌脉分辨虚实，痰浊上泛者，治宜化痰降浊；肝肾不足者，治宜补益肝肾。

2. 中医辨证论治

（1）痰浊上泛证

症候：眼前似有蚊蝇或云雾样黑影漂浮，视物昏矇，玻璃体呈雪球样混浊，睫状体平坦部呈雪堤样改变；或兼有头晕胸闷；舌苔白腻或黄腻，脉弦滑。

治法：化痰降浊。

方药：温胆汤加减。若热邪偏重者，酌加黄芩、黄连清热泻火；若湿邪偏重者，酌加猪苓、泽泻渗湿利水。

中成药：明目消朦片。

（2）肝肾亏虚证

症候：眼前似有黑花飞舞，视物模糊，玻璃体雪球样混浊，睫状体平坦部雪堤样改变；兼有头晕耳鸣，腰膝酸软；舌红苔少，脉弦细。

治法：滋养肝肾。

方药：明目地黄丸加减。若虚热偏重者，酌加知母、黄柏滋阴降火；若兼瘀滞者，酌加茺蔚子、丹参活血明目。

中成药：明目地黄胶囊。

（二）西医治疗

1. 治疗原则 由于中间葡萄膜炎病因不明，目前尚无特异性治疗，西医以对症治疗为主。

2. 糖皮质激素治疗 对视力下降至 0.5 以下、并有明显的活动性炎症者，应积极治疗：单眼受累，应给予糖皮质激素后 Tenon 囊下注射，可选用地塞米松（5mg/ml），曲安西龙（40mg/ml）或醋酸泼尼松龙（40mg/ml），一般注射量为 0.5ml。双侧受累者，宜选用泼尼松口服，初始剂量为 1～1.2mg/（kg・d），随着病情好转逐渐减量，用药时间一般宜在半年以上。

3. 免疫抑制剂治疗 在炎症难以控制时，则宜选用其他免疫抑制剂，如苯丁酸氮芥、环磷酰胺、环孢素 A 等，由于需长时间的治疗，在使用此类药物过程中应注意全身毒副作用，前两种药物尚可引起不育，对有生育要求者应禁用或慎用。

4. 其他治疗 药物治疗无效者，可行睫状体扁平部冷凝；出现视网膜新生血管，可行激光光凝治疗；玻璃体切割术可清除玻璃体内炎症介质、有毒有害物质、抗原等，有助于控制顽固性炎症。但由于手术本身对炎症具有刺激作用，甚至术后有导致眼球萎缩的危险；因此，一般应在各种药物治疗无效时，或确需清除玻璃体混浊和玻璃体积血时，才考虑选用此种手术治疗。眼前段受累者，应滴用糖皮质激素滴眼剂和睫状肌麻痹剂。

五、中西医临床诊疗思路

中间葡萄膜炎是一类疾病，通常来讲，除了其他一些原因所致的中间葡萄膜炎外，如结节病等，一般是指特发性中间葡萄膜炎。在出现典型的雪堤样、雪球样改变时诊断比较容易，但是如果仅仅是非特异的前节炎症表现时，确实难以诊断，所以对所有葡萄膜炎患者一定要充分散瞳进行前节与后节的检查，尤其注意玻璃体和周边视网膜改变，一定要定期复查。中医方面，要根据局部表现及全身症候辨证论治。

后葡萄膜炎

后葡萄膜炎（posterior uveitis），又称脉络膜炎（choroiditis），是指由各种原因引起脉络膜、玻璃体后部及视网膜组织炎性病变的总称。本病通常单独发病，病变可以累及视网膜及视神经。依其病灶的分布情况可分为局灶性、播散性和弥漫性脉络膜炎。根据其发病特点，属于中医之“云雾移睛”、“视瞻昏渺”等范畴。

一、病因病理

中医重在辨证论治，实者多为湿热蕴蒸，虚者多为阴虚火旺。

二、临床表现

（一）症状

眼前似有阴影漂浮或有闪光感、视力减退或视物变形。

（二）体征

（1）眼前段大多无改变，如炎症波及睫状体时，偶见少量角膜后沉着物。

（2）玻璃体呈尘状或絮状混浊，由炎症细胞及渗出物进入玻璃体所致。

（3）急性期眼底呈局灶性或弥漫性边界不清的黄白色渗出灶，病灶位于视网膜血管之下。晚期形成瘢痕病灶，眼底出现色素增生或脱色素灶。

（4）视网膜血管炎者，可出现血管鞘、闭塞和出血等。

（5）可见黄斑水肿，甚者可发生渗出性视网膜脱离、增殖性视网膜病变和玻璃体积血。

三、实验室及其他辅助检查

荧光素眼底血管造影可见脉络膜视网膜屏障破坏，有明显的荧光素渗漏，后期视网膜呈普遍强荧光。吲哚青绿血管造影有助于发现脉络膜新生血管、渗漏等。

胸部摄片、血沉、类风湿因子、HLA-B27 抗原等检查有助于查找病因。

四、诊断与鉴别诊断

（一）诊断要点

1. 辨病要点

（1）眼前阴影漂浮或闪光感、视力减退或视物变形。

（2）玻璃体炎性混浊，眼底局灶性或弥漫性黄白色渗出，视盘及视网膜水肿，或有出血，视网膜血管变细，并有白鞘形成。

2. **辨证要点**

（1）湿热蕴蒸证：眼前似有黑影飘动，视物模糊或变形；或兼头重胸闷；舌红苔黄腻，脉濡数。

（2）阴虚火旺证：眼前黑花飞舞，视物模糊或变形，眼内干涩；或兼有头晕耳鸣，腰膝酸软，五心烦热，口干咽燥；舌红苔少，脉弦细。

3. **西医诊断要点** 根据玻璃体炎性混浊，眼底局灶性或弥漫性黄白色渗出等临床表现，结合荧光素眼底血管造影及吲哚青绿血管造影，即可诊断。

（二）鉴别诊断

（1）局限性较大病灶：多为肉芽肿性病变如结核、梅毒所致者应与眼内肿瘤鉴别。前者炎症反应强，常有玻璃体混浊。根据超声波、X 线、眼底血管造影检查可进行区别。

（2）黄斑部病灶要除外老年性黄斑变性。

（3）弥漫性炎症伴有视网膜脱离者应与脉络膜渗漏区别，后者脱离部位随体位而改变。

（4）眼底晚期色素性改变应与其他原因所致的色素性病变相区别，如视网膜色素变性等。

为区别炎症性、变性或血管性疾病，可荧光素眼底血管造影。眼底由于屈光间质混浊看不清者，为除外眼内肿瘤需超声波检查。

五、治疗

（一）中医治疗

1. **治疗原则** 根据局部症状及舌脉辨证论治，湿热蕴蒸者，治宜清利湿热；阴虚火旺者，治宜滋阴降火。

2. **中医辨证论治**

（1）湿热蕴蒸证

症候：眼前似有黑影飘动，视物模糊或变形，玻璃体呈尘状或絮状混浊，眼底有黄白色渗出物，或黄斑水肿；或兼有头重胸闷；舌红苔黄腻，脉濡数。

治法：宣化畅中，清利湿热

方药：三仁汤加减。若心烦口苦、热邪偏重者，酌加黄芩、栀子、金银花、连翘清热解毒；若眼底渗出较重者，酌加猪苓、泽泻、车前子、浙贝母祛湿化痰。

（2）阴虚火旺证

症候：眼前黑花飞舞，视物模糊或变形，眼内干涩，玻璃体混浊，眼底色素紊乱和色素脱落；或兼有头晕耳鸣，腰膝酸软，五心烦热，口干咽燥；舌红苔少，脉弦细。

治法：滋阴降火。

方药：知柏地黄汤加减。若兼心烦失眠者，酌加麦冬、五味子滋阴安神；若视物昏矇较甚，酌加桑椹子、女贞子滋阴明目。

（二）西医治疗

1. **治疗原则** 本病的基本治疗原则是拮抗炎症，消除病因。

2. **病因治疗**

（1）确定为感染因素所致者，应给予相应的抗感染治疗。

（2）由免疫因素引起的炎症主要使用免疫抑制剂治疗。

（3）单侧受累者可给予糖皮质激素后 Tenon 囊下注射治疗，双侧受累或单侧受累不宜行后 Tenon 囊下注射者，可口服糖皮质激素、苯丁酸氮芥、环磷酰胺或环孢素 A 等。

（4）由于一些类型的后葡萄膜炎较为顽固，免疫抑制剂应用时间应足够长，联合用药常能降低药物的不良反应，增强疗效。在治疗过程中应定期检查肝肾功能、血常规、血糖等，以免出现严重的药物毒副作用。

第二节　特殊类型的葡萄膜炎

Behcet 病

Behcet 病又称皮肤-黏膜-眼综合征，1937 年首先由 Hulusi Behcet 报告，故而命名。本病是一种以反复发作的葡萄膜炎、口腔溃疡、多形性皮肤病变、生殖器溃疡、关节炎、神经系统损害等为特征的综合病变。本病多为双眼发病，好发于 20～40 岁青壮年，男性多于女性，复发率高。病程冗长，缠绵难愈。本病目前病因不明，可能与病毒感染有关，或诱发自身免疫反应致病。本病有明显的遗传背景，与 HLA-B5 相关的免疫遗传有关。本病根据其目赤、口腔和生殖器溃疡等临床表现可归属于中医学的 “狐惑病”(《伤寒杂病论》) 范畴；因其眼部表现为葡萄膜炎，故又可归属中医学“瞳神紧小”、“瞳神干缺”、“黄液上冲”(《目经大成》)、“视瞻昏渺”、“云雾移睛” 等范畴。

一、病因病理

（一）中医病因病机

本病多因恣食辛辣炙煿、肥甘厚味之品，脾胃受损，湿热内蕴，或暴怒忿郁，伤及肝胆，致肝胆脾胃湿热内蕴而成。病机为湿热内蕴，熏蒸于目，故目赤、瞳神紧小；湿热郁遏，化腐成脓，故前房积脓；湿热循肝经上蚀而口腔糜烂，下蚀而成阴部溃疡，郁留肌肤而成红斑结节。

（二）西医病因病理

Behcet 氏综合征的病因和发病机制尚不完全清楚。此病有免疫遗传背景，日本的研究资料表明，本病患者 HLA B_5 出现率比健康人高出 3～4 倍，眼部炎症为主者，更具有相关性。其病理改变多认为是免疫复合物引起的多系统、多器官疾病闭塞性血管炎和组织坏死是本病的基本病理改变。急性渗出性病变表现为管腔充血、血栓形成，血管及其周围组织纤维蛋白样变性，并有嗜中性粒细胞浸润和红细胞外渗。增生性病变主要是血管内膜和外膜细胞增生、管壁增厚，可有肉芽肿形成，并可见少量巨细胞。

二、临床表现

（一）症状

眼球疼痛、畏光、流泪、视物模糊；全身常伴有低热，乏力倦怠，食欲不振，四肢关节肌肉疼痛等症。

（二）体征

（1）眼部损害：主要表现为反复发作的全葡萄膜炎，呈非肉芽肿性。眼前段受累者，以前葡萄膜炎伴前房积脓为特征，眼后段病变者多表现为视网膜炎、视网膜血管炎，以及后期出现的视网膜血管闭塞。

（2）全身损害：可合并多发性反复发作的口腔溃疡、皮肤结节性红斑、痤疮样皮疹等。针刺处出现结节和疱疹（皮肤过敏反应阳性）为此病的特征性改变。其他还有关节红肿、血栓性静脉炎、神经系统损害、消化道溃疡、生殖器溃疡等。

三、实验室及其他辅助检查

1. 病毒检测 部分病例在虹膜、脉络膜、视网膜组织中培养出病毒颗粒。

2. 细菌培养 有些病例从患者口腔黏膜、舌、唾液腺、牙龈所取的标本中培养出大量的链球菌。

3. 免疫学检查 有些病例可检测出 HLA-B5、HLA-B51 抗原。

4. 其他 荧光素眼底血管造影、OCT、B 超等检查亦有助于诊断。

四、诊断与鉴别诊断

（一）诊断要点

1. 辨病要点

（1）眼痛、畏光、流泪，视物模糊，反复发作的葡萄膜炎。

（2）全身常伴有皮肤损害，生殖器溃疡，关节红肿、血栓性静脉炎、神经系统损害等。

2. 辨证要点

（1）心脾湿热证：小便短赤；舌红苔黄腻，脉濡数。

（2）热毒炽盛证：口苦、咽干，大便秘结；舌红苔黄厚，脉弦数。

（3）肝胆湿热证：口苦咽干，口腔溃疡及生殖器溃疡，小便赤涩；舌红苔黄腻，脉弦数。

（4）阴虚火旺证：五心烦热，夜寐不安；舌红少苔，脉细数。

3. 西医诊断要点 本病诊断主要根据眼部特征及全身并发症的表现。国际葡萄膜炎研究组推荐以下诊断标准：

（1）复发性口腔溃疡：1 年内至少复发 3 次。

（2）以下 4 项中出现两项即可确诊：①复发性生殖器溃疡或瘢痕；②眼葡萄膜炎改变；③皮肤结节性红斑、假毛囊炎或脓丘疹、非发育期的痤疮样结节；④皮肤过敏反应试验阳性。

（二）鉴别诊断

1. 伴有视网膜血管炎的葡萄膜炎 如结节病性葡萄膜炎，多为视网膜静脉周围炎，有其特殊的全身改变。又如多发性出血性视网膜血管炎，表现为轻度前葡萄膜炎，双眼发病，视网膜毛细血管无灌注，玻璃体炎，原因不明，皮质激素治疗有效。

2. 伴有前房积脓性前葡萄膜炎 如强直性脊柱炎、Reiter 病虽有关节炎和前房积脓，但后节正常，也无黏膜和皮肤改变。

五、治疗

（一）中医治疗

1. 治疗原则 中医重在辨证论治，以清利湿热、清肝利湿、滋阴降火为主。

2. 中医辨证论治

（1）心脾湿热证

症候：目赤涩疼痛，视物模糊，睫状体充血，角膜后壁尘点状沉着物，房水混浊，前房积脓，瞳孔缩小；常伴有复发性口腔溃疡或舌部溃疡，小便短赤；舌红，苔黄腻，脉濡数。

治法：清心泻脾利湿。

方药：竹叶泻经汤加减。若眼病缠绵难愈，兼多形性皮肤病变，生殖器溃疡，为湿热壅盛，可加苦参、地肤子、蛇床子、白鲜皮清利湿热；若心烦少寐，口舌糜烂，为心经热毒较甚，可加木通、连翘、金银花清心解毒。

（2）热毒炽盛证

症候：目疼剧烈，视力急剧下降，前房积脓；眼底视网膜水肿，大量渗出、出血，视神经乳头充血、水肿；兼口苦，咽干，大便秘结；舌红，苔黄厚，脉弦数。

治法：清热利湿，解毒凉血。

方药：黄连解毒汤合清营汤加减。若眼底出血者，重加三七、紫草。

（3）肝胆湿热证

症候：眼后壁球疼痛，视物昏朦，混合充血，角膜尘点状沉着物，房水混浊，前房积脓；常伴口苦咽干，口腔溃疡及生殖器溃疡，小便赤涩；舌红，苔黄腻，脉弦数。

治法：清肝利湿。

方药：龙胆泻肝汤加减。若肝火偏重者，加石决明、夏枯草、青葙子清肝泻火；若湿热偏重者，加苍术、黄柏、土茯苓、萆薢清利湿热。

（4）阴虚火旺证

症候：视物不清，瞳孔缩小或变形不圆，或眼底呈晚霞样改变；常伴有口腔溃疡、生殖器溃疡，时轻时重，反复发作，五心烦热，夜寐不安；舌红少苔，脉细数。

治法：滋阴降火。

方药：知柏地黄汤加减。若虚烦失眠，可加天冬、麦冬、夜交藤滋阴安神；若视物昏朦较重，可加桑椹子、女贞子、楮实子滋养肝肾、益精明目。

中成药：知柏地黄丸、明目地黄胶囊。

（二）西医治疗

1. 治疗原则 本病的治疗目标是控制急性炎症，以及阻止或减少复发次数。

2. 睫状肌麻痹剂 眼前段炎症明显的要行散瞳治疗。

3. 糖皮质激素 对眼前段受累、全身病情不太严重的，可给予糖皮质激素滴眼剂治疗。眼后部受累，病情严重，又可能造成视功能严重损害者，可大剂量短期局部或全身使用糖皮质激素，病情缓解后递减暂停。若伴有全身特别是神经系统损害时，主要全身应用糖皮质激素，病情缓解后，可改维持量。

4. 免疫抑制剂 环孢素 3～5mg/（kg·d），待病情稳定后逐渐减量，一般治疗时间在一年以上。此外尚可选用秋水仙碱（0.5mg，每日 2 次）、硫唑嘌呤［1～2mg/（kg·d）］、苯丁酸氮芥［0.1mg/（kg·d）］。在治疗过程中，应每 2 周行肝肾功能、血常规和血糖等检查，如发现异常应减药或停药。

六、中西医临床诊疗思路

本病应详细询问病史，注意口腔溃疡、阴部溃疡、皮肤结节红斑等典型表现，诊断不难。

Vogt-小柳-原田综合征

Vogt-小柳-原田综合征（Vogt-Koyanagi-Harada syndrome，VKH）又名特发性葡萄膜大脑膜炎（idiopathic uvea encephalitis），是一种累及全身多器官系统，如眼、耳、皮肤和脑膜的临床综合征。其特征是双眼弥漫性渗出性葡萄膜炎，同时伴有头痛、耳鸣、颈强直，以及白发、脱发、皮肤白癜风等皮肤损害。本病好发于青壮年，以 20～40 岁为多，男女无差别，多双眼发病。若以前葡萄膜炎为主者，称为 Vogt-小柳综合征，属于中医学“瞳神紧小”、“瞳神干缺”范畴；若表现以后葡萄膜炎为主者，称为原田综合征，属于中医学“视瞻昏渺”、“云雾移睛”范畴。

一、病因病理

（一）中医病因病机

VKH 的病因主要为热、毒、瘀所致，与遗传、体质、环境、外感、饮食、劳倦等因素有关，多与肝、脾、肾三脏功能失调有关。

1. 热邪上扰，灼伤黄仁　肝为多气多血之脏，主疏泄，开窍于目，肝经风热或肝经湿热，热邪上扰，灼伤黄仁，诱发该病。

2. 热毒炽盛，耗伤阴津　“温为热之渐，火乃热之极”，若火热之邪燔灼肝经，循经上犯于目，灼伤脉络，致目赤肿痛，视物模糊，热邪耗伤阴津，则兼见口苦咽干、口渴欲饮等症状。

3. 阴虚火旺，阴血亏耗　热邪日久，津液耗伤，阴血亏耗，或素体阴虚，病久伤阴，肝肾阴虚，虚火上炎，黄仁受损，则目干涩痛，伴有手、足心烦热，小便短赤等阴虚火旺之证。

（二）西医病因病理

本病原因不明。根据临床急性发病，多伴有流感样症状，可能与病毒感染有关，但病毒培养为阴性。现认为本病是自身免疫性疾病，患者对眼组织抗原有细胞免疫和体液免疫反应，并发现患者血液内存在抗 S-抗原抗体和抗神经节糖苷抗体。近年来强调色素细胞的重要性，它既是抗原又是靶细胞，又发现本病患者 HLA-BW54 和 HLA-DR1、DR2 比正常组高。因此，本病发病机制有各种因素，可能有致病因子（病毒），作用于易感患者，引起非特异性前驱期症状；另一方面致病因子引起色素细胞抗原性改变，而发生自身免疫性反应，出现全身性色素细胞受损害的各种表现。本病主要病变在葡萄膜和 RPE，伴有色素细胞的破坏。病理为慢性弥漫性肉芽肿性炎症。最后脉络膜纤维化，大中血管层血管数减少，RPE 色素广泛脱失，形成晚霞样眼底改变。

二、临床表现

（一）症状

1. 前驱期　突然发病，多有感冒症状：头痛、头晕、耳鸣。严重者有脑膜刺激症状，头痛是本期的主要症状（58%～95%），也是早期诊断的指标。

2. 眼病期　前驱症状后 3～5 天出现眼部症状，几乎双眼同时急性发病，视力高度减退。

3. 恢复期　视力减退，若遗留有并发性白内障、继发性青光眼等，视力明显减退。

（二）体征

1. 前驱期　脑脊液淋巴细胞和蛋白增加，因而易误诊为颅内疾病。

2. 眼病期

（1）Vogt-Koyanagi（VK）病：以渗出性肉芽肿性虹膜睫状体炎为主，也伴有弥漫性脉络膜视网膜炎。前节炎症迅速发展，有大量渗出遮盖瞳孔区和虹膜后粘连，眼底看不清，视力高度减退，未及时治疗可引起各种并发症，如瞳孔闭锁、膜闭和继发性青光眼。

（2）Harada 病：双眼视力突然减退，前节炎症轻，但眼底改变明显，起病时视乳头充血，其周围和黄斑部明显水肿，易误诊为视神经炎或中心性浆液性脉络膜视网膜病变，逐渐全眼底水肿发灰，并表现为多灶性病变，相互融合形成局限性视网膜脱离，进而引起视网膜下方大片脱离。

3. 恢复期　眼部炎症逐渐消退，前节炎症易遗留虹膜后粘连；视网膜下液吸收，视网膜复位。眼底色素脱失，形成所谓晚霞状眼底，并有散在大小不等色素斑和色素脱失斑，视乳头周围往往有灰白色萎缩晕。

除上述表现外，在疾病的不同时期，还可出现脱发、毛发变白、白癜风等眼外改变。

三、实验室及其他辅助检查

荧光素眼底血管造影可见早期多发性细小的荧光素渗漏点，以后扩大融合；部分患者脑脊液淋巴细胞增高。B 超、OCT 及 UBM 检查亦有助于诊断。

四、诊断与鉴别诊断

（一）诊断要点

1. 辨病要点

（1）头痛、头晕、耳鸣，脱发，毛发变白，白癜风等。

（2）视力突然减退，视乳头充血，视网膜水肿，黄白色点状渗出，浆液性视网膜脱离。

（3）稳定后，视网膜平复，典型的晚霞状眼底改变和 Dalen-Fuchs 结节。

2. 辨证要点

（1）肝胆湿热证：口干口苦，大便干结，小便黄赤，舌质红，舌苔腻，脉滑数。

（2）热毒炽盛证：口苦咽干、口渴欲饮，便秘，溲赤，舌尖红绛，苔黄，脉滑数。

（3）阴虚火旺证：五心烦热，夜寐不安；舌红少苔，脉细数。

3. 西医诊断要点 根据典型的病史及葡萄膜炎伴有头痛、耳鸣、听力减退、脱发、毛发变白及白癜风等临床表现，即可诊断。

（二）鉴别诊断

1. 视神经炎或中心性浆液性脉络膜视网膜病变 荧光素眼底血管造影显示的不同征象，有助于鉴别诊断。

2. 急性后极部多发性鳞状色素上皮病变（acute posterior multifocal pigment epitheliopathy，APMPPE） 在后极部也有斑状病变，但早期荧光素眼底血管造影两者有明显不同；而且 VKH 很快就出现葡萄膜炎的体征。

五、治疗

（一）中医治疗

1. 治疗原则 中医重在辨证论治，以清泻肝胆、清利湿热、清热凉血、泻火解毒、滋阴降火为主。

2. 中医辨证论治

（1）肝胆湿热证

症候：起病初，头目疼痛，耳鸣，视力下降，睫状体充血，角膜后壁有尘状或点状沉着物，房水混浊，瞳孔缩小，或眼底水肿，黄白色渗出；口干口苦，大便干结，小便黄赤，舌质红，舌苔黄腻，脉滑数。

治法：清泻肝胆，清利湿热。

方药：龙胆泻肝汤加减。若头痛耳鸣较甚，加石决明、夏枯草清肝泻火；若玻璃体混浊及视网膜水肿较甚，加淡竹叶、通草清热利湿。

（2）热毒炽盛证

症候：眼红、眼痛，视物模糊，兼见口苦咽干、口渴欲饮，便秘，溲赤，舌尖红绛，苔黄，脉滑数。

治法：清热凉血，泻火解毒。

方药：犀角地黄汤合五味消毒饮加减。若畏光流泪，加荆芥、防风以祛风散邪；若大便秘结，加大黄、芒硝以通便泻火。

（3）阴虚火旺证

症候：眼干涩不适，视力下降或视物变形，眼底呈晚霞状改变，黄斑色素紊乱，中心凹反光不清，毛发变白或脱发，四肢躯干或面部皮肤散在性白斑；或兼有五心烦热，夜寐不安；舌红少苔，脉细数。

治法：滋阴降火。

方药：知柏地黄汤加减。若眼内干涩较甚，口干不欲饮，加石斛、玉竹、甘菊；若角膜后 KP 日久不消，伴纳差、乏力，加党参、白术、茯苓。

中成药：知柏地黄丸，明目地黄胶囊。

3. 外治法 离子导入：对于前葡萄膜炎可以用银翘散水煎液离子导入，每日 1 次，10 次为 1 个疗程。

（二）西医治疗

1. 治疗原则 应遵循一般葡萄膜炎的治疗常规，对初发者主要给予糖皮质激素治疗，一般选用泼尼松口服，开始剂量为 1～1.2mg/（kg·d），于 10～14 天开始减量，维持剂量为 15～20mg/d（成人剂量），治疗多需 8 个月以上。

2. 睫状肌麻痹剂 根据炎症的严重程度和虹膜后粘连的情况选用睫状肌麻痹剂。急性严重的炎症宜选用 1%或 2%阿托品滴眼液或眼膏，轻度炎症宜选用托吡卡胺滴眼液。

3. 免疫抑制剂 对炎症严重及复发的患者，糖皮质激素治疗难以奏效时，在免疫指标确切的情况下可考虑应用免疫抑制剂，但注意其毒副作用。

六、中西医临床诊疗思路

正确判断荧光造影结果在鉴别诊断中起重要作用，本病早期可没有明显的葡萄膜炎表现，但在 FFA 检查中视盘的荧光增强，视网膜血管的荧光着染有助于鉴别。中医方面，根据局部及全身表现辨证论治。

第三节 Fuchs 虹膜异色性葡萄膜炎

Fuchs 虹膜异色性葡萄膜炎（Fuchs heterochromic uveitis），又称 Fuchs 综合征，是以虹膜脱色素为特征的慢性非肉芽肿性葡萄膜炎。本病好发于男性青壮年，多单眼发病，病程缓慢，常无自觉症状。本病临床上多为前葡萄膜炎，以白色 KP、虹膜脱色素或萎缩为其特征，易并发晶状体后囊下混浊和眼压升高。本病原因不明，其发病机制新近研究多认为是一种免疫性炎症反应。

本病无特殊疗法，对炎症明显的，可给予糖皮质激素短期点眼治疗。对并发性白内障可在炎症控制后行白内障手术。对眼压升高者，给予降眼压药物，必要时需行抗青光眼手术治疗。

急性视网膜坏死综合征

急性视网膜坏死综合征（acute retinal necrosis syndrome，ARNS），是由于疱疹病毒感染引起的以急性坏死性视网膜、重度全葡萄膜炎、视网膜动脉炎、玻璃体混浊、视网膜裂孔及视网膜脱离的一组综合征。本病较少见，可发生于任何年龄，以成人多见，男女发病率无差异，常单眼患病，治

疗困难，预后极差。

本病属中医学“暴盲”、“视瞻昏渺”、“云雾移睛”等范畴。

一、病因病理

（一）中医病因病机

本病多因恣食辛辣炙煿、肥甘厚味，阳热内盛，外感风热毒邪，内外合邪，壅滞于目；或内有肝胆热毒，上攻于目；或痰瘀互结，阻滞目络所致。病久热灼伤阴，阴液亏虚，目失所养。

（二）西医病因病理

本病与疱疹病毒感染有关，开始发现眼内有疱疹 DNA 病毒或疱疹病毒颗粒，现已由眼组织培养出疱疹病毒Ⅰ型或水痘-带状疱疹病毒，继而由于发生免疫复合物性病变引起视网膜血管炎而使病情恶化，导致一系列临床改变。

二、临床表现

（一）症状

1. 急性期（早期） 突然发病，视力减退，眼红，眼痛或眶周疼痛症状，眼前黑影。

2. 缓解期 发病 20～30 日后自觉症状好转，眼红眼痛减轻，但眼前黑影飘动症状加重。

3. 晚期 视物不见，眼球萎缩。

（二）体征

1. 急性期（早期） 中度睫状充血，尘埃状或羊脂状 KP，前房大量浮游物，部分发生眼压升高，可有轻度至中度玻璃体尘埃状混浊，以后发展为显著混浊，并出现纤维化，中周部视网膜出现黄白色浸润水肿病灶，呈斑块状，以后融合并向后极部推进。视网膜血管呈炎性改变，动、静脉均可受累，但以动脉炎为主，动脉变细伴有白鞘，小分支闭塞消失，在动脉壁可见黄白色浸润，呈节段状。

2. 缓解期 前节炎症减轻，视网膜血管浸润逐渐消退，往往遗留变细的动脉；视网膜灰白病变逐渐吸收，视神经乳头色变浅，但玻璃体混浊加重。

3. 晚期 发病 1.5～3 个月后眼底周边部视网膜萎缩变薄，在其边缘部常发生多发裂孔，突然视网膜脱离，甚至全脱离，视力完全丧失，眼球萎缩。

三、实验室及其他辅助检查

实验室血清 HSV 或 HZV 抗体测定、玻璃体及视网膜组织活检等，有助于病因诊断。

四、诊断与鉴别诊断

（一）诊断要点

1. 辨病要点

（1）早期眶周疼痛，眼赤痛畏光，视力下降。随着病情发展，视力急剧下降，甚至失明。

（2）视网膜周边部大片灰白色渗出；动脉壁有黄白色浸润，动脉变细闭塞，玻璃体高度混浊，晚期视网膜脱离。

2. 辨证要点

（1）肝经风热证：起病较急，眼珠疼痛，畏光流泪；舌红，苔薄黄，脉浮数。或伴头痛、发热、颈硬。

（2）肝胆热毒证：目赤疼痛，眶周疼痛，视力急剧下降；兼见口苦咽干；舌红，苔黄，脉弦数。

（3）痰瘀互结证：视力急剧下降，舌质暗红或有瘀斑，苔腻，脉弦涩或弦滑。

（4）阴虚火旺证：目赤疼痛时轻时重，视物昏朦，常兼头晕耳鸣，腰膝酸软；舌红，苔少，脉细数。

3. 西医诊断要点

（1）周边视网膜出现一个或多个境界清楚的坏死病灶。

（2）如果不使用抗病毒药物病变进展迅速。

（3）病变呈环形进展。

（4）闭塞性视网膜血管炎伴有动脉受累。

（5）显著的玻璃体炎症反应。

（6）血清抗体测定、玻璃体及视网膜组织活检等有助于诊断。

（二）鉴别诊断

1. Behcet 病 也可发生闭塞性视网膜血管炎，但不易发生视网膜脱离，并有特殊全身改变。

2. 局限性中间葡萄膜炎 周边部可发生灰白色大片雪堤状渗出，但无高度玻璃体混浊。

五、治疗

（一）中医治疗

1. 治疗原则 中医对本病早期重在清肝解毒，凉血散瘀；后期则以化痰祛瘀，养肝明目为主。

2. 中医辨证论治

（1）肝经风热证

症候：起病较急，眼珠疼痛，畏光流泪，视力减退，睫状体充血，角膜后壁尘状或点状沉着物，房水混浊，虹膜纹理不清，瞳孔缩小；舌红，苔薄黄，脉浮数。或伴头痛、发热、颈硬。

治法：祛风清热解毒。

方药：新制柴连汤加减。若目赤疼痛较甚，可酌加牡丹皮、生地黄、茺蔚子凉血散瘀，退赤止痛。

（2）肝胆热毒证

症候：目赤疼痛，眶周疼痛，视力急剧下降，或眼前似有蚊蝇飞舞，玻璃体混浊；眼底可见视网膜水肿，黄白色渗出，或视网膜出血；兼见口苦咽干；舌红，苔黄，脉弦数。

治法：清热解毒，凉血散瘀。

方药：龙胆泻肝汤加减。若视网膜出血量多色红，加紫草、牡丹皮、赤芍清热凉血，散瘀通络；目赤痛较甚，加石决明、夏枯草、决明子清肝泻火，退赤止痛。

（3）痰瘀互结证

症候：视力急剧下降，甚者仅存光感。眼底病变为多灶性黄白色渗出，视网膜出血或血管旁有白鞘及血管闭塞；舌质暗红或有瘀斑，苔腻，脉弦涩或弦滑。

治法：活血祛瘀，化痰通络。

方药：血府逐瘀汤合温胆汤加减。前方重在行气活血，散瘀通络；后方重在化痰降浊，理气散结。两方合用，有活血祛瘀，化痰散结之功。若玻璃体有增殖性病变，加昆布、海藻软坚散结；瘀滞较甚者加牡丹皮、茺蔚子、三七散瘀通络。

（4）阴虚火旺证

症候：病势较缓，或日久不愈，目赤疼痛时轻时重，视物昏朦，瞳孔变形，房水混浊，或晶状体混浊；常兼头晕耳鸣，腰膝酸软；舌红，苔少，脉细数。

治法：滋养肝肾。

方药：知柏地黄丸加减。咽干口燥者，酌加麦冬、天冬滋养阴液。视网膜血管闭塞者，酌加丹参。

（二）西医治疗

1. 抗病毒治疗 针对单纯疱疹病毒或带状疱疹病毒丙氧鸟苷（更昔洛韦）5mg/kg，静脉滴注，每日 2 次，治疗 3 周后改为维持用量 5mg/（kg·d）治疗，4 周。治疗中应注意此药引起的骨髓抑制和肾功能损害。

2. 抗凝剂 可选用肝素，也可选用小剂量的阿司匹林（100～400mg/d）口服减轻血管闭塞。

3. 糖皮质激素 炎症时期，在抗病毒药物有效治疗的同时，可用糖皮质激素局部或全身应用减轻炎症反应。一般选用泼尼松 30～50mg/d 口服治疗，1 周后逐渐减量。

4. 激光治疗 在缓解期对视网膜缺血坏死、萎缩部位做激光光凝，防止视网膜脱离及增殖性病变的发生。

5. 玻璃体手术 发生对视网膜脱离或玻璃体混浊有牵引形成时应进行玻璃体手术治疗。

交感性眼炎

交感性眼炎（sympathetic ophthalmia）为双眼肉芽肿性葡萄膜炎，本病是指当一眼受穿通性外伤或内眼手术后发生慢性或亚急性葡萄膜炎，继之健眼也发生同样性质的病变，这种双眼性葡萄膜炎称为交感性眼炎。受伤眼称为刺激眼（exciting eye），未受伤眼称为交感眼（sympathizing eye）。本病的发病机制至今尚未明确。从眼球穿通伤与交感性眼炎发病时间的间隔多为 2 周到 1 年不等，有报道最短 5 日，最长可在 60 年后发病，但最危险的时间是 4～8 周。超过 2 年发病的概率随时间的延长而减少。治疗同前部葡萄膜炎，正确处理好眼球穿通伤，及时给予皮质类固醇制剂治疗。若眼球无恢复视力的可能，则可考虑摘除受伤眼球。

第四节 葡萄膜肿瘤

一、虹膜痣

虹膜痣（iris nevus）在虹膜表面呈深褐色斑，大小不一，表面平整，边界清晰，为良性，不必治疗。虹膜痣如突然颜色加深且增大，是恶变的征兆，应早日予以手术切除。如不能确诊时，须密切观察。

二、脉络膜血管瘤

脉络膜血管瘤（choroidal hemangioma）为先天性血管发育畸形所形成的错构瘤，为良性肿瘤，常发生于青年人，可分为孤立性及弥漫性两种类型。孤立性脉络膜血管瘤病变主要位于视乳头及后极部附近，视力逐渐减退。病变早期，肿瘤部位的色素上皮萎缩和色素脱失，眼底呈淡红色球形隆起，边界不清，其表面的视网膜有浆液性脱离。晚期肿瘤变大与色素上皮间常有结缔组织增生，变为淡灰色，边缘陡峭，常伴有黄斑损害，最后因发生广泛的视网膜脱离和青光眼而失明，应注意与脉络膜恶性黑色素瘤相鉴别。弥漫性脉络膜血管瘤病变范围较广，可累及后极部及部分中周边。超声波和吲哚青绿血管造影有助于诊断。如果弥漫性脉络膜血管瘤患者伴有眼睑或颜面部血管瘤或脑膜血管瘤及青光眼，称为 Sturge-Weber 综合征。本病可采用 PDT、激光治疗或放射治疗。

三、脉络膜黑色素瘤

脉络膜黑色素瘤（melanoma of choroid）是起源于葡萄膜色素细胞的恶性肿瘤，也是成年人最常见的眼内恶性肿瘤，其患病率在我国居眼内恶性肿瘤的第二位，仅次于视网膜母细胞瘤，多发生于50～60 岁的中、老年人，单眼发病为多。肿瘤常位于眼球后极部，由于肿瘤本身侵犯黄斑部或伴有浆液性视网膜脱离，患者常有视力下降或视物变形。根据肿瘤生长情况可分为局限性和弥漫性两种，以前者多见。眼底检查局限性者很容易发现后极部灰褐色肿块，弥漫性者早期向巩膜蔓延，眼底可无明显改变，或仅在病变部位色泽变暗或出现色素紊乱，类似脉络膜视网膜炎改变，诊断困难。肿瘤可穿破眼球，蔓延到眶内或随血流转移至肝、骨髓、肺等组织，预后不良。脉络膜黑色素瘤因渗出物、色素及肿瘤细胞阻塞房角、或肿瘤压迫涡静脉、或肿瘤坏死引起大出血等常引起继发性青光眼；多数肿瘤因血供不足而发生坏死，引起葡萄膜炎或全眼球炎；个别病例甚至可引起交感性眼炎。

脉络膜黑色素瘤恶性程度很高，如疑有脉络膜黑色素瘤，但因屈光间质混浊或用常规方法不易检查时，可借助于 CT、MRI 及超声波检查帮助诊断。

治疗：一般认为凡肿瘤前后直径小于 10mm 者可以随访观察，特别是位于脉络膜前部或是扁平型者恶性程度较低更可观察，不必急于摘除眼球。近年来，用氩氪激光治疗脉络膜小恶性肿瘤或放射贴敷可取得良好效果。后部脉络膜黑色素瘤特别是位于视神经两侧者恶性程度较高，且易沿巩膜导管蔓延到眼外，并可侵入血管发生血行播散或侵入视神经及其鞘膜进入颅内，故宜早期手术治疗。后极部大范围肿瘤，宜作眼球摘除。肿瘤已穿破眼球壁者，应作眼眶内容物剜除。

四、脉络膜转移癌

脉络膜转移癌（metastatic carcinoma of choroids）为其他脏器的恶性肿瘤通过血行转移至脉络膜所致。原发病灶大多在肺、乳腺、胃、前列腺等器官。多见于成年女性，以乳腺癌转移最为多见，男性成人以肺癌转移最为多见。本病好发于眼底后极部，可见一个或几个边界模糊不清的黄色或灰黄色圆盘状或半球状隆起，表面色素紊乱，其周围可伴有浆液性视网膜脱离。根据病史、原发病灶的存在、巩膜透照法、CT、MR 及超声波检查可帮助诊断。

治疗：应治疗原发病灶。脉络膜转移癌可行放射治疗。一般均为肿瘤晚期，脑部或其他部位可能已有多处转移，除非为了解除痛苦，单纯眼球摘除术已无意义。

五、脉络膜骨瘤

脉络膜骨瘤（choroidal osteoma）是一种缓慢生长的良性肿瘤。多数人认为本病为先天性，好发于青年女性，单眼居多，肿瘤多位于视乳头附近，呈黄白色或橙黄色边界不规则的轻度隆起，具有实体感，表面不平滑，可有色素斑块沉积，可形成视网膜下新生血管，伴有出血或浆液性视网膜脱离。眼底血管造影、超声波及 CT 检查可帮助诊断。

治疗：位于黄斑区以外的肿瘤可试行激光光凝术。由于脉络膜骨瘤生长缓慢，对位于黄斑区的肿瘤可随访观察。

第五节　葡萄膜先天异常

葡萄膜先天异常以先天性瞳孔残膜、先天性虹膜和（或）脉络膜缺损、先天性无虹膜最常见，它们都与胚胎时期视杯发育不良有关。

一、先天性瞳孔残膜

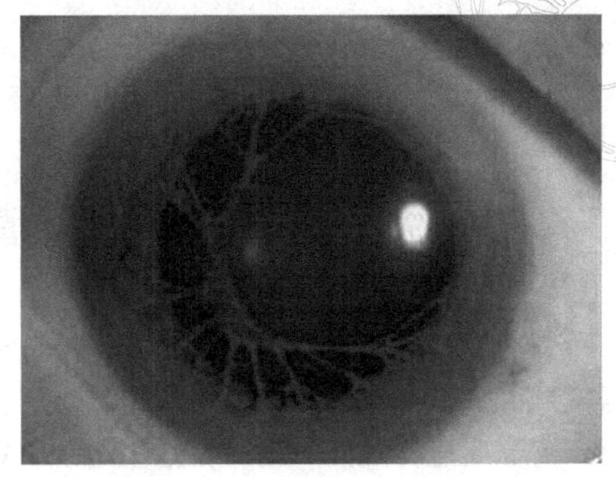

图 10-8　先天性瞳孔残膜

先天性瞳孔残膜（图 10-8）为胚胎时期晶状体表面的血管膜萎缩吸收不全所遗留的残迹，常呈丝状、索状或蛛网状，自一侧的虹膜卷缩轮跨越瞳孔附着在对侧的虹膜卷缩轮处，与炎症后的虹膜后粘连不同。通常不影响视力和瞳孔活动，不需要治疗。偶尔有大片残膜遮盖晶状体表面而影响视力者，应考虑手术或激光治疗。

二、虹膜和脉络膜缺损

虹膜和脉络膜缺损是由于胚胎发育过程中下方的胚裂闭合不全所致，部分患者可伴有视神经的部分缺损，缺损均位于下方。虹膜缺损时，瞳孔呈梨形，尖端向下，与手术切除者不同在于其缺损边缘为色素上皮所覆盖。虹膜缺损常与睫状体缺损和脉络膜缺损同时存在。脉络膜缺损时，可见视乳头下方有大片巩膜透露，可见位于其浅面的视网膜血管，缺损区的边缘常有不规则色素围绕。脉络膜缺损常可有小眼球、小角膜、眼球震颤等先天异常，常有程度不同的视力障碍。

三、先天性无虹膜

先天性无虹膜是由于虹膜不能充分发育所致，为常染色体显性遗传，多为双侧性。

临床上外观看不到虹膜组织，裂隙灯检查见晶状体赤道部及悬韧带暴露，在前房角镜下能见到隐藏在角膜缘后的虹膜残基，后者可能和房角小梁发生粘连。患者常有严重畏光，往往同时伴有其他眼部发育异常，如先天性白内障、黄斑部发育不全等，故常有眼球震颤，低视力，约有 50%的患者因房角被虹膜残基阻塞发生继发性青光眼。本病治疗困难，预后不良，可戴有色眼镜或角膜接触镜以减轻畏光症状，有较多患者因进行性角膜、晶状体混浊或青光眼而失明。

第十一章 青光眼

青光眼（glaucoma）是一组威胁和损害视神经视觉功能，主要与病理性眼压升高有关的临床症候群或眼病。流行病学研究资料表明，青光眼在全球是仅次于白内障的导致视力丧失的主要病因，有一定家族遗传趋向。据世界卫生组织（WHO）2009 年发布资料预计，2010 年全球 40 岁以上人群中原发性青光眼平均患病率为 2.65%，而我国为 2.66%，其中闭角型青光眼占全球的 47.5%，开角型青光眼占全球的 18.6%。到 2020 年原发性青光眼患者全球将达到 8000 万人，其中 1120 万的患者可能会失明。我国全人群原发性青光眼患者将达到 2182 万，占全球 27.4%。40 岁以上的人群患病率达 3.05%，青光眼患者的绝对数和老年人中的患者比例均居世界首位。

眼球内容物作用于眼球壁的压力，称为眼内压（简称眼压）。维持正常视功能的眼压称为正常眼压。正常眼压的生理作用是保持眼球固有形态、恒定角膜曲率、保证眼内液体正常循环和维持屈光间质的透明性，这对视觉功能有着重要的意义。统计学上的正常眼压值（均值±2 个标准差）为 10～21mmHg，代表 95%正常人群的生理性眼压范围。

正常眼压的稳定性，有赖于房水生成量与排出量的动态平衡。房水由睫状体上皮细胞分泌产生。房水自睫状突生成后，经后房、瞳孔到达前房，然后主要通过两个途径外流：①小梁网通道，经前房角小梁网进入 Schlemm 管，再通过巩膜内外集合管至上巩膜和结膜静脉外流；②葡萄膜巩膜通道，通过前房角睫状体带进入睫状肌间隙，然后进入睫状体和脉络膜上腔，最后穿越巩膜胶原间隙和神经、血管间隙排出眼外。在正常人，大约 20%的房水经由葡萄膜巩膜通道外流（图 11-1）。

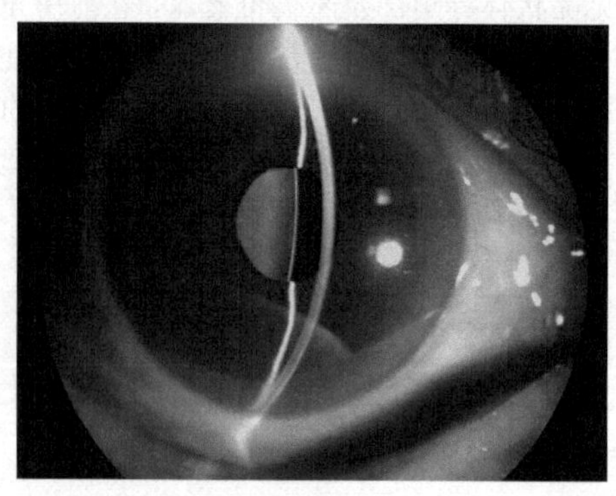

图 11-1　浅前房

造成青光眼视神经损害的主要因素是病理性的眼压升高。青光眼中眼压升高的病理生理过程主要取决于房水循环中的三个因素：睫状突生成房水的速率增加、房水通过小梁网流出的阻力增加及表层巩膜的静脉压增加。临床上绝大部分青光眼是因房水外流阻力增加所致。因此采取各种措施使房水生成和排出重新恢复平衡，控制病理性升高的眼压，达到每个个体的安全眼压（target IOP，靶眼压）水平，阻止和预防视网膜视神经的损害，保护视功能。

青光眼中最核心的问题是青光眼性视神经病变，发生青光眼视神经损害机制主要有两种理论：机械压力学说和血管缺血学说。机械学说强调眼压作用于筛板直接压迫视神经纤维，阻碍了视网膜神经节细胞轴浆流运转代谢和脑源性神经营养因子的获取。血管学说则强调视网膜视神经调节及相关代谢障碍的影响作用，使得视网膜视神经对眼压的耐受力降低。目前认为血管的自我调节机制障碍，可能促成了视神经的特征性损害。最典型的表现为视神经乳头凹陷性萎缩和视野缺损、缩小，如不及时采取有效的治疗，视野可以全部丧失终至失明。目前认为，青光眼的视神经损害很可能是上述两者的联合作用。因此临床上采取降低眼压的同时，改善视神经的血液供应，进行视神经保护性治疗。

根据病因学、解剖学和发病机制等，临床上将青光眼分为原发性青光眼、继发性青光眼和儿童

（发育性）青光眼三大类。

原发性青光眼：这类青光眼的病因机制尚未完全阐明，是主要的青光眼类型，在我国约占 86.7%，主要发生在成年人。

继发性青光眼：由眼部其他疾病或全身疾病等明确病因所致的青光眼，可以发生在不同年龄人群。

儿童（发育性）青光眼：由于眼球在胚胎期和发育期内房角结构发育异常所致的青光眼，发生在婴幼儿期及青少年时期。

第一节　原发性青光眼

原发性青光眼（primary glaucoma）是指病因和发病机制尚未充分阐明的一类青光眼，是主要的青光眼类型，见于 18 岁以上人群，一般系双侧性，二眼可以同时患病，也可以先后患病，严重程度也不同。依据引流房水的前房角解剖结构是否被周边虹膜堵塞，将原发性青光眼分为闭角型青光眼和开角型青光眼两大类。目前我国以原发性闭角型青光眼居多，而欧美则以原发性开角型青光眼多见，近年来，我国人群的原发性开角型青光眼的检出率日益提高。尽管两种类型的青光眼最终都表现为典型的青光眼性视神经的病变，但其易感因素、发病机制、临床表现过程、早期筛查及治疗原则有所不同。

原发性闭角型青光眼

原发性闭角型青光眼（primary angle-closure glaucoma，PACG），是由于原先就存在的虹膜构型而发生的前房角被周边虹膜组织机械性堵塞，导致房水流出受阻，造成眼压升高的一类青光眼。原发性闭角型青光眼的发病有地域、种族、性别、年龄的差异，主要分布在亚洲地区，尤其是在我国最多见，占 47.5%；印度占 23.7%；东南亚占 13.6%；欧美较少占 8.7%。一般双眼发病，女性多见，约占 69.5%，多发生在 40 岁以上，50～70 岁最多，30 岁以下很少发病。PACG 在我国的患病率约为 1.79%。中医眼科学称之为“绿风内障”。

一、病因病理

（一）中医病因病机

中医认为青光眼的发生主要由五志过极，肝胆火炽；情志过伤，肝郁气滞；肝阳上亢；肝胃虚寒等诸多因素导致气血失和、经脉不利、目中玄府闭塞、气滞血瘀、神水瘀积导致眼压升高而酿成本病。

（二）西医病因病理

PACG 的发生是由于解剖上周边虹膜组织机械性阻塞房角，导致房角关闭所致。PACG 患者前房浅、房角狭窄、眼轴较短、角膜较小、晶状体相对较大较厚、位置相对靠前等，使晶状体的前表面与虹膜紧贴的面积增大，增加了瞳孔阻滞力，容易使已经狭窄的房角发生关闭堵塞。PACG 的发生往往有诱发因素，包括：情绪波动、过度疲劳、近距离用眼过度、暗室环境、全身疾病等，这些因素引起眼部交感-副交感神经系统失去平衡，使瞳孔扩大并加重瞳孔阻滞；或睫状肌调节痉挛，顶推根部虹膜向前；或因瞳孔大小变化使周边虹膜末卷不断触碰摩擦小梁组织，共同导致了狭窄的前房角关闭、粘连堵塞，促使青光眼发病。

二、临床表现

PACG的临床表现比较复杂，依据临床发病规律及病理发展过程，将其分为急性和慢性两种临床类型。典型的原发性急性闭角型青光眼（acute angle-closure glaucoma，ACG）有几个不同的临床阶段，各期有其特征及治疗原则。

（一）急性闭角型青光眼

急性闭角型青光眼临床上大多见于虹膜膨隆型的明显窄房角眼，相对性瞳孔阻滞较重，也见于少数完全性的高褶虹膜眼。房角呈“全”或者“无”的方式关闭。由于房角关闭的突然而且范围较大，一旦发生瞳孔阻滞前房角广泛或者完全关闭，便出现眼压升高的明显表现。依其发病过程和临床表现特征分为四个阶段。

1. 临床前期 指具有ACG的解剖结构特征：浅前房、窄房角、短眼轴，但尚未发生青光眼的患眼。这里有2种情况：一类具有明确的另一眼ACG发作史，而该眼却从来未发作过；另一类是没有闭角型青光眼的发作史，但眼部检查显示具有一定的急性闭角型青光眼的解剖特征，暗室激发试验可呈阳性表现，部分患者有明确的急性闭角型青光眼家族史。这些眼均被认为是处于临床前期，存在着急性发作的潜在危险。

2. 发作期 一旦周边虹膜堵塞了前房角，房水不能外引流，眼压就立即上升，随之出现一系列的临床症状。开始时患者感到有些轻微的眼胀、头痛、虹视、雾蒙、恶心等，分为2类。

（1）先兆期：表现为一过性或反复多次的小发作。发作多出现在傍晚时分，突然雾视、虹视，可能有患侧额部疼痛、鼻根部酸痛。上述症状历时短暂，休息后自行缓解或消失。若即刻检查，可发现眼压中度升高，眼局部轻度充血或不充血，角膜上皮呈轻度雾状混浊、水肿，前房极浅，但房水无混浊，房角大范围关闭，瞳孔稍扩大，光反射迟钝。小发作缓解后，除具有特征性浅前房外，多不留下永久性损害。

（2）急性发作期：由于瞳孔阻滞，周边虹膜阻塞了前房角，一旦前房角突然关闭，房水不能外引流，将导致眼压升高，出现一系列的临床表现，表现为剧烈头痛、眼痛、畏光、流泪，视力严重减退，常降到指数或手动，可伴有恶心、呕吐等全身症状。眼部检查见：眼睑水肿，结膜混合性充血，角膜上皮水肿，角膜后色素沉着，前房极浅，周边前房几乎完全消失。如果虹膜有严重缺血坏死，房水可有混浊，甚至出现絮状渗出物。瞳孔中等散大，常呈竖椭圆形，光反射消失，有时可见局限性后粘连。房角完全关闭，常有较多色素沉着。晶状体前囊下有时可见小片状灰白色混浊，称为青光眼斑。眼压常在50mmHg以上。眼底可见视网膜动脉搏动、视盘水肿或视网膜血管阻塞。但因角膜水肿，眼底多看不清。高眼压缓解后，症状减轻或消失，视力好转，眼前段常留下永久性组织损伤，如角膜后色素沉着、扇形虹膜萎缩、晶状体前囊下青光眼斑，临床上称之为青光眼“三联症”，凡见到上述改变，表明曾有过急性大发作（图11-2）。

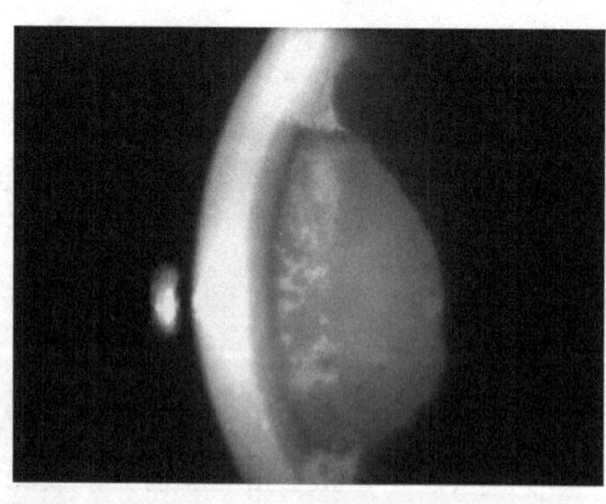

图11-2 青光眼三联症

3. 间歇缓解期 ACG急性发作后或者小发作自行缓解后，常常有两种转归。一方面通过及时治疗使关闭的房角重新开放、眼压下降，病情得到暂时缓解；另一方面，由于房角广泛粘连，小梁网功能已遭受严重损害，眼压就会逐渐持续升高，眼底常可见青光眼性视盘凹陷，并有相应视野缺损，病情转入慢性期。

4. 慢性进展期 房角关闭过久，周边部虹膜与小梁网组织产生了永久的粘连，眼压就会逐渐持续的升高，病程转入慢性期而继续发展。慢性进展期的早期，眼压虽然持续升高，但视盘和视野尚正常。如果不及时干预，逐渐会发生视盘凹陷及视野缺损，视野逐渐缩窄最后完全失明。

急性闭角型青光眼的慢性进展期与慢性闭角型青光眼是两个不同的概念，虽然在处理原则上基本相同，但有必要对其有所认识和区别。

（二）慢性闭角型青光眼

慢性闭角型青光眼（chronic angle-closure glaucoma，CCG）的眼压升高，由于周边虹膜与小梁网发生粘连，其房角粘连是由点到面逐渐发展的，眼压水平也是逐渐升高，所以临床上没有眼压急剧升高的相应症状，眼前段组织没有虹膜萎缩、瞳孔散大变形等急性发作的表现，而视盘在高眼压的持续作用下，逐渐形成凹陷性萎缩，视野也随之发生进行性损害。这种情况不易引起患者的察觉，往往只有在作眼科检查或者发生了严重的视野缺损时才被发现。临床诊断依据有：眼压升高，房角缩窄，典型的青光眼视神经乳头损害征象，不同程度的视野缺损。

三、诊断与鉴别诊断

（一）诊断要点

1. 辨病要点 局部疼痛、血瘀、痰瘀、水肿多为实证。

（1）一眼胀痛、头痛、虹视；或表现为剧烈头痛、眼痛、畏光、流泪，视力严重减退，常降到指数或手动，可伴有恶心、呕吐等全身症状；或一眼青光眼发作，数年后另眼患病。

（2）患眼结膜混合性充血，角膜上皮水肿，角膜后色素沉着，前房极浅，瞳孔散大变形，虹膜可见局限性后粘连，眼压高。

2. 辨证要点 全身症候虚实夹杂，常见以下四种中医证型。

（1）肝胆火炽证：头痛、恶心呕吐，溲赤便结，舌红苔黄，脉弦数

（2）肝郁气滞证：情志不舒，胸闷嗳气，食少纳呆，舌红苔黄，脉弦数。

（3）阴虚阳亢证：心烦失眠，眩晕耳鸣，口燥咽干，舌红少苔，脉弦细。

（4）肝胃虚寒证：食少神疲，四肢不温，舌淡苔薄白，脉细。

（二）鉴别诊断

1. 虹膜睫状体炎 ACG 经治疗后眼压下降，甚至低于正常，房水仍有不同程度混浊时，容易和急性虹膜睫状体炎相混淆，应依据瞳孔中等扩大而不是缩小进行鉴别。

2. 全身疾病 先兆期小发作有时会误诊为偏头痛；急性 ACG 大发作期常伴有恶心、呕吐和剧烈头痛，这些症状甚至可以掩盖眼痛及视力下降，临床上应注意与胃肠道疾病、颅脑疾患或偏头痛进行鉴别，对可疑患者可利用暗室试验进行检查，房角镜、UBM 检查证实房角关闭是重要诊断依据。

四、治疗

（一）中医治疗

1. 治疗原则 急性期中医药辅助治疗，起到改善自觉症状、缓解疼痛的作用。慢性进展期及慢性闭角型青光眼的中医治疗主要是视神经保护。

2. 中医辨证论治

（1）肝胆火炽证

症候：以发病急剧，剧烈头痛、眼痛，视力骤降，结膜充血，角膜水肿，瞳孔散大，眼压升高，

房角关闭，为主症伴恶心呕吐，溲赤便结，舌红苔黄，脉弦数。

治法：清热泻火，凉肝息风。

方药：绿风铃羊饮或羚羊钩藤汤加减。

中成药：将军定痛丸、羚羊角胶囊等。

（2）肝郁化火证

症候：眼部主证具备，兼有情志不舒，胸闷嗳气，食少纳呆，口苦，舌红苔黄，脉弦数等。

治法：清热疏肝，降逆和胃。

方药：丹栀逍遥散加减。

中成药：复方归苓片、茯苓合剂、逍遥丸等。

（3）阴虚阳亢证

症候：眼部主证俱备，兼见心烦失眠，眩晕耳鸣，口燥咽干，舌红少苔或舌绛少津，脉弦细或细数。

治法：滋阴降火，平肝息风。

方药：知柏地黄汤加减。

中成药：明目地黄丸、石斛夜光丸、明目上清丸、开光复明丸等。

（4）肝胃虚寒证

症候：眼部主证俱备，兼有食少神疲，四肢不温，舌淡苔白，脉弦。

治法：温肝暖胃，降逆止痛。

方药：吴茱萸汤加减。

（二）西医治疗

1. 治疗原则 原发性闭角型青光眼是眼科的急症，一旦确诊就应根据所处的不同阶段及时给予治疗。临床前期采取缩瞳剂药物治疗或者行周边虹膜切除术、激光周边虹膜切开术等手术治疗，治疗的目的是预防发作。急性发作期眼的治疗采取药物联合治疗，在短时间内控制高眼压，减少对视功能的损害并防止房角形成永久性的粘连。首选药物缩瞳剂、抑制房水生成药物及脱水剂，迅速控制眼压及眼部的炎症。在眼压降低，炎性反应控制后，采取手术治疗。慢性进展期眼及慢性闭角型青光眼的治疗原则是控制眼压和视神经保护。

2. 药物治疗

（1）缩瞳剂：常用的有1%～2%毛果芸香碱，每15min 1次，眼压下降后逐渐减少用药次数，最后维持剂量为每日3～4次滴眼。

（2）抑制房水生成：抑制房水生成的药物有全身和眼部用药两种。

1）全身应用的主要是：乙酰唑胺（醋氮酰胺），每次250mg， 每日2次口服，眼压控制后停用。20%甘露醇溶液，1.0～1.5g/（kg·d），快速静脉滴注。临床使用时应注意患者的血压、心功能、肾功能、电解质及血糖的情况。

2）眼局部用药主要有：碳酸酐酶抑制剂：2%布林佐胺滴眼液，每日3次；β-受体阻滞剂有：0.25%～0.5%马来酸噻吗洛尔（timolol）、0.05%～0.5%盐酸左旋丁萘酮心安（levobllnolo）、0.25%～0.5%盐酸倍他洛尔（betaxolol）、2%卡替洛尔、0.3%美替洛尔等滴眼液，可选用一种，每日2次，滴眼。β-受体阻滞剂通过抑制房水生成而降低眼压，不影响瞳孔大小和调节功能，但其降压幅度有限，长期应用时后期降压效果减弱。

（3）控制炎症：伴有眼部炎症者局部或者全身可以应用皮质类固醇制剂和非甾体类药物。

3. 手术治疗

（1）临床前期行激光周边虹膜切开术或者周边虹膜切除术。

（2）发作期、慢性期治疗目的是挽救视功能、保护房角功能及给予神经保护治疗。

经过药物治疗眼压得到有效的控制以后，通常选择手术治疗。手术术式依据房角的损害情况可以考虑：虹膜周边切除术、小梁切除术、白内障超声乳化联合人工晶体植入术、青光眼白内障三联手术等。

复合小梁切除术

原发性开角型青光眼

原发性开角型青光眼（primary openangle glaucoma，POAG）是以高眼压状态下房角开放，视乳头凹陷和萎缩及典型的视野缺损改变为特征，其发病隐匿，进展缓慢，不易被察觉。早期一般无任何症状，当病情发展到一定程度，可有轻度眼胀，视力疲劳和头痛，中心视力不受影响，而视野逐渐缩小。晚期，当视野缩窄至管状时，则出现夜盲及行动不便症状。有些晚期病例有虹视或视物模糊，最后视力完全丧失。大多数资料表明原发性开角型青光眼的患病率为 1.5%～2%。在我国的原发性青光眼中，开角型少于闭角型。年龄多分布在 20～60 岁，随着年龄增大，发病率增高。从种族上看，白种人患者较多，黑种人患者的视神经损害较重。该病具有家族遗传性，遗传方式可能为多基因多因子遗传。患有糖尿病、甲状腺功能低下、心血管病、近视眼、视网膜静脉阻塞等是 POAG 的高危人群。原发性开角型青光眼属于中医“青风内障”范畴。

一、病因病理

（一）中医病因病机

中医认为原发性开角型青光眼是由于风、火、痰、瘀上犯目窍，神水瘀积所至，属水轮疾患。由于情致过伤，肝失疏泄，气机郁滞，上扰清窍；或劳湿伤脾，脾失健运，水湿上犯，潴留泛滥于目；或劳神过度，真阴暗耗，水不制火，火炎于目，水不涵木，肝阳上亢等导致气血不和，脉络不利，玄府闭塞，神水瘀积，发为本病。

（二）西医病因病机

现代医学认为原发性开角型青光眼的眼压升高是由于小梁途径的房水外流排出系统发生病变，房水流出阻力增加所致。

二、临床表现

（一）症状

开角型青光眼在早期几乎没有症状。当病变发展到一定程度时，偶有轻度眼胀、头痛或视朦，中心视力不受影响，而视野逐渐缩小。中晚期因视野缩窄而有行动不便，定位不准等，尤以夜间为甚。有些晚期病例有虹视和视物模糊不清。

（二）体征

早期病例眼部无任何改变，前房角开放，眼压升高。眼底青光眼视乳头损害典型表现为视乳头的青光眼陷凹进行性扩大和加深，边缘呈穿凿性，盘面几乎消失，视网膜血管向鼻侧移位，由陷凹边缘呈屈膝状爬出。视乳头周围有视网膜色素上皮和脉络膜萎缩形成的“青光眼晕”。还可以表现为：双眼

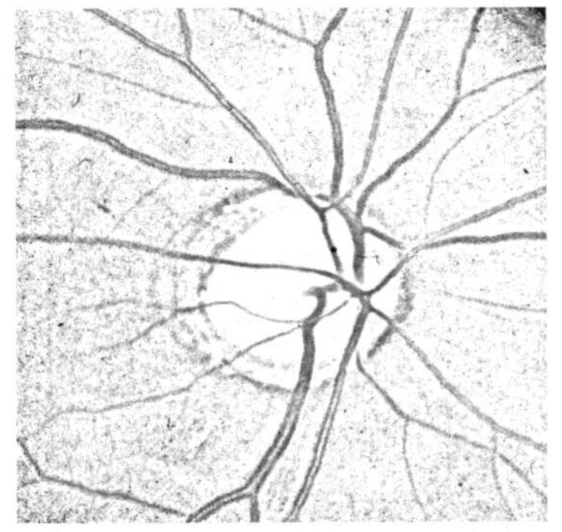

图 11-3　青光眼大视杯（眼底彩色照像）

凹陷不对称。正常人双眼陷凹是对称的，如果两眼杯盘比值相差≥0.2，考虑为病理性；凹陷和苍白区不一致：凹陷是以小血管弯曲处为其界限，苍白区代表陷凹底部色淡区，正常时两者大小常相同。在 POAG 早期，陷凹的扩大先于苍白区的扩大（图 11-3）。盘沿宽窄不一致；陷凹形状的变化；视乳头边缘出血及视网膜神经纤维层缺损（图 11-4）。

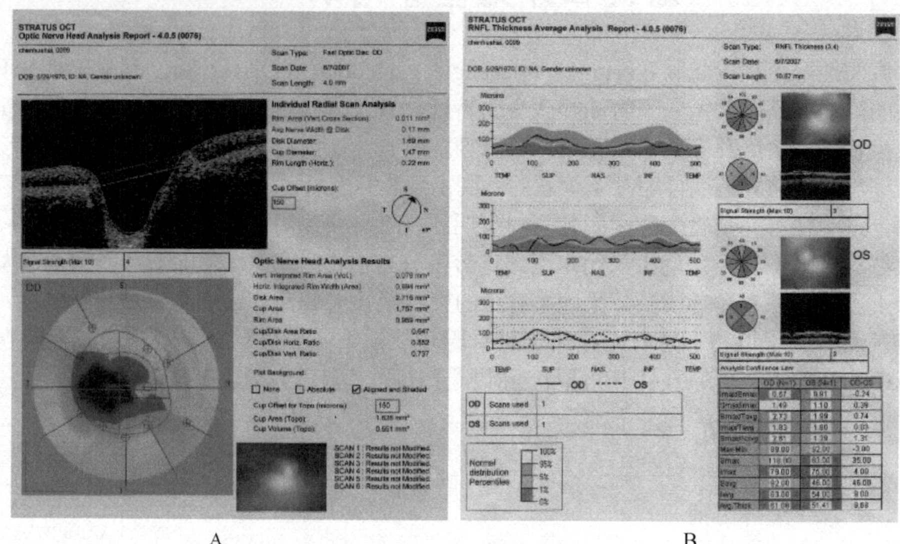

图 11-4　视乳头边缘出血及视网膜神经纤维层缺损

A.青光眼视神经乳头 OCT 检查分析报告；B.青光眼视网膜神经纤维层厚度测定 OCT 检查报告

三、实验室及其他辅助检查

1. 视野检查　本病伴有不同程度的视野缺损，早期改变为：旁中心暗点；鼻侧阶梯；弓形暗点，呈典型的神经纤维束性视野缺损；进展期改变：双弓形暗点，鼻侧视野缺损。晚期：残存 5°～10° 管状视野。视野改变见图 11-5。

2. OCT 检查　视乳头凹陷扩大，视网膜神经纤维层变薄或者缺损。

四、诊断与鉴别诊断

（一）诊断要点

1. 辨病要点

（1）自觉视力下降或者视野缺损。

（2）依据眼压高、房角开放、典型的青光眼视乳头凹陷及视野缺损可以明确诊断。

2. 辨证要点　全身症候虚实夹杂，常见以下四种中医证型。

（1）气郁化火证：情志不舒，胸闷嗳气，食少纳呆，舌红苔黄，脉弦数。

（2）痰火上扰证：头晕目痛，食少痰多，舌红苔黄腻，脉弦滑。

（3）阴虚阳亢证：头痛目眩，心烦面赤，口燥咽干，舌红少苔，脉弦。

（4）肝肾亏虚证：眼胀，视朦，头晕耳鸣，腰膝酸软，舌红少苔，脉细。

（二）鉴别诊断

本病需要与近视眼、缺血性视神经病变鉴别。

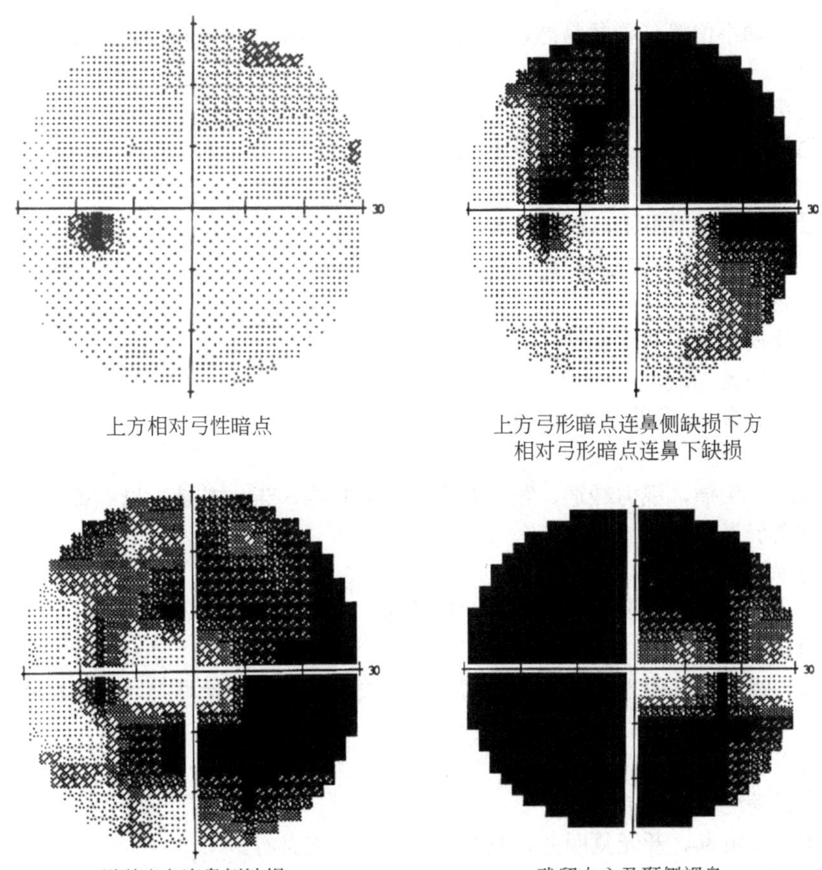

上方相对弓性暗点　　上方弓形暗点连鼻侧缺损下方相对弓形暗点连鼻下缺损

环形暗点连鼻侧缺损　　残留中心及颞侧视岛

图 11-5　青光眼视野缺损

1. 高度近视　在高度近视眼患者当中，有的视乳头呈现出青光眼的改变。这样有两种可能性：其一，仅仅是生理性的大视盘，不伴有青光眼；其二，伴有青光眼的改变。两者极易混淆，尤其是合并脉络膜视网膜萎缩导致视野损害时更易混淆。两者的鉴别点在于有无眼压升高及进行性的视野缺损。

2. 缺血性视神经病变　缺血性视神经病变一般不产生视乳头凹陷和视杯扩大，但也有报道，前部缺血性视神经病变者，视乳头改变类似青光眼性视乳头损害。与 POAG 相比，缺血性视神经病变视野损害常累及固视点，呈水平偏盲或者象限盲，并与生理盲点相连的特点可以鉴别。

五、治疗

（一）中医治疗

1. 治疗原则　POAG 发病隐匿，早期无自觉症状。它的特征是眼压升高，同时伴有典型的青光眼性视乳头凹陷和进行性视野缺损。中医辨证论治可以贯穿 POAG 整个病程，起到保护视神经、缓解患者症状的作用。

2. 中医辨证论治　中医眼科学认为 POAG 是由于风、火、痰、瘀上犯目窍，神水瘀积所致，病属肝肾，症候多虚实互见，重在辨别阴虚、阳虚之轻重，兼火、兼风、兼饮之各异。临床常见有以下几种证型。

（1）气郁化火证

症候：常在情绪波动、过劳或睡眠不足等情况下出现眼胀、头痛、不耐久视，中心视力较好，视野逐渐缩窄，行动不便等。善急易怒，胸闷嗳气，食少纳呆，舌红苔白，脉弦数。

治法：治宜疏肝解郁，降胃和逆。

方药：方选柴胡疏肝散加减。

中成药：逍遥丸、复方归苓片、茯苓合剂等。

（2）痰火上扰证

症候：头晕目痛，时而眼胀，视物昏矇，眼部未见特殊异常，有时眼压升高，视野检查生理盲点扩大或呈弓形暗点或鼻侧视野缺损。全身兼见心烦而悸，食少痰多，胃脘痞满或咳嗽痰多，舌质红，苔白腻，脉弦滑。

治法：治宜化痰利湿，和胃降逆。

方药：方选温胆汤加减。

中成药：五苓胶囊 、参苓白术丸（颗粒、胶囊）。

（3）肝阳上亢证

症候：以眼胀、头痛，视力减退，眼压升高，面红耳赤，舌红苔黄，脉弦数为主症。

治法：治宜清肝息风。

方药：方选绿风铃羊饮加减。

中成药：将军定痛丸、绿风安胶囊、羚羊角胶囊、明目上清丸等。

（4）肝肾阴虚证

症候：眼胀，视朦，双眼干涩，眼压偏高。伴有失眠健忘，头晕耳鸣，腰膝酸软，舌红少苔，脉细。

治法：治宜滋补肝肾。

方药：方选杞菊地黄汤加减。

中成药：明目地黄丸、开光复明丸、复明片、石斛夜光丸等。

3. 外治法

（1）眼部药物离子导入：可选用丹参注射液、川芎嗪注射液等药物进行眼局部离子导入治疗，起到活血化瘀作用。

（2）穴位注射：丹参针 1ml，双侧足三里，穴位注射。

4. 针灸治疗

（1）针刺睛明、合谷、三阴交、行间以滋阴平肝、理气通络。每周 3 次，留针 20min，7～10 次为 1 个疗程。

（2）冷灸太阳、风池、印堂、肾俞、鱼腰中之 2 穴，每日 1 次，留针 20min，7～10 次为 1 个疗程，从第 2 个疗程开始，除局部取 1 个穴位外，心火盛者加内关。

（二）西医治疗

1. 治疗原则 POAG 发病隐匿，早期无自觉症状。它的特征是眼压升高，同时伴有典型的青光眼性视乳头凹陷和进行性视野缺损。眼压上升是造成青光眼的危险因素，所以青光眼的治疗目标首先是使眼压下降，同时重视非眼压性因素的防治，从而保护视功能，在患者的有生之年避免或减缓青光眼性视神经损害。本病若通过药物治疗能够使眼压控制在安全水平，视野损害不再继续加重时，维持药物治疗。药物治疗通常以局部降眼压药物滴眼为主，全身降眼压药物的治疗仅作为局部用药的补充。若药物治疗不能控制眼压或者视乳头和视野继续损害时，需要考虑手术治疗，

2. 药物治疗 药物使用以浓度最低、次数最少、效果最好为原则，先从低浓度开始，若眼压不能控制者改用高浓度，或者选择联合用药，保持眼压在安全范围。常用的局部滴眼液有以下几种。

（1）拟副交感神经药（缩瞳剂）：最常用为 1%～2%毛果芸香碱（pilocarpin）滴眼液，每日 3～4 次，滴眼。对 POAG 毛果芸香碱的降压机制为刺激睫状肌收缩，牵引巩膜突和小梁网，减少房水

外流阻力。

（2）β-肾上腺素能受体阻滞剂，常用的有 0.25%～0.5%噻吗洛尔（timolol）、0.25%～0.5%盐酸倍他洛尔（betaxolol）、0.3%美替洛尔（metipranolol）等滴眼液，每日 1～2 次，滴眼。β-肾上腺素能受体阻滞剂通过抑制房水生成而降低眼压，不影响瞳孔大小和调节功能，但其降压幅度有限，长期应用时后期降压效果减弱。噻吗洛尔为非选择性β-受体阻滞剂，对有房室传导阻滞、窦房结病变、支气管哮喘者忌用。倍他洛尔为选择性β_1受体阻滞剂，可减少发生支气管痉挛的危险，但对心率仍有影响。

（3）肾上腺素能受体激动剂：主要有 1%肾上腺素（epinephrine），0.1%地匹福林（dipivefrin），其降眼压机制主要是促进房水经小梁网及葡萄膜巩膜外流通道排出，有严重心脏病、高血压患者禁用。α-受体激动剂有 0.2%溴莫尼定（brimonidine），又称阿法根（alphagan），能选择性兴奋α_2受体，同时减少房水生成和促进房水经葡萄膜巩膜通道外流通道排出。

（4）前列腺素衍生物：有 0.005%拉坦前列腺素（latanoprost，适利达），贝美前列腺素（bimatoprost，卢美根），拉坦前列腺素+噻吗洛尔（适利加），曲伏前列腺素（travoprost，苏为坦），曲伏前列腺素+噻吗洛尔，降眼压机制为增加房水经葡萄膜巩膜通道外流通道排出，同时减少房水生成。每晚滴眼 1 次，可使眼压降低 20%～40%，白天和夜晚都能降眼压，全身耐受性好，可作为一线抗青光眼药物应用。毛果芸香碱可减少葡萄膜巩膜通道房水外流，与前列腺素制剂有拮抗作用，两者不应联合用药。

（5）碳酸苷酶抑制剂：2%杜塞酰胺（dorzolamide），布林佐胺滴眼液（派立明）每日 3 次，滴眼。降眼压机制为抑制碳酸酐酶，导致房水生成的减少。

3. 手术治疗 通常在药物治疗无效时进行手术治疗，手术治疗的目的是降眼压。常用抗青光眼手术有氩激光小梁成形术、周边虹膜切除术或者激光虹膜切开术、滤过性手术（包括小梁切除术、非穿透性小梁切除术、巩膜咬切术）等。滤过性手术最常用，它的基本原理是切除一部分角巩膜的小梁组织，人为地形成一个滤过通道，将房水引流到巩膜瓣和结膜瓣下，然后再由结膜组织的毛细血管和淋巴管吸收，以缓解升高的眼压。

六、中西医临床诊疗思路

青光眼视神经的损害是以视神经节细胞进行性死亡为特征。研究表明，节细胞死亡机制为凋亡。眼压升高或视神经缺血是青光眼发病的始动因素，而自由基、神经营养因子的剥夺、眼内兴奋性毒素谷氨酸增多可能是节细胞凋亡的激发因子。因此，除了降眼压外，青光眼治疗还包括神经保护性治疗。目前正在从中和凋亡激发因素、开发外源性和内源性神经营养因子、基因治疗和神经再生或移植等方面进行研究，以控制节细胞凋亡，达到保护视神经的目的。钙离子通道阻滞剂、谷氨酸拮抗剂、神经营养因子、抗氧化剂（维生素 C、维生素 E），针灸及某些中药银杏叶、葛根素、当归素、黄芩苷及灯盏细辛等在不同环节起到一定的神经保护作用。

第二节　继发性青光眼

继发性青光眼（secondny glaucoma）是以眼压升高为特征的眼部综合征群。其病理生理是由于某些眼部或全身疾病、或某些药物的不合理应用，干扰或破坏了正常的房水循环，使房水出路受阻而引起眼压增高的一组青光眼。其病因比较明确，继发性青光眼多累及单眼，继发性青光眼的常见的原发病变主要有：炎症、外伤、出血、血管因素、相关综合征、药物、眼部手术及眼部占位病变等，在诊断和治疗上比原发性青光眼更为复杂，预后也较差。

一、炎症相关性青光眼

1. 继发于虹膜睫状体炎的青光眼 各种累及眼部的炎症，都可以破坏正常的房水循环而引起眼压升高，临床上多见于眼前节的炎症，主要是虹膜和睫状体的炎症，导致眼压升高的原因有炎性细胞、纤维素、血清蛋白、受损的组织细胞碎片阻塞小梁网，以及瞳孔阻滞性的瞳孔后粘连、周边虹膜粘连等。临床表现：急、慢性虹膜睫状体炎伴发青光眼时，可以见到角膜水肿、角膜后 KP、前房渗出、瞳孔缩小、眼压升高等。治疗以控制炎症为主，充分扩瞳和足量的皮质类固醇（局部和全身）应用，配合降眼压药物治疗，同时要定期随访。陈旧性虹膜睫状体炎伴发青光眼时，多需要手术治疗。早期急性炎症时，若为肝经风热，治宜祛风清热，方选新制柴连汤加减；若为肝胆湿热，治宜清泻肝胆，方选龙胆泻肝汤加减；慢性期阶段，若为肝肾亏虚，治宜滋养肝肾，方选杞菊地黄丸加减。

2. 青光眼睫状体炎综合征（glaucomatocyclitic crisis） 是前部葡萄膜炎伴有青光眼的一种特殊形式，好发于 20～50 岁的青壮年，以非肉芽肿性葡萄膜炎伴明显眼压升高为特征。在眼压升高的同时或前后，出现角膜后羊脂状或者细小灰白色 KP，前房深，房角开放，房水无明显混浊，不引起瞳孔后粘连，一般数天内能自行缓解，大多数预后好，但易复发。治疗上给予药物降眼压的同时，给予滴用糖皮质激素或者非甾体类抗炎药来控制炎症。

二、皮质类固醇性青光眼

皮质类固醇性青光眼（corticosteroid-induced glaucoma）：通常与长期眼部滴用或全身应用皮质类固醇制剂有关。具有潜在的眼压升高的皮质类固醇制剂是：地塞米松、泼尼松龙、倍他米松等；而氟甲松龙较少有眼压升高的危险。眼压升高程度与滴药浓度、频度及持续用药时间有关。临床表现与 POAG 相似。此病在很大程度上需依靠用药史来确诊。多数病例停药后眼压可逐渐恢复正常。少数患者由于原发病的缘故不能停药、或者停药后眼压仍持续升高、或者应用降眼压药物治疗后眼压仍难以控制者可按 POAG 治疗原则处理。

三、眼外伤所致的继发性青光眼

眼外伤所致的继发性青光眼：是指眼球钝挫伤后，短期内发生的急性眼压升高，常和大量前房出血或小梁网直接损伤有关。由于红细胞堆积在小梁网上，或同时伴有血凝块阻滞瞳孔，以及小梁网损伤后炎性水肿，使房水排出受阻。可滴用糖皮质激素、噻吗洛尔，必要时服用乙酰唑胺或静脉滴注甘露醇控制眼压，随前房血液吸收，高眼压缓解。如果眼压过高，药物控制不满意，或有角膜血染趋势，需要行前房冲洗术，排出积血。眼球钝挫伤数月或数年后，还可能发生房角后退性青光眼，其临床表现与 POAG 相似，既往的眼球挫伤、前房出血史及房角检查异常增宽（后退），有助于诊断，治疗原则与 POAG 相同。角膜穿通伤、粘连性角膜白斑及眼前段手术后前房长期不形成，也可以使周边虹膜和小梁网发生永久性粘连，使房角关闭引起继发性 ACG，处理原则同 ACG。

四、晶状体源性青光眼

在白内障的病程中，随着晶状体的膨胀，推挤虹膜前移，可使前房变浅，房角关闭而发生类似急性 ACG 的临床表现。白内障过熟期，晶状体皮质液化并漏入前房，被巨噬细胞吞噬，巨噬细胞及大分子晶状体蛋白均可阻塞小梁网，使房水外流受阻，引起青光眼。临床表现为眼胀痛、房水混浊、晶状体核下沉、眼压升高等。外伤性或自发性晶状体脱位，脱位的晶状体常嵌顿在瞳孔区或脱入前房，引起眼压升高。此外，晶状体脱位或半脱位时，由于悬韧带断离，晶状体前后径增加，也可使前房变浅，房角关闭，引起眼压升高。球形晶状体可增加瞳孔阻滞，引起 ACG。由于晶状体的原因引起的青光眼，处理原则是：在药物控制眼压的基础上，摘除混浊的晶状体；针对球形晶状体，可以使用睫状肌麻痹剂使晶状体扁平后退。

五、新生血管性青光眼

新生血管性青光眼（neovascular glaucoma）：是一组最终以虹膜和房角发生新生血管为特征表现的青光眼，主要与引起眼部缺氧的血管性疾病相关。常见有视网膜静脉阻塞、糖尿病性视网膜病变等视网膜缺血性疾病或炎症之后的难治性青光眼。由于虹膜表面和前房角新生血管和结缔组织膜形成，使周边部虹膜和小梁网紧密粘贴，引起眼压升高、眼部充血和剧烈疼痛。本病治疗比较棘手，发生虹膜新生血管时，可以采取全视网膜激光光凝术，药物治疗可用 1%阿托品滴眼液和皮质类固醇滴眼液减少炎症反应。发生新生血管性青光眼时，加用降眼压药物治疗，手术以房水引流装置或阀门植入手术为首选。对于眼压不能控制并且无视力的新生血管性青光眼，以缓解眼部疼痛为主要治疗目的，手术可以选择睫状体破坏手术减少房水形成，降低眼压以缓解症状。

六、睫状环阻滞性青光眼

睫状环阻滞性青光眼：发病机制主要为晶状体或玻璃体与睫状环相贴，后房水不能进入前房而向后逆流，并积聚在玻璃体腔内，同时将晶状体—虹膜膈向前推挤，使整个前房变浅，眼压升高。最常发生于青光眼术后早期，临床表现为眼部充血、疼痛，伴有浅前房、高眼压。治疗原则是充分麻痹睫状肌，全身和局部应用糖皮质类固醇制剂和脱水剂治疗，部分病例通过以上药物治疗得到缓解。如药物治疗无效，应及早行手术治疗，手术术式选择睫状体平坦部抽吸玻璃体积液、晶状体摘除、前段玻璃体切除及前房重建术。

七、视网膜玻璃体手术后继发性青光眼

视网膜脱离手术，如环扎术、巩膜垫压术后，因眼内容积减少、脉络膜渗漏、睫状体前移，可使前房变浅，房角关闭，导致继发性青光眼。采用睫状肌麻痹剂、抗炎和降眼压治疗，可得到缓解。如药物治疗无效，可考虑氩激光房角成形术或脉络膜上腔积液引流手术。如果巩膜垫压迫涡静脉，可予以适当调整。视网膜光凝术后，可使睫状体增厚、前移或发生环形脉络膜脱离引起房角关闭，眼压升高。其多为自限性，睫状肌麻痹剂、房水生成抑制剂和抗炎治疗，有助于缩短病程。玻璃体腔注入气体、硅油也可增加瞳孔阻滞，引起眼压升高，行激光虹膜切开术可解除其瞳孔阻滞。

八、虹膜角膜内皮综合征

虹膜角膜内皮综合征（iridocorneal endothelial syndrome，ICE 综合征）：是一组伴有继发性青光眼的疾病，包括进行性虹膜萎缩、虹膜色素痣综合征和 Chandler 综合征。这三种相关疾病均有角膜内皮病变，并伴有不同程度的前房角和虹膜表面内皮化，继发性青光眼是 ICE 的重要特征。进行性虹膜萎缩主要表现为瞳孔异位、虹膜基质和色素上皮萎缩和破孔形成。虹膜色素痣综合征以虹膜表面结节或弥漫性色素病变为特点。而 Chandler 综合征则以角膜内皮功能障碍、角膜水肿为突出表现。前房角内皮化和虹膜周边前粘连是眼压增高的原因。本病尚无特殊疗法，针对继发性青光眼，早期可用减少房水生成的药物控制眼压，若无效可试行滤过性手术。

第三节　先天性青光眼

先天性青光眼（congenital glaucoma），是在胎儿发育过程中，前房角发育异常，小梁网-Schlemm

管系统不能发挥有效的房水引流功能，而使眼压升高的一类青光眼。

婴幼儿型青光眼

婴幼儿型青光眼（infantile）见于新生儿或婴幼儿时期。大多数在 1 岁内被发现，发病率为 1∶30000，男性多于女性，常双眼患病，大多数患儿表现为常染色体隐性遗传。

一、临床表现

（一）症状

畏光、流泪、眼睑痉挛是本病三大症状。

（二）体征

角膜水肿，眼球增大，眼内压力增高，房角异常；视盘凹陷增大及神经萎缩。

二、治疗

原则上先天性青光眼一经确诊就要及早进行手术治疗，目前治疗先天性青光眼疗效较好的手术有房角切开术和小梁切开术。对晚期病例，通常选用小梁切除术。眼压控制后还需矫正屈光不正，以防弱视形成。

（一）青少年型青光眼

青少年型青光眼（juvenile glaucoma）发病与遗传有关。3 岁后眼球壁组织弹性减弱，眼压增高常不引起畏光流泪、角膜增大等表现，往往临床表现为近视加深较快。除眼压有较大的波动以外，其表现与原发性开角型青光眼基本一致，两者的诊断和处理也基本相同，药物治疗不能控制眼压时，可以行小梁切开术或小梁切除术。

（二）先天性青光眼伴有其他先天异常

这类青光眼同时伴有角膜、虹膜、晶状体、视网膜、脉络膜等的先天异常；或伴有全身其他器官的发育异常。多以综合征的形式表现，如 Axenfeld-Rieger 综合征、先天性无虹膜、小眼球、小角膜、神经纤维瘤病、球形晶状体短指综合征、同型胱氨酸尿症、Marfan 综合征、Sturge-Weber 综合征等。治疗主张依靠手术控制眼压。

第四节　高眼压症

高眼压症是指眼压高于正常上限而不伴有视盘和视野损害，房角开放者。在 40 岁以上的人群中，约有 5%的个体眼压超过 21mmHg。因眼压与角膜中央厚度相关，在临床发现高眼压时需行角膜厚度检查，排除角膜中央厚度增加引起眼压增高。大多数高眼压症经长期随访观察，并不出现视盘和视野损害，其中仅有大约 10%的个体可能发展为青光眼。高眼压的确切病因尚不清楚，对高眼压症是否进行治疗，目前意见尚不一致。一般认为，如果眼压常高于 30mmHg，或眼压在 25～30mmHg 波动，且伴有危险因素的人，包括有青光眼家族史、高度近视、患有心血管疾病或糖尿病等，倾向于采取保护性的降眼压治疗，并定期随访。

第十二章 晶状体病

第一节 概 述

晶状体的病变主要包括晶状体透明性的改变（白内障）及晶状体位置和形态的异常，上述两类病变都可以引起明显的视力障碍。

晶状体具有独特的屈光通透和折射功能，是眼屈光系统的重要组成部分。由于晶状体处于眼内液体环境当中，所以任何影响眼内环境的因素，例如，先天性或者后天性的因素、代谢异常、外伤、辐射、中毒、营养障碍等，直接或间接的破坏晶状体的组织结构、干扰正常的代谢，使晶状体透明度降低或者颜色发生改变称为白内障。世界卫生组织从群体防盲治盲的角度出发，将晶状体混浊且矫正视力低于 0.5 者称为临床意义的白内障。

白内障是全球第一位的致盲性眼病，在全球 4000 万～4500 万盲人中，其中因白内障致盲者占 46%。我国目前白内障患者约 500 万以上，每年新增的白内障盲人 40 万～120 万，急需手术治疗的白内障盲人就有近 200 万，白内障的防治是我国目前防盲治盲的重点。

第二节 晶状体的生物学特性

一、晶状体的生理学特性

晶状体的生理学特性：位于晶状体赤道部的上皮细胞在一生中不断的生长、分化，进入晶状体的内部形成晶状体纤维。晶状体前部与房水密切接触，通过房水循环带给晶状体生长所需的营养和带走其代谢产物。而晶状体内部的细胞则通过细胞间紧密的缝隙连接进行能量和物质交换。

二、晶状体的生物物理学特性

1. 晶状体具有折射性 当光线从具有某一屈光指数的一种物质进入具有不同屈光指数的另一种物质时，光线变得弯曲，称为折射。波长 400～700nm 的可见光透过晶状体达到视网膜成像，波长小于 400nm 的紫外线则被角膜和晶状体吸收。随着年龄的增长，这一吸收率增大。

2. 晶状体具有调节性 晶状体具有改变对光线的聚焦程度，以看清远近不同的物体，这个过程称为调节。调节是由晶状体和睫状肌共同完成的。视远物时，睫状肌松弛，悬韧带使晶状体囊保持张力，晶状体变得扁平，远处物体自然成像在视网膜中心凹。视近物时，睫状肌向前、向内收缩，悬韧带松弛，晶状体前表面曲度增加，将光线聚焦在视网膜。晶状体内相对稳定的离子、水分、pH 水平保证了晶状体的透明性。此外，晶状体蛋白的有序排列对晶状体的透明性也很重要。

三、晶状体的新陈代谢

晶状体的新陈代谢是一个十分复杂的过程。ATP 为晶状体内许多生理活动的能量来源，而 ATP 主要由葡萄糖的无氧酵解而来。糖代谢生成的 NADPH 是晶状体内重要的还原性物质，参与许多其他物质的合成，包括脂肪酸和谷胱甘肽等。晶状体还能自身合成 DNA、RNA、蛋白质和膜成分。

第三节 白内障

一、白内障的形成机制

最新的研究显示自由基引起的氧化损伤是导致白内障发生的共同途径，氧化损伤首先发生于晶状体上皮细胞，破坏晶状体囊膜的离子平衡，使晶状体内渗透压增高，丧失屏障功能；另一方面晶状体代谢紊乱，使晶状体蛋白发生变性造成混浊，发生白内障。白内障发生的危险因素有：老龄化、遗传、日光照射、糖尿病、营养不良、青光眼、吸烟、饮酒、缩瞳剂及皮质类固醇等药物的长期使用等。

二、白内障的分类

白内障有下述多种分类方法：

1. 根据病因分类 老年性白内障、先天性白内障、发育性白内障、代谢性白内障、并发性白内障、药物及中毒性白内障、外伤性白内障及后发性白内障等。

2. 根据晶状体混浊部位分类 核性、皮质性、囊性及囊下性白内障等。

3. 根据发病年龄分类 先天性、婴儿性、青年性、成年性与老年性白内障等。

4. 根据晶状体混浊形态分类 点状、冠状、板层状等。

5. 晶状体核硬度分级标准 临床上根据核的颜色进行分级，最常用的为 Emery 核硬度分级标准。该标准将核硬度分为以下5度：Ⅰ度透明，无核，软性；Ⅱ度核呈黄白色或黄色；Ⅲ度核呈深黄色，中等硬度核；Ⅳ核呈棕色或琥珀色，硬核；Ⅴ度核呈棕褐色或黑色，极硬核。

三、白内障的临床表现

（一）症状

1. 视力下降 这是白内障最明显的症状，晶状体周边部的轻度混浊可不影响视力，而中央部的混浊，可以严重影响视力。在强光下瞳孔收缩，进入眼内的光线减少，视力较弱光下差。晶状体混浊明显时，视力可以下降到光感。

2. 对比敏感度下降 白内障患者在高空间频率上的对比敏感度下降明显。

3. 单眼复视或者多视 晶状体混浊或者水隙形成，使晶状体各部分屈光力不均一，类似棱镜的作用，产生单眼复视或者多视。

4. 眩光 晶状体混浊使进入眼内的光线散射引起。

5. 屈光改变 由于晶状体核的屈光指数增加，晶状体曲折率增强引起核性近视。若晶状体内部混浊程度不均匀，可以产生晶状体性散光。

6. 色觉改变 混浊晶状体对光谱中位于蓝光端的光线吸收增强，使患者对这些光的色觉敏感度下降。

7. 视野缺损 白内障患者视野可以有不同程度的缺损。

（二）体征

晶状体混浊可以在肉眼、裂隙灯显微镜下观察。不同类型的白内障具有特征性的混浊表现。周边部混浊的晶状体需要散瞳检查。

年龄相关性白内障

年龄相关性白内障（age-related cataract），是最常见的白内障类型，多见于50岁以上的中、老年人，是造成低视力和致盲的主要眼病之一。随着年龄增加发病率升高，估计我国现有60岁以上老年人13 700万以上，其中因白内障致盲和低视力者占73.13%，80岁以上的老人，白内障的患病率为100%。通常双眼先后发病，因晶状体混浊程度不同临床上视力表现有差异。老年性白内障在中医眼科学中属于“圆翳内障”的范畴，亦有“如银内障”、“偃月翳障”等之称。

一、病因病理

（一）中医病因病机

中医认为老年性白内障多因年老体衰、肝肾亏损、精血不足，脾虚湿热上攻也可致晶珠混浊而发生白内障。

（二）西医病因病理

老年性白内障是晶状体老化后的退行性变，是多种因素作用的结果，年龄、性别、紫外线辐射、糖尿病、高血压、营养不良及家族史等是其危险因素。

二、临床表现

（一）症状

自觉视物模糊不清、视力下降、对比敏感度下降、屈光改变、单眼复视或者多视、眩光及色觉改变等。

（二）体征

老年性白内障根据晶状体混浊开始出现的部位分为三种类型：皮质性、核性及后囊下性。

1. **皮质性白内障**（cortical cataract）　是临床上最为常见的类型，按其发展过程可分为初发期、膨胀期、成熟期和过熟期。

（1）初发期（incipient stage）：在裂隙灯显微镜下可见晶状体皮质有空泡水隙形成。水隙由周边部向中央扩大，形成辐轮状混浊。晶状体周边、前后皮质出现楔形混浊。楔形混浊呈羽毛状，其基底朝周边尖向中央作辐射排列，如果散瞳检查、彻照眼底红光反射中能看到辐轮状、楔形或花环样阴影。只有当楔形尖端发展到瞳孔区，视力才受到影响，一般位于晶状体周边部的混浊，可以多年不影响视力。

（2）膨胀期（intumescent stage）或未成熟期（immature stage）：晶状体混浊继续加重，原有的楔形混浊向瞳孔区发展并互相融合，皮质吸收水分，体积膨胀、增大，前房变浅，少数患者可以诱发急性青光眼。此时裂隙灯显微镜检查可见空泡、水裂和板层分离。因晶状体前囊下仍有透明皮质，斜照法检查仍可见虹膜投影。患者视力明显下降，眼底难以观察。

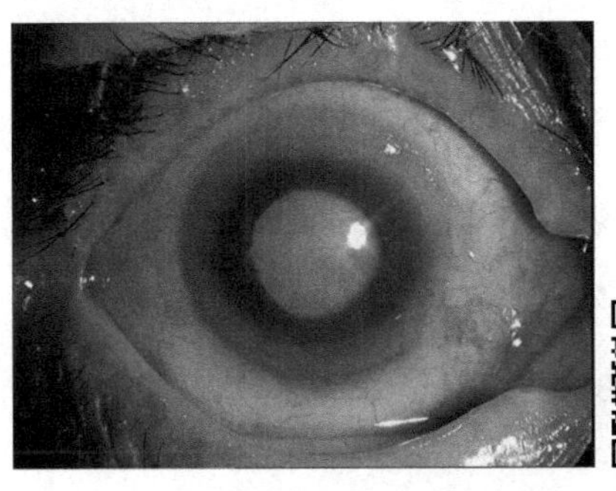

图12-1　成熟期白内障

（3）成熟期（mature stage）：晶状体内水分溢出，膨胀消退体积变小，前房深度恢复正常。斜照法检查虹膜投影为阴性，晶状体皮质完全混浊成乳白色。患者视力高度障碍，严重者只存手动或光感，眼底不能窥入（图 12-1）。

（4）过熟期（hypermature stage）：成熟期白内障未及时手术，晶状体逐渐脱水，体积缩小，前房加深，虹膜震颤。晶状体皮质液化、棕黄色的核因重力下沉，患者会感觉视力突然提高。由于晶状体囊膜变性皱缩或者晶状体核的撞击，囊膜通透性增加甚至自行破裂，液化溶解的晶状体皮质溢出，进入房水的晶状体蛋白可以诱发自身免疫反应，产生晶状体过敏性葡萄膜炎（phacoanaphy lactic uveitis）。此外，伴随着晶状体核脱位到前房或者玻璃体腔内，晶状体皮质颗粒或者吞噬了晶状体皮质的吞噬细胞及组织碎片容易积聚于前房角，阻塞小梁网，产生继发性青光眼，称为晶状体溶解性青光眼（phacolytic glaucoma）（图 12-2、图 12-3）。同时进入前房的晶状体物质具抗原性，可诱发自身免疫反应，导致严重的前葡萄蟆炎-晶状体过敏性眼内炎（endophthalmitis-phacoanaphylactia）。上述情况引起的葡萄膜炎及青光眼均需要立即手术治疗。

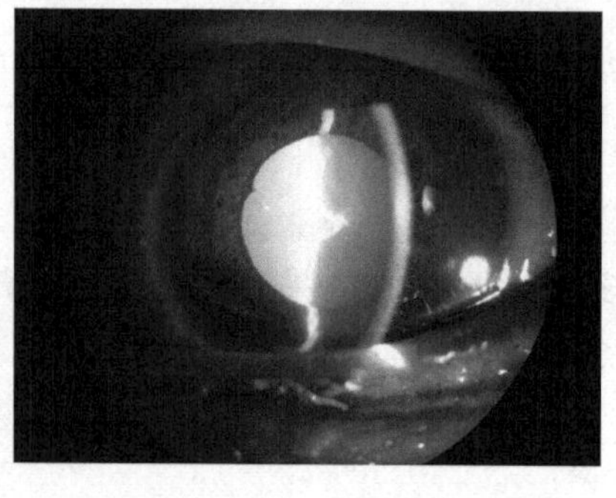

图12-2　过熟期白内障

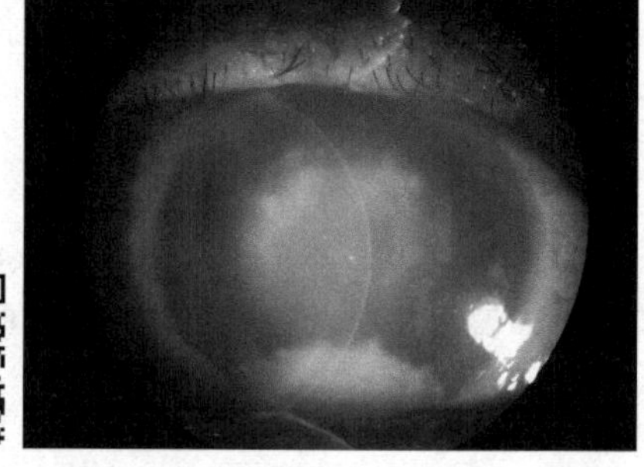

图12-3　晶体溶解性青光眼

2. 核性白内障（nuclear cataract）　此型白内障发病年龄较早、进展缓慢，没有明显分期。核混浊从胚胎核或成人核开始，初起时核呈黄色混浊，以后逐渐为黄褐色、棕色、棕黑色，甚至黑色，由于核密度增加致屈光指数增强而产生核性近视，远视力下降缓慢，后期因晶状体核的严重混浊，眼底不能窥见，视力极度减退。

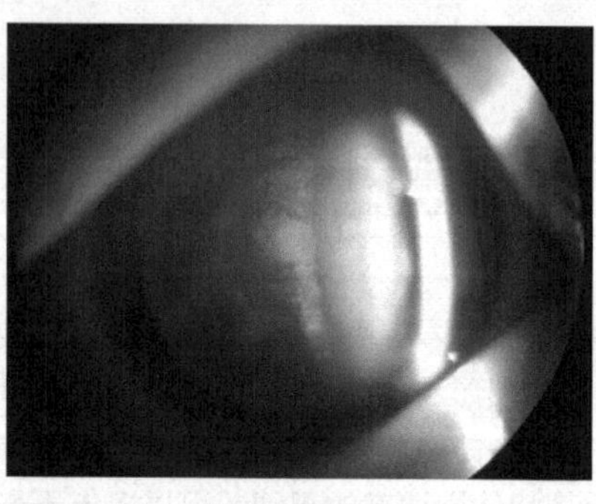

图 12-4　后囊下白内障

3. 后囊下白内障（posterior subcapsular cataract）后囊下白内障可以单独发生，也可以与其他类型的白内障合并存在。早期晶状体后囊下皮质呈棕黄色混浊，外观如锅巴样，混浊呈细小点状、小空泡状和结晶样颗粒样（图 12-4）。由于混浊位于视轴区，早期即可表现出明显的视力障碍，而晶状体皮质和核保持透明。进一步发展合并核性或皮质性白内障，最后发展为完全性白内障。

三、诊断与鉴别诊断

依据视力下降、晶状体混浊可以明确诊断。

四、实验室及其他辅助检查

眼部 B 超提示晶状体混浊，眼前节 OCT 可以定性、定量分析晶状体混浊的程度。

五、治疗

（一）中医治疗

1. 治疗原则 迄今为止在世界范围内有大约 40 多种用于治疗白内障的药物，但其疗效均不确切。药物治疗尚不能有效阻止或者逆转晶状体混浊，因此手术治疗是白内障患者复明的首要方法。当患者矫正视力在 0.3 以上时通常给予局部治疗及中医药治疗以延缓病情发展，当患者矫正视力在 0.3 以下时采取手术治疗，达到提高视力的目的。

2. 中医辨证论治

（1）肝肾亏虚证

症候：以自觉视物模糊、眼目干涩，晶状体混浊；伴有头晕耳鸣、腰膝酸软、夜尿多。舌红、无苔、脉细为主症。

治法：补益肝肾。

方药：六味地黄汤加减，若口咽干燥者，加知母、黄柏以滋阴降火。

中成药：有六味地黄丸、杞菊地黄丸、明目地黄丸、复明片、石斛夜光丸等。

（2）脾虚气弱证

症候：以自觉视物昏朦、眼前黑影飞舞，晶状体部分混浊；全身可兼有精神倦怠、肢体乏力、面色萎黄及少气懒言，舌质淡，舌体胖或有齿印，苔白，脉缓或细为主症。

治法：补脾益气明目。

方药：补中益气汤加减。

中成药：补中益气丸、可明胶囊等。

（3）肝热犯目证

症候：以自觉视物昏朦、眼胀痛、目涩，晶状体部分混浊。全身伴有头痛、心烦不寐、口苦咽干、急躁易怒，便结溲黄；舌红、苔黄、脉弦为主症。

治法：清热平肝明目。

方药：石决明散加减。

中成药：羚羊角胶囊。

（4）阴虚湿热证

症候：以自觉视物模糊不清、眼部干涩不适，晶状体部分混浊。全身可兼有口干不欲饮、烦热口臭、夜寐多梦盗汗、大便不畅、小便短赤。舌红苔黄腻，脉细弦或细数为主症。

治法：滋阴清热，和中利湿。

方药：甘露饮加减。

3. 外治法 针对早期患者矫正视力在 0.3 以上时给予局部滴眼液滴眼治疗，可以用障翳散、麝珠明目滴眼液等。

4. 针灸治疗 针灸取主穴承泣、睛明、健明，配穴球后、翳明、太阳、合谷、肝俞、肾俞等。每次选 2～3 穴，主、配穴交替使用，中刺激。留针 10min。10 次为 1 个疗程。

（二）西医治疗

1. 治疗原则 由于白内障药物疗法至今尚不能有效阻止或逆转晶状体混浊的发生与发展，故手术治疗仍然是各种白内障最有效和主要的治疗手段。

2. 药物治疗 多年来，人们对白内障的病因和发生机制进行了大量研究，针对不同的病因学说应用不同的药物治疗白内障。目前临床上有近 40 多种抗白内障的药物广泛使用。

（1）辅助营养类药物：发生白内障的晶状体多有游离氨基酸，某些微量元素如钙、镁、钾、硒等及多种维生素营养障碍。治疗药物包括一些无机盐配方、游离氨基酸配方和维生素 C、维生素 E 等。

（2）醌型学说相关药物：老年性白内障患者晶状体内色氨酸、酪氨酸等代谢异常，产生醌型物质，可氧化损伤晶状体蛋白巯基而使晶状体混浊。吡诺克辛可以阻止醌型物质的氧化作用，临床上用于治疗早期白内障。

（3）抗氧化损伤药物：谷胱甘肽等。

（4）醛糖还原酶抑制剂：如苄达赖氨酸滴眼液，可用于治疗糖尿病性白内障和半乳糖血症白内障。

3. 手术治疗 至今药物治疗尚不能有效阻止或者逆转晶状体混浊，手术治疗仍然是各种白内障复明的主要治疗手段。手术方法有：超声乳化白内障吸除术；飞秒激光辅助下超声乳化白内障吸除术；小切口非超声乳化白内障吸除术；人工晶状体植入术；白内障联合手术：联合青光眼、角膜移植术，眼内异物取出术，玻璃体切割术等手术。

先天性白内障

先天性白内障是儿童常见的眼病，是指出生前后即存在、或者出生后才逐渐形成的先天遗传或者发育障碍的白内障，是胎儿发育过程中晶状体发育生长障碍的结果。新生儿中先天性白内障的患病率为 0.5%左右，可为家族性，也可以散发；单眼或者双眼患病。本病属祖国医学的“胎患内障”范畴。

一、病因病理

（一）中医病因病机

中医认为本病病因乃父母遗传、先天禀赋不足、肝肾亏虚，抑或孕妇感受风毒或服用某些药物，影响胎儿发育而成白内障。

（二）西医病因病理

现代医学认为其发生原因与染色体基因突变有关，具有遗传性；同时与母体或胎儿的全身病变有关，如母亲在妊娠 3 个月内感染病毒、甲状腺功能不足、营养不良、维生素缺乏等均可致先天性白内障。

二、临床表现

（一）症状

家长发现患儿视力差或发现一眼或双眼的瞳孔区出现灰白色混浊。

（二）体征

晶状体混浊常见的有：膜性、核性、绕核性、前极、后极、粉尘状、点状、盘状、缝状、珊瑚状、花冠状及全白内障等（图 12-5）。

三、诊断与鉴别诊断

（一）诊断要点

婴幼儿晶状体发生混浊，混浊的部位、形态和程度不同，可以明确诊断。

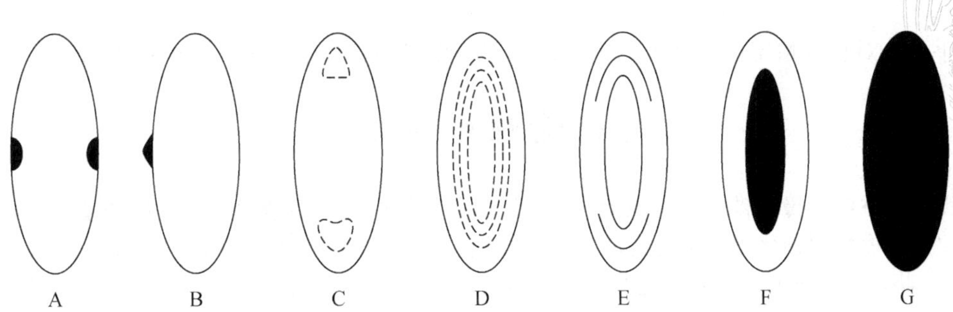

图 12-5 各种先天性白内障示意图

A.极性白内障；B.锥形白内障；C.冠状白内障；D.点状白内障；E.板层白内障；F.核性白内障；G.全白内障

（二）鉴别诊断

本病需要与视网膜母细胞瘤鉴别：后者瞳孔呈黄白色反光，肿瘤表面有血管，眼部B超检查提示眼内占位病变，并可有钙斑声影。还需要与早产儿视网膜病变鉴别：后者见于低体重早产儿，有高浓度氧气吸入史。双眼发病，眼底检查：视网膜血管扩张、视网膜有新生血管和水肿、视网膜脱离等。

四、治疗

婴幼儿患先天性白内障后，影响了视觉的正常发育，容易产生形觉剥夺性弱视，治疗与成年人不同。单眼或者双眼位于视轴中央、混浊明显的白内障，应在出生后尽早手术；对双眼视力在0.3以上者，可以根据情况决定手术时机。手术方式可以选择超声乳化术、膜性白内障切开术、光学虹膜切除术等。白内障术后应积极治疗弱视。中医认为本病得于胎期，以虚证居多，如肝肾亏虚、脾肾阳虚或气血不足等。辨证治疗参照圆翳内障，酌加益智仁、巴戟天、沙苑蒺藜等以补肾填精明目等。

并发性白内障

并发性白内障是由于眼部的疾病引起的白内障。引起并发性白内障的眼病有：葡萄膜炎、严重角膜炎、视网膜色素变性、高度近视、青光眼、视网膜脱离、眼内肿瘤、视网膜血管性疾病、内眼手术等。晶状体混浊的发展变化很大程度上取决于眼部病变的进展过程，眼前节疾病所致的白内障多由前囊膜或前皮质开始，眼后节则相反，由高度近视所致者多为核性白内障。治疗原则是积极治疗原发病，当白内障发展明显影响视力，眼部原发病稳定情况时，采取手术治疗。

外伤性白内障

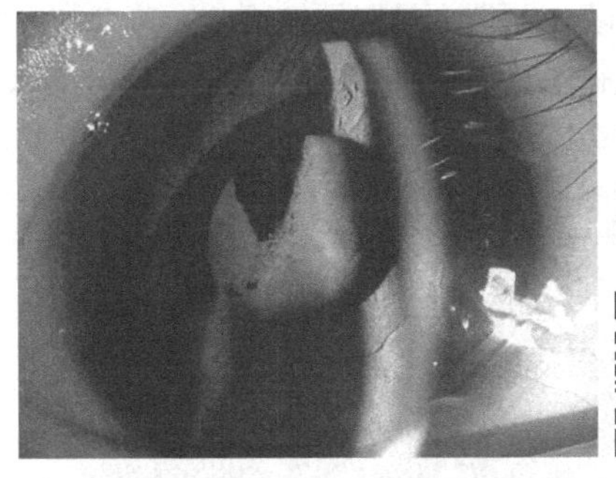

图 12-6 外伤性白内障

眼球穿通伤、钝挫伤、辐射性损伤及电击伤等引起的晶状体混浊称外伤性白内障。由于致伤原因不同，伤情复杂，晶状体混浊的部位、形态、发生、发展和预后各有特点。以机械伤所致的晶状体混浊多见，患者多为青壮年。依据有明确的钝挫伤、穿通伤、眼内异物、外伤史及辐射病史明确诊断（图 12-6）。以手术治疗为主，术式多采用超声乳化白内障吸除及人工晶状体植入术。对晶状体局限性或静止性混浊，视力影响不显著者可密切观察。于眼部外伤性炎症反应基本平静，伤后 3～6 个月内施行手术治疗；如合并角巩膜裂伤，大量皮质涌入前房，特别是合并继发青光眼、晶状体过敏性葡萄膜炎者，可尽早手术。对特殊情况的外伤性白内障，应根据患者的具体情况选择恰当的手术。

代谢性白内障

1. **糖尿病性白内障** 糖尿病时血糖升高，进入晶状体内的葡萄糖增多，己糖激酶被饱和醛糖还原酶活化，将葡萄糖转化为山梨醇在晶状体内堆积，细胞内渗透压增高，晶状体皮质水化、纤维肿胀而混浊。将其分为两种类型：一是发生于中年以后的糖尿病患者，症状体征与老年性白内障相似。另一种是典型的糖尿病性白内障，见于 30 岁以下的糖尿病患者，较少见，发病率为 10%左右。依据具有糖尿病病史和视力减退病史、双眼同时发病、进展迅速、晶状体混浊等明确诊断。治疗原则是积极治疗糖尿病，有效控制血糖，同时给予药物或者手术治疗白内障。

2. **半乳糖性白内障** 多见于儿童，是由于与半乳糖代谢有关的酶缺乏所致，为常染色体隐性遗传病。患儿因半乳糖激酶、半乳糖-1-磷酸尿苷转移酶等缺乏，晶状体糖代谢障碍，半乳糖在晶状体内堆积，经房水渗入晶状体，引起晶状体皮质水肿、变性、混浊。治疗原则给予无乳糖及无半乳糖饮食，同时给予药物或者手术治疗白内障。

3. **手足搐搦性白内障** 由于血清钙过低引起的白内障，可发生于甲状腺切除术时，误切了甲状旁腺，或妊娠甲状旁腺功能不足，佝偻病及妊娠期、哺乳期等导致血钙过低，因低血钙患者常有手足抽搐而得名。晶状体混浊为囊膜下散在，密集分布的点状混浊，可夹有彩色结晶。混浊可进行性发展。婴幼儿可形成晶状体板层混浊。治疗原则给予足量的维生素 D 制剂，钙质，必要时可给甲状旁腺制剂。同时给予药物或者手术治疗白内障。

4. **肝豆状核变性** 是一种常染色体隐性遗传的铜代谢障碍性疾病。角膜 KF 环为特征性的眼部表现。晶状体混浊呈典型的葵花形。

药物及中毒性白内障

长期局部、全身应用药物或接触毒性化学品可引起晶状体混浊。药物包括：皮质类固醇、氯丙嗪、抗肿瘤药物、缩瞳剂和避孕药等。化学药品包括：苯及其化合物、萘、金属等。

1. **皮质类固醇** 多双眼发病，表现为后极部囊膜下点状、水泡状混浊，可有彩色结晶。停药后混浊可逐渐消退。若长期应用可发展成为完全性白内障。

2. **缩瞳剂** 特别是抗胆碱酯酶药物，长期使用可引起晶状体前囊下空泡或颗粒状混浊。停药后晶状体混浊不易消失，但可停止进展。

3. **氯丙嗪** 长期大量服用氯丙嗪，可引起晶状体混浊。晶状体前囊下点状、颗粒状混浊，可密集排列呈星状。伴发角膜病变，表现为点状混浊。

4. **三硝基甲苯** 是制造黄色炸药的原料，长期接触的人晶状体周边部出现密集的点状混浊，逐渐形成楔形并相互联结构成花瓣状或者盘状混浊。其他金属如铜、铁、汞、银、锌、铝制剂等对晶状体有毒性作用，发生白内障。

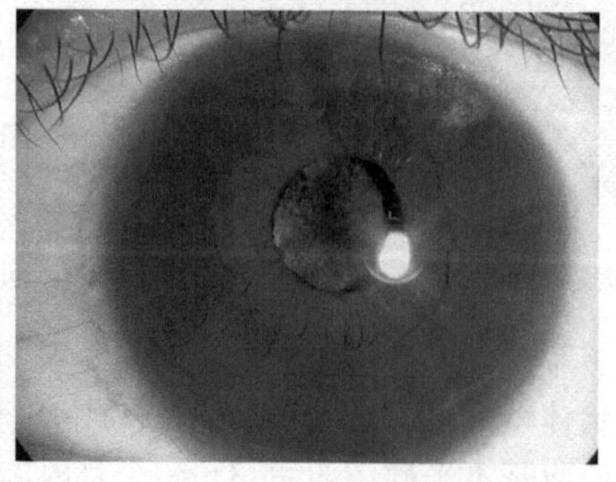

图 12-7 后发性白内障

后发性白内障

白内障手术术后或者晶状体外伤后，残留的皮质、晶状体上皮细胞增生形成混浊，称为后发性白内障。主要表现为：视力减退和晶状体后囊膜混浊。后囊膜混浊，结构形态多种多样，可呈半透明薄纱状、皱折；可由残存的囊下上皮细胞增殖，形成 Elschnig 珠；多量的皮质残存，伴之术后炎症、出血则形成更为复杂浓密的机化膜；另一种情况为周边部皮质残存较多，位于虹膜后。前囊口边缘与后囊粘连而呈环形隆起，称为 Soemmering 环形白内障（图 12-7）。

治疗原则是对不影响视力者不作处理，对视力明显下降者采取 Nd：YAG 激光后囊膜切开术。

第四节 晶状体脱位

正常情况下，晶状体由悬韧带悬挂于瞳孔正后方，其纵轴与视轴几乎一致。由于先天性、外伤性及其他病变使悬韧带发育异常或者断裂，可以使晶状体位置异常，产生异位或者脱位(图 12-8、图 12-9)。

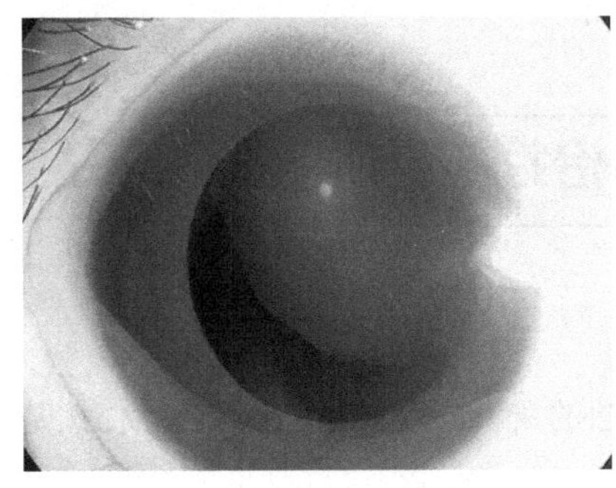

图 12-8 晶状体半脱位

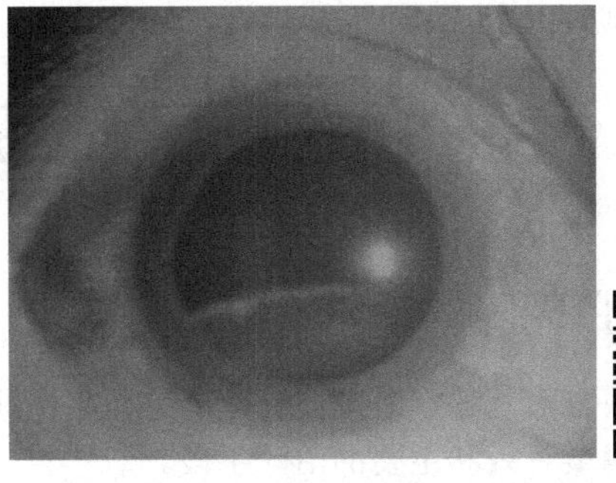

图 12-9 晶状体脱位

一、病因

（1）先天性晶状体异位或脱位。

（2）伴有全身性的综合征：常见的有 Marfan 综合征、Marchesani 综合征、高胱氨酸尿症等。

1）Marfan 综合征：常染色体显性遗传。眼部特征为两侧先天性晶状体异位、青光眼、近视眼等。全身伴有骨骼异常表现为身材瘦高、四肢细长、指（趾）细长，心血管系统可有瓣膜异常、房间隔缺损等。

2）Marchesani 综合征：常染色体隐性遗传。眼征有晶状体异位、球形晶状体、高度近视、青光眼。并发青光眼较多见。全身体征有：身材矮小、指（趾）粗短、皮下脂肪丰满、肌肉发育良好等。

3）高胱氨酸尿症：患者合并代谢紊乱。体征大致与 Marfan 综合征相似，但多数患者有神经系统异常或智能缺陷，尿中有高胱氨酸。常见的并发症有：白内障、屈光不正、葡萄膜炎、继发性青光眼及视网膜脱离等。

（3）外伤性晶状体异位或脱位。

（4）自发性晶状体异位或脱位。

二、临床表现

1. 晶状体不全脱位 在瞳孔区可以看到部分晶状体，散瞳后可以见到部分晶状体的赤道部，这一区域的晶状体悬韧带已经断裂，伴有局部前房加深，虹膜震颤和玻璃体疝。眼底镜检查时可见两个眼底，一个是从半脱位区看到，另一个是透过晶状体看到。

2. 晶状体全脱位 晶状体完全离开了瞳孔区。可以脱位到如下位置。

（1）瞳孔嵌顿：晶状体一部分进入前房。

（2）晶状体脱入前房：晶状体向前可嵌在瞳孔、脱入前房。脱入前房的透明晶状体呈油滴状，可见分割带及“丫”缝等特征，前房加深。

（3）晶状体向后脱入玻璃体腔、视网膜下甚或球外。晶状体脱入玻璃体中如透明可呈圆球形、边缘黑暗的油滴样；若混浊则更易发现。

（4）严重外伤：晶状体经视网膜裂孔进入视网膜下者较罕见。少数人晶状体可因眼球破裂而脱失于球外。

晶状体半脱位手术

三、治疗

1. 非手术治疗 针对晶状体尚透明、未引起严重并发症、视力影响不明显的患者可以进行密切随访，给予药物保守治疗。

2. 手术治疗 如果脱位的晶状体进入前房、后房，发生溶解、混浊，引起视功能障碍或严重并发症时需要及时手术治疗。

第五节 白内障的手术治疗

一、白内障的手术

由于白内障药物疗法至今尚不能有效阻止或逆转晶状体混浊的发生与发展，故手术治疗仍然是各种白内障最有效和主要的治疗手段。

（一）手术适应证

以往认为成熟期白内障为手术最佳时期，随着手术技术以及设备的进步，目前认为当视功能不再满足患者的需要，而且白内障手术有理由提供改善视力的可能时即可手术。白内障摘除也适用于晶状体混浊影响眼后节疾病的最佳治疗时，以及晶状体引起炎症（晶状体溶解、晶状体过敏反应）、前房角关闭和药物不能控制的闭角型青光眼。

（二）术前检查

术前检查包括患者的眼部检查及全身检查。首先要排除不能耐受手术的各系统的器质性疾病如循环系统、呼吸系统、泌尿系统等，对高血压、糖尿病、心功能不全等疾病尤其慎重。常规检查视力、光感、光定位、辨色力，用裂隙灯、检眼镜检查，排除眼部活动性炎症，记录角膜、虹膜、前房、视网膜及晶状体混浊程度。特殊检查包括：角膜内皮细胞计数、眼压、角膜曲率、眼A/B超声波、眼部生物测定及人工晶状体度数测定。

（三）术前准备

术前准备包括术前谈话，患者的心理、情绪及饮食、大便排泄的准备；术前口服镇静剂，常规清洁皮肤、眼睫毛，术前冲洗结膜囊和泪道，充分散大瞳孔及必要时止血药应用。

（四）麻醉方法

麻醉方法可以选择表面麻醉、球周麻醉、球后麻醉及结膜下浸润麻醉等方法，对于不能配合的患者也可以选择全身麻醉。

（五）手术方法

一千多年前，我国及印度等国家已经有应用针拨术治疗白内障的记载。近 20 年来白内障的手术技术达到了飞跃的发展，尤其是近十余年来，随着显微手术及人工晶状体技术的开展，白内障的手术技术由以往的复明手术提升到了屈光手术，成为眼科领域发展最新、最快的学科。

1. 超声乳化白内障吸除术 是应用超声能量将混浊晶状体核和皮质乳化后吸除、保留晶状体后囊膜的手术方法。超声乳化技术将白内障手术切口缩小到 1.8～3.0mm，术中可植入折叠式人工晶状体，并可在表面麻醉下完成手术，具有切口小不用缝合、组织损伤小、手术时间短、角膜散光小、视力恢复快等优点，被誉为21世纪最先进的白内障手术方式，目前在我国这项技术已经得到广泛普及。

超声乳化白内障吸除术的主要步骤包括：切口制作、连续环形撕囊、白内障核块劈裂及乳化吸除。白内障核块劈裂有诸多技巧，常规有十字雕刻及拦截劈裂等，近年出现的尖峰预劈核技术可以减少超声乳化能量，提高乳化效率。

2. 白内障囊外摘出术 是指摘出混浊的晶状体核及皮质，而保留晶状体完整的后囊膜。此术式并发症少，如果术中植入人工晶状体，可以迅速恢复视力。传统囊外摘出术的切口有 8～12mm，经过改良后的小切口囊外摘出术可将切口缩小到4～8mm，并发症更少，目前是我国基层医院白内障的主要手术方式。

3. 飞秒激光辅助白内障超声乳化吸除术 应用飞秒激光进行切口制作、撕囊，并对混浊的晶状体核及皮质进行切割，然后用超声乳化进行吸除，保留完整的后囊膜，同期植入折叠型人工晶状体的手术方法。与常规超声乳化相比，手术切口制作、撕囊直径更精确，对晶状体核预切割和预劈核后，可使超声乳化能量更小、对眼内组织损伤更小、更安全有效，适合散光型人工晶状体、多焦点人工晶状体等功能性人工晶状体的精准植入。

4. 后发性白内障再手术 是指行白内障手术后发生的后囊膜混浊，严重影响视力时，通常采取二种治疗方法：一是采用 Nd：YAG 激光切开后囊膜，击开瞳孔区恢复视轴或光轴通路（图 12-10）；二是再次手术切开后囊膜并吸出残留皮质。

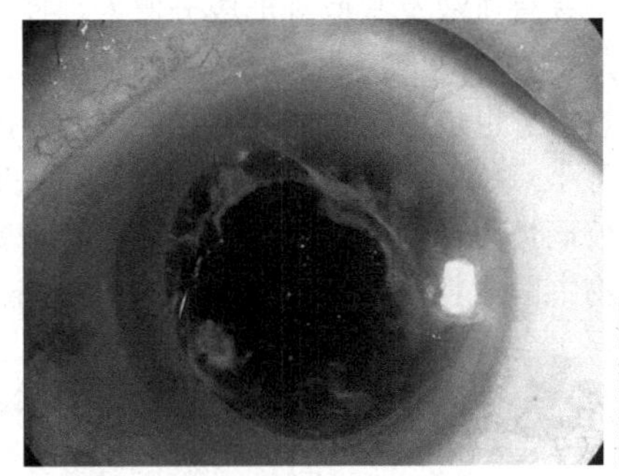

图 12-10　后发性白内障激光后囊膜切开术后

5. 白内障联合手术 白内障手术一般Ⅰ期联合人工晶状体植入手术，根据患者病情和手术条件，白内障手术还可以联合青光眼、角膜移植术，眼内异物取出术，玻璃体切割术等单项手术或者多项联合手术。

白内障超声乳化吸除联合人工晶体植入术

尖峰镊预劈核白内障超声乳化手术

白内障联合青光眼手术

二、人工晶状体植入

人工晶状体植入术：Ⅰ期或者Ⅱ期植入人工晶状体用于矫正无晶状体眼或者屈光不正。人工晶状体按植入眼内的位置分为前房型和后房型两种；按制造材料分为硬性和软性（折叠式）两种，折叠式人工晶状体可通过 1.6～3.0mm 切口植入；按功能特点又分为球面人工晶状体、非球面人工晶状体、多焦点人工晶状体、散光矫正型人工晶状体等，近年出现的连续视程多焦点人工晶状体、多焦点联合散光型人工晶状体，可以使白内障患者术后获得更加完美的裸眼视力。

第十三章 玻璃体病

玻璃体（vitreous）是一种特殊的黏液性胶样组织，正常情况下呈透明的凝胶状态，由精细的Ⅱ型胶原形成的细纤维网支架和交织在其中的透明质酸分子构成，其中99%是水。在玻璃体基部和视网膜前的皮质部，胶原和透明质酸的浓度最大，两者使玻璃体具有刚性、塑性、黏弹性和抗压缩性。干扰两者及其相互作用的任何因素，会使玻璃体凝胶变为液体（液化）。此外，玻璃体内还含有可溶性蛋白（白蛋白、糖蛋白）、葡萄糖、游离氨基酸和电解质等低分子物质，在皮质部有少数玻璃体细胞。玻璃体的功能有：在胚胎期对眼球发育起重要作用；保持玻璃体腔高度透明，对光线的散射极少；对晶状体、视网膜等周围组织有支持、减震作用；具有代谢作用，有主动转运过程；具有屏障作用，细胞和大分子不易侵入玻璃体；正常玻璃体成分对新生血管和细胞增生具有抑制作用。

玻璃体的基本病理改变是玻璃体凝胶状态破坏，变为液体，称玻璃体液化，这也是一种变性过程。透明质酸因代谢、光化学作用发生解聚，胶原纤维支架塌陷浓缩，水分析出。同时，由于固体成分凝聚，或者有血液及其他有形成分侵入，使玻璃体的透明性改变而混浊，称为玻璃体混浊。玻璃体混浊不是一种独立的疾病，而是一种体征。玻璃体液化可出现混浊；而一些引起液化的原因如出血、炎症等本身也是引起玻璃体混浊的因素，两者有联系又有区别。玻璃体病的常见症状为眼前有飘浮物，有小点状、细丝状物或团网状暗影在眼前飘动，明显的玻璃体混浊可致视力下降。

中医称玻璃体为神膏，属广义的瞳神，其病变归属内障眼病范畴。因玻璃体疾病的常见症状为眼前有漂浮物中医学将其归为“云雾移睛”范畴。

第一节 飞蚊症

飞蚊症（muscae volitantes）是指中老年或近视眼患者感觉眼前有飘动的小黑影，尤其看白色或明亮的背景时症状更明显，有时患者还可能有闪光感。本症包括生理性飞蚊症和病理性飞蚊症。生理性飞纹症多无临床意义，可能是个别胚胎残留组织细胞或少数生理细胞脱落到玻璃体内并投射到视网膜上的结果。临床表现为少数孤立、透明无色、轮廓不清的混浊，不影响视力，不需要治疗。

病理性飞蚊症见于各种眼内疾病出现的玻璃体混浊。据临床观察，玻璃体液化和后脱离是病理性飞蚊症的主要原因。约70%的患者为玻璃体后脱离，约1/4的患者可能还具有威胁视力的病变，常见于视网膜的裂孔。对仅有玻璃体后脱离的患者无须特殊治疗；对有危害视力的病变按原发病的有关治疗原则处理。

第二节 玻璃体后脱离

玻璃体后脱离（posterior vitreous detachment，PVD）是指玻璃体后皮质从视网膜内表面分离（图13-1）。通常在玻璃体液化的基础上发生，随着玻璃体中央部的液化腔扩大，玻璃体后皮质变薄并出现裂口，液化的玻璃体通过裂口进入玻璃体后间隙，使后玻璃体皮质与视网膜迅速分离。由于玻璃体与视盘边缘有紧密的粘连，分离后在视网膜前出现一个如视盘大小的环形混浊物（Weiss

环）。日久此环可变形或下沉。它的存在是玻璃体后脱离的确切体征。多数患者当 PVD 发生时会有闪光感、眼前有物漂浮感。

在 PVD 形成中，虽然大部分区域的玻璃体已与视网膜分离，但在粘连紧密的部位仍然附着并产生牵拉。随着眼球的转动，飘动的玻璃体皮层对视网膜产生前后方向或切线方向的牵引力；由于周边部视网膜较薄并且容易变性，在高度近视眼黄斑部也易发生变性，这种牵拉可造成周边部的视网膜裂孔或黄斑裂孔。液化的玻璃体通过视网膜裂孔，进入神经上皮层之下，即发生孔源性视网膜脱离（rhegmatogenous retinal detachment，RRD）。玻璃体液化、后脱离所产生的玻璃体视网膜牵拉，是 RRD 发病的重要机制。

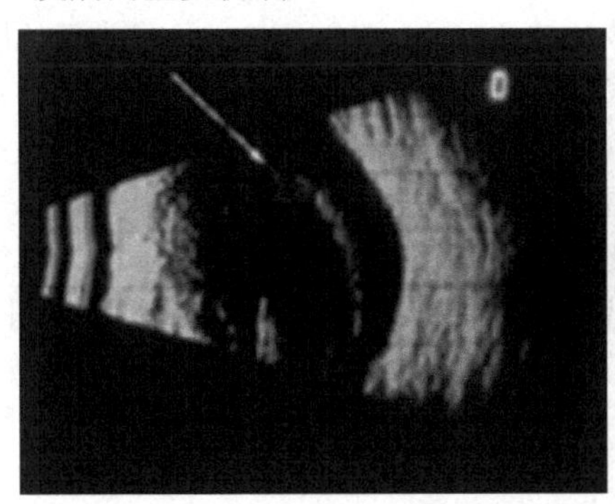
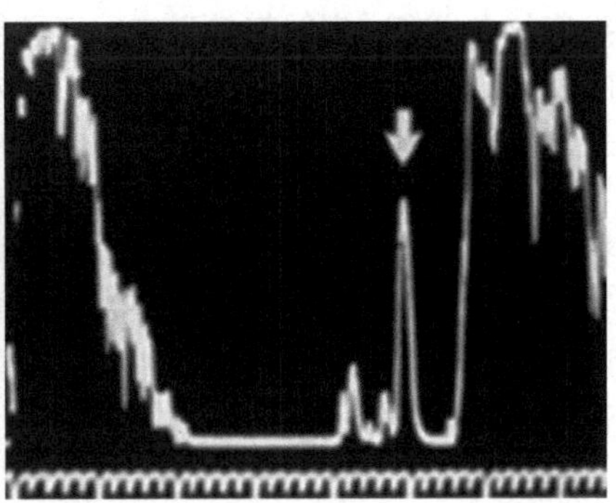

图 13-1　玻璃体后脱离

第三节　玻璃体积血

玻璃体积血（vitreous hemorrhage），是指由眼内组织疾病或者眼外伤所致眼内血管破裂出血，使血液进入玻璃体腔内，导致视功能障碍的常见疾病。玻璃体本身无血管，不发生出血。导致玻璃体积血的常见原因有血管性、炎症性、肿瘤、视网膜裂孔、外伤等。玻璃体出血在中医属“内障”“血证”范畴。出血量少时视力轻度减退，仅觉眼前有飞蚊，云雾移动，属“云雾移睛”，“视瞻昏渺”范畴；出血量多时，视力可突然减退甚至仅有光感，则属“暴盲”；眼外伤所致属“撞击伤目”“血灌瞳神”。

随着我国逐步进入老龄社会，引起本病原发病的发病率逐年上升。由于玻璃体内无血管，代谢缓慢，玻璃体积血长期不能吸收，容易引起增殖性玻璃体视网膜病变以及视网膜脱离，导致永久性的视力障碍。

一、病因病理

（一）中医病因病机

本病病因病机复杂，多因热入血分，迫血妄行；或气不摄血，血不循常道；或眼部外伤，脉络受损，血溢脉外所致。

1. 肝火炽盛，血热妄行　肝气郁结，郁久化火，或肝经实火，肝火上炎，火灼目中血络，迫血妄行，溢于神膏而发本病。

2. 肝肾阴亏，虚火伤络　肾为肝之母，肝肾精血，互相滋生。肾病及肝，肝肾阴虚，水火不济，阴虚火旺，虚火上炎，火灼目络，导致血不循经而溢于脉外。

3. 心脾亏损，气不摄血　脾主统血，血属阴，脉为血府，血液能在血络中运行而不外溢，有赖于脾气的统摄。思虑不解，或过度劳累，或久视，伤及心脾，目失所养，气虚血失统摄，血溢目窍。

4. 外伤络损，气滞血瘀　外物暴力钝挫伤，导致眼珠血络受损，外伤损伤脉络，气血不和，瘀血积滞。或眼部手术不慎，损及黄仁及眼络，血溢脉外。

（二）西医病因病理

任何原因导致视网膜、葡萄膜血管或新生血管破裂，血液进入玻璃体腔内，形成玻璃体积血，可分为自发性、外伤性及手术性。

1. 自发性　自发性玻璃体出血的疾病较多，如老年性黄斑变性、糖尿病视网膜病、视网膜静脉阻塞、视网膜血管炎、高血压性视网膜病变、早产儿视网膜病变、Coats 病、PCV、Eales 病等。一些血液系统疾病如白血病、视网膜劈裂症也可导致玻璃体出血，但较为少见。最常见的机制是新生血管，因视网膜缺血而导致新生血管形成，如糖尿病视网膜病、视网膜静脉阻塞、早产儿视网膜病变，任何新生血管都易出血。其次的机制是撕断视网膜血管，如玻璃体后脱离或视网膜裂孔形成。还有视网膜下出血穿越内界膜而进入玻璃体。如湿性年龄相关性黄斑变性。

2. 外伤性　在眼外伤中，眼球穿孔伤或眼球钝挫伤都可造成外伤性玻璃体出血。在角巩膜穿孔伤、巩膜穿孔和眼后节的滞留性异物伤，玻璃体出血的发生率很高。眼球钝挫伤造成的眼球瞬间形变可致视网膜脉络膜破裂而发生玻璃体出血；前部玻璃体出血可由虹膜、睫状体部位损伤所致。

3. 手术性　可见于白内障手术、青光眼手术、视网膜脱离修复手术、玻璃体手术、眼内肿瘤手术等。

二、临床表现

（一）症状

少量出血时，患者不易察觉仅有眼前飞蚊；出血量较大时眼前有暗影飘荡或者黑影遮挡，视力急剧减退，严重者仅有光感。

（二）体征

少量出血者，玻璃体呈弥漫性或尘埃性混浊；出血较多者，玻璃体见到片状、块状或絮状混浊；大量出血时，检眼镜下仅见红光反射，裂隙灯显微镜下可见深部积血表面有无数散在或凝集的红细胞或碎片。血块经溶血后逐渐消失，但血色素或红细胞破坏产物则呈弥漫黄褐色颗粒浮散在玻璃体甚至前房中。

（三）并发症

玻璃体积血经久不吸收，特别是接近视盘者常常引起增生性视网膜病变；积血遮盖黄斑部，严重影响中心视力，其纤维组织收缩可牵引视网膜造成黄斑异位甚至视网膜脱离。玻璃腔内变性的红细胞进入前房，可并发血影细胞性青光眼、溶血性青光眼、血铁质沉着性青光眼等。

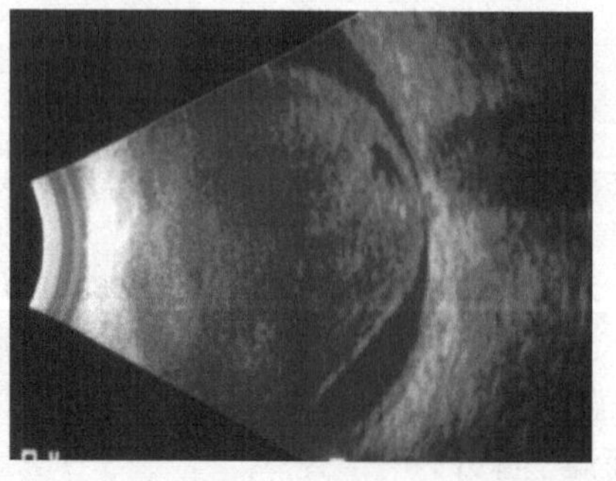

图 13-2　玻璃体积血伴不完全性后脱离 B 超声像

三、实验室及其他辅助检查

1. B 型超声波检查　眼科超声波检查有助于诊断。少量出血时 B 超检查提示玻璃体腔内呈点状、片状或者线状高密度强回声；大量玻璃体积血时，B 超检查提示玻璃体腔布满密集的强回声光团，当伴有视网膜脱离时，可以见到与视乳头相连的强回声光带（图 13-2）。

2. 荧光血管造影检查 双眼荧光血管造影（FFA）检查，对一些血管性疾病引起的玻璃体积血具有确诊意义。如果玻璃体混浊严重，眼底隐约可见或者看不清的患者，建议行对侧眼检查，协助诊断。

四、诊断与鉴别诊断

（一）诊断要点

1. 辨病要点 局部出血多为实证。①眼前黑影飘动。②视力突然减退甚至仅有光感。③玻璃体内条带状、块状混浊，视网膜有出血灶。④眼底红光反射消失，眼底不能窥见。

2. 辨证要点 全身症候虚实夹杂。

（1）络损出血证：视力突然下降，眼前黑影飘动，玻璃体混浊，色鲜红。伴心烦胁痛、或头晕腰酸、或少气懒言、或肢倦乏力；口干便秘；舌红少苔，脉数或脉细。

（2）气滞血瘀证：视力突然下降，眼前黑影飘动，玻璃体混浊，色鲜红；头痛兼情志不舒，烦躁易怒；舌暗红苔少，脉弦或涩。

（3）痰浊瘀阻证：视力突然下降，眼前黑影飘动，玻璃体积血；眼珠刺痛或胀痛；稠口苦；头重头晕，烦躁胸闷；舌质暗红、舌苔黄腻，脉弦滑。

（4）脾虚兼血瘀证：视力突然下降，眼前黑影飘动，玻璃体积血；面色萎黄，心悸健忘，纳呆乏力；舌淡苔薄白，脉细无力。

3. 西医诊断要点

（1）有引起玻璃体积血的原发病表现。

（2）自觉眼前黑影飘动：病情轻者，眼前黑影飘动，如飞蚊症；重者，眼前黑影突然增多，视力急骤减退，甚至仅有光感。

（3）玻璃体内细小点状、条带状、团块状混浊，视网膜有出血灶；出血多者眼底检查无红光发射，眼底不能窥及。

（二）鉴别诊断

1. 玻璃体炎症性混浊 玻璃体内混浊为白色或黄白色边界不清的小点状混浊或积脓，可见前房房水闪辉，有葡萄膜炎或视网膜炎病史。

2. 生理性飞蚊症 不属于病理性，眼底和玻璃体无病变。其特点是量少、孤立、透明无色。轮廓不清，有一定运动方向，不随头部运动而改变方向。

五、治疗

（一）中医治疗

1. 治疗原则 根据玻璃体积血不同时期特点，结合症候规律，采用整体宏观辨证与局部微观辨病结合的思路和治疗方法进行辨证施治。积极治疗原发病。

2. 中医辨证论治

（1）络损出血证

治法：清热凉血，活血止血。

方药：生蒲黄汤（《中医眼科六经法要》）。出血多者，可加仙鹤草、血余炭等增强止血作用；肝胆火炽者，可加胆草、夏枯草等清肝。

中成药：犀角地黄丸，活血明目片，云南白药。

（2）气滞血瘀证

治法：行气活血化瘀。

方药：血府逐瘀汤（《医林改错》）。积血日久不散，可加鳖甲、苏木、瓦楞子、三棱、莪术等以破血散瘀。

中成药：血府逐瘀丸，血府逐瘀口服液。

（3）痰浊瘀阻证

治法：化痰散结，活血祛瘀。

方药：桃红四物汤和涤痰汤（《医宗金鉴》、《奇效良方》）。

中成药：活血明目片，复方丹参滴丸。

（4）脾虚兼血瘀证

治法：益气健脾，活血化瘀。

方药：归脾汤加减（《济生方》）。可加藕节、白茅根止血；加丹参、三七、阿胶、鸡血藤等加强活血消瘀。

中成药：复方血栓通胶囊。

3. 外治法 滴眼药水：可选用氨碘肽滴眼液滴眼，每次 1 滴，每日 3～4 次。

4. 离子导入 出血停止以后可局部用三七、丹参、川芎等注射液行电离子导入，促进瘀血消散。

5. 针刺治疗 通过针刺对穴位的刺激，可以调节全身的气血阴阳，从而使气血、经络通畅，有助于出血吸收，视力改善。

（1）常用穴位：眼局部常用穴，睛明、承泣、太阳、丝竹空、攒竹、四白。全身常用配穴，血热妄行者，可选关冲、少冲、中冲、印堂；虚火伤络者，可选肝俞、肾俞、行间、太溪、申脉；心脾亏损者，可选脾俞、胃俞、足三里、中脘、气海；外伤络损者可选风池、丰隆、太冲、申脉、照海等穴。

（2）针法：针对主症配穴，将眼周穴位和远端肢体穴位配合应用，每日或隔日 1 次，10 次为 1 个疗程，休息 3～5 日再做下 1 个疗程。眼周穴位不宜运针提插、捻转，对于肢体、腹部及背部穴位可以针灸并用。

（二）西医治疗

1. 治疗原则 首先积极治疗原发病。怀疑存在视网膜裂孔时，令患者卧床休息，待血下沉后给予激光封闭或视网膜冷冻封孔；大量出血吸收困难，可考虑行玻璃体切割手术治疗。

2. 药物治疗 临床上常运用止血药如氨甲苯酸、维生素 K、酚磺乙胺、卡巴克络等药物。

3. 手术治疗 由视网膜裂孔、糖尿病视网膜病变、视网膜静脉阻塞及视网膜静脉周围炎引起的玻璃体积血可以给予视网膜激光光凝术治疗。治疗原发病，对 PDR、CRVD、AMD 等中药治疗 2～3 个月以上仍难以吸收，眼底看不清者应行玻璃体切割手术。

六、中西医临床诊疗思路

玻璃体积血多由内眼疾病如糖尿病视网膜病变、视网膜静脉阻塞、视网膜静脉周围炎、视网膜裂孔、老年性黄斑变性、脉络膜息肉样变、眼外伤、手术时出血进入玻璃体等引起。出血量少，眼底视网膜清晰可见者，以中药治疗为主，促进积血的吸收。有明确的原发病病史，出血量多，玻璃体大量新鲜出血，眼底看不清时，根据急则治其标的原则，先嘱患者半坐位，停用抗凝剂，针对原发疾病治疗，控制血糖、血压、血脂等，并予止血剂如卡巴克络、酚磺乙胺、维生素 K 等。中医根据病因、病程和体质不同，掌握气与血、止与行、血与痰等辨证关系，兼用行气、补气、止血、活血、化痰、祛瘀、软坚散结等药物。早期凉血止血为主，活血为辅；出血稳定后行气活血、祛瘀生新，祛瘀为主，后期瘀滞形成机化，则采用破血逐瘀、软坚散结之法。根据我们的临床体会玻璃体积血主要应以局部辨证结合络损出血证、气血瘀结证、痰浊瘀阻证、脾虚兼血瘀证等治疗。但是由于临床中患者的全身情况各有不同，辨证治疗还需要四诊合参，在中医理论的指导下灵活运用，不必拘泥某证。对于全身症状不明显的患者，可以参考老中医经验进行专方治疗，分期治疗等。同时针对原发病及患者个体情况，配合尿激酶、超声及激光治疗，保守治疗 2 周无效者，选择微创玻璃体切割手术治疗，手术后继续配合中药治疗。外伤所致玻璃体积血可以在 1 周时间内选择手术，由视网膜脱离或牵拉性视网膜脱离引起者，应及早进行视网膜复位及玻璃体切割术。

第四节　玻璃体变性性疾病

一、星状玻璃体变性

星状玻璃体病变（asteroid hyalosis）常发于老年人。发病率是 1/200，单眼患病率大约是 75%。混浊物的主要成分是脂肪酸和磷酸钙盐。临床无明显症状，视力不受影响。眼底检查表现为玻璃体内散在白色、大小不等的卵圆形小体。一般不需要治疗（图 13-3）。

二、闪光性玻璃体液化

闪光性玻璃体液化（synchysis scintillans）比星状玻璃体病变少见，见于 40 岁以前，多为双侧，与玻璃体外伤性损害或者炎症性损害有关，混浊物的主要成分是胆固醇结晶。临床无明显症状，视力不受影响。眼底检查表现为玻璃体内散在金黄色的结晶小体。一般不需要治疗（图 13-4）。

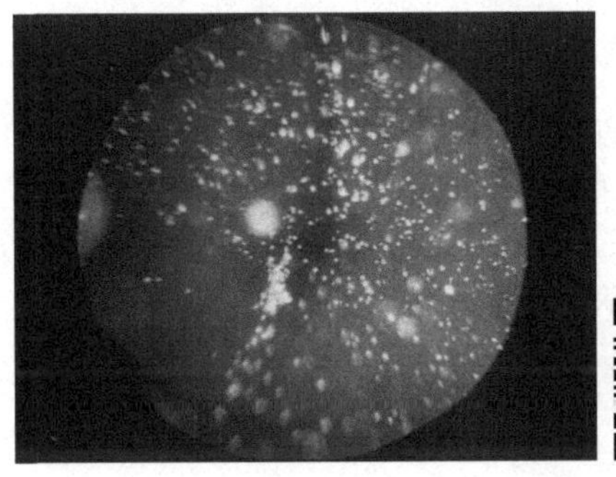

图 13-3　星状玻璃体变性

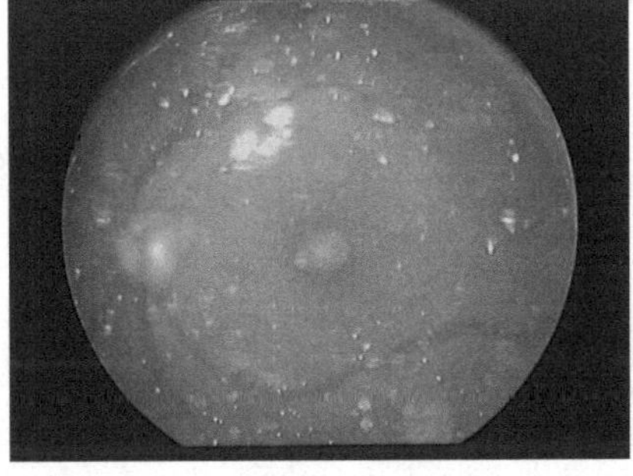

图 13-4　闪辉性玻璃体液化

第五节　玻璃体炎症

玻璃体是细菌、微生物良好的生长基，细菌等微生物进入玻璃体可以导致玻璃体炎，又称为眼内炎（endophthalmitis）。通常根据致病原因分成内源性和外源性两部分。内源性眼内炎的常见致病菌是白色念珠菌，多见于致病微生物由血液或者淋巴进入眼内、免疫功能抑制或缺陷、肿瘤、器官移植及大量应用广谱抗生素发生真菌性感染。临床表现主要是视力下降，手术后的眼内炎通常发生在手术后 1～7 日，病变由眼后部开始，视网膜出现灰白色病灶，边界清楚，开始呈分散状，蔓延到视网膜前产生玻璃体混浊，甚至前房积脓。外源性眼内炎常见于眼部手术、眼球穿通伤、眼内异物伤等，临床表现是由眼前段向眼后段蔓延，初起有眼睑红肿、结膜充血水肿、伤口有脓性渗出、前房积脓甚至玻璃体积脓，视力急剧下降甚至丧失。手术后的真菌感染由前部玻璃体向后玻璃体和前房蔓延，初起在前玻璃体的表面见到积脓或者形成渗出膜。

本病是眼科最严重的感染性疾病，治疗原则是积极控制感染。在细菌培养和药物敏感试验的基础上，选择抗生素或者抗霉菌药，最初的给药可以根据房水和玻璃体细菌的实验室检查结果。给药途径有：全身静脉注射、玻璃体腔注射、结膜下注射及结膜囊滴眼液等。通常选择的药物有：万古霉素、头孢他啶、氨基糖苷类、两性霉素、多粘菌素及糖皮质激素等。一旦药物治疗难以控制病情进展，应及时行玻璃体切割手术，清除玻璃体腔的积脓，同时直接向玻璃体腔内注药，目前广泛应用于眼内炎的治疗。

第六节　增殖性玻璃体视网膜病变

增殖性玻璃体视网膜病变（proliferative vitreoretinopathy，PVR）是指发生在视网膜表面的无血管的纤维细胞性的膜的增殖性病变，是导致视网膜脱离的主要原因。多数发生在近期孔源性视网膜脱离复位手术后，部分自发的 PVR 发生于陈旧性视网膜脱离，眼球穿通伤。由于玻璃体内及视网膜表面的细胞增生和收缩，造成牵引性视网膜脱离的病变（图 13-5）。

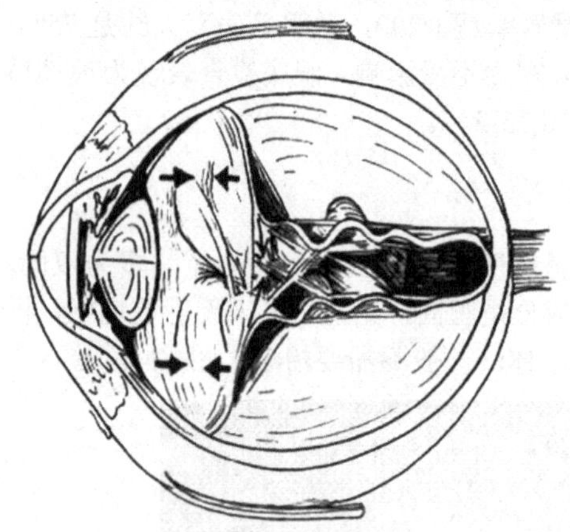

图 13-5　增殖性玻璃体视网膜病变（PVR）示意图

中医后世医家认为该病应属于眼科“积聚”范畴。

一、病因病机

（一）中医病因病机

中医认为本病的病因病机主要乃因瘀血、痰饮、食积并作而成，其中尤以瘀血最为关键。如元代《丹溪心法》中所说：“气不能作块，成聚块有形之物，痰与食积、死血”，故本病是由痰瘀互结于视衣之上或神膏内，而形成有形之物，其症候特点为本虚标实。

（二）西医病因病理

PVR 是眼内组织对损伤修复反应的一种特殊形式，其本质是细胞增生形成有收缩能力的膜。其病理过程是孔源性视网膜脱离引起视网膜色素上皮细胞游走，色素上皮细胞增生，形成膜并与视网膜粘连，细胞性膜收缩牵拉视网膜，造成视网膜脱离。参与增生的细胞有视网膜色素上皮细胞、神经胶质细胞、成纤维细胞等。巨噬细胞及因血-视网膜屏障损害渗漏的各种细胞因子在 PVR 发病中亦有重要作用。

二、临床表现

（一）症状

由于 PVR 的损害范围与程度不同，患者可出现不同程度的视力障碍，或视野缺损。

（二）体征

眼底检查可见，视网膜由于细胞增生形成的视网膜前膜的牵拉，出现局部或弥漫性收缩，或赤道前的环形收缩，最终视网膜呈漏斗状脱离并粘连、变性。

三、实验室及其他辅助检查

眼部B超或彩色多普勒超声波检查可对本病明确诊断，并可对增殖机化物和视网膜脱离进行一定程度的定位和定量，有助于本病的分级诊断、指导手术治疗和判断预后。

四、治疗

（一）中医治疗

对于积聚之证，治疗法则为软坚散结、活血化瘀、消积导滞。方药常用血府逐瘀汤合二陈汤加减。如以瘀血为主者，酌加三棱、莪术、水蛭等；以痰饮为主者，酌加浙贝、海藻、昆布、半夏等；对于眼内增殖形成伴胃纳欠佳者，常用药有炒山楂、鸡内金、炒麦芽等。此外，还需酌加补益药物，以扶正固本。

（二）西医治疗

1. 治疗原则 采取玻璃体切割手术及视网膜脱离复位术是目前治疗增殖性视网膜玻璃体病变的有效方法。其中还包括巩膜外硅胶垫压及环扎、玻璃体切割、膜剥离、眼内光凝、气液交换及惰性气体或硅油填充等手术方法。

2. 药物治疗 本病主要从细胞增生、机化收缩、创伤修复反应三方面进行治疗。抑制细胞增殖的药物主要有抗代谢药物如氟尿嘧啶、道诺霉素等。抑制增殖膜收缩的药物包括秋水仙碱、丁酸盐等；抑制创伤修复的药物有糖皮质激素及非甾体类药物如吲哚美辛。

第七节 玻璃体猪囊尾蚴病

玻璃体猪囊尾蚴病（cysticercosis cellulosae）是由于吞食猪肉绦虫的虫卵后，在玻璃体内形成囊尾蚴所致。患者视力下降，甚至可见虫体变形蠕动。眼底检查可见囊尾蚴呈黄白色半透明圆形，大小为1.5～6PD，有时可见头部吸盘。多伴有玻璃体混浊与葡萄膜炎。囊尾蚴可在间接检眼镜直视下或采用玻璃体手术方法取出。

第八节 先天性玻璃体异常

先天性玻璃体异常及遗传病有多种，但并不常见。

1. 永存玻璃体动脉（persistent hyaloid artery） 在胚胎发育过程中，自视乳头至晶状体有一玻璃体动脉，通常在胚胎7个月时逐渐萎缩。但少数人玻璃体动脉萎缩不全，有灰白色条索状物残留。有时仅存在点状残留物，见于晶状体后囊部位，或在视乳头前有纤维条索。一般不影响视力，无须处理。

2. 永存原始玻璃体增生症（persistent hyperplasia of primary vitreous） 见于婴幼儿或儿童，90%为单眼发病，为发育期原始玻璃体的残留物，可伴有小眼球、浅前房、小而扁平的晶状体。晶状体后原始玻璃体增殖形成纤维膜，其中含有残留的玻璃体动脉。检查可见瞳孔区晶状体后方为一片致密的白色纤维膜且常伴有新生血管；散瞳后可见睫状突受纤维膜的牵引被拉向晶状体，形成放射状的条索。晶状体后囊可被撕裂引起白内障，晚期可发生继发性青光眼。本病早期可试行晶状体摘除及玻璃体切割术。

第九节　微创玻璃体手术

玻璃体手术是眼科的高精手术之一，自 1972 年临床应用以来，为越来越多的复杂的、疑难的、既往无法治疗的眼底疾病带来了治疗的契机。目前玻璃体手术已进入微创手术世纪，主要有 23G、25G 微创玻璃体切割系统，切口直径缩小至直径为 0.5～0.7mm。微创玻璃体手术不仅简化了手术操作，节省了手术时间，手术后效果也较以往大大提高。

一、手术适应证

（1）玻璃体积血：如视网膜静脉阻塞、视网膜血管炎、增生性糖尿病视网膜病变等疾病引起的玻璃体积血。

（2）孔源性视网膜脱离：尤其针对复杂孔源性视网膜脱离如巨大裂孔、合并脉络膜脱离的视网膜脱离、后极裂孔等。

（3）黄斑疾病：黄斑前膜、黄斑裂孔、玻璃体黄斑牵拉综合征、黄斑下新生血管膜等黄斑疾病。

（4）复杂眼外伤：眼内异物、后段眼球钝挫伤等外伤性疾病。

（5）眼内炎症：如各种原因引起的眼内炎、视网膜坏死等。

（6）处理眼前段手术的并发症：如晶状体碎块落入玻璃体、IOL 脱位、脉络膜上腔出血等。

（7）其他疾病：如玻璃体变性、囊尾蚴病等。

二、手术并发症

术中及术后视网膜裂孔、视网膜脱离、白内障、复发性玻璃体积血、角膜水肿、继发性青光眼、眼内炎。极少数可发生交感性眼炎。

玻璃体切割手术治疗
玻璃体积血

第十四章　视网膜疾病

第一节　概　　论

视网膜是全身唯一可以在活体观察血管及血管分布状态的组织，位于眼球壁的最内层，结构精细复杂，是各种视功能形成的基础。视网膜是由神经外胚叶发育而成。视网膜的营养来自视网膜中央血管系统和睫状血管系统：视网膜中央动脉供应内核层以内的视网膜；脉络膜毛细血管供应内核层以外的视网膜。由于血管由中胚叶分化而来，与视网膜的神经组织胚胎发育来源不同，所以疾病也各不相同。视网膜血管性疾病与全身系统性疾病密切相关；视网膜神经组织病变除与中枢神经系统疾病相关外，还因其三级神经元的不同而病变各异。第一级神经元的病变以原发性的变性疾病及营养障碍为主，或继发于脉络膜疾病；第二级神经元因位于视网膜深浅两层毛细血管之间，故易受血管病变的影响；第三级神经元则易受累于中毒和下行性病变。此外，邻近组织如葡萄膜、巩膜、玻璃体等疾病均可影响视网膜；很多先天性疾病，遗传性疾病及退变性疾病等也可引起视网膜疾病。因此，视网膜病变的表现十分复杂。

虽然视网膜疾病的病理改变较为复杂，但也有一定的共性，常见的视网膜病变的表现有：

一、视网膜水肿

由于眼病或者全身疾病如炎症、缺血、缺氧等使视网膜屏障受到破坏，血管内的液体进入视网膜致视网膜水肿（retinal edema），或视网膜内细胞本身因缺血而肿胀。按水肿位置分为细胞性水肿和细胞外水肿。

1. 细胞性水肿　是由于视网膜动脉血流突然中断使该动脉所供应的区域发生缺血、缺氧，导致视网膜内层的双极细胞、神经节细胞及神经纤维层产生混浊、水肿。短暂缺血缺氧尚可以恢复，但多数缺血缺氧不能恢复导致视网膜内层细胞坏死，视功能丧失；其眼底表现为灰白色混浊。其见于视网膜中央动脉及分支动脉阻塞。

2. 细胞外水肿　是由于血-视网膜屏障受到破坏，血浆经管壁的损害处渗漏到视网膜间隙内，从而引起视网膜水肿。其眼底表现为视网膜模糊，失去正常光泽。其见于高血压、葡萄膜炎、糖尿病等(图 14-1)。

3. 视网膜神经上皮盘状脱离及浆液性视网膜脱离　是由于视网膜色素上皮的屏障功能受损，经脉络膜毛细血管内皮窗孔漏出的液体经视网膜色素上皮的损害处渗漏到视网膜神经上皮下。其见于一些视网膜脉络膜病变。

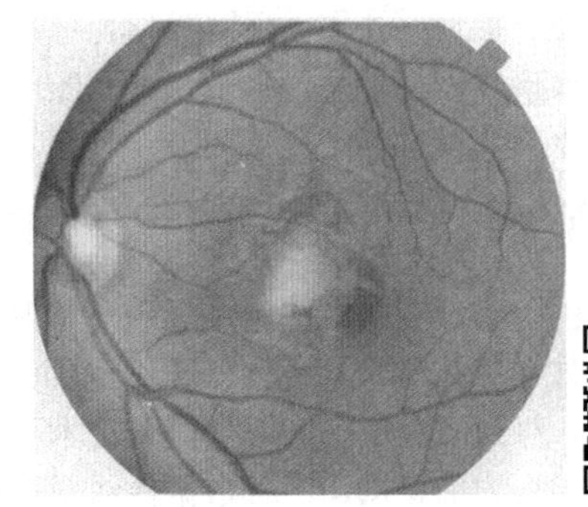

图 14-1　视网膜细胞外水肿

二、视网膜渗出

血-视网膜屏障继续受损，血浆内的脂质或者脂蛋白从视网膜血管内溢出，沉积在视网膜内称为渗出（retinal exudate）。其常常位于后极部，眼底表现为视网膜上的边界清晰的黄白色小点，其形态和大小不一，有时可融合成片，亦可呈环状或弧形排列；位于黄斑者，可沿 Henle 纤维的排列而呈星芒状或扇形，严重者可在黄斑区形成较厚的蜡块样的斑块，称硬性渗出。棉绒斑（cotton-wool spot）：过去称为“软性渗出”，实际上这种病变并非渗出，而是由于毛细血管前小动脉闭塞，致组织缺氧引起神经纤维层的轴索断裂、肿胀，形成形态不规则、大小不一的灰白色的边界不清的棉绒状或绒毛状斑块。

三、视网膜出血

视网膜出血（retinal hemorrhage）因受损血管位置及出血积存的部位不同，可分为下面几种类型的出血。

1. 深层出血 出血位于视网膜外丛状层和内颗粒层之间，为视网膜深层毛细血管出血，出血沿细胞走向垂直的空隙延伸，呈圆点状或墨迹状，色稍暗红。

2. 浅层出血 出血位于视网膜神经纤维层，为视网膜浅层毛细血管丛的出血。出血沿神经纤维的走行排列，呈线状、条状及火焰状，色较鲜红，日久则逐渐变为暗红色。

3. 视网膜前出血 出血位于视网膜内界膜与玻璃体后界膜之间。多位于后极部，由于红细胞下沉，出血呈半月形，上方见水平液面，为半透明的血清（图 14-2）。

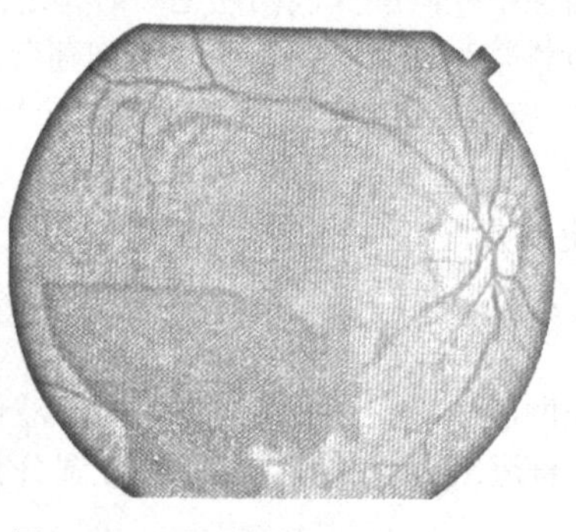

图 14-2 视网膜前出血

4. 玻璃体积血 玻璃体没有血管，出血多来自视网膜血管，以及视网膜新生血管破裂突破玻璃体后界膜进入玻璃体内。新鲜出血呈鲜红色，弥散或者凝聚成血块；少量出血，引起玻璃体片状或团块状混浊；大量玻璃体积血可遮盖眼底使其失去正常的红光反射。

5. 视网膜下出血 多由视网膜下新生血管或者脉络膜新生血管出血所致。出血位于视网膜色素上皮层与感光细胞层之间，新鲜时色较鲜红，而后呈暗红色，常为类圆形或分叶状外观，境界清晰。

四、视网膜增生性病变

由于出血、炎症、外伤、视网膜裂孔等，在不同的细胞介导和多种细胞因子的参与下，在视网膜前、后及玻璃体发生增生性病变（proliferative retinopathy），形成视网膜新生血管膜、视网膜前膜、视网膜下膜、玻璃体机化膜等。

五、视网膜的色素改变

视网膜的色素改变是视网膜色素上皮细胞对多种病损的反应。由于先天性发育异常、变性性疾病、炎症、外伤等均可引起色素上皮细胞的改变，表现为色素紊乱、色素脱失或色素增殖等。

近年来，对视网膜疾病的现代检查技术不断改进和增多，此为临床上早期全面准确地诊断视网膜疾病提供了有力的帮助。但应根据视网膜疾病的不同病因、不同部位和病变特点合理选择有针对性的辅助检查。如对视网膜血管病变和色素上皮病变可选择荧光素眼底血管造影检查；对黄斑病变和脉络膜新生血管性疾病应选择眼底血管造影联合光学相干断层扫描检查；对视网膜色素病变和视网膜神经纤维病变可选择结合视觉电生理检查；对视网膜周边部的病变应使用检影镜、三面镜、广角眼底照相等检查手段。

中医称视网膜为视衣。视网膜病属广义的瞳神疾病。根据五轮学说，瞳神为水轮，内应于肾，肝肾同源，故发病常责之于肝肾。事实上，瞳神疾病的病因病机十分复杂，与其他脏腑的关系也同样非常密切，其发病有急有缓，病程有长有短，病位有深有浅，病性有实有虚。因此，瞳神疾病的诊治应局部与整体结合，四诊合参，辨证求因，审因论治，综合治疗。除中医辨证予以中药汤剂治疗外，还可同时采用中成药制剂、针灸、理疗、中医外治法等多种中医手段治疗。

第二节　视网膜血管病

视网膜静脉阻塞

视网膜静脉阻塞（retinal vein occlusion，RVO）是指视网膜中央静脉或分支静脉血管狭窄，形成急性血流梗阻的一种眼病。与心脑血管疾病、动脉硬化、高血压、糖尿病等危险因素密切相关，表现为视网膜静脉迂曲阻塞，沿受累静脉有出血，视网膜水肿、渗出等。病程长，致盲率高，晚期最常见的并发症有黄斑囊样水肿和视网膜新生血管形成，也是导致本病视力明显下降的主要原因。

多见于年龄较大的患者，但亦有年轻患者发病。视网膜静脉阻塞的国外发病率继糖尿病视网膜病变之后，也是我国最为常见的视网膜血管病。常单眼发病，左右眼无差别，双眼发病者少见。

视网膜静脉阻塞属于中医学“暴盲”、“络瘀暴盲”、“目衄”等范畴。

一、病因病理

（一）中医病因病机

《景岳全书·杂证谟》云：“血动之由，惟火惟气耳”，说明气与火是血脉运行紊乱的主要因素，与血证临床相符。早期多气虚及火热为病，中期瘀滞为主，晚期肝肾亏虚，痰瘀互结。《银海指南·肾经主病》提出：“属相火上浮，水不能制”。

引起视网膜静脉阻塞的病因诸多，最终都导致血脉运行不畅，属典型的血瘀证。肝失疏泄，气滞则血瘀。脾气机不利则致气滞，气滞不能运血则血脉瘀滞。肾为先天之本，阴虚不能制阳则虚火内生，向上熏灼目络，气血运行紊乱，日久必致血瘀，并且阴虚本身亦可导致血瘀，即水少舟停，血脉枯滞；阳气虚弱则血脉失于温运和推动而瘀滞不通。

本病早期出血及中期瘀血停滞，及时治疗则可望逐渐恢复，至晚期肝肾亏虚，痰瘀互结，目系及视衣功能受损，则视力恢复困难甚至引起视衣脱离、黑风内障等严重并发症而至失明。

（二）西医病因病理

西医学认为，视网膜静脉阻塞的发病机制复杂。各种原因导致血管壁内皮受损，血液流变学、血流动力学的改变，以及眼压和眼局部受压等多种因素。由于解剖原因，在筛板处视网膜中央动、静脉紧邻，且视网膜动脉和静脉交叉处有共同的鞘膜，在动脉硬化时，邻近或交叉的动脉压迫管壁较薄弱的静脉，使静脉管腔变窄，内皮受压细胞水肿、增生，管腔进一步变窄，发生阻塞。免疫炎症因素在年轻静脉阻塞患者的发生上可能起了重要作用。目前关于 RVO 的发病机制尚未完全清楚，较一致的观点：高同型半胱氨酸血症和抗磷脂综合征有可能是视网膜静脉阻塞的病因。

二、临床表现

（一）症状

视力下降，非缺血型者病变较轻，未累及黄斑时视力下降不明显，病程较长侵及黄斑部则视力下降较重；缺血型者视力明显下降，眼前黑影，合并动脉阻塞者视力可降至手动或光感，若无并发症则多无眼胀眼痛。

（二）体征

视网膜静脉阻塞根据分型不同表现各异，目前比较公认的分法按阻塞部位和缺血情况分型。按阻塞部位可分视网膜中央静脉阻塞、半侧静脉阻塞和分支静脉阻塞；按缺血性质分缺血型和非缺血型，临床常将两者结合。

1. 视网膜中央静脉阻塞

（1）非缺血型：非缺血型患者未累及黄斑时，视力下降不明显，视野无中心暗点或仅有相对暗点，周边视野正常，无传入瞳孔反应缺陷。眼底早期静脉充盈、迂曲，沿血管散在出血，多为浅层线状或片状。后期视网膜出血可能已完全或大部分吸收，黄斑区多恢复正常，或仅见色素紊乱，亦有可能发生黄斑囊样水肿，视力下降明显。

（2）缺血型：缺血型者视力下降明显。眼底检查早期视网膜静脉明显怒张，通常有广泛出血，并有棉绒斑。视盘水肿，黄斑区通常见广泛的出血和明显的水肿。后期视网膜出血可能已明显吸收、棉绒斑通常消失，常见视网膜静脉周围鞘。少数患眼视盘或视网膜有新生血管形成，并可发生视网膜前或玻璃体积血（图 14-3）。

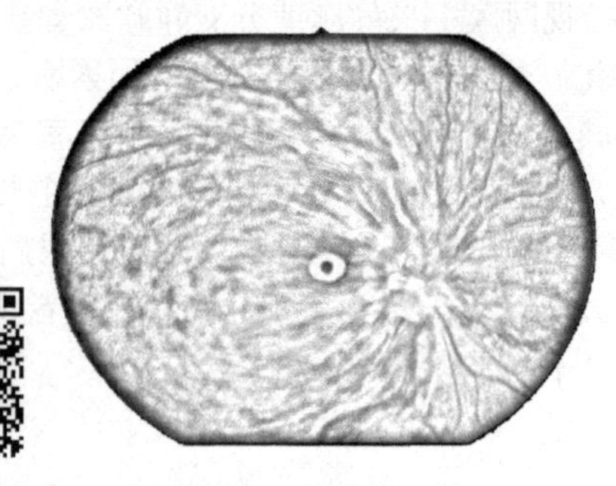

图 14-3　视网膜中央静脉阻塞彩图

2. 视网膜半侧静脉阻塞　临床较为少见，常由血管先天发育异常所致，是其中一支主干在筛板处或视神经内形成阻塞。视网膜受累范围通常为 1/2，常为上一半或下一半视网膜。

3. 视网膜分支静脉阻塞　多见于患动脉硬化的患者，常见于颞侧分支。沿阻塞血管分布区视网膜呈火焰状出血，亦可见棉绒斑（图 14-4）。

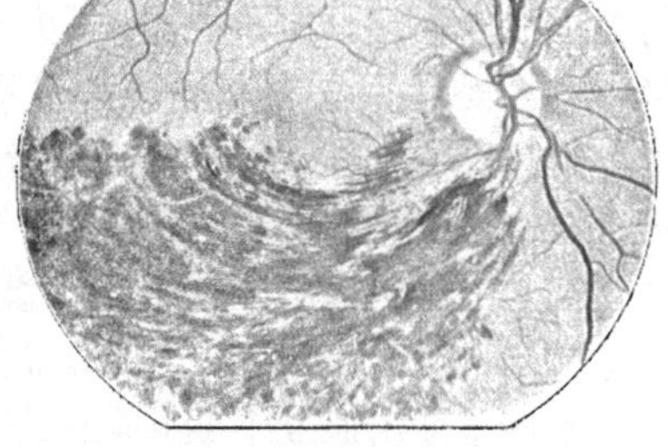

图 14-4　视网膜分支静脉阻塞彩图

三、实验室及其他辅助检查

（一）血液流变学

血细胞比容和聚积性增高、变形性减弱、红细胞电泳率变慢，纤维蛋白原浓度增加，全血黏度及血浆黏度增加，血小板聚集力增强。

（二）视网膜电图

非缺血型视网膜电图 a、b 波峰时延迟，b 波振幅轻度下降或正常。缺血型视网膜电图 a、b 波峰时延迟，b 波振幅明显下降，b/a<1.0。

（三）荧光素眼底血管造影

1. 非缺血型　荧光素眼底血管造影早期可见明显的视网膜静脉迂曲扩张，病变区微血管瘤和毛细血管亦见扩张，后期染料渗漏。

2. 缺血型　本病早期，若视网膜出血不广泛，荧光素眼底血管造影可见视网膜毛细血管广泛的无灌注。后期，可见广泛的视网膜毛细血管闭塞，动静脉吻合，微血管瘤，黄斑区色素变性。

四、诊断与鉴别诊断

（一）诊断要点

（1）外眼正常，视力下降程度不一。如果仅一个分支发生血栓，则相当于该分支发生扇形视野缺损。

（2）如果阻塞在中央静脉主干，则病变侵犯全视网膜。受阻静脉产生严重的充血和大量出血。

（3）静脉高度迂曲扩张，血柱呈分段状，有的隐藏于水肿或出血中，动静脉交叉处最为明显。动脉变细，常有硬化现象。

（4）视网膜上可见多数形状大小不等的线状、火焰状、不规则或大片的出血，尤以后极部为甚，主要是在神经纤维层。大血管破裂可形成视网膜前出血。出血也可入玻璃体内。

（二）鉴别诊断

1. 糖尿病视网膜病变 为双眼发病，有血糖增高等全身症状，当糖尿病视网膜病变双眼视力不平衡，且一眼出血量多应怀疑同时合并有视网膜静脉阻塞的可能。

2. 高血压视网膜病变 特别是恶性高血压患者常可发生双眼视盘水肿，视网膜出血表浅，多位于后极部围绕视盘分布，常见棉绒斑和黄斑星芒状渗出。而静脉阻塞出血沿大静脉分布从后极部直达周边部，且多为单眼发病，故易鉴别。

3. 视网膜静脉周围炎 多为双眼发病，病变多位于周边部，静脉旁有白色渗出。应与年轻患者非缺血型静脉阻塞鉴别。

五、治疗

视网膜静脉阻塞病因多端，病程漫长，严重影响视力，治疗方面“急则治标，缓则治本”。

（一）中医治疗

1. 治疗原则 虽然本病病因多端，但血瘀是其共同表现，临床当辨证求因，审因论治，同时适当加用活血化瘀药物。辨证论治不离气、痰、瘀、虚，根据病程阶段，早期止血为主，酌加活血，中期活血化瘀，晚期扶正散结。

2. 中医辨证论治

（1）气滞血瘀证

症候：初起视力突然下降，眼底检查同眼部表现。伴见头痛、头胀，胸胁胀痛，舌暗苔白，脉弦或涩。

治法：行气活血。

方药：血府逐瘀汤加减。

方解：方中柴胡、枳壳行气，桃仁、川芎、红花、赤芍、丹参、牛膝活血化瘀，三七活血兼止血，桔梗引药上行。

加减：胸胁胀痛较重者加香附、陈皮、佛手等疏肝理气；若胸胁刺痛，舌边有瘀斑则加三棱、莪术加强活血祛瘀功能。

中成药：血府逐瘀口服液

（2）肝阳上亢证

症候：眼症同前。兼见头痛眩晕，口苦咽干，烦躁易怒，口渴喜饮，便结溲赤，舌质红，苔黄，脉弦数。

治法：清热凉血，活血止血。

方药：生蒲黄汤加减。

方解：方中生蒲黄、仙鹤草、白茅根、牡丹皮、荆芥炭凉血止血，旱莲草滋阴清热，凉血止血，丹参、郁金、川芎行气活血散瘀，防早期止血产生留瘀为患。全方共有清热凉血，止血祛瘀作用。

加减：若病发初始出血量多，色鲜红，去郁金，川芎，防活血加重出血，并加侧柏叶、藕节、鱼腥草，加强凉血止血作用；烦躁易怒者加栀子、黄连清心除烦。

中成药：和血明目片，止血祛瘀明目片。

（3）痰瘀互阻证

症候：眼症同前，本型见于中晚期，视网膜渗出较明显。伴见头重眩晕，胸闷脘胀，体胖等症。舌淡或有瘀点，苔白腻，脉弦滑。

治法：化痰降浊，活血化瘀。

方药：温胆汤合桃红四物汤加减。

方解：方中竹茹、枳实、法半夏、茯苓、陈皮、桔梗、白僵蚕祛痰散结，桃仁、红花、川芎、赤芍、丹参、虎杖活血化瘀，全蝎、蜈蚣活血通络。

加减：若眼底出血暗红、无新鲜出血，可加三棱、莪术，以加强活血化瘀力量，若渗出较多，胸闷明显，可加瓜蒌、厚朴、白芥子等以祛痰除满。

中成药：五苓散（胶囊、片）、二陈丸、丹红化瘀口服液

（4）阴虚火旺证

症候：眼症同前。伴见头晕耳鸣，失眠多梦，口干咽燥，五心烦热，舌红少苔，脉细数。

治法：滋阴清热，凉血止血，兼活血。

方药：知柏地黄汤合宁血汤加减。

方解：方中旱莲草、生地黄、阿胶、白芍滋阴凉血止血，侧柏叶、白茅根清热凉血止血，仙鹤草、白及、白蔹收敛止血，三七末祛瘀止血。全方共奏滋阴凉血，止血祛瘀。

中成药：知柏地黄丸、明目地黄丸

3. 外治法

（1）穴位注射

1）丹参注射液 2ml，双侧肝俞穴位注射。

2）葛根素注射液 2ml，双侧肝俞穴注射。

（2）耳针：可选肝、肾、目 1、目 2 等穴位，起明目作用。

（3）离子导入：可用丹参注射液，血栓通注射液等药物进行局部离子导入治疗，起到活血化瘀作用。

4. 针刺治疗 常用穴位：睛明、攒竹、球后、瞳子髎、太阳、风池、翳明、合谷、足三里、阳陵泉。每次局部、远端取穴各 2～3 个，留针 10～15min。

（二）西医治疗

所有的 CRVO 患者应查找病因，如高血压、动脉硬化或炎症等，针对病因进行治疗。目前眼科临床上常用的一些治疗方法主要用于预防和治疗并发症。

1. 微创玻璃体切割术 当玻璃体积血多经过药物治疗长期不吸收严重影响视力时，可以考虑行微创玻璃体切割术，在清除玻璃体积血的同时，联合视网膜激光光凝术。

2. 激光治疗 视网膜中央静脉阻塞病程冗长，各个不同阶段有不同的治疗目的。早期预防新生血管的发生。晚期治疗黄斑囊样水肿，挽救视力。

3. 药物治疗 近年研究显示玻璃体腔内注射长效激素或留置缓释皮质激素对 CRVO 患者的黄斑水肿有效。抗 VEGF 药物（如雷珠单抗、康柏西普、贝伐单抗等）玻璃体腔注射，对减轻黄斑水

肿、提高视力、促进解剖复位、抑制眼内新生血管有效。

六、中西医临床诊疗思路

中西医结合，充分体现中医药治疗本病的优势，并适时选用激光等西医治疗方法。视网膜静脉阻塞在早期出血时，予以中医凉血止血辨证治疗的基础上，联合运用中成药（云南白药胶囊及和血明目片）进行治疗；中期瘀血时，予以西医激光治疗并中医理气活血化瘀辨证治疗，还可口服丹栀逍遥丸或静脉滴注丹参注射液；中后期死血时，予以西医激光治疗并中医活血祛瘀通络辨证治疗，还可口服丹栀逍遥丸或静脉滴注丹参注射液；后期干血时，予以激光治疗并中医益气活血通络辨证治疗，联合口服复方血栓通胶囊或静脉滴注血栓通注射液。

视网膜中央动脉阻塞

视网膜中央动脉阻塞（retinal artery occlusion，RAO）是一种急性视网膜缺血性病变的眼病。视网膜内层组织是由视网膜中央动脉供应血液，由于它属于终末动脉，分支间无吻合，因此一旦动脉阻塞，视网膜就会出现急性缺血状态，视力即刻急剧减退或无光感。而视网膜神经纤维层对缺氧极为敏感，缺血超过 2h 即可造成不可逆性的视力损伤，最终导致永久性失明。

本病老年人多见，发病急骤，多为单眼发病，较视网膜静脉阻塞少见。分总干和分支阻塞两型，总干阻塞临床上其特征有：视力突然丧失，后极部视网膜呈乳白色混浊，黄斑区有樱桃红点。分支阻塞眼底特点是该分支动脉狭细，其供血视网膜范围呈乳白色。

中医学认为视网膜中央动脉阻塞属“暴盲”范畴。

一、病因病理

（一）中医病因病机

本病以“暴盲”为名首见于《证治准绳·七窍门》，暴盲病证《审视瑶函》称之为“闭塞关格之病。病于阳伤者，缘忿怒暴悖，恣酒嗜辣好燥腻……病于阴伤者，多色欲悲伤，思竭哭泣太频之故，患则类中风，中寒之起”。对本病特点记载最准确的是《抄本眼科》。由此可见古人对本病的主证、病因病机及治疗措施、预后等，已有较清楚的认识。

视网膜中央动脉阻塞是气血失和，眼内脉道瘀滞所致，与情志、饮食、体质等因素有关。《证治准绳》谓：“恣酒嗜辣，好（食）燥腻。”素有“头风痰火”或“元虚、水少”者，均易患之。平素情志不舒，肝郁气滞，故气滞则血瘀，或暴怒伤肝，气血逆乱，上壅目窍，致目中脉络阻塞；或饮食不节，过食肥甘厚味，脾失健运，湿浊内生，聚而生痰，痰浊内壅，上犯清窍；或心脾气血亏虚，血行无力，气血瘀滞；或年老阴亏，肝肾不足，肝阳上亢，气血并逆，瘀滞脉络；以上诸因皆可导致气血失和，眼内脉道瘀滞而致输入眼的气血骤断，引起暴盲。

（二）西医病因病理

视网膜动脉阻塞是急性发作、严重损害视力的眼底病。其主要致病因素为各种栓子、血管壁的改变和血栓形成，血管痉挛和血管受压等。栓子的来源最常见于颈动脉硬化斑块，其次为心脏瓣膜。

二、临床表现

视网膜动脉阻塞根据发病原因和受累血管的位置等而有较大差异。依据累及血管级别而分为：视网膜中央动脉阻塞、视网膜分支动脉阻塞、前毛细血管动脉阻塞和睫状视网膜动脉阻塞。

（一）症状

外眼正常，单眼无痛性急剧视力下降，部分患者发病前有一过性黑矇病史。如果视网膜中央动脉分支阻塞时，则可保留部分视力，相应有视野缺损；有睫网动脉者，根据其供应黄斑范围的大小，视力可有不同程度的保留。

（二）体征

全阻塞者视力急剧下降，眼部检查可见瞳孔散大，对光反射极度迟缓或消失。眼底后极部呈缺血性苍白、水肿；视乳头边缘也显得模糊不清，水肿；黄斑中心凹处呈红色或暗红色，即所谓樱桃红点（图 14-5）。

不完全阻塞者视力下降程度相对较轻，视网膜动脉呈轻度狭细，视网膜水肿混浊亦为轻度。视网膜分支动脉阻塞阻塞的部位多见于颞上或颞下分支动脉，常可见阻塞部位血管内有白色栓子，阻塞支动脉所供应的视网膜呈乳白色水肿混浊（图 14-6）。

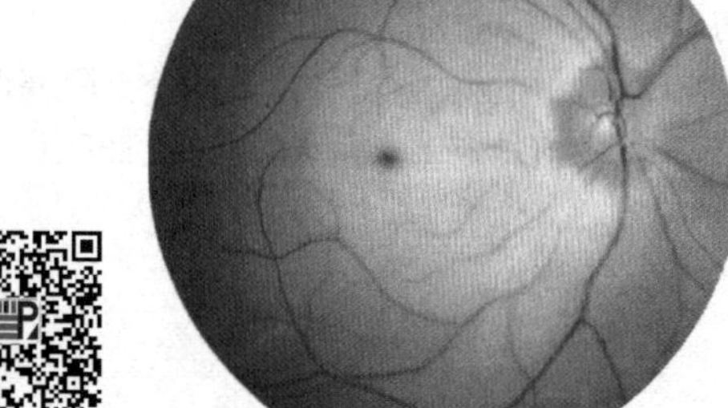

图14-5　视网膜中央动脉阻塞

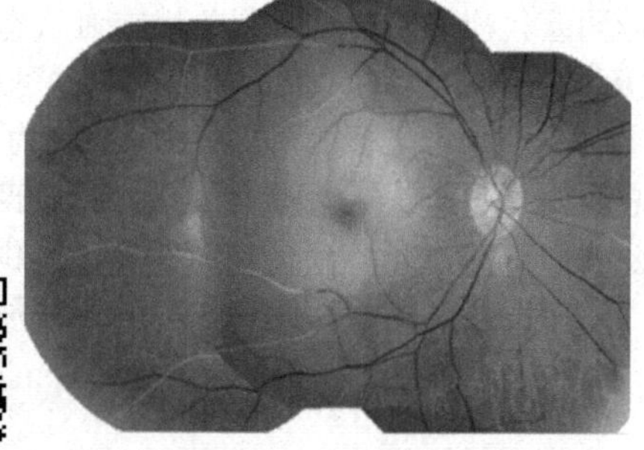

图14-6　视网膜分支动脉阻塞

三、实验室及其他辅助检查

1. 血液流变学、血小板聚集试验、凝血酶原时间，出凝血时间、血脂等检查　提示可能有血液浓缩，黏滞性、凝集性增高，流动性下降等改变。

2. 荧光素眼底血管造影检查　视网膜中央动脉阻塞早期动脉不显影，甚至延迟 20s 之后方渐充盈。动脉血管内荧光素流变细，管径不规则，严重阻塞者血流呈节段状，荧光素流在血管内呈串珠状移动。围绕黄斑区的小血管偶可见轻度荧光素渗漏和血管瘤样改变。动脉分支阻塞者则该动脉不显影或充盈迟缓，有的在栓子堵塞的血管壁有荧光素渗漏。

3. 视野检查　视网膜中央动脉阻塞者视野缩窄或呈管形视野，或颞侧仅留一小片岛状视野。动脉分支阻塞者在阻塞动脉支所支配的视网膜相应的视野有相对性或绝对性暗点，常呈象限缺损或弓形暗点。前毛细血管小动脉阻塞者视野正常或有暗点。

四、诊断与鉴别诊断

（一）诊断要点

（1）视网膜中央动脉完全阻塞者表现为突然发生一眼无痛性视力丧失，患者在发病前突然出现一过性黑矇。分支动脉阻塞者则在视野相应区域突然出现遮挡。

（2）外眼正常，瞳孔散大，直接对光反射消失或极度迟钝，眼底见视网膜苍白水肿，黄斑区呈现樱桃红点，视网膜动脉变细。分支动脉阻塞者见该动脉分布区的视网膜呈灰白色水肿，有时可见栓子阻塞部位。

（3）荧光素眼底血管造影可见视网膜动脉充盈时间延长、血流分支突然中断等现象。

（4）发病2周后视网膜水肿消退，视网膜动脉狭细呈线状，并有白鞘伴行，视乳头颜色苍白，黄斑部出现脱色素和色素增生，中心视力丧失。

（二）鉴别诊断

1. 眼动脉阻塞 眼动脉阻塞的发病率比较低，但对视功能的损害更严重，视力常降至无光感。病变晚期视盘色苍白，后极部尤其是黄斑部有较重色素紊乱。荧光素眼底血管造影显示视网膜和脉络膜血管充盈缺损，深层视网膜色素上皮水平有染色。

2. 缺血性视神经病变 缺血性视神经病变视力下降不明显，眼底无樱桃红点改变，多数视盘水肿，部分视野缺损。

五、治疗

视网膜中央动脉阻塞发病急骤，严重影响视力，临床上采取中西医结合为本病的治疗。

（一）中医治疗

1. 治疗原则 本病为眼科急重症，抢救应尽早、尽快。临床当辨证求因，审因论治，同时适当加用活血化瘀通脉药物。辨证论治不离气、痰、瘀、虚等。

2. 中医辨证论治

（1）气滞血瘀

症候：视力骤降或眼前有闪光感，然后视力突然丧失，眼底可见视网膜中央动脉阻塞的改变，全身兼见情志抑郁不舒，烦躁易怒，善太息，头晕头痛，胸胁胀痛，口苦咽干等，舌质暗红有瘀斑，脉弦涩。

治法：行气活血，化瘀通脉。

方药：血府逐瘀汤加减。

方解：方中桃仁、泽兰、赤芍、当归、生地黄、川芎、毛冬青、三七行血消瘀，柴胡、枳壳疏肝以行气活血，桔梗引药上行，并协同柴胡、川芎以开郁，牛膝祛瘀血、通血脉，引瘀下行，甘草调和诸药。诸药共奏行气活血，化瘀通脉之功。

加减：头痛甚，面赤耳聋者，可加石决明、钩藤、地龙、郁金等以平肝息风；口干苦、舌质偏红者，去当归、川芎，加栀子、牡丹皮以清肝热；如病久正虚，不胜攻逐者，去桃仁、枳壳，加黄芪、党参等以扶正。

中成药：血栓通胶囊主要用于气滞血瘀型及气虚血瘀型视网膜动脉阻塞。

速效救心丸或复方丹参滴丸舌下含服，用于急诊抢救或治疗各型视网膜动脉阻塞。

（2）痰浊上犯

症候：除眼部表现外，兼有头重头晕，胸闷，食少恶心，舌淡红，苔白腻，脉濡滑。

治法：涤痰开窍。

方药：涤痰汤加减。

方解：方中法半夏、胆南星、竹茹、石菖蒲降逆化痰，橘红理气燥湿，茯苓、党参、大枣健脾渗湿，俾湿无所聚，则痰无由生；生姜降逆化痰，一则可制法半夏之毒，一则可助法半夏、橘红等行气消痰；白僵蚕祛风化痰；地龙、川芎、枳实行气活血通脉；甘草调和诸药。

加减：风痰者加白附子以加强祛风化痰；寒痰者，加干姜、细辛以温肺化痰；热痰者，可加瓜蒌皮以清热化痰；食痰者，加莱菔子以消食化痰；顽痰不化者，加海浮石、青礞石以攻逐伏之痰邪。

（3）气虚血瘀

症候：除眼部表现外，伴面色萎黄，四肢乏力或肢体麻木不仁，舌质淡有瘀斑，苔白，脉细。

治法：益气活血，化瘀通络。

方药：补阳还五汤加减。

方解：方中重用黄芪补气，使气旺血亦行，祛瘀通脉而不伤正；当归尾、赤芍、天麻养血活血通络；川芎、桃仁、红花、丹参行气活血通脉；石菖蒲、地龙行气开窍通络；钩藤驱风解痉挛急。

加减：偏寒者可加熟附子以温阳散寒；脾胃虚弱者，可加党参、白术以补气健脾；痰多者，加制半夏、天竺黄以化痰；若语言不利加石菖蒲、远志等以开窍化痰。

（4）肝阳上亢

症候：头晕目眩或头痛，面色红赤，烦躁易怒，口苦咽干，视力骤然下降，或突然失明，患者多有高血压及动脉硬化之病史。舌红苔薄黄，脉弦数有力。眼底检查有视网膜动脉阻塞之表现。

治法：平肝潜阳息风，佐以化瘀通脉。

方药：天麻钩藤饮加减。

方解：天麻、钩藤、石决明平肝息风；栀子、黄芩清肝热；牛膝、丹参、川芎活血化瘀通脉；益母草活血利水；龟甲、桑寄生、杜仲补肾滋阴潜阳；茯神、夜交藤安神定志。

加减：心中热甚者加生石膏以清热；头痛目眩重者加夏枯草、菊花以平肝泻火；痰多者加胆南星、川贝母以化痰，尺脉重按虚者加熟地黄、山茱萸以滋肝补肾。

3. 针刺治疗 主穴组 1：睛明、风池，球后；配穴：外关、合谷、曲池、足光明。主穴组 2：风池、大椎、攒竹；配穴：合谷、阳白、内关；主穴组 3：鱼腰、攒竹、球后；配穴：合谷、太冲、翳风。

治疗方法：各组穴位轮流交换使用。每日针 1 次，平补平泻，留针 20～30min，远端配穴左右交替，10 日为 1 个疗程。

4. 外治法

（1）耳针：取肝、脾、肾、心、目 1、目 2、眼等穴，针刺与贴压丸子相结合，2 日 1 次。

（2）穴位注射：葛根素注射液穴位注射球后，每周 1～2 次，一般以 4 周为 1 个疗程。

（3）离子导入治疗：血栓通注射液、丹参注射液、维生素等，选择其一，从正极导入，电流 1～2mA，每日 1 次，15～20 次为 1 个疗程。胎盘注射液，从负极导入，电流 1～2mA，每日 1 次，15～20 次为 1 个疗程。

（二）西医治疗

1. 治疗原则 该病为眼科急重症，应争取时间进行抢救。因视网膜耐受缺血时间短，较短时间内光感受器细胞死亡不能逆转。

2. 药物治疗

（1）立即给予血管扩张药：亚硝酸异戊酯吸入，球后注射阿托品。

（2）降低眼压以加强视网膜动脉扩张程度：可采取按摩眼球或应用降眼压药物。

（3）同时配合吸氧以改善视网膜缺氧状况。

（4）抗血小板聚集剂常用阿司匹林和双嘧达莫。

（5）应用纤溶制剂以溶栓治疗前应检查患者纤维蛋白原及凝血酶原时间，低于正常者不应用。可选用尿激酶等。

3. 手术治疗 发病数小时内就诊者，行前房穿刺术，使眼压迅速降低，视网膜血管被动扩张，使血管内的栓子被冲向动脉末端。也可反复压迫、放松眼球，改善灌注。

视网膜静脉周围炎

视网膜静脉周围炎（retinal periphlebitis），是以反复视力下降、视网膜出血和视网膜静脉改变为特征的疾病，于1882年首次由Eales描述，故又称为Eales病，由于常发生在青年，并有反复玻璃体出血特征，故又称青年复发性视网膜玻璃体出血。发病年龄以20～30岁者为多，累及眼底周边部静脉。本病好发于男性，男女比为3∶1。90%双眼同时或先后发病，预后不良，致盲率高。

本病归属于中医“云雾移睛”、“视瞻昏渺”、“暴盲”等范畴。

一、病因病理

（一）中医病因病机

凡火热内扰，热伤营分，迫血妄行；或肝肾不足，虚火上炎，火郁脉络，气血逆乱；或心脾亏损，血虚气弱，失于统摄，均可导致血不循经，溢于脉外而发为本病。若病程日久，出血反复发作，正气亏耗，不能祛邪，可致局部瘀血停滞。本病早期，出血颜色鲜红，呈火焰状，位于浅层者，病情较轻，多属火热实邪，迫血妄行。若出血颜色暗红，呈片状、团状，位于深层者，病情较重，多属瘀热在里。反复出血，新旧出血混杂，或玻璃体积血者，多属肺脾不足，统摄失职；或肝阳上亢，阴虚火旺，虚火上炎；日久，反复出血，已成机化者，为气机失利，血凝不行，气滞血瘀，郁而成结，属虚实夹杂证。

（二）西医病因病理

本病病因不明确，以往认为Eales病与结核感染有关，可能为结核蛋白的免疫反应；可能是对不同抗体的非特异反应；可能与眼部周围病灶有关：如中耳炎、牙周脓肿、鼻窦炎等。最新研究表明，Eales病与自身免疫反应有关，而且增生期的增生性玻璃体视网膜病变与T淋巴细胞介导的细胞免疫机制有关。本病是多因素的视网膜血管壁的隐匿性疾病，以静脉血管周围间隙或血管外膜的炎性渗出为基本病理改变。

二、临床表现

（一）症状

本病早期，病变位于眼底周边部小血管且出血量不多者，患者眼部多无自觉症状或仅有飞蚊症；当病变侵及较大静脉，出血量多时，血液可突破内界膜进入玻璃体，眼前可见云雾飘动；严重者大量玻璃体积血，可致视物不见，仅存光感。

（二）体征

本病早期病变发生于视网膜周边部小静脉，散瞳检查可见周边部小静脉呈串珠样不规则扩张迂曲，静脉血管周围有白鞘伴生，同时在病变区沿血管分布的出血和渗出，随着病情发展至主干静脉，沿病变静脉周围有大量出血及渗出，视盘及视网膜出现不同程度水肿，晚期，视网膜静脉广泛受累，新生血管形成，玻璃体积血反复发生，形成增殖性玻璃体视网膜病变，引起牵拉性视网膜脱离（图14-7）。

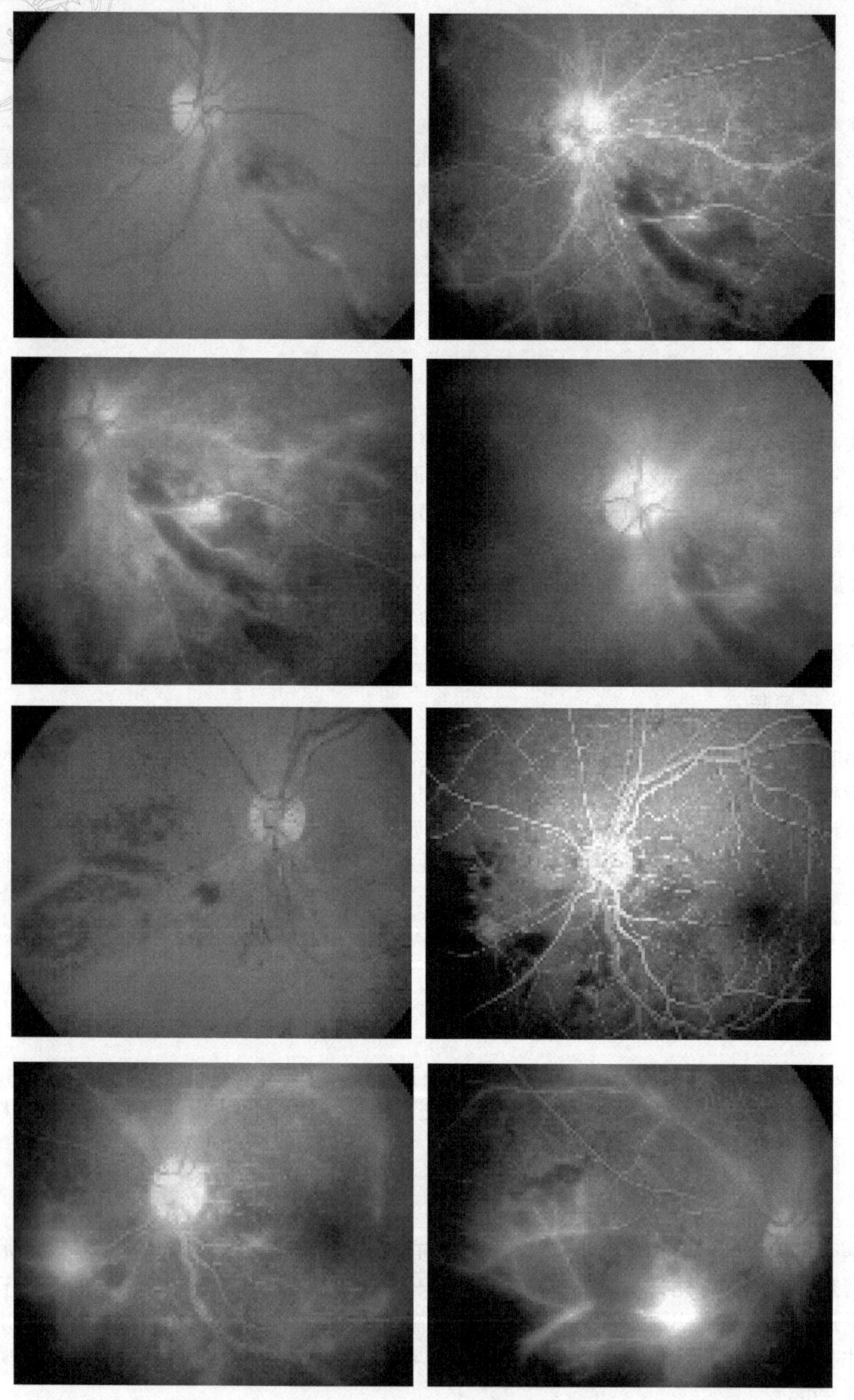

图 14-7 Eales 病

三、实验室及其他辅助检查

1. 实验室检查 可以进行抗“O”、梅毒快速血浆反应素试验、血常规及大小便常规检查，必要时行结核菌素试验，以明确病因。

2. 胸部透视或摄片等 可以确认有无结核或类肉瘤病，皮肤、口腔、耳鼻喉检查有无脓毒性病灶或浅表溃疡。

3. 荧光素眼底血管造影 可见受累静脉管壁有荧光素渗漏和组织染色，毛细血管扩张伴无灌注区形成，常有周边血管受累。晚期病变在视网膜周边部有无灌注区和动静脉短路及新生血管形成。

四、诊断与鉴别诊断

（一）诊断要点

1. 辨病要点

（1）青壮年，双眼或单眼反复玻璃体出血。

（2）患者有飞蚊症或眼前云雾飘动，严重者可致视物不见，或仅存光感。

（3）眼底主要表现为视网膜周边血管阻塞性病变，尤以静脉明显，血管周围白鞘，毛细血管闭塞，新生血管和视网膜玻璃体出血，或引起牵拉性视网膜脱离。

（4）荧光素眼底血管造影可见受累静脉管壁有荧光素渗漏和组织染色，毛细血管扩张和无灌注区形成。

2. 辨证要点

（1）心火亢盛证：视力突降，或云雾飘荡，玻璃体积血，心烦失眠，口舌生疮，小便短赤；舌红脉数。

（2）阴虚火旺证：病情迁延，玻璃体积血反复发作，头晕耳鸣，腰膝酸软，潮热颧红，五心烦热，口干唇燥；舌质红苔薄黄，脉细数。

（3）气滞血瘀证：视力急剧下降，眼底视网膜出血，颜色紫暗，伴眼胀头痛，胸胁胀痛，情志抑郁，食少嗳气，或烦躁失眠；舌红有瘀斑，苔薄白，脉弦或涩等。

（4）脾肾阳虚证：视物昏矇，病程较长，出现玻璃体机化，眼底视网膜出现增殖病变及新生血管，畏寒肢冷，头晕目眩，面色㿠白，气短懒言，周身乏力，大便溏稀；舌暗淡，苔薄白，脉沉细。

（二）鉴别诊断

1. 高血压性视网膜病变合并玻璃体积血 此病发生视网膜出血及玻璃体积血并不少见。可根据发生于老年人，有高血压病史，另一眼有明显高血压动脉硬化及其他高血压病的全身体征予以鉴别。

2. 糖尿病性视网膜病变 患者有糖尿病病史，视网膜早期病变主要集中在后极部，并不与血管分布相关，以深层点状出血、微动脉瘤及硬性渗出多见。

3. 视网膜静脉阻塞 此病与视网膜静脉周围炎临床表现有很多相似之处，但绝大多数患者年龄在 50 岁以上，多单眼发病，出血常沿视网膜静脉主干为主，常有动脉硬化、高血压、糖尿病及血液黏稠度高等病史。

五、治疗

（一）中医治疗

1. 治疗原则 本病虚实夹杂，多为火热动血，上犯目窍，应清心泻火止血；或虚火上炎灼伤目中血络，应滋阴降火止血；病情迁延，阴虚及阳，致脾肾阳虚，痰瘀互阻，应补肾健脾，化痰软坚。

2. **中医辨证论治**

（1）心火亢盛证

症候：视力突降，或云雾飘荡，玻璃体积血，心烦失眠，口舌生疮，小便短赤；舌红脉数。

治法：清心泻火，凉血止血。

方药：泻心汤（《金匮要略》）合犀角地黄汤（《外台秘要》）加减。发病早期或出血较多，可加蒲黄炭、旱莲草、荆芥炭等。

中成药：和血明目片、止血祛瘀明目片。若见胁痛嗳气、神疲等肝郁脾虚症，可用丹栀逍遥丸。

（2）阴虚火旺证

症候：病情迁延，玻璃体积血反复发作，头晕耳鸣，腰膝酸软，潮热颧红，五心烦热，口干唇燥；舌质红苔薄黄，脉细数。

治法：滋阴降火，凉血化瘀。

方药：知柏地黄丸（《医宗金鉴》）和二至丸（《医方集解》）加减。反复出血，新旧夹杂者，可酌加三七、生蒲黄、花蕊石；虚热甚者，可加地骨皮、白薇。

中成药：知柏地黄丸。

（3）气滞血瘀证

症候：视力急剧下降，眼底视网膜出血，颜色紫暗，伴眼胀头痛，胸胁胀痛，情志抑郁，食少嗳气，或烦躁失眠；舌红有瘀斑，苔薄白，脉弦或涩等。

治法：疏肝解郁，化瘀止血。

方药：血府逐瘀汤（《医林改错》）加减。肝郁化火倾向，可酌加丹皮、栀子、黄芩、茺蔚子；肝气郁结较甚，可加郁金、薄荷、白芍。

中成药：丹栀逍遥丸。

（4）脾肾阳虚证

症候：视物昏矇，病程较长，出现玻璃体机化，眼底视网膜出现增殖病变及新生血管，畏寒肢冷，头晕目眩，面色㿠白，气短懒言，周身乏力，大便溏稀；舌暗淡，苔薄白，脉沉细。

治法：补肾健脾，化痰软坚。

方药：附子理中丸（《阎氏小儿方论》）加减。大便溏稀者，可酌加白术、茯苓、补骨脂。

中成药：附子理中丸。

3. 外治法　直流电离子导入：选用丹参注射液、血栓通注射液作局部电离子导入，每日 1 次，10 次为 1 个疗程。

4. 针刺治疗　通过针刺对穴位的刺激，可以调节全身的气血阴阳，从而使气血、经络通畅，有助于视力改善。

（1）常用穴位：眼局部常用穴，太阳、丝竹空、攒竹、四白、阳白、百会。全身常用配穴：翳风、翳明、风池、合谷、足三里、光明、三阴交等。

（2）针法：针对主症配穴，将眼周穴位和远端肢体穴位配合应用，每次眼周穴位 1～2 个，远端肢体取 2～3 个，每日或隔日 1 次，10 次为 1 个疗程。眼周穴位不宜运针提插、捻转。

（二）西医治疗

1. 治疗原则　目前无确切疗效的药物。针对病因给予抗结核、抗感染、糖皮质激素等治疗，活血化瘀中药有助于出血的吸收。视网膜激光光凝术封闭无灌注区病变可以有效地预防再出血及减少新生血管。当反复出血形成玻璃体机化甚至视网膜脱离时，需要行玻璃体切割术联合眼内视网膜激光光凝术。

2. 药物治疗

（1）一般治疗：突然大量玻璃体出血患者应卧床休息，限制眼球活动，半坐位让血液沉于玻璃体下部。同时口服凉血止血中药如云南白药、和血明目片等。陈旧玻璃体出血可肌内注射碘制剂，或作离子透入以促进出血吸收。

（2）病因治疗：增强全身抵抗力和抗结核治疗。无论是否发现活动或陈旧结核病灶，可试用一段时间的抗结核治疗，注射链霉素或口服异烟肼，或对氨水杨酸钠（对氨柳酸钠）3～6 个月。也可行结核菌素脱敏疗法，以减轻复发程度，但有活动性肺结核者禁用。其他部位如耳、牙、鼻窦等有病灶者应当去除。

（3）皮质激素：疗效不能确定，全身应用或眼部注射均可试行。

（4）其他辅助药物：如口服止血活血中药等。

3. 手术治疗

（1）视网膜光凝治疗：可用激光封闭病灶区以预防出血，光凝无灌注区以预防新生血管生长。

（2）微创玻璃体切割手术：玻璃体出血较多久不吸收，视功能严重障碍者，或牵拉视网膜脱离者，可以行微创玻璃体切割手术治疗。

六、中西医临床诊疗思路

本病视力预后，取决于黄斑部是否受损害，以及牵引性视网膜脱离是否发生，玻璃体积血多，或反复复发者，一般预后较差，但只要黄斑部未受损害，在积血吸收及病变静止期间，视力可恢复至原有水平或接近原有水平。中医对玻璃体出血治疗有一定的优势。针对不同证型，急性出血期凉血止血，出血吸收期活血化瘀，软坚散结，可促进出血吸收。对于出血久不吸收者，可尽早行玻璃体切除术，同时病灶区进行视网膜光凝治疗，根据眼底出血、渗出、水肿等局部表现结合全身症候予以中药治疗。可减少反复出血的机会，但是仍要查找病因，有针对性的治疗。

Coats 病

外层渗出性视网膜病变（external exudative retinopathy）或外层出血性视网膜病变（external hemorrhagic retinopathy）又称为 Coats 病。1908 年首先由 Coats 报道而得名。1956 年 Reese 发现患者是从视网膜毛细血管扩张发展成典型的 Coats 病，所以称本病为视网膜毛细血管扩张症（retinal telangiectasis）。患者常为男性少年或青年，多侵犯单眼。

本病归属于中医“视瞻昏渺”、“暴盲”等范畴。

一、病因病理

（一）中医病因病机

本病主要与心肝肾功能失调有关，多见痰、瘀、湿、浊邪。肾元不充，禀赋不足，神光乏源；或肾经亏虚，水火不济，心火上炎，灼伤血络；或后天失养，肾虚脾弱，运化失司，湿浊内生，上犯清窍。本虚标实，属虚实夹杂证。

（二）西医病因病理

本病病因不明。曾有人认为本病可能为炎症，但炎症来源一直未能确定。也有人设想与梅毒、结核、弓形虫病及其他炎症有关，但绝大多数患者找不到感染源。多数医者认为儿童和青少年 Coats 病系因先天视网膜小血管异常所致。毛细血管扩张和小动脉、小静脉损害，血管壁有玻璃样变，内皮细胞下有黏多糖物质沉积，致管壁增厚、管腔变窄、血流缓慢、血管闭塞。由于血管壁屏障受损，导致动脉瘤和微血管瘤形成，致浆液渗出和出血，出现大块状渗出。成年患者的病因则比较复杂，可能与内分泌失调和代谢障碍有关。

二、临床表现

（一）症状

早期无自觉症状，由于多为单眼，又多发生在儿童和青少年，故常不为患者自己发觉，直至视力显著下降或瞳孔出现黄白色反射，或眼球外斜始引起注意。

（二）体征

眼底典型的改变为视网膜渗出和血管异常。渗出物为白色或黄白色，点状或融合成片，在渗出的附近常见点状发亮的胆固醇结晶小体及点状和片状出血。血管扩张迂曲，管壁呈瘤样、梭形或豆状血管瘤。病变位于黄斑区附近者可侵犯黄斑，产生黄斑水肿，或有星芒状渗出，可引起视网膜球形脱离，有时发生视网膜血管大出血，导致玻璃体混浊积血，有的大块渗出使视网膜高度隆起至晶状体后囊，出现白色瞳孔。玻璃体积血及增生性玻璃体视网膜病变，晚期可以合并虹膜睫状体炎及并发性白内障、继发性青光眼，可导致眼球萎缩（图 14-8）。

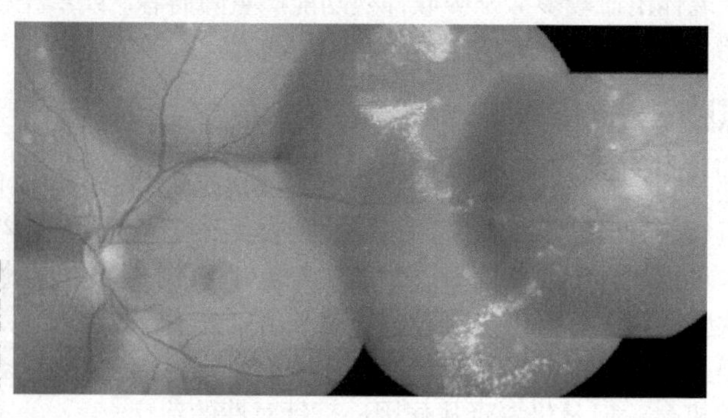

图 14-8　Coats 病

三、实验室及其他辅助检查

荧光素眼底血管造影典型表现为血管改变，尤以小动脉为重，管壁呈现囊样扩张，或呈串珠状动脉瘤，或呈粟粒状动脉瘤囊样强荧光。视网膜小静脉闭塞和毛细血管闭塞，形成岛状或大片状无灌注区。本病可有新生血管形成，其末端常呈毛刷状强荧光，并有荧光素渗漏。

四、诊断与鉴别诊断

（一）诊断要点

1. 辨病要点

（1）青少年单眼发病。

（2）视力下降。

（3）眼底主要表现为视网膜血管扩张呈球形，尤其是小静脉呈梭形，或呈粟粒状动脉瘤改变，视网膜见黄白色渗出块，伴有出血和胆固醇结晶，偶有色素沉着。后期视网膜脱离，并发白内障，继发青光眼。

2. 辨证要点

（1）肾阳虚证：视力下降，眼底出血渗出，面色㿠白，神疲乏力；舌淡，脉沉细。

（2）阴虚火旺证：视力下降，病情迁延，渗血反复发作，五心烦热，口干唇燥；舌质红苔薄黄，脉细数。

（3）脾肾阳虚证：视物昏矇，病程较长，出现玻璃体出血、机化，眼底视网膜渗出、水肿，视网膜脱离，畏寒肢冷，面色㿠白，气短懒言，乏力，大便溏稀；舌暗淡，苔薄白，脉沉细。

（二）鉴别诊断

1. 视网膜母细胞瘤 多发生于5岁以下儿童，男女无明显差异，可侵犯单眼或双眼，加上影像学检查可以作出诊断。两者因都有白瞳症而易混淆，常有因Coats病误认为肿瘤而摘除眼球者。

2. 早产儿视网膜病变 晚期出现白色瞳孔应与Coats病鉴别，但本病多为双眼发病，多见于早产儿曾接受氧气治疗者。

3. 转移性眼内炎 常继发于全身急性感染病，特别是肺部感染。眼前节常有不同程度炎症表现，如角膜后沉着物、房水闪光阳性、瞳孔缩小等葡萄膜炎体征。

五、治疗

（一）中医治疗

1. 治疗原则 本病主要与心肝肾功能失调有关，多见痰、瘀、湿、浊邪。本虚标实，虚实夹杂，宜标本兼治。

2. 中医辨证论治

（1）肾阳虚证

症候：视力下降，眼底出血渗出，面色㿠白，神疲乏力；舌淡，脉沉细。

治法：温补肾阳，凉血止血。

方药：金匮肾气丸（《金匮要略》）合犀角地黄汤（《外台秘要》）加减。发病早期或出血较多，可加蒲黄炭、旱莲草、荆芥炭等；渗出水肿明显者，加浙贝母、海藻、昆布等。

中成药：和血明目片、止血祛瘀明目片。

（2）阴虚火旺证

症候：视力下降，病情迁延，渗出出血反复发作，五心烦热，口干唇燥；舌质红苔薄黄，脉细数。

治法：滋阴降火，凉血化瘀。

方药：知柏地黄丸（《医宗金鉴》）和二至丸（《医方集解》）加减。反复出血，新旧夹杂者，可酌加三七、生蒲黄、花蕊石；虚热甚者，可加地骨皮。

中成药：知柏地黄丸。

（3）脾肾阳虚证

症候：视物昏矇，病程较长，出现玻璃体出血、机化，眼底视网膜渗出、水肿，视网膜脱离，畏寒肢冷，面色㿠白，气短懒言，乏力，大便溏稀；舌暗淡，苔薄白，脉沉细。

治法：补肾健脾，化痰软坚。

方药：附子理中丸（《阎氏小儿方论》）加减。大便溏稀者，可酌加白术、茯苓、补骨脂。

3. 外治法 直流电离子导入：可选用血栓通注射液作局部电离子导入，每日1次，10次为1个疗程。

（二）西医治疗

1. 治疗原则 无特效疗法，对症治疗，早期血管异常及无灌注区可应用视网膜光凝治疗。

2. 药物治疗

（1）止血药：由于本病患者年龄小，不易早期发现，如果出现视网膜出血，可应用凉血止血中药如云南白药、和血明目片等。陈旧玻璃体出血可作离子导入以促进出血吸收。

（2）皮质激素：疗效不能确定，可试行眼部注射。

3. 手术治疗

（1）光凝疗法：可利用激光治疗，毛细血管无灌注区和血管扩张区，对早期病例效果较好。光凝视网膜血管病变区可使异常血管闭塞，渗出减少。

（2）冷冻疗法：可单独使用或与激光合并使用，有一定效果。

（3）手术治疗：病变重者，如果有前膜形成和视网膜脱离可作玻璃体切割术和视网膜切开去除视网膜下渗出，保留部分视网膜功能和视力。

六、中西医临床诊疗思路

Coats 病属于致盲性眼病，中医对该病的出血、渗出的治疗有一定的优势。对于早期血管扩张、渗出、出血，主要针对不同证型，或出血、渗出情况，从凉血止血、软坚散结等进行辨证治疗。对于渗出较多，波及黄斑，在选择视网膜激光光凝、激素玻璃体腔注射、手术治疗的基础上，根据眼底出血、渗出、水肿等局部表现结合全身症候予以中药辅助治疗。

糖尿病视网膜病变

糖尿病视网膜病变（diabetic retinopathy，DR）是糖尿病导致的视网膜微血管损害所引起的一系列典型病变，是一种影响视力甚至致盲的慢性进行性疾病。本病以视力下降，眼底出现 DR 特征性改变为主要表现。在美国，DR 在 2 型和 1 型糖尿病人群中患病率分别为 40.3%和 86%，我国 DR 在糖尿病人群中患病率为 24.7%～33.5%。糖尿病人群中 30%～50%合并 DR，其中 1/4 有明显视力障碍，生存质量与健康水平严重下降，其致盲率为 8%～12%。

本病归属于中医“视瞻昏渺”、“云雾移睛”、“暴盲”及“血灌瞳神”等内障眼病范畴，为“消渴目病”之一。

一、病因病理

（一）中医病因病机

本病由于患者素体禀赋不足，阴虚体质；饮食不节，脾胃受损，气不摄血，血不循经，溢于络外，或水液外渗；或劳伤过度，耗伤肝脾肾，阴虚燥热，日久则气阴两虚或阴阳两虚，寒凝血瘀，目络阻滞，痰瘀互结，最终均伤及于目。本病涉及五脏，以脾、肝、肾为主，涉及心、肺；病性为本虚标实，虚实夹杂，寒热并见。

（二）西医病因病理

糖尿病性视网膜病变可能是由多种遗传因素引起的多基因疾病。糖尿病的代谢机制紊乱是产生糖尿病性视网膜病变的根本原因，血糖升高引起一系列复杂的病理生理改变，包括糖酵解过程紊乱、脂代谢异常、诱导周细胞凋亡、非酶糖基化等。本病主要是胰岛素及细胞代谢异常，引起眼组织，神经及血管微循环改变，造成眼的营养和视功能的损坏。其次由于糖尿病患者血液成分和血流动力学的改变，如红细胞被糖基化，使其变形能力减低，损伤了内皮细胞，而引起血管内皮细胞功能异常，当糖尿病患者血糖控制不良时，大量糖渗入基底膜形成大分子多糖，使毛细血管基膜加厚，发展到一定程度，引起组织缺氧，诱导各种生长因子的产生，最终使血-视网膜屏障受损，视网膜毛细血管内皮细胞间的联合被破坏，造成血管的渗漏，糖尿病患者微血管病变主要发生在视网膜及肾脏，是致盲、肾衰竭及死亡的主要原因。糖尿病性视网膜病变的发病机制至今仍未完全明了，主要有 5 个基本病理过程：①视网膜毛细血管微动脉瘤形成；②血管渗透性增加；③血管闭塞；④新生血管和纤维组织增生；⑤纤维血管膜收缩。

二、临床表现

（一）症状

早期眼部多无自觉症状，病久可有不同程度视力减退，眼前黑影飞舞，或视物变形，甚至失明。

（二）体征

DR 的眼底表现包括微动脉瘤、出血、硬性渗出、棉绒斑、静脉串珠状、视网膜内微血管异常（intraretinal microvascular abnormalities，IRMA）、黄斑水肿、新生血管、视网膜前出血及玻璃体积血等。严重者引起牵拉性视网膜脱离、虹膜新生血管及新生血管性青光眼等。按病变的严重程度将 DR 分为：非增生期（nonproliferative diabetic retinopathy，NPDR）和增生期（proliferative diabetic retinopathy，PDR）（图 14-9～图 14-12）。

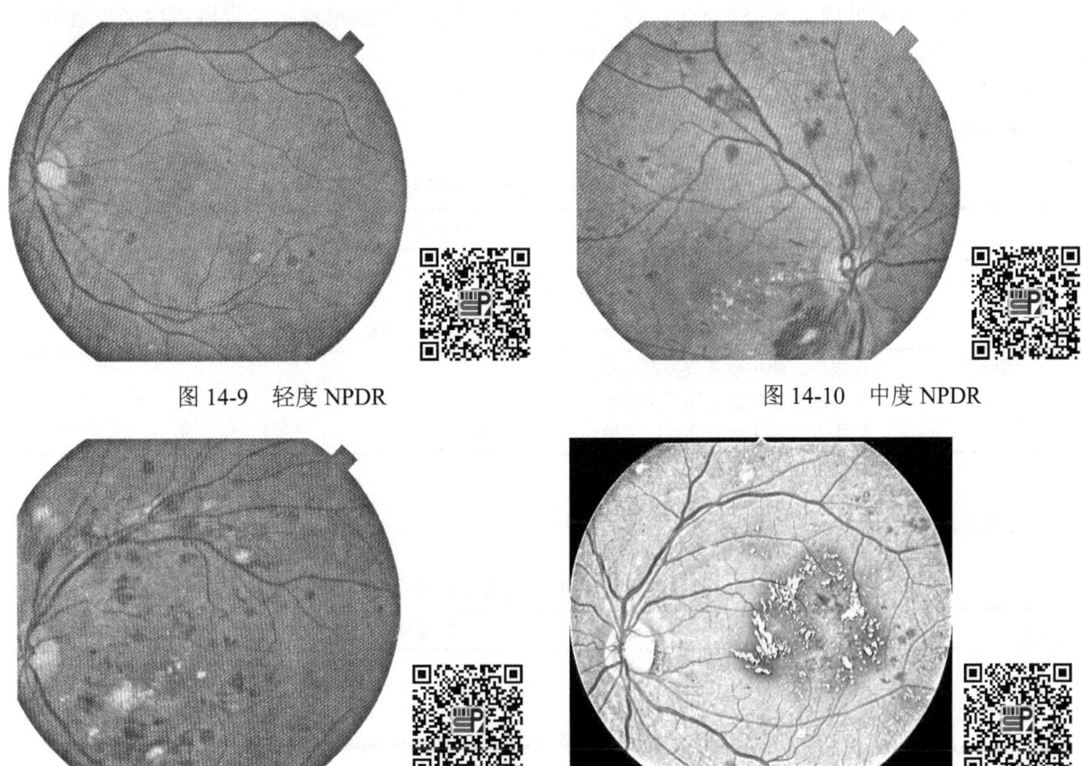

图 14-9　轻度 NPDR

图 14-10　中度 NPDR

图 14-11　重度 NPDR

图 14-12　糖尿病视网膜病变黄斑水肿（彩图）

三、实验室及其他检查

1. **血糖检查**　定期测定血糖水平监控糖尿病病情发展。

2. **肾功能检查**　及时发现糖尿病肾病并发症。

3. **胆固醇血脂检查**　保持胆固醇，血脂正常水平。

4. **荧光素眼底血管造影（FFA）**　检眼镜下未见 DR 眼底表现的患者，FFA 检查可出现异常荧光，如微血管瘤样强荧光、毛细血管扩张或渗漏、视网膜无血管灌注区、新生血管及黄斑囊样水肿等。因此 FFA 可提高 DR 的诊断率，有助于评估疾病的严重程度，并指导治疗，评价临床疗效。

5. 光学相干断层扫描（OCT） 获得玻璃体视网膜交界面、视网膜和视网膜间隙的高分辨图像。客观测量视网膜增厚、监测黄斑水肿。

6. 暗适应和电生理检查 DR患者可出现暗适应功能异常，表现为杆阈、锥阈升高；多焦ERG检查表现为黄斑区反应密度降低；标准闪光ERG检查a波、b波振幅降低；患病早期可见视网膜振荡电位（OPs）异常，表现为总波幅降低，潜伏期延长，由于OPs能客观而敏感地反映视网膜内层血循环状态，故能显示DR病程的进展。

四、诊断与鉴别诊断

（一）诊断要点

1. 辨病要点

（1）有糖尿病病史。

（2）眼底检查可见微动脉瘤、出血、硬性渗出、棉绒斑、静脉串珠状、视网膜内微血管异常、黄斑水肿、新生血管、视网膜前出血及玻璃体积血等。

（3）荧光素眼底血管造影可帮助确诊。

2. 分期标准 见表14-1。

表14-1 我国糖尿病视网膜病变分期标准（1985年）

期别	视网膜病变
单纯型	Ⅰ有微动脉瘤或并有小出血点（+）较少，易数；（++）较多，不易数
	Ⅱ有黄白色“硬性渗出”或并有小出血点（+）较少，易数；（++）较多
	Ⅲ有白色“软性渗出”或并有小出血点（+）较少，易数；（++）较多
增殖型	Ⅳ眼底有新生血管或并有玻璃体出血
	Ⅴ眼底有新生血管和纤维增殖
	Ⅵ眼底有新生血管和纤维增殖，并发视网膜脱离

注：“较少，易数”和“较多，不易数”均包括出血病变

3. 分级标准 见表14-2至表14-4。

表14-2 糖尿病性视网膜病变国际临床分级（2003年）

分级	病变严重程度	散瞳眼底检查所见
1	无明显视网膜病变	无异常
2	轻度NPDR	仅有微动脉瘤
3	中度NPDR	除微动脉瘤外，还存在轻于重度NPDR的改变
4	重度NPDR	出现以下任一改变，但无PDR的体征： （1）在4个象限中每一象限中出现多于20处视网膜内出血 （2）在2个或以上象限出现静脉串珠样改变 （3）至少有1个象限出现明显的视网膜内微血管异常
5	PDR	出现下列一种或一种以上改变：①新生血管；②玻璃体出血或视网膜前出血

表14-3 糖尿病性黄斑水肿国际临床分级（2003年）

程度	散瞳眼底检查所见
无	后极部无明显视网膜增厚或硬性渗出
轻	后极部存在部分视网膜增厚或硬性渗出，但远离黄斑中心
中	视网膜增厚或硬性渗出接近但未累及黄斑中心凹
重	视网膜增厚或硬性渗出累及黄斑中心凹

表 14-4　我国糖尿病视网膜病变分期标准（2014 年）

分型	分期	
NPDR	Ⅰ期（轻度非增生期）	仅有毛细血管瘤样膨出改变
	Ⅱ期（中度非增生期）	介于轻度到重度之间的视网膜病变 可合并视网膜出血、硬渗和（或）棉絮斑
	Ⅲ期（重度非增生期）	每象限视网膜内出血≥20 个出血点 或者至少 2 个象限有明确的静脉串珠样改变 或者至少 1 个象限视网膜内微血管异常（IRMA） 无明显特征的增生性 DR
PDR	Ⅳ期（增生早期）	出现视网膜新生血管（NVE）或视盘新生血（NVD） 当 NVD>1/4～1/3 视乳头直径（DA）或 NVE>1/2DA 或伴视网膜前/玻璃体出血时称“高危增生型”
	Ⅴ期（纤维增生期）	出现纤维膜，可伴视网膜前出血或玻璃体出血
	Ⅵ期（增生晚期）	牵拉性视网膜脱离，合并纤维膜，可合并或不合并玻璃体积血，也包括虹膜和房角的新生血管

4. 辨证要点

（1）肝肾阴虚，目络失养证：视物模糊，目睛干涩，视网膜病变多为 1～3 级；头晕耳鸣，腰膝酸软，肢体麻木，大便干结；舌暗红少苔，脉细涩。

（2）气阴两虚，络脉瘀阻证：视物模糊，目睛干涩，或视物变形，或眼前黑花飘舞，视网膜病变多为 3 级；神疲乏力，气短懒言，口干咽燥，自汗便干或稀溏；舌胖嫩、紫暗或有瘀斑，脉沉细无力。

（3）阴阳两虚，血瘀痰凝证：视物模糊，目睛干涩或严重障碍，视网膜病变多为 4～5 级；神疲乏力，五心烦热，失眠健忘，腰酸肢冷，手足凉麻，阳痿早泄，下肢浮肿，大便溏结交替；舌淡胖少津或有瘀点，或唇舌紫暗，脉沉细无力。

（二）鉴别诊断

1. 急进性高血压性视网膜病变　有高血压病史，当血压急剧升高，眼底可见视网膜动脉明显变细、视网膜水肿、出血、棉绒斑，黄白色硬性渗出，在黄斑区呈环形排列。动、静脉交叉压迫现象明显，还可见视乳头水肿。

2. 视网膜静脉阻塞　有或无高血压病史，多为单眼发病，眼底出血为浅层、火焰状出血，沿视网膜静脉分布，后极部多，周边逐渐减少，静脉高度扩张迂曲，呈腊肠状。

五、治疗

（一）中医治疗

1. 治疗原则　本病主要病机为气血阴阳失调，以气阴两虚、肝肾不足、阴阳两虚为本，脉络瘀阻、痰浊凝滞为标，以益气养阴，滋养肝肾，阴阳双补治其本；通络明目，活血化瘀，化痰散结治其标。临证要全身辨证与眼局部辨证相结合。首当辨全身虚实、寒热，根据眼底出血时间，酌加化瘀通络之品。早期出血，以凉血化瘀为主，出血后以活血化瘀为主，后期加用化痰软坚散结之剂。

2. 中医辨证论治

（1）肝肾阴虚，目络失养证

症候：视物模糊，目睛干涩，视网膜病变多为 1～3 级；头晕耳鸣，腰膝酸软，肢体麻木，大便干结；舌暗红少苔，脉细涩。

治法：滋补肝肾，养血通络。

方药：六味地黄丸（《小儿药证直诀》）加减。视网膜出血量多，有发展趋势者可合用生蒲黄汤（《中医眼科六经法要》）加减；出血静止期则可合用桃红四物汤（《医宗金鉴》）加减；出血久不吸收可加入浙贝母、海藻、昆布等软坚散结之品。

中成药：明目地黄丸。

（2）气阴两虚，络脉瘀阻证

症候：视物模糊，目睛干涩，或视物变形，或眼前黑花飘舞，视网膜病变多为 1～4 级；神疲乏力，气短懒言，口干咽燥，自汗便干或稀溏；舌胖嫩、紫暗或有瘀斑，脉沉细无力。

治法：益气养阴，活血通络。

方药：生脉散（《医学启源》）合杞菊地黄丸（《医级》）加减。以微血管瘤为主者，可加丹参、郁金凉血化瘀；出血明显者，可加生蒲黄、旱莲草、三七以增凉血、活血、止血之功；有硬性渗出者，可加浙贝、海藻、昆布清热消痰、软坚散结。

中成药：芪明颗粒。

（3）阴阳两虚，血瘀痰凝证

症候：视力模糊，目睛干涩或严重障碍，视网膜病变多为 4～5 级；神疲乏力，五心烦热，失眠健忘，腰酸肢冷，手足凉麻，阳痿早泄，下肢浮肿，大便溏结交替；舌淡胖少津或有瘀点，或唇舌紫暗，脉沉细无力。

治法：阴阳双补，化痰祛瘀。

方药：偏阴虚者选左归丸（《景岳全书》），偏阳虚者选右归丸（《景岳全书》）加减。出血久不吸收，出现增殖者酌加瓦楞子、浙贝母、海藻、昆布软坚散结；三七、生蒲黄、花蕊石增加化瘀止血之力；伴有黄斑水肿者酌加茯苓、白术、薏苡仁利水消肿。

中成药：金匮肾气丸。

3. 外治法 采用电离子导入的方式，使中药制剂直接到达眼部的病灶组织，从而促进视网膜出血、渗出和水肿的吸收。

4. 针刺治疗 对于 DR1～3 级，出血较少者，可慎用针刺疗法，取太阳、阳白、攒竹、足三里、三阴交、光明、肝俞、肾俞等穴，可分两组轮流取用，每次取眼区穴 1～2 个，四肢及背部 3～5 个，平补平泻，留针 30min，每日 1 次，10 次为 1 个疗程。

（二）西医治疗

1. 治疗原则 针对病因，有效控制血糖、血压和血脂。早期可应用改善微循环的药物，病变发展到一定程度，可进行视网膜光凝术封闭无灌注区病变以有效地预防再出血及减少新生血管。玻璃体出血久不吸收或牵拉视网膜脱离者，可行玻璃体切除术联合眼内视网膜激光光凝术。活血化瘀中药有助于出血的吸收。

2. 药物治疗

（1）羟苯磺酸钙：早期长期服用可能对预防和治疗糖尿病性视网膜病变是有益的，常用剂量每次 0.5g，每日 3 次，口服。

（2）胰激肽原酶：改善微循环。每次 180～240 单位，每日 3 次口服。

（3）抗血管内皮细胞生长因子（VEGF）：抑制新生血管，减轻黄斑水肿。玻璃体腔注射，每次 0.05ml。

3. 手术治疗

（1）激光治疗：被认为是治疗糖尿病性视网膜病变的有效方法。光凝导致新生血管退化并阻止它们再生，减少有临床意义的黄斑水肿。FFA 显示大片无血管灌注区、新生血管、IRMA 等，要及时进行全视网膜激光光凝，每周一次，每次 300～400 点，连续 3～4 次。对于有视网膜前出血或视盘大量新生血管者，属于高危险的 PDR，可先采用玻璃体腔注射抗 VEGF 制剂，促进新生血管消退，减少出血机会，然后再行全视网膜光凝。

（2）手术治疗：微创玻璃体切割手术：玻璃体出血较多，久不吸收，视功能严重障碍者，可以行微创玻璃体切割手术治疗。

六、中西医临床诊疗思路

DR 是糖尿病的并发症，早期发现早期治疗，可以控制病情发展，减少失明。中医对该病治疗有一定的优势。对于早期 NPDR，主要针对肝肾阴虚、气阴两虚、阴阳两虚证型，益气养阴、补益肝肾、温补肾阳进行辨证治疗。对于 PDR 患者，在采用视网膜激光光凝、抗 VEGF 药物玻璃体腔注射治疗或玻璃体切除手术的同时，围手术期根据眼底出血、渗出、水肿等局部表现结合全身症候予以中药治疗，可以减少出血复发，减轻术后炎症反应，减轻水肿，促进视力恢复，起到协同作用。

第三节　黄斑部疾病

中心性浆液性脉络膜视网膜病变

中心性浆液性脉络膜视网膜病变（central serous choroidoretinopathy）简称中浆，是由于脉络膜血管通透性增强导致视网膜色素上皮屏障功能障碍而引起的黄斑疾病，好发于 20～45 岁的男性，20 岁以下或 50 岁以上及女性发病者较少，男女发病率之比约为 6∶1。患者多述视力减退并有视物变小，或者视物变形症状；不少患者诉有中心或旁中心暗点，最有特征性的症状是该暗点为一团略带黄绿色的暗影，多在视野中心。本病相当于中医学的“视瞻昏渺”范畴。

一、病因病理

中医认为本病与痰湿、气郁、精亏有关。现代医学认为中浆的原发病灶位于脉络膜血管，脉络膜血管通透性增强引起脉络膜渗透压增高，继而导致视网膜色素上皮屏障功能受损。正常生理状态下，视网膜色素上皮细胞之间的封闭小带是脉络膜与视网膜之间的一道屏障，它阻止了由脉络膜毛细血管的微孔中正常生理性漏出的血浆进入视网膜神经上皮层。一旦封闭小带受到损害，则使脉络膜与视网膜之间的屏障功能受到破坏，因而使由脉络膜毛细血管漏出的血浆经过此损害区进入视网膜神经上皮之下积存，从而引起神经上皮的脱离。由于神经上皮与色素上皮之间的粘着不很牢固，因而一旦液体进入神经上皮，将引起神经上皮发生盘状脱离。

二、临床表现

（一）症状

患者视力障碍程度不一，自述眼前有暗影遮挡、视物变形、变小及变色等。

（二）体征

本病眼底检查见黄斑区呈闪烁样的局灶性水肿反光或者黄斑区视网膜呈圆形隆起的盘状脱离，中心凹光反射略为弥散或者消失，周围视网膜一般正常。荧光素眼底血管造影早期黄斑区见到强荧光渗漏点，并逐渐渗漏扩散，造影后期呈墨渍样或喷射状扩大（图 14-13）。

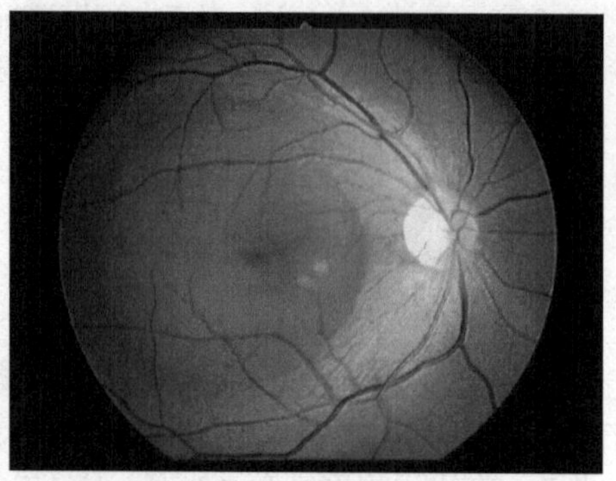

图 14-13　中心性浆液性脉络膜视网膜病变

三、实验室及其他辅助检查

1. FFA 检查　FFA 在静脉早期开始出现黄斑区小的荧光素渗漏点，后期逐渐呈喷射状或墨迹样扩大的强荧光斑（图 14-14）。

2. 典型的 OCT 显示　神经上皮脱离或者色素上皮脱离，无 CNV（图 14-15）。

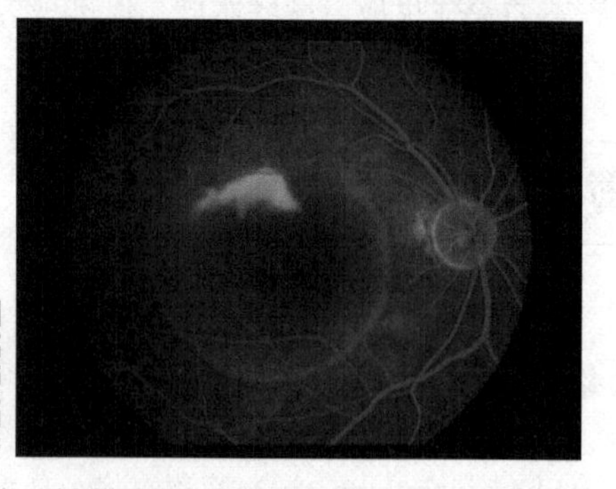

图 14-14　中心性浆液性脉络膜视网膜病变（FFA 晚期）

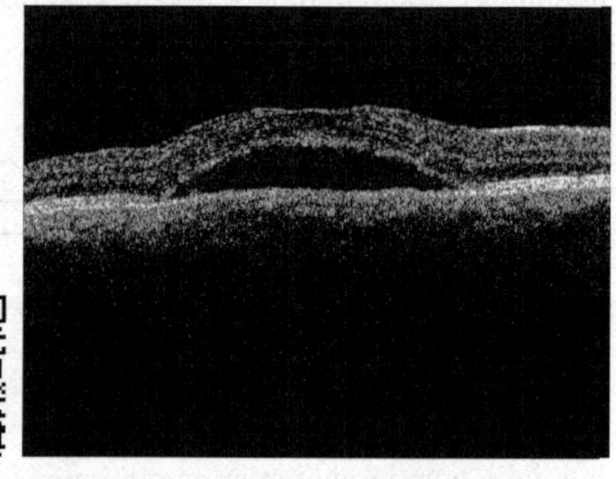

图 14-15　中心性浆液性脉络膜视网膜病变（OCT）

四、诊断与鉴别诊断

（一）诊断要点

1. 辨病要点　局部血瘀、痰瘀、水肿，多为实症。

2. 辨证要点　全身症候虚实夹杂。

（1）湿热内蕴证：头重胸闷、食少口苦、小便黄少、舌苔黄腻脉濡数；或腹满痰多，口苦而腻，脉滑数等。

（2）脾虚湿泛证：胸闷、纳呆，食少、便清，舌淡、苔薄白，脉细弱或濡为主证。

（3）肝经郁热证：情志急躁，口苦咽干，胸胁胀痛，舌淡红苔薄白，脉弦数。

（4）阴虚火旺证：头晕耳鸣、腰膝酸软、失眠多梦、五心烦热；舌红少苔脉细。

3. 西医诊断要点　自觉视物变形、变色及暗影遮挡，眼底检查黄斑区视网膜浆液性脱离，FFA 可见荧光渗漏点，OCT 检查可见神经上皮脱离。

（二）鉴别诊断

本病应与特发性脉络膜新生血管（以前称中心性渗出性脉络膜视网膜病变）相鉴别。两者的发病年龄、自觉症状均一致，后者在眼底检查时可以见到黄斑区水肿、渗出及出血。荧光素眼底血管造影提示有脉络膜新生血管形成。

五、治疗

（一）中医治疗

1. 治疗原则 本病有自愈倾向，若长久未愈，可转为慢性而导致黄斑区视功能损害。以中药辨证施治为主，中药治疗能够缩短病程，促进视力恢复。对于中心凹下渗漏灶或慢性病程者，可考虑半剂量的光动力学疗法。

2. 中医辨证论治

（1）湿热内蕴证

症候：自觉视力下降，视物变色、变形、变小等，眼底黄斑区水肿、渗出，伴头重胸闷、食少口苦、小便黄少、舌苔黄腻脉濡数；或腹满痰多，口苦而腻，脉滑数。

治法：利湿清热，祛痰化浊。

方药：温胆汤加减。

（2）脾虚湿泛证

症候：自觉视物模糊，眼前暗影，视物变形，伴胸闷、纳呆，食少、便清，舌淡、苔薄白，脉细弱或濡。

治法：健脾渗湿，益气明目。

方药：参苓白术散加减。

（3）肝经郁热证

症候：自觉视物模糊，眼前暗影，伴情志急躁，口苦咽干，胸胁胀痛，舌淡红苔薄白，脉弦数。

治法：疏肝清热利水。

方药：丹栀逍遥散。

（4）阴虚火旺证

症候：自觉视物模糊，眼前暗影，视物变形，伴头晕耳鸣、腰膝酸软、失眠多梦、五心烦热；舌红少苔脉细。

治法：滋阴降火。

方药：知柏地黄汤加减。

3. 外治法

（1）眼部药物离子导入：可选用丹参注射液，川芎嗪注射液等药物进行眼局部离子导入治疗，起到活血化瘀作用。

（2）穴位注射：丹参针 1ml，双侧足三里，穴位注射。

4. 针灸治疗

（1）针灸选足三里、肝俞、肾俞等泻法，治疗湿热内蕴证。

（2）针灸选足三里、脾俞等补法，治疗脾虚湿泛证。

（二）西医治疗

1. 西药治疗 可应用促进新陈代谢药物，如甲钴胺、维生素 B_1、维生素 B_{12}、维生素 E、三磷酸腺苷等。

2. 视网膜激光治疗 对于中心凹下渗漏灶或慢性病程者，可考虑半剂量的光动力学疗法。激光光凝中心凹外渗漏点，可减轻黄斑水肿的积存。

特发性脉络膜新生血管

特发性脉络膜新生血管，以前称为中心性渗出性脉络膜视网膜病变，是一种局限于黄斑部或其附近的脉络膜视网膜病变。以黄斑部黄白色渗出伴有视网膜下出血为特点。荧光素眼底血管造影证明本病属于脉络膜新生血管源性病变，多发生于青壮年。

患者自觉视力障碍，视物变形及中心区暗影。病变未波及中心凹者，可无自觉症状，其视力损害程度随中心凹受累情况而定，视物变色、变形或变小、变弯曲等。中央视野可以检测到与病灶相关的中央比较性乃至绝对性暗点。

一、病因病理

中医认为本病与痰湿、气郁、精亏有关，现代医学认为，本病病因未明；有学者认为可能与炎症相关，炎症损伤 Bruch 膜，从而诱发脉络膜新生血管，再经过 Bruch 膜及视网膜色素上皮进入视网膜神经上皮下。由于脉络膜新生血管的渗漏、出血、机化，最后形成瘢痕，使中心视力发生永久性损害。

二、临床表现及诊断

本病见于青壮年，自觉中心视力减退，视物变形。视力呈不同程度的下降，眼底检查，可见黄斑中央或附近有灰白圆形或类圆形渗出性病灶，病灶内有出血及视网膜水肿。荧光素眼底血管造影可见脉络膜新生血管形成（图 14-16）。OCT 检查可见脉络膜新生血管形成（图 14-17）。

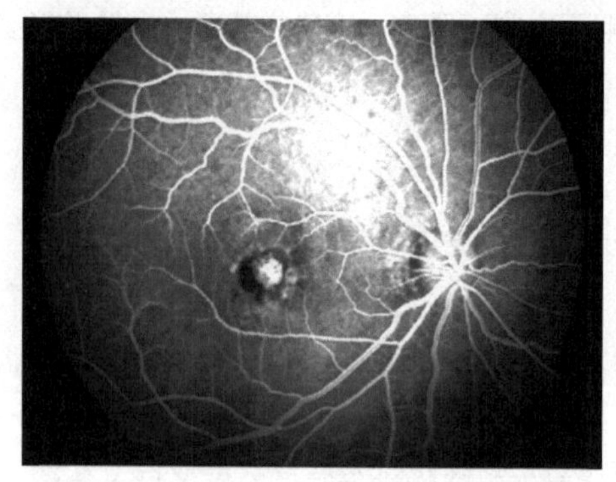

图 14-16　特发性脉络膜新生血管（FFA）

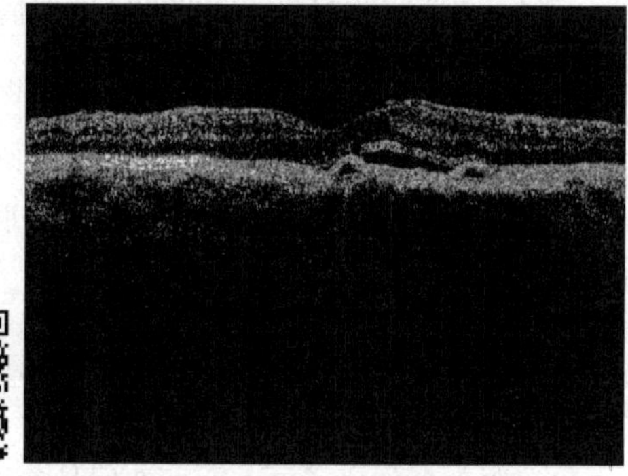

图 14-17　特发性脉络膜新生血管（OCT）

三、治疗

（一）中医治疗

1. 治疗原则　由于脉络膜新生血管形成是本病的基本病理表现，抗 VEGF 治疗对本病有效。中医对本病的治疗亦有一定的效果。

2. 中医辨证论治

（1）肝郁气滞证

症候：视力下降，眼底可见渗出、水肿、出血，全身可兼有胸胁胀满作痛，心烦易怒，妇女经期尤甚，舌质红，苔薄，脉弦数。

治法：疏肝解郁，清热化痰。

方药：丹栀逍遥散。

中成药：丹栀逍遥丸。

（2）湿热上犯证

症候：视力下降，视物变形、视大为小、视曲为直，眼底可见黄斑中央或附近有灰白圆形或类圆形渗出性病灶。全身可兼见胸脘满闷，四肢重坠，口苦纳呆，尿短黄便溏，舌苔黄腻，脉濡数。

治法：清热祛湿，化瘀消滞。

方药：三仁汤。

（3）阴虚火旺证

症候：以视力渐降，眼底渗出、出血，全身兼见头晕目眩耳鸣，颧红，五心烦热，口干咽燥，少寐，盗汗，腰酸，舌红少苔，脉细或细数。

治法：滋阴降火，化瘀消滞。

方药：知柏地黄汤。

中成药：知柏地黄丸。

（4）肝肾不足证

症候：罹患日久，视力渐降，眼内干涩，视物变形，眼底渗出、水肿、出血等逐渐消退，全身兼见头晕目眩，神疲乏力，腰酸腿软，肢冷汗出，舌淡少苔，脉细弱。

治法：补益肝肾，益精明目。

方药：六味地黄汤加减。

中成药：杞菊地黄丸。

3. 外治法 眼部药物离子导入治疗：可选用丹参注射液、川芎嗪注射液等药物进行局部离子导入治疗，起到活血化瘀作用。

（二）西药治疗

1. 抗 VEGF 治疗 雷珠单抗 0.5mg 或康柏西普 0.5mg，玻璃体腔注射。发现结核病时，可用抗结核药物治疗，如链霉素、异烟肼等。

2. 激光治疗 激光光凝可治疗中心凹外脉络膜新生血管膜。

年龄相关性黄斑变性

年龄相关性黄斑变性（age-related macular degeneration，AMD）又称老年性黄斑变性，50 岁以上人群多见，为黄斑区退行性病变，严重影响患者的视功能。临床上根据其眼底表现分为萎缩型（干性）和渗出型（湿性），萎缩型主要为脉络膜毛细血管萎缩，玻璃膜增厚和视网膜色素上皮（retina pigment epithelium，RPE）萎缩等引起的黄斑区萎缩变性。渗出型主要为玻璃膜的破坏，脉络膜新生血管（chroidal neovascularization，CNV）形成。

古人对 AMD 认识不多，根据古籍描述认为与“视瞻昏渺”、“视直为曲”或“暴盲”相当。多将黄斑区色素上皮萎缩等引起视物模糊归属为“视瞻昏渺”，水肿、渗出和新生血管膜等引起视物变形归属为“视直为曲”，眼底出血导致视力骤降归属为“暴盲”等病症范畴。

AMD 发病率目前呈上升趋势，并随年龄增长而增高，已成为发达国家 50 岁以上人群致盲的首要原因。而伴随我国人口结构的老龄化和眼科诊断水平的提高，AMD 的发病率也在逐年上升。据资料统计，我国 50 岁以上人群的发病率在 2.9%～12.9%。

一、病因病理

（一）中医病因病机

AMD 的发生主要与精、气、血的亏损有关；从脏腑辨证，与肾、脾和肝的功能失调有关。

1. 精、气、血的亏损 年老体弱，脏腑功能渐衰，气血日衰，目失所养，故而视力日渐下降。随着机体衰老、精血亏虚而目失所养，是老年眼病发生的病理基础。

2. 肝肾亏虚，目窍失养 肝肾同源，肝阴不足，肾精亏虚。肾阴亏耗，相火妄动，煎灼血津，瘀血内生，阻滞脉络，血不循经，溢于脉外而成离经之血，导致出血；若肾气虚，气化不足，则体内储留之水上犯于目，致使视衣水肿，甚或出现渗出等病变。

肝藏血，主疏泄，具有调节人体气机的功能，并且肝脉直接上连于目系，是真血上达目窍的重要通道，若肝气瘀滞，则气滞血瘀，留著视衣，遮蔽神光，而视物不清；肝血不足，则目窍失养，视衣萎缩而视物昏暗。

3. 脾胃虚弱，浊邪上犯 肝气不舒，横逆犯脾，脾虚湿困，清阳不升则视物模糊；中医前辈陈达夫认为黄斑区属于足太阴脾经，脾虚不运则浊邪上泛清窍，津液失其常道而外渗；脾气不足，统摄无力，可致血溢脉外而见眼底出血，中焦亏虚，可以产生水湿痰浊诸邪，则目窍黄斑失养而视物不清。

（二）西医病因病理

AMD 的确切发病原因尚不完全清楚，其发病可能与年龄、种族遗传、代谢、慢性光损害、营养不良、吸烟、免疫反应、中毒、药物作用、高血压及动脉硬化等因素有关。目前多数学者也认为年龄是 AMD 发病的主要危险因素，AMD 的严重程度也随着年龄增加而加重。RPE 的衰老与退变是引起 AMD 的重要因素，RPE 细胞对光感受器外节盘膜的吞噬消化能力下降，结果未被完全消化的盘膜残余小体潴留于基底部细胞原浆中，并向细胞外排出，从而形成沉积于 RPE 与 Bruch 膜之间的玻璃膜疣。大量玻璃膜疣引起色素上皮、Bruch 膜及视细胞发生变性、脉络膜毛细血管萎缩，即是干性老年性黄斑变性。若 Bruch 膜断裂，脉络膜毛细血管会通过破裂的 Bruch 膜进入到 RPE 下或视网膜下形成新生血管膜，导致视网膜下反复的渗漏、出血、RPE 或视网膜的脱离及盘状瘢痕的形成，即是湿性老年性黄斑变性。

二、临床表现

（一）症状

1. 萎缩型 AMD

（1）萎缩前期：无明显视力障碍，可有中心视力轻度受损，或轻度视物变形，中央比较性暗点。

（2）萎缩期：随病情进展，双眼对称出现中心视力进行性下降，有绝对性中央暗点，出现阅读困难，常需增加光线帮助阅读。

2. 渗出型 AMD

（1）早期：中心视力明显下降，其程度受黄斑中心凹受损程度而定。

（2）渗出期：因出血视力可出现急剧下降。

（3）瘢痕期：中心视力永久性受损。

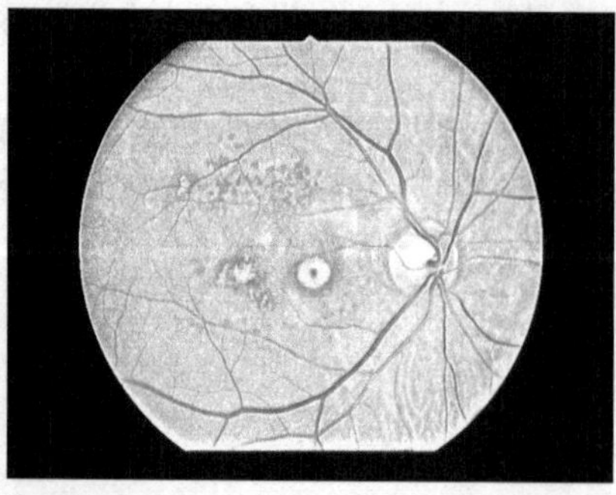

图 14-18 萎缩型年龄相关性黄斑变性（眼底彩照）

（二）体征

1. 萎缩型 AMD

（1）萎缩前期：黄斑区色素紊乱，中心凹反光减弱或消失，RPE 层变薄，后极部常可见散在的黄白色点状玻璃膜疣，玻璃膜疣间可见色素的脱失或增生等。

（2）萎缩期：黄斑区融合密集的玻璃膜疣及大片浅灰色的萎缩区，可见暴露脉络膜血管床，后极部可逐渐出现边界清晰的地图样萎缩区（图 14-18）。

2. 渗出型 AMD

（1）早期：黄斑区可见密集大小不一、边界模糊且相互融合的软性玻璃膜疣，伴渗出、水肿。

（2）渗出期：可见黄斑区视网膜下灰黄色的 CNV 及大量的渗出或出血，出现黄斑区大片浆液或出血性色素上皮脱离或神经上皮层的盘状脱离，或出血性脱离；CNV 出血广泛者，眼底可见范围较大，色泽暗污的圆形或近圆形病灶，常掩盖 CNV。

（3）瘢痕期：视网膜下出血渐吸收，后极部可见大片机化的瘢痕。部分患者在瘢痕周围出现新的新生血管，再次出现渗出、出血、吸收、机化的过程，使得原有瘢痕进一步扩大（图 14-19）。

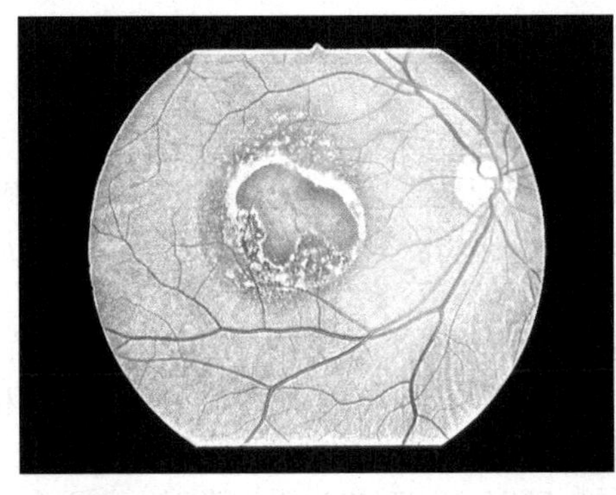

图 14-19　渗出型年龄相关性黄斑变性（眼底彩照）

三、实验室及其他辅助检查

（一）荧光血管造影（FFA）检查

1. 萎缩型 AMD　表现为窗样缺损，随背景荧光而增强、减弱或消退；或见脉络膜毛细血管萎缩呈弱荧光；造影晚期出现巩膜染色所致的隐匿的脉络膜新生血管性强荧光。

2. 渗出型 AMD

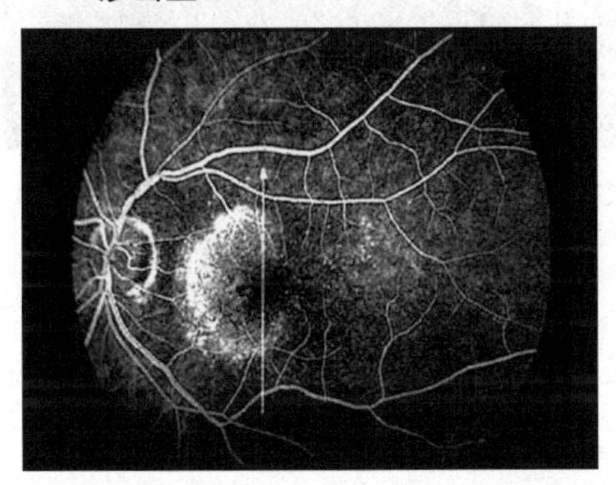

图 14-20　渗出型年龄相关性黄斑变性（FFA）

（1）早期：病变区随造影时间延长，荧光强度渐增强，可见延迟出现的强荧光斑点。

（2）渗出期：造影早期可见形态不一的 CNV，渗漏成片状强荧光，出血荧光遮蔽。典型性 CNV 即显出边界清晰的不同形态，并且很快出现荧光素渗漏，形成片状强荧光。隐匿性 CNV 因出血、渗出、色素或瘢痕的遮蔽，在造影早期 CNV 形态不清楚，仅为一些边界不清的斑点状荧光，中后期其范围逐渐增大，荧光逐渐增强，晚期显现荧光素渗漏。

（3）瘢痕期：造影早期瘢痕区为弱荧光，后期瘢痕可染色（图 14-20）。

（二）吲哚青绿血管造影（ICGA）检查

1. 萎缩型 AMD　大玻璃膜疣因对脉络膜的遮蔽，呈现边界清楚的弱荧光；小玻璃膜疣造影后期染色。若脉络膜萎缩仅限于毛细血管层，则造影早期病变区荧光强度略强于周围，造影中、后期减弱，萎缩区边界渐清晰；若脉络膜萎缩累及中、大血管层，则造影早期病变区呈弱荧光，造影中、后期减弱，萎缩区边界更清晰。

2. 渗出型 AMD　ICGA 对隐匿性 CNV 能够进行可靠定位，ICGA 表现为异常脉络膜新生血管网伴渗漏或染色。具体表现为：

（1）不含 CNV 的浆液性色素上皮脱离：脱离区可呈弱荧光，无染料渗漏。

（2）典型 CNV：早期即可呈边界清晰网状新生血管强荧光点或区域，晚期荧光增强或扩大，但边界仍较清晰。

（3）血管性色素上皮脱离：显示脱离区弱荧光边缘或内可见 CNV 性强荧光，晚期染色或轻渗漏。

（4）瘢痕染色：早期见多个无规则强荧光，伴有色素和出血遮蔽荧光，晚期强荧光斑扩大，对应瘢痕组织染色。

（三）光学相干断层扫描（OCT）检查

1. 萎缩型 AMD 玻璃膜疣表现为 RPE/脉络膜毛细血管层出现几个或多个大小不等的半弧形隆起，其下为均匀的弱反光区，RPE 层厚度可无变化。脉络膜萎缩区表层的视网膜变薄，深层脉络膜反射增强（图 14-21）。

2. 渗出型 AMD 可清楚显示 CNV 形态，以及出血，渗出及瘢痕等（图 14-22）。

（1）典型 CNV 和积液：RPE/脉络膜毛细血管层相对应的反射光带局限性增厚或断裂，可呈梭形或不规则形。视网膜下或视网膜内积液，对此可进行量化分析。

（2）隐匿型 CNV：RPE 层局限性隆起，其下有浆液性和（或）出血性视网膜下或（和）色素上皮脱离。

（3）脉络膜视网膜瘢痕形成：瘢痕在 OCT 上表现为 RPE/脉络膜毛细血管层的光带局限性增厚，边界较清楚，且反光增强；瘢痕上方视网膜萎缩变薄，常有囊样病变。

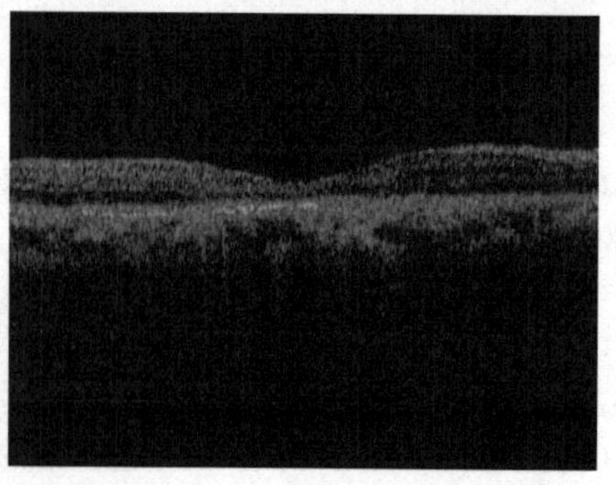

图 14-21 萎缩型年龄相关性黄斑变性（OCT）

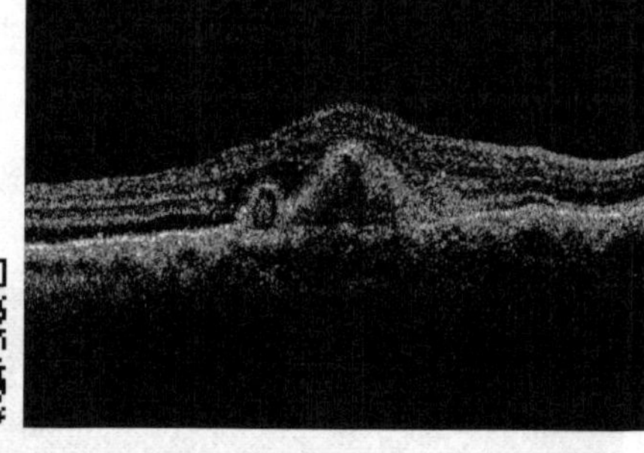

图 14-22 渗出型年龄相关性黄斑变性 CNV（OCT）

（四）视野检查

视野检查可见本病有中心暗点及不同程度的视野缺损。阿姆斯勒表检查中心视野异常，出现变形、暗区或线条中断。

四、诊断与鉴别诊断

（一）诊断要点

1. 辨病要点 局部血瘀、痰瘀、水肿，多为实症。

（1）逐渐视物模糊或视物变形，或突然一眼视力骤降伴视物变形，数年后另眼患病。

（2）玻璃膜疣、色素上皮萎缩灶；或后极部出血、渗出、水肿等。

（3）黄斑区盘状或不规则瘢痕病变；或 RPED 或黄斑区水肿反复迁延不愈。

2. 辨证要点 全身症候虚实夹杂。

（1）脾虚气弱证：神疲乏力，大便溏泻，舌淡苔白，脉弱。

（2）肝肾亏虚证：头晕耳鸣、腰膝酸软，舌红苔少，脉细。

（3）痰湿蕴结证：胸膈满闷，头重眩晕，舌苔白腻或黄腻，脉滑。

（4）络伤出血证：口渴烦热，失眠盗汗；舌质红、苔少，脉数。

3. 西医诊断要点

（1）萎缩型 AMD

1）双眼或一眼同时或先后发病，视力下降缓慢。

2）黄斑部出现散在的玻璃膜疣和萎缩灶。

3）FFA 可见玻璃膜疣性透见荧光，或萎缩性弱荧光。

（2）渗出型 AMD

1）一眼视力急剧下降，数年后可累及另眼。

2）黄斑区大范围视网膜下出血，盘状色素上皮或视网膜神经上皮层脱离及大量玻璃膜疣。

3）FFA 可见视网膜下新生血管、荧光素渗漏区、出血区遮蔽荧光。

（二）鉴别诊断

1. 中心性浆液性脉络膜视网膜病变 黄斑中心凹周围浆液性视网膜隆起，色素上皮萎缩，无玻璃膜疣，无 CNV 的形成，无出血，FFA 在静脉早期开始出现黄斑区小的荧光素渗漏点，后期逐渐呈喷射状或墨迹样扩大的强荧光斑。

2. 特发性脉络膜新生血管（中心性渗出性脉络膜视网膜病变） 多见于青壮年，病灶范围较局限，多单眼发病，黄斑周围及另一眼多无玻璃膜疣存在和色素的改变。

3. 高度近视性 CNV 可有新生血管和出血，但有高度近视病史，眼底呈豹纹状眼底、后巩膜葡萄膜肿及漆裂纹等。

五、治疗

（一）中医治疗

1. 治疗原则 根据眼底黄斑区各个阶段病理变化特点，结合老年性眼病的症候规律，采用整体宏观辨证与局部微观辨病结合的思路和治疗方法进行辨证施治。

2. 中医辨证论治

（1）脾虚气弱证

治法：健脾益气，滋养肝目。

方药：人参养荣汤（《太平惠民和剂局方》）；出血者，可加生蒲黄、藕节等增强止血作用；渗出者，可加薏苡仁、扁豆等利水渗湿。

中成药：补中益气丸。若因脾虚而导致水湿不运出现头身困重等湿邪内停之象，可用参苓白术散等。

（2）肝肾亏虚证

治法：滋补肝肾，活血明目

方药：六味地黄丸（《小儿药证直诀》）；有瘢痕者，可加海藻、昆布、鸡内金等以软坚散结；五心烦热、失眠盗汗者，可加黄柏、知母等以降虚火。

中成药：杞菊地黄丸。阴虚者可用知柏地黄丸、石斛夜光丸、左归丸，阳虚者可选用右归丸。

（3）痰湿蕴结证

治法：燥湿化痰，益气健脾。

方药：化坚二陈汤、温胆汤。若痰热重者，可加半夏、茯苓、车前子等；可加当归、丹参、川芎等以行气活血消滞；可加浙贝母、海藻、牡蛎等以软坚散结。

中成药：五苓散、二陈丸。若痰郁化热，可加清气化痰丸。

（4）络伤出血证

治法：滋阴降火、凉血止血。

方药：可用生蒲黄汤（《中医眼科六经法要》）。水肿明显者，可加车前子、猪苓等利水消肿；出血久者，加山楂、鸡内金、浙贝母等活血消滞。

中成药：和血明目片、止血祛瘀明目片。若见胁痛嗳气、神疲等肝郁脾虚等症，可用丹栀逍遥丸；若血虚症状明显者，可用四物颗粒。

3. 外治法 滴眼药水：可选用七叶洋地黄双苷滴眼液。

4. 针刺治疗 通过针刺对穴位的刺激，可以调节全身的气血阴阳，从而使气血、经络通畅，有助于视力改善。

（1）常用穴位：眼局部常用穴，睛明、承泣、球后、丝竹空、攒竹、四白、阳白、百会。全身常用配穴，翳风、翳明、风池、百会、合谷、肝俞、肾俞、脾俞、足三里、光明、三阴交、血海、阳陵泉、阴陵泉等。

（2）针法：针对主症配穴，将眼周穴位和远端肢体穴位配合应用，每次眼周穴位 1～2 个，远端肢体取 2～3 个，每日或隔日 1 次，分组交替运用，10 次为 1 个疗程，休息 3～5 天再做下 1 个疗程。眼周穴位不宜运针提插、捻转，对于肢体、腹部及背部穴位可以针灸并用。

（二）西医治疗

1. 治疗原则 对于干性 AMD 萎缩者无特效药物治疗，75%不经治疗的湿性 AMD 患者 3 年内视力可以减退到 0.1 以下。湿性 AMD 的治疗主要是去除或者抑制黄斑部脉络膜新生血管，抗-VEGF 药物治疗、视网膜激光光凝、光动力疗法、微创玻璃体切割手术治疗均有一定价值。

2. 激光治疗

（1）FFA 显示的中心凹外或者中心凹旁的典型性 CNV 可采取直接激光光凝治疗。

（2）对 ICGA 显示的中心凹外的滋养血管进行一次或者多次的激光光凝治疗，可以导致部分中心凹下 CNV 自行关闭萎缩。

（3）对于中心凹下的 CNV 可以选择光动力激光（PDT）治疗。PDT 治疗后前 3 个月每月复诊 1 次，治疗后 3 个月复查 FFA 和 ICGA，根据造影结果确定观察或者重复 PDT 治疗。

3. 手术治疗

（1）规范化的多次玻璃体腔内注射抗 VEGF 治疗可以提高或者稳定湿性 AMD 患者的视功能。目前用于眼科的抗血管内皮生长因子有雷珠单抗和康柏西普。临床推荐每月注射 1 次，连续 3 次，以后每 3 个月复查 1 次，必要时重复注射。

（2）微创玻璃体切割手术：湿性 AMD 导致的大量玻璃体积血，经过药物治疗 2 周，视功能严重障碍者，可以行微创玻璃体切割手术治疗。

（3）联合治疗：PDT 与抗 VEGF 的联合治疗在一些渗出性 AMD 患眼上显示了较好的疗效。

六、中西医临床诊疗思路

AMD 属于老年性致盲性眼病，中医对该病治疗有一定的优势。对于萎缩型 AMD，主要针对脾虚气弱、肝肾亏虚两种证型，从健脾益气、补益肝肾进行辨证治疗。对于渗出型 AMD，往往 CNV 已经形成，在选择 PDT、视网膜激光光凝、抗 VEGF 药物玻璃体腔注射治疗的基础上，根据眼底出血、渗出、水肿等局部表现结合全身症候脾虚气弱、肝肾亏虚、痰湿蕴结、络伤出血证等予以中药治疗。

近视性黄斑病变

近视性黄斑病变多发生于高度近视眼。高度近视随年龄增长，眼球进行性变长，视网膜脉络膜出现退行性变化，故又称为病理性近视。眼球后极部向后扩张，呈后巩膜葡萄肿，该区明显凹陷，视网膜色素上皮和脉络膜毛细血管层萎缩，脉络膜大血管明显显露于视网膜神经上皮下呈豹纹状眼底。黄斑部脉络膜和视网膜色素上皮萎缩，于视乳头颞侧可见脉络膜萎缩弧（图 14-23），称近视性弧形斑，严重者弧形斑可环绕视乳头。若黄斑区多个脉络膜萎缩灶互相连接融合呈大片，萎缩区内则可见白色巩膜背景下有裸露的脉络膜大血管或伴不规则的色素分布。黄斑中心凹可发生视网膜下出血、漆裂纹、Fuchs 斑及脉络膜新生血管形成（图 14-24、图 14-25）漆裂纹为 Bruch 膜线样破裂而形成的黄白色条纹；Fuchs 斑为黑色近圆形隆起斑，因黄斑出血则视力突然下降，视物变形、变色，注视点为暗点。

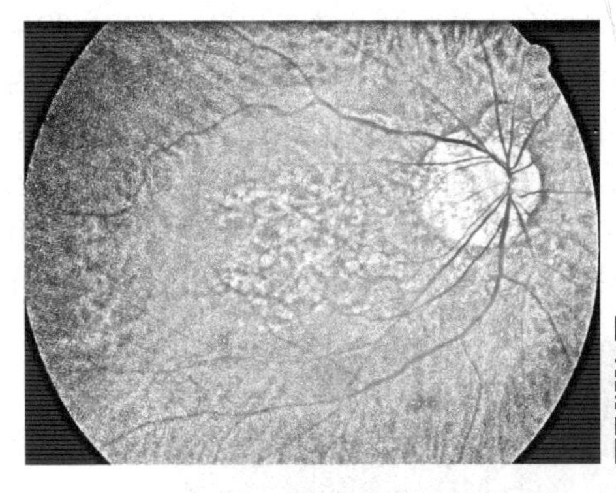

图 14-23　高度近视弧形斑

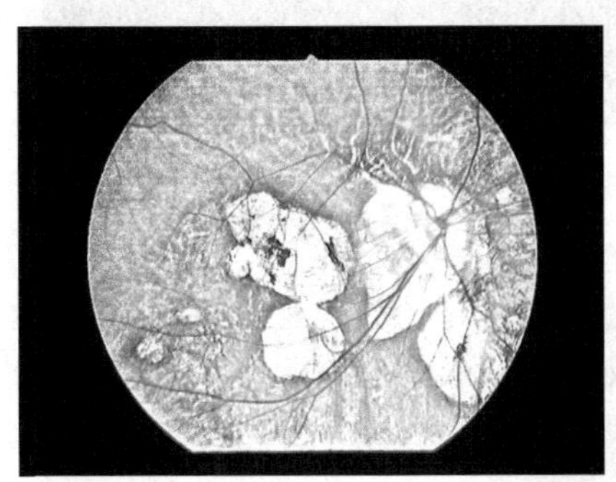

图 14-24　高度近视性脉络膜萎缩灶

图 14-25　高度近视黄斑出血

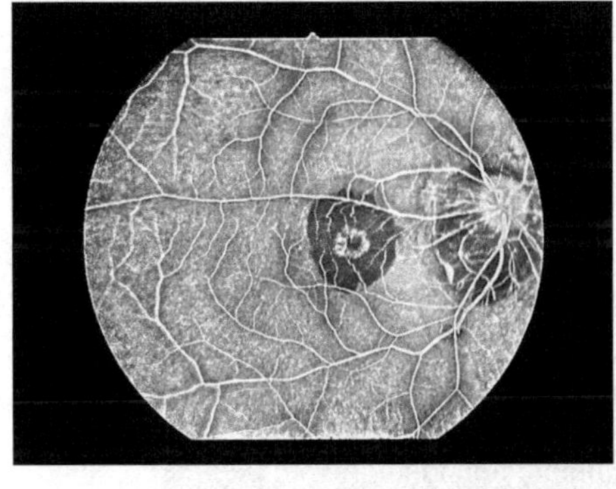

图 14-26　高度近视黄斑中心凹 CNV（FFA）

荧光素眼底血管造影有助于诊断脉络膜新生血管（图 14-26）。近视眼的各种退行性变化如玻璃体液化、玻璃体后脱离、视网膜周边格子样变性，因此高度近视眼易发生黄斑裂孔、马蹄形裂孔及圆形萎缩孔，导致视网膜脱离，若未及时治疗或治疗失败，均可失明。

根据其典型的近视病史和眼底表现诊断多不困难，黄斑区发生脉络膜新生血管者，可行抗 VEGF 治疗。玻璃体切割手术、PDT、TTT 亦可根据病情采用来治疗近视性黄斑区脉络膜新生血管（CNV）或黄斑劈裂。

黄斑囊样水肿

黄斑囊样水肿（cystoid macular edema，CME）并非独立的一种眼病，常见于许多眼病中，是严重损害视力的病变。常见的眼病有视网膜静脉阻塞、糖尿病性视网膜病变、后葡萄膜炎、眼外伤、眼内手术后等。

其发病机制是由于病变损伤黄斑区毛细血管，白内障术后可能因玻璃体向前移位对视网膜有牵引作用，累及毛细血管，使管壁受损发生渗漏。视网膜渗漏液集聚于外丛状层，黄斑区该层 Henle 纤维呈放射状排列，将积液分隔开形成数个小的液腔。

患者自觉视力下降，视物变形，但眼底检查仅见黄斑组织模糊不清，只有少数典型病例在三面镜下可查见分叶状的 CME，如行荧光素眼底血管造影，于 10min 后可清晰地显示花瓣状的强荧光（图 14-27），可用以与其他黄斑疾病相鉴别。光学相干断层扫描能更为敏感、更准确地显示出黄斑囊样水肿的形态，并能对水肿的程度进行量化（图 14-28）。

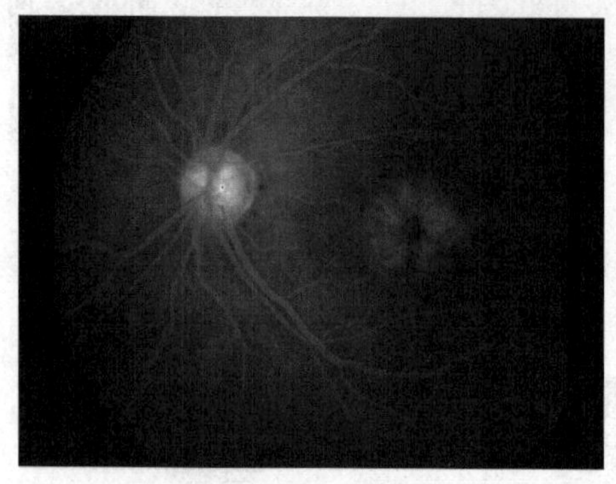

图 14-27　黄斑囊样水肿（FFA）

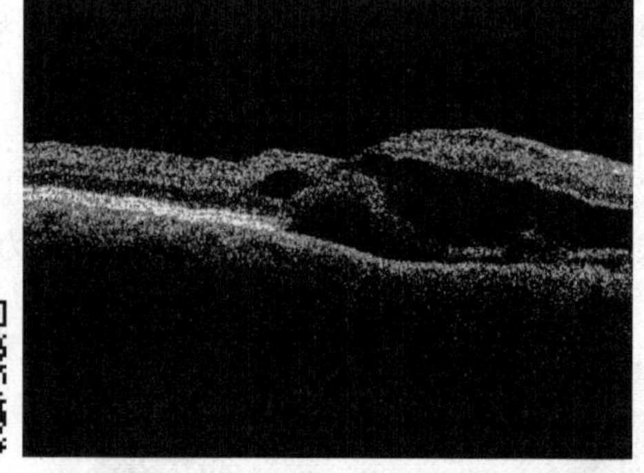

图 14-28　黄斑囊样水肿（OCT）

根据不同的病因，黄斑囊样水肿的治疗措施不同，主要治疗是控制原发病。

常用直接针对黄斑囊样水肿的治疗措施有：氪黄或氩绿激光黄斑区低能量格栅样光凝；玻璃体内注射 VEGF 抑制剂或长效的类固醇激素曲安奈德（TA）；玻璃体手术撕除视网膜内界膜。中医中药主要采用辨证后全身治疗和局部治疗相结合的综合治疗措施。

特发性黄斑裂孔

黄斑裂孔是指黄斑中心全层神经上皮缺失，最常见于老年女性，因其发病原因尚不明，故称为特发性黄斑裂孔（idiopathic macular hole，IMH）（图 14-29）。

本病的主要临床表现为视力不同程度下降，视物变形，正前方暗点。黄斑中心呈圆形或椭圆形红斑，1/4～1/2 视乳头直径大小，在间接眼底镜、裂隙灯下前置镜或三面镜下可见视网膜窄光带有中断现象，孔周有淡灰色的环形区环绕，为浅的视网膜神经上皮脱离，孔内可有黄色颗粒，有时孔前可见漂浮的盖膜，长期随访很少发生视网膜脱离。OCT 对黄斑裂孔的显示及分类很有价值（图 14-30）。

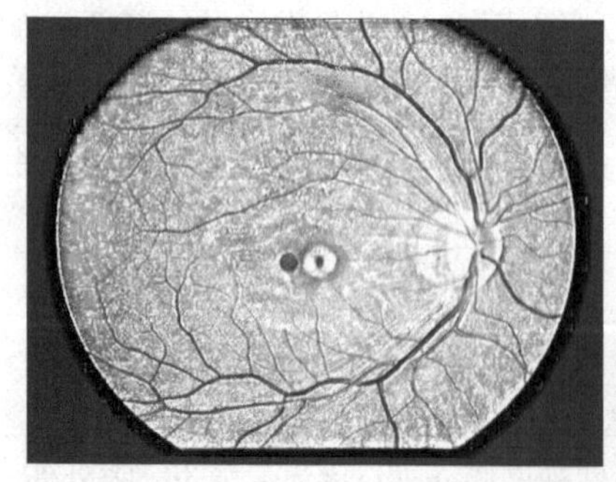

图 14-29　特发性黄斑裂孔（眼底彩照）

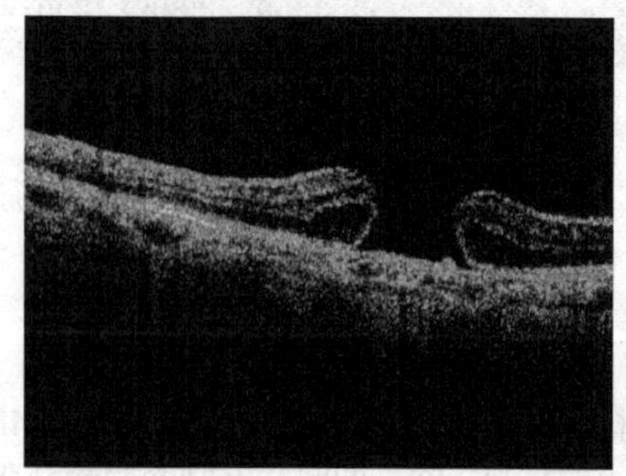

图 14-30　特发性黄斑裂孔（OCT）

对于特发性黄斑裂孔的治疗目前有主张采用玻璃体切割术去除玻璃体后皮质，解除玻璃体在切线方向对视网膜的牵引力，有益于裂孔封闭。近年来又有人主张黄斑区内界膜撕除术，可获得较好的封闭裂孔和改善视力的效果。

黄斑裂孔手术

黄 斑 前 膜

黄斑前膜（macular epiretinal membrane，MERM）是指黄斑区出现视网膜前表面生长的纤维增殖膜。前膜的形成使视网膜表面反光增强，前膜收缩使局部视网膜形成皱褶、放射状条纹，黄斑拱环变形、变小，黄斑区受累小血管牵拉变直或蛇行，以及黄斑水肿、点状出血等。

本病患眼的视力可正常到严重下降；典型主诉为视物变形、变大，中心视力减低，单眼复视；眼底检查可见视网膜表面反光增强：轻症黄斑前膜者仅在玻璃体视网膜界面出现玻璃纸样反光或丝绸样反光，而对视网膜无明显牵拉；严重者可有局部视网膜皱褶、放射状条纹：前膜牵拉引起局部视网膜以机化膜为中心向心性收缩，导致皱褶形成，排列于收缩中心周围呈放射状条纹。典型的眼底表现为黄斑拱环变形、变小，黄斑区血管迂曲：前膜收缩牵拉，使得黄斑拱环向心性缩小或移位，黄斑区血管走行迂曲。此时对拱环及血管的走行方向观察更有助于发现前膜。严重患眼可并发黄斑水肿、点状出血。

黄斑前膜分为特发性黄斑前膜与继发性黄斑前膜两类，前者多发于老年人，与其他各种眼部病变无关；后者有明显的致病原因如眼部外伤、葡萄膜炎、糖尿病性视网膜病变、内眼手术、眼底激光、冷凝术、药物性治疗后、视网膜裂孔、脱离等（图 14-31）。

黄斑前膜的 FFA 表现：可见黄斑拱环变形、变小，黄斑区视网膜小血管迂曲，严重者可出现前膜或出血遮蔽性弱荧光、荧光素渗漏、前膜染色及黄斑水肿。

黄斑前膜的 OCT 表现：与黄斑区视网膜内层相连的中高度增强的光带，可伴发黄斑水肿，表现为黄斑部视网膜增厚，周围视网膜被牵拉形成皱褶；黄斑假孔，可见中心凹边缘形态陡峭，周围视网膜增厚，孔的底部神经上皮完整；黄斑板层裂孔，表现为黄斑中心凹神经上皮部分缺失等。

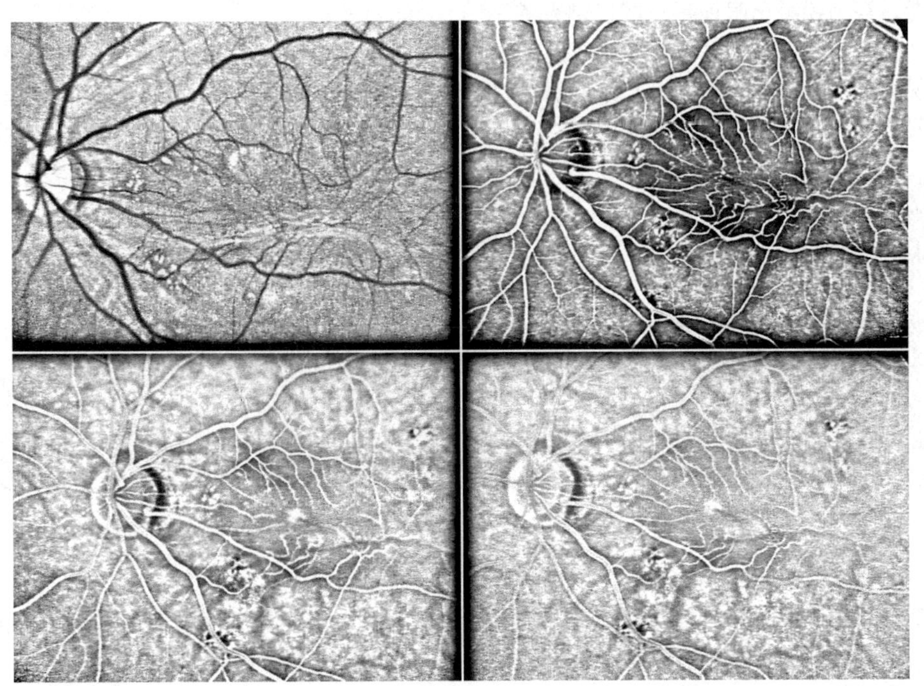

A

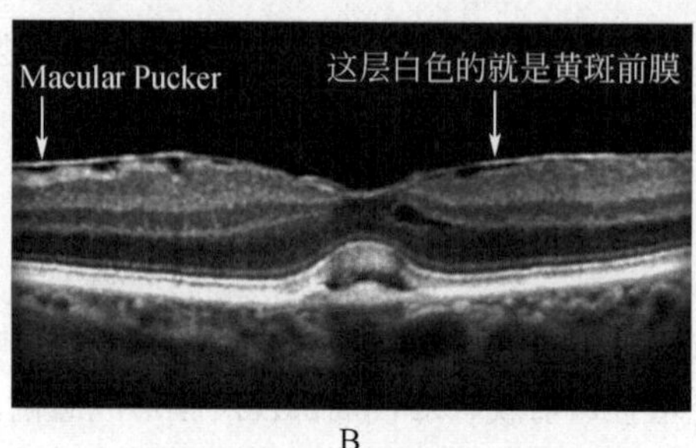

B

图 14-31　黄斑前膜
A.黄斑前膜；B.黄斑前膜 OCT

黄斑前膜的治疗：如视力仅轻度下降或视物变形不明显、前膜稳定，可定期随访观察；继发性黄斑前膜需对原发疾病进行治疗。手术：视力下降或视物变形明显，或 FFA 显示荧光素渗漏或黄斑水肿者可行前膜剥除术。

第四节　原发性视网膜脱离

视网膜脱离（retinal detachment）是指视网膜神经上皮层与色素上皮层之间的分离。原发性视网膜脱离是视网膜脱离中最常见的一种类型，是由于视网膜变性或玻璃体牵引形成视网膜裂孔，加之玻璃体对视网膜的牵引，液化的玻璃体经裂孔进入视网膜下所致。

本病多发生于成年人，多数为单眼发病，好发于高度近视、无晶体眼、有外伤史、视网膜格子样变性等患者，在发病前多有前驱症状，主要是出现飞蚊状漂浮物、眼前幕样遮挡及眼前闪光感等症。视网膜脱离区未波及黄斑部者，出现视野突然缺损；若脱离区波及黄斑，则视力突然丧失；视网膜全部脱离者，视力锐减至眼前手动或仅剩光感。

眼底检查：脱离区的视网膜呈青灰色或灰白色隆起，视网膜血管爬行并随波浪起伏，血管呈暗红色。可以发现裂孔，裂孔多位于颞上方赤道部附近，或位于脱离区域的上方（图 14-32）。B 超检查显示视网膜脱离处有一条强光带，凹面向前，一端与视盘相连，另一端止于周边部（图 14-33）。

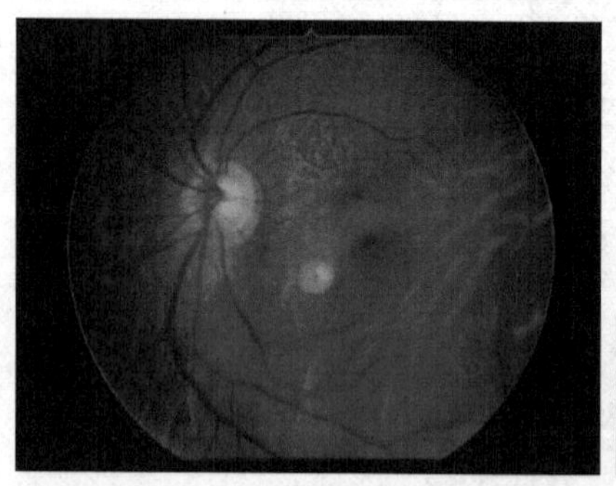

图 14-32　视网膜脱离（彩照）

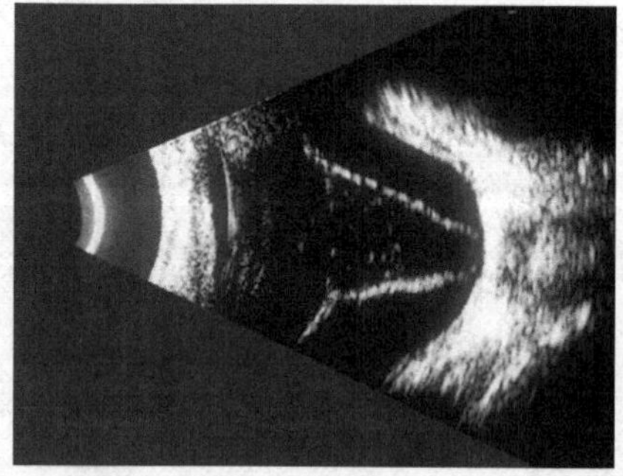

图 14-33　牵引性视网膜脱离 B 超

本病一旦发现裂孔，须及时手术治疗，手术的原则是封闭视网膜裂孔。

（1）进行激光光凝、透热电凝或冷凝，使裂孔周围产生无菌性的脉络膜视网膜炎症以封闭裂孔。缩小眼球内腔：以减轻玻璃体对视网膜的牵引，创造脱离的视网膜与脉络膜接触条件。

（2）可行巩膜扣带手术，其方法分巩膜缩短、巩膜内填充、巩膜外加压及环扎手术。

（3）微创玻璃体手术：复杂的视网膜脱离应做玻璃体切割手术，不仅去除玻璃体牵引，还可消除混浊的玻璃体。

在围手术期给予辨证论治，依其肝肾亏虚、脾虚湿困、气阴两亏、肝经郁滞等分别治以滋补肝肾、活血明目；健脾益气、利湿化痰；益气养阴、补心安神；疏肝理气、明目等治法。

视网膜脱离复位术

第五节　原发性视网膜色素变性

视网膜色素变性（primary retinitis pigmentosa，PRP）是一组以进行性感光细胞及色素上皮功能丧失为共同表现的遗传性疾病。其特征是双眼发病，呈现慢性进行性视功能损害和伴有眼底色素变化。主要症状为夜盲、视野缩小、视力下降。本病发病率为 1/5000～1/3000。本病有明显的家族遗传性，父母或其祖代常有近亲联姻史，近亲结婚者发病率远高于非近亲联姻者，男女发病比约为 3∶2。

本病归属中医“高风雀目”范畴。

一、病因病理

（一）中医病因病机

本病为遗传性疾病，先天元阳虚衰，阳虚而不制阴，阴气渐盛，阳气下陷于阴中，每至黄昏或黑暗处则视物昏矇，视不见物。或脾胃虚弱，气血不足，养目之源匮乏；或气血亏虚，阴虚至瘀，血络不畅都可导致发病。故本病总以虚为主。因本病中后期有视网膜血管狭窄及脉络膜毛细血管萎缩，且病程冗长，这些现象与中医学的瘀滞相吻合。中医学还有内障多虚，久病多虚，久病多郁，久病多瘀的观点。故本病的根本病机是虚中兼瘀兼郁。

（二）西医病因病理

本病为遗传性疾病，其遗传方式常分为 4 类，即常染色体显性遗传、常染色体隐性遗传、性连锁隐性遗传及散发型（无家族史）。以显性遗传最常见（40%～90%），与近亲联姻有一定关系；隐性遗传次之（10%～20%）；性连锁遗传最少（10%以下），男性患病，女性为携带者。本病主要表现为光感受器功能异常，且以视杆细胞受累严重，暗适应明显减退。

二、临床表现

（一）症状

本病多数在青少年及儿童期发病，夜盲是最早发生的症状，部分患者在昏暗光线下视力下降。视野进行性缩窄，中心视力下降和辨色困难，最终致盲。

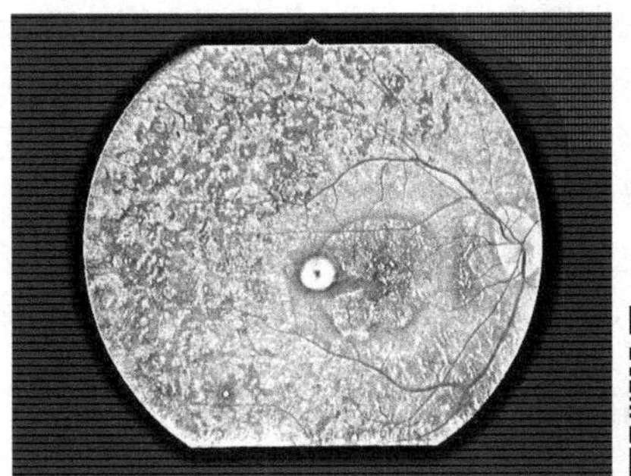

图 14-34　视网膜色素变性

（二）体征

本病眼外观正常。眼底检查早期眼底改变不明显，或仅见视网膜赤道部色素紊乱，随着病情进展逐渐出现眼底改变。主要眼底改变为：视乳头颜色蜡黄、视网膜血管狭窄及骨细胞样色素沉着。结晶样视网膜色素变性眼底还可见视网膜散在结晶样亮点，视网膜色污秽；白点样视网膜色素变性眼底遍布小白点，但不侵犯黄斑部（图 14-34）。

三、实验室及其他辅助检查

1. 视野检查 本病早期可有旁中心暗点，逐渐呈环形暗点、向心性缩窄，晚期呈小管状视野。

2. 视觉电生理检查 本病疾病早期视网膜电图（ERG）呈低波迟延型，a、b 波波峰降低，峰时延长，最后 a 波、b 波消失呈熄灭型。

3. 荧光素眼底血管造影 本病可呈现因色素脱失而透见的脉络膜荧光，色素斑块引起的遮挡荧光，晚期可有脉络膜毛细血管无灌注逐渐出现明显的弱荧光。由于血-视网膜屏障的改变，有时还可见到黄斑部有荧光素渗漏。

四、诊断与鉴别诊断

（一）诊断要点

1. 辨病要点

（1）病史：多数患者有夜盲病史，部分有家族史。

（2）临床表现：夜盲，视力下降，视野进行性缩窄。眼底可见视乳头颜色蜡黄、视网膜色污秽、视网膜血管狭窄及骨细胞样色素沉着。结晶样视网膜色素变性还可见视网膜散在结晶样亮点；白点样视网膜色素变性眼底遍布小白点，但不侵犯黄斑部。

（3）眼科检查：视野检查，呈向心性缩窄；视觉电生理检查，疾病早期视网膜电图（ERG）呈低波迟延型，a、b 波波峰降低，峰时延长，最后 a 波、b 波消失呈熄灭型。荧光素眼底血管造影，可呈现透见的脉络膜荧光，色素斑块引起的遮挡荧光，晚期可有脉络膜闭塞逐渐出现明显的弱荧光。有时还可见到黄斑部有荧光素渗漏。

2. 辨证要点

（1）肾阳不足证：面色萎黄，耳鸣耳聋，阳痿早泄，舌质淡，苔薄，脉细无力。

（2）肝肾阴虚证：夜盲，视物模糊，视物范围缩小，眼干涩；头晕耳鸣，失眠多梦，口干，腰膝酸软，舌红，少苔，脉细数。

（3）脾虚气弱证：肢体乏力，食纳不馨，或有便溏泄泻，舌质淡，边有齿痕，苔薄白，脉细弱。

（4）气虚血瘀证：疲乏倦怠，舌质暗，苔薄，脉细。

（二）鉴别诊断

1. 继发性视网膜色素变性 脉络膜炎性疾患、梅毒、眼外伤、视网膜脱落复位术后眼底均可出现脉络膜视网膜弥漫性萎缩、色素沉着等改变，但其夜盲不明显，血管无明显变细、ERG 异常较轻，ERG b 波振幅轻度降低或正常，并同时参考相应病史以资借鉴。

2. 风疹病毒先天感染 多有核性白内障和母亲患病史，椒盐样眼底可以合并有小眼球、聋、先天性心脏异常或其他全身性异常。ERG 多正常。

3. 维生素 A 缺乏 常由营养不良或肠切除手术所致，可以是遗传性的。有显著的夜盲，结膜出现毕奥斑，周边视网膜深层可见无数黄白色、境界清楚的小斑。

五、治疗

（一）中医治疗

1. 治疗原则 治疗本病以补益肝肾、温补肾阳为原则。本病为遗传性疾病，先天元阳虚衰，阳虚而不能制阴，阴气渐盛，阳气下陷于阴中。所以本病总以虚为主，虚中兼瘀，在补虚的同时，兼以活血化瘀。

2. 中医辨证论治

（1）肾阳不足证

症候：自觉夜盲，视物模糊，视野缩小；面色萎黄，神疲乏力，畏寒肢冷，耳鸣耳聋，阳痿早泄，夜尿频多，女子月经不调，量少色淡，舌质淡，苔薄，脉细无力。

治法：温补肾阳，活血明目。

方药：右归丸（《景岳全书》）加减。五更泻泄，食少便溏者，加黄芪、党参、吴茱萸、肉豆蔻；视网膜血管变细，色素堆积，加丹参、赤芍、桃仁、红花；食少便溏，神疲乏力者，加黄芪、桂枝、党参。

中成药：金匮肾气丸。

（2）肝肾阴虚证

症候：自觉夜盲，视物模糊，视物范围缩小，眼干涩；头晕耳鸣，失眠多梦，口干，腰膝酸软，舌红，少苔，脉细数。

治法：滋补肝肾，活血明目。

方药：明目地黄丸（《审视瑶函》）加减。头晕目眩者，加石决明、钩藤；纳少腹胀者加砂仁、鸡内金、陈皮；情志不舒者，加香附、白芍。

中成药：明目地黄丸。

（3）脾虚气弱证

症候：自觉夜盲，视物模糊，视物疲劳，不能久视，视野缩小；面无华泽，肢体乏力，食纳不馨，口淡无味，或有便溏泄泻，舌质淡，边有齿痕，苔薄白，脉细弱。

治法：补脾益气，活血明目。

方药：补中益气汤（《内外伤辨惑论》）加减。唇舌色白，心悸失眠，加白芍、酸枣仁；视网膜血管狭细，酌加红花、蔓荆子、刺蒺藜、丹参、夜明砂、桃仁、郁金，以活血明目。

中成药：补中益气丸。

（4）气虚血瘀证

症候：自觉夜盲，视野狭窄，视力模糊；病情日久，视神经乳头蜡黄色，视网膜血管纤细，脉络膜血管硬化，舌质暗，苔薄，脉细。

治法：补气养血，化瘀明目。

方药：十全大补丸（《太平惠民和剂局方》）加减。酌加丹参、红花，增强活血明目之力；若双目干涩，加枸杞子、生地黄、麦冬。

中成药：十全大补丸。

3. 外治法

（1）穴位注射：复方樟柳碱注射液，适用于各证型患者，每次 2ml，每日 1 次，患侧颞浅皮下注射。

（2）电离子导入：可用血栓通注射液等药物进行眼局部离子导入治疗，起到活血化瘀、明目作用。

4. 针刺治疗

（1）针刺主要穴位：睛明、球后、攒竹、承泣、太阳、光明、风池、肝俞、肾俞等。配穴有：四白、足三里、三阴交等。方法：每次选取 3～4 个主穴，2～3 个配穴。每日 1 次，每次 30min，平补平泻。

（2）耳针主要穴位：眼、肝、脾、肾等。

（二）西医治疗

治疗原则：遗传咨询是目前预防 RP 唯一可行的手段。

（1）可尝试用适量维生素 A 及维生素 B_{12}，酌情运用一些血管扩张剂等。

（2）屈光不正者，验光配镜矫正屈光状态可增进一定视力。

（3）合并有白内障者，白内障手术可改善中心视力。

（4）晚期病例，佩戴助视器有利于提高生活质量。

六、中西医临床诊疗思路

原发性视网膜色素变性属于遗传性眼病，逐渐发展，最终失明。中医药对控制疾病进展有一定的优势。早发现早治疗。针对脾肾阳虚、脾虚气弱、肝肾亏虚证型，从温补肾阳、健脾益气、补益肝肾进行辨证治疗，同时兼用活血化瘀、疏肝理气等方法。疾病后期，眼底大片色素沉着波及黄斑区，药物难以控制，目前也没有成熟和疗效肯定的手术方法。

第六节　视网膜营养不良

卵黄样黄斑营养不良

卵黄状黄斑营养不良（vitelliform macular dystrophy）又称为 Best 病，是一种常染色体遗传黄斑变性。常在幼年及青年时期发病。患者双眼黄斑区常有对称性卵黄样特征性的损害，位于 RPE 水平，其黄斑病变呈进行性的动态发展过程，晚期可形成瘢痕或萎缩。

临床表现双眼不对称的视力下降，部分有中心暗点。眼底改变根据病情进展分四个阶段，各阶段特点如下：①卵黄病变前期：中心凹处可见黄色小点，似微小蜂窝状结构；②卵黄病变期：黄斑中央有类圆形卵黄样轻微隆起，0.5～3PD 大小，边界清楚，呈半透明状，周围一圈黑色镶边，视网膜血管横跨其上；③卵黄破碎期：似蛋黄打碎的形状，由于黄色损害突破 RPE 进入视网膜下腔，部分形成假性蓄脓外观（病灶内物质脱水沉降在囊下部，上方为液体，并可见液平面）；④萎缩期：若继发脉络膜新生血管，视力将显著下降。后期病变吸收，形成脉络膜视网膜萎缩灶，可见瘢痕及色素增殖形成。

FFA 检查该病典型 FFA 表现为卵黄样物质呈遮蔽荧光表现，可有自发荧光。OCT 检查典型 OCT 在卵黄期可见黄斑区神经上皮局限性脱离，其内为均质的中高反射。EOG 检查有特征性改变，在眼底尚正常和没有临床表现的遗传携带者，就可见 EOG 的 Arden 比明显下降。

Best 病的视力预后一般较好，本病无特殊治疗。但当并发 CNV 时，可考虑行 PDT 或抗 VEGF 治疗。

先天性视锥细胞营养不良

先天性视锥细胞营养不良（congenital cone dystrophy）是一组累及视锥细胞功能的遗传性视网膜变性类疾病。按病程的发展和疾病特点可分为静止型和进展型两类，晚期可出现黄斑区萎缩表现。视锥细胞营养不良其遗传方式不尽相同，可见常染色体显性、隐性或 X 性连锁隐性遗传。

一、临床表现

该病的视力呈进行性下降，也可迅速降至 0.1，甚至指数或手动；20 岁前发生视力下降或色觉障碍、畏光等；视锥细胞营养不良分为静止型和进展型两类。前者主要表现为色觉障碍，视力下降不明显，偶有弱视；后者常在 20 岁前发生进行性色觉和视力下降，伴有昼盲或畏光，极少发生夜盲。

眼底检查：静止型视锥营养不良黄斑区多表现正常。进展型视锥营养不良眼底病变双眼对称，早期眼底基本正常或仅有中心凹反光消失，随着病情进展，黄斑部可见金箔样反光，RPE 萎缩，呈牛眼状或圆形变性灶。部分为弥漫性色素脱失，边界不清。晚期可见脉络膜毛细血管萎缩。周边部偶可见局灶性色素沉着（图 14-35）。

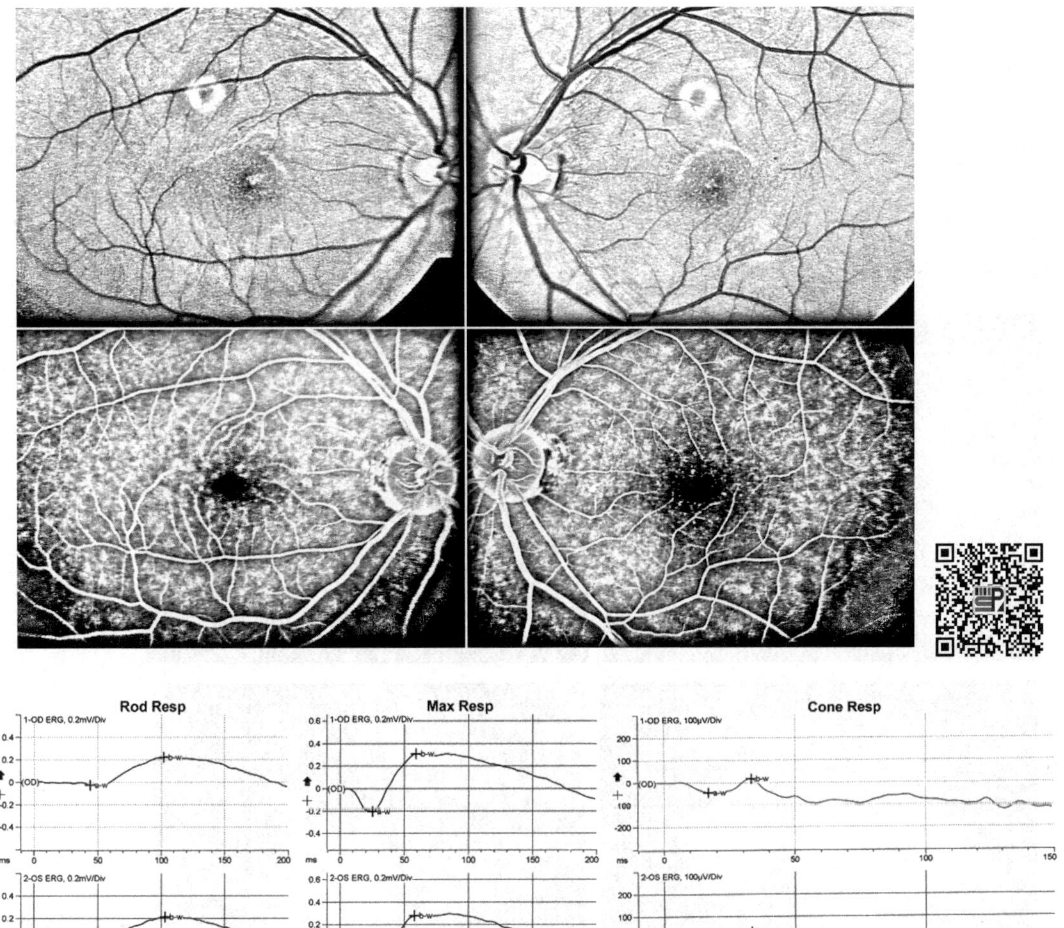

图 14-35　视锥细胞营养不良

二、实验室及其他辅助检查

该病晚期的 FFA 表现为黄斑区呈横椭圆形强荧光区域，环绕着呈弱荧光的靶心，即牛眼征。OCT 检查表现为光感受器细节光带的异常，如椭圆体带不连续，嵌合体区光带缺失。进展型视野检查可见中心暗点。色觉严重障碍，早期为红绿色盲，晚期为全色盲。电生理检查 ERG 明适应和闪光反应无波形或波形很低，暗适应基本正常。

三、治疗

该病目前暂无特殊治疗，可佩戴防蓝光眼镜防止因光损伤加重病变进展。

Stargardt 病

Stargardt 病是一种遗传性黄斑萎缩性变性类疾病，常双眼对称发病，为常染色体隐性遗传，少数为常染色体显性遗传，但临床常见散发病例，常为 6～20 岁患者。

一、临床表现

该病患者的大部分视力逐渐下降至 0.1，部分下降至指数；主诉为双眼视力对称性进行性下降。眼底检查：早期眼底完全正常，易被误诊为弱视；进展期最早出现中心凹反光消失，继而黄斑区出现颗粒状色素及黄色斑点，逐渐形成双眼对称横椭圆形境界清楚的“青铜片样”外观，眼底检查时可见金箔样反光。周围绕以散在视网膜深层的黄色斑点，颜色灰黄，大小形态不一，病程进展过程中不断吸收和出现，引起 RPE 萎缩；晚期因 RPE 及脉络膜毛细血管层进一步萎缩，裸露脉络膜大中血管（图 14-36）。

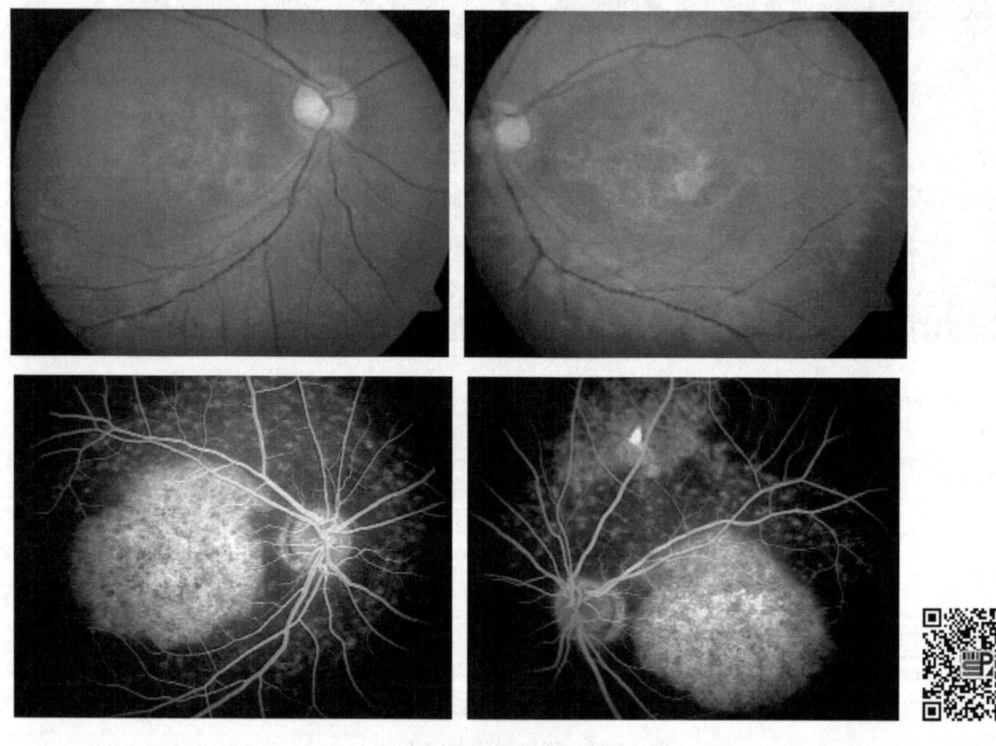

图 14-36 Stargardt 病

二、实验室及其他辅助检查

FFA 检查：典型的 FFA 表现为双眼对称性的类圆形透见荧光及脉络膜背景荧光减弱或消失（脉络膜湮灭征）。当周围可见较多黄色斑点以致弥漫性色素脱失时，可见散在点状透见荧光灶。

OCT 检查：OCT 显示黄斑区光感受器明显变薄，细节光带缺如。

视功能检查：视野检查可见中心暗点，周边视野一般正常。色觉检查早期可为轻度红绿色盲，晚期为全色盲。早期患者眼底仅表现为黄斑变性，但已有广泛的视锥、视杆细胞受损，ERG 表现为异常，因此 ERG 检测比眼底镜检查能较早且更好反应视网膜功能的变化。

三、治疗

本病无特殊治疗。绝大多数患者至少有一眼视力保留在 0.1～0.3；可给予叶黄素、玉米黄质、血管扩张剂，维生素 B、维生素 C 等支持药物；嘱患者避免长时间的户外日光直射。

第七节 视网膜肿瘤

视网膜肿瘤较少，视网膜血管瘤为较多见的视网膜良性肿瘤；视网膜母细胞瘤则是眼底常见的恶性肿瘤。

视网膜血管瘤（retinal hemangioma）：可单独发生在视网膜，单眼或双眼患病，多发生于 10～30 岁的青少年，视网膜血管瘤多位于周边部，呈红色或粉红色球形，表面因增生组织而呈白色，但有一异常扩张迂曲的滋养血管与其相连（图 14-37），患者常因继发了渗出性视网膜脱离及黄斑视力障碍而就诊。治疗可采取激光光凝、冷凝或电凝，但术后常有复发，因此应长期随访，部分患者伴有脑血管瘤或全身内脏器官病变，故出现视网膜血管瘤时应全身检查，特别是神经系统的检查以排除脑血管瘤的可能。

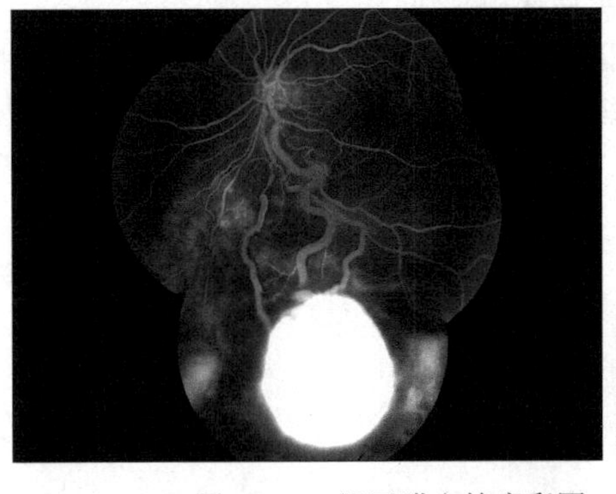

图 14-37 视网膜血管瘤彩图

视网膜母细胞瘤（retinoblastoma，RB）：是婴幼儿最常见的眼内恶性肿瘤，大多数在 3 岁或 3 岁前发病，约 1/3 的患儿为双眼受累。发病率为 1∶（15 000～28 000）。本病有较高的自行退化率，经治疗后可发生其他部位的原发第二恶性肿瘤。本病与遗传和基因变异有关。根据其临床过程分为 4 期：眼内期、青光眼期、眼外期和全身转移期。每个病例因其瘤细胞分化程度不同，发展的速度和临床表现不尽相同。由于绝大多数为婴幼儿患者，早期未被家长注意，往往肿瘤发展到眼底后极部，经瞳孔可见黄白色反光，如猫眼样（“黑矇猫眼”）（图 14-38），或因肿瘤位于后极部视力低下而废用，造成废用性斜视，甚至发展为继发性青光眼，因高眼压疼痛患儿哭闹而就医被发现。就医时对另一眼行散瞳检查眼底才发现双眼患病。早期表现为眼底单个或多个白色实性隆起的病灶。有时可见肿瘤表面的视网膜血管扩张、出血，渗出性视网膜脱离。有时瘤组织穿破视网膜进入玻璃体，如大量雪球状漂浮，甚至沉积于前房下方形成假性前房积脓或积血。肿瘤可以侵及球外、眶内，以致眼球被挤压前突，亦可沿视神经向颅内蔓延或转移，还可经淋巴管向附近淋巴结及通过血液循环向其他脏器转移，最终导致死亡。B 超检查对临床诊断具有重要意义，显示玻璃体内弱或中强回声光团，与球壁光带相连，60%～80%有强光斑状回声，提示有钙化斑。彩色 B 超检查可见瘤体内出现红、蓝相伴行的血流信号，与视网膜中央动静脉相延续（图 14-39）。CT 检查和 MRI 检查对肿瘤瘤体的大小、形态、位置、眼外蔓延情况显示较清楚，对临床诊治和随访具有重要意义（图 14-40）。

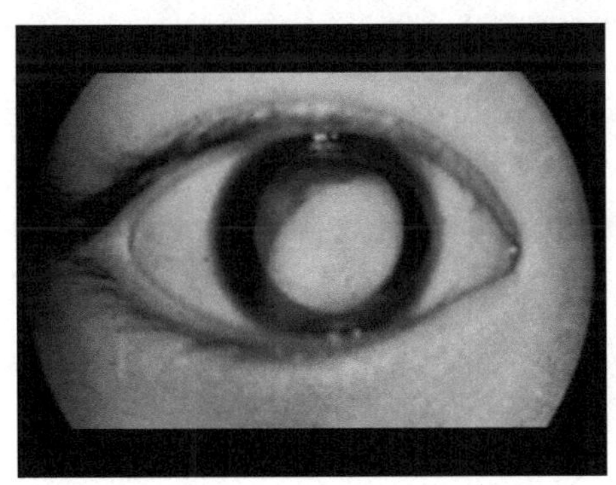

图 14-38 视网膜母细胞瘤

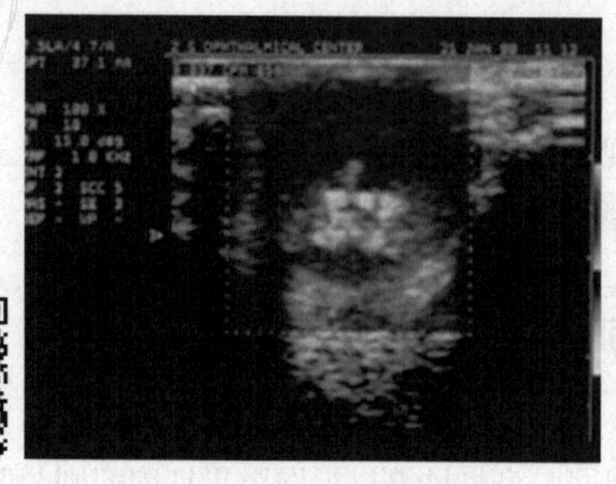

图 14-39　视网膜母细胞瘤（彩超）

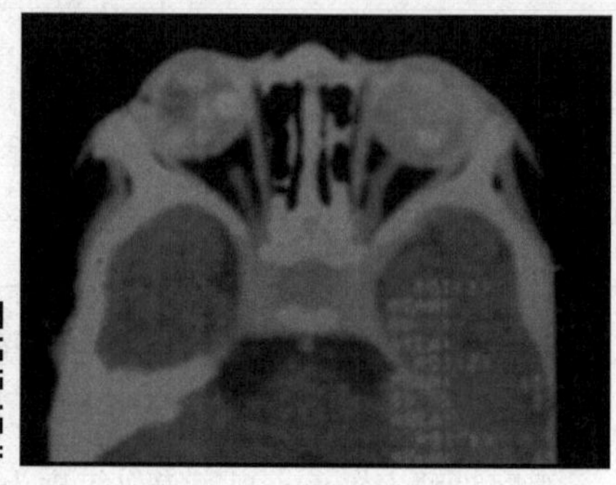

图 14-40　视网膜母细胞瘤（CT）

根据病史、体征、B 超、彩色超声波检查一般便可明确诊断，但应与转移性眼内炎、Coats 病、早产儿视网膜病变相鉴别。

治疗常采用眼球摘除术或眶内容物剜出术去除肿瘤；若需保守治疗可行经巩膜冷凝术、放射治疗使肿瘤萎缩。近来有采用经瞳孔温热疗法、光动力治疗。

第十五章　视路疾病及瞳孔反射异常

视路（visual pathway）指从视网膜光感受器起，到大脑枕叶皮质视觉中枢为止的视觉信号冲动传递的路径，包括六个部分：视神经（optic nerve）、视交叉（optic chiasm）、视束（optic tract）、外侧膝状体（lateral geniculate body）、视放射（optic radiation）和视皮质（visual cortex）（图 15-1）。视神经是视觉系统中的重要组成部分，也是视觉信号到达大脑视觉中枢的必由之路，位于视路的前端，由视网膜神经节细胞轴突汇集而成，前起于视神经乳头，后止于视交叉，全长 48～50mm，分为球内段、眶内段、管内段、颅内段四段。球内段起于视乳头，止于巩膜后孔出口，长 0.7～1mm，直径由 1.5mm 增至 3mm。根据其解剖部位及血液供应来源常分为视乳头表层、筛板前区、筛板区和筛板后区四层，除第一层主要由视网膜中央动脉折返支供血外，后三层血液供应主要来源于由睫状后短动脉分支吻合而成的 Zinn 动脉环；眶内段自巩膜后孔至视神经管眶口，长约 30mm，呈“S”形弯曲，外包以硬脑膜、蛛网膜和软脑膜，在球后 15mm 处有视网膜中央动脉向前斜行穿入视神经的轴心部并前行进入眼球，眶内段视神经的血液供应来源于眼动脉及其分支；管内段视神经位于骨性的视神经管内，长约 7mm，有眼动脉伴行，硬脑膜在此处分为内外两部，内侧部与蛛网膜、软脑膜相连，外围部与眶骨膜融合以固定此处视神经，管内段视神经鼻侧隔一菲薄的骨板与蝶窦及筛窦相邻，由颈内动脉分出的软脑膜动脉分支为这段视神经提供血液供应；颅内段自视神经管颅腔入口至视交叉，长约 10 mm，与大脑额叶、大脑前动脉、颈内动脉、眼动脉等相邻，血液供应来源于颈内动脉、大脑前动脉及前交通动脉分别发出的分支。

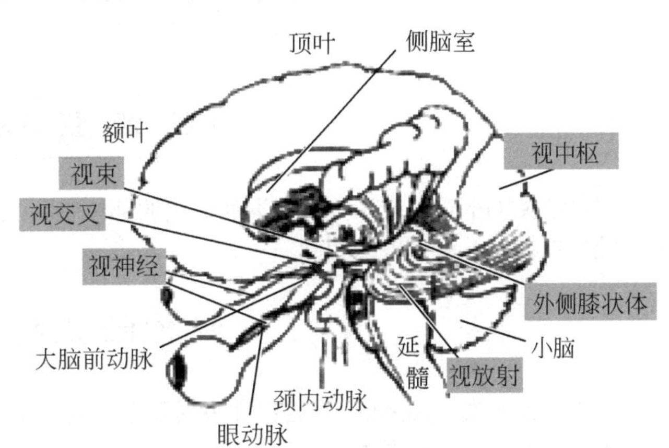

图 15-1　视路及视中枢

视路是视分析器的神经通路，为大脑的一部分，视路从眼直到大脑的后端枕叶，它有相当长的一段径路位于脑底前部。视神经纤维在视路中的排列走行有一定的规律性，视乳头黄斑束在视乳头颞侧，占视神经横断面 1/4 之多，而且在生理上负有维持视敏锐的中心视功能，对病理损害具有较高的敏感性，在视神经炎常易最先受累，以致视乳头颞侧变白或苍白。视网膜神经节细胞轴突内充满着轴浆，轴浆存在不同成分，从细胞体至轴突末梢称顺流（orthograde）运输，从轴突末梢至细胞体称逆流（retrograde）运输。这种双向运动，被称为轴浆转输（axoplasmic transplant）。轴浆正常时应从眼内向视神经方向运行称其为轴浆流（axoplasmic flow），轴浆流的运输有赖于眼内压和视神经内压两者所形成的生理性压力差，而视神经轴浆流的运输阻滞会导致视乳头水肿。视神经纤维既往认为一旦损害即不会再生，近年来研究证明如将外周神经植入至视网膜、视神经或玻璃体能使受损的视网膜神经节细胞轴突再生，而其中某些营养因子如脑源性和睫状神经营养因子等能防止轴突后的视网膜神经节细胞（RGCs）的神经元退变，并能促进其轴突再生。

近年来，分子生物学的迅猛发展与人类基因组计划的成果为视路疾病的基础研究和临床研究提供了理论依据；影像学技术如头颅和眼眶 CT 及 MRI 的开展已为神经眼科的诊断带来诸多信息；正电子扫描成像（positron emission tomography PET）和 fMRI（功能磁共振成像）技术目前正逐渐被应用于神经眼科学研究；计算机技术引入眼球运动的检测和观察，瞳孔检测的开展，大脑视觉功能与眼球运动研究等极大丰富了神经眼科学内容。

视神经疾病为眼科常见病，其种类繁多，大多数对视功能损害严重且治疗困难，是眼科临床上常见的致盲性眼病。常见的视神经疾病有炎症、缺血、外伤、萎缩、肿瘤、遗传性病变和先天发育异常等。临床表现主要是功能障碍、中心视力减退、视野异常、色觉障碍等。眼底检查仅能看到视乳头情况，球后视神经不能直接看到，往往要根据视力、视野、瞳孔变化、暗适应检查、色觉检查，并借助视觉诱发电位、荧光眼底血管造影、眼眶及头颅 CT、MRI 等检测手段，其中视野检查尤为常用和重要，是诊断视神经疾患、视路疾患不可缺少的手段。

中医学将视神经疾病归属于“视瞻昏渺”、“暴盲”、“青盲”等范畴。因肝开窍于目，足厥阴肝经连目系，手少阴心经系目系，肾主瞳神，肝肾同源，肾生脑髓，目系属脑，故在治疗上，常根据发病的原因、病情的缓急轻重、病程的长短而采用清肝泄热、清心泻火、疏肝解郁、滋补肝肾、滋阴降火、活血化瘀等治疗法则。

第一节 视神经疾病

视神经炎

视神经炎（optic neuritis）根据炎症发生的部位临床上常分为视神经乳头炎和球后视神经炎，两者病因病理相似，治疗方法相同。

视神经乳头炎

视神经乳头炎（papillitis）是视乳头局限性炎症，本病以发病急、视力严重受损和瞳孔光反射异常为临床特点。本病多累及双眼，亦可先后发病。40 岁以下者占 86%。儿童以双眼发病为多，占 90%。经治疗一般预后较好，若不能积极治疗，最终可形成视神经萎缩。

本病通常归属于中医学“暴盲”范畴，现更准确地将其称为目系暴盲。部分起病缓，视力渐降者，则归属于中医学“视瞻昏渺”范畴。

一、病因病理

（一）中医病因病机

本病多由六淫外感，上攻目系；或情志内伤，五志化火，灼伤目系；或气滞血瘀，壅阻目络；或肝肾亏虚，久病体虚，产后等造成气血精亏，目系失养所致。

（二）西医病因病理

产生本病的病因较多，局部炎症如眼部炎症、鼻腔、鼻窦和眼眶炎症及牙、扁桃体等炎症病灶；全身疾病包括脱髓鞘疾病，如多发性硬化、视神经脊髓炎、弥漫性轴周性脑炎、急性播散性脑脊髓炎等；急慢性传染病，如感冒、麻疹、猩红热、梅毒等；代谢失调，如妊娠、哺乳、糖尿病等；中毒，如铅、奎宁、烟酒等中毒；但也有相当一部分病例找不出具体病因。

二、临床表现

（一）症状

视力突降，常在一两天内降至 0.3 以下，甚至仅存光感或失明。可一眼或双眼发病。部分患者有患眼胀痛、转动疼痛或同侧头痛。因全身、局部病变引起者，可见原发病表现。

（二）体征

患眼瞳孔正常或大于正常，直接（传入性）对光反射迟钝或消失，视力严重障碍者可见瞳孔散大。部分患眼或较重发作眼有相对性传入性瞳孔障碍，又称 Marcuns-Gunn 瞳孔。眼底检查可见视盘充血、水肿（但水肿程度不超过 3D），边缘不清；视网膜可有水肿、条索状出血渗出，可波及黄斑区，以视盘周围明显，亦有视网膜完全无异常者；视网膜静脉可有迂曲充盈（图 15-2）。

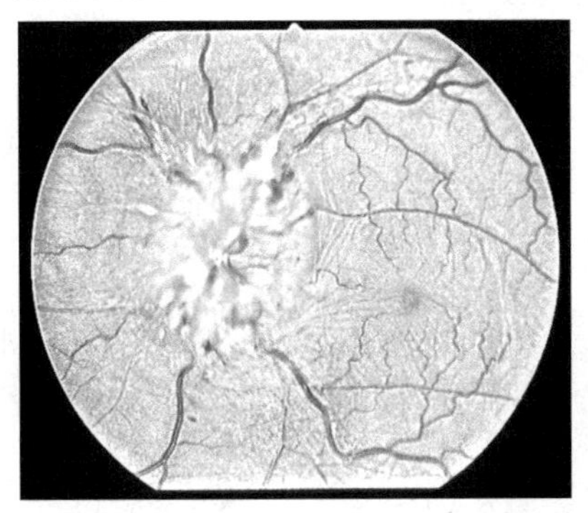

图 15-2　视神经乳头炎眼底彩照

三、实验室及其他辅助检查

1. 荧光素眼底血管造影（FFA）　造影早期可见视盘表面毛细血管扩张，边界模糊，静脉期视盘因毛细血管渗漏呈强荧光，并持续至晚期。

2. 视觉诱发电位（VEP）　表现为 P100 波峰值降低、峰潜时明显延长。

3. 视野检查　视野多为巨大的中心暗点，亦有周边视野向心性缩小者。

四、诊断与鉴别诊断

（一）诊断要点

1. 辨病要点

（1）视力突降而眼外观无异常。

（2）瞳孔光反射异常及眼底视盘充血、水肿等。

2. 辨证

（1）风邪袭目证：视力骤降，或视野缺损；或有目珠胀痛不舒；舌红，苔薄黄或薄白，脉浮数或浮紧。

（2）肝经实火证：视力下降，或视野缺损；口苦，便秘，溲赤；舌红苔黄，脉弦数。

（3）肝郁气滞证：视力骤降，发病前后常有情绪波动，舌红，苔薄白或薄黄，脉弦。

（4）气血两虚证：哺乳期或久病、失血之后，视力下降，或视野缺损；舌淡苔白或少，脉沉细无力。

3. 西医诊断要点　根据病史、视力、瞳孔、眼底及视野改变，不难做出诊断。

（二）鉴别诊断

本病应与视乳头水肿、视乳头血管炎、假性视乳头炎相鉴别（表 15-1）。

表 15-1　视神经乳头炎的鉴别诊断

	视乳头水肿	视神经乳头炎	视乳头血管炎	假性视乳头炎
病因	颅内压增高系颅内肿瘤所致	局部炎症，全身疾病、中毒等	与过敏可能有关	先天性发育异常，多见于远视

续表

	视乳头水肿	视神经乳头炎	视乳头血管炎	假性视乳头炎
眼别	多双眼，患侧更重	多单眼或双眼	多单眼	双眼或单眼
视力	早期正常	急剧明显减退	正常或轻度下降或突然减退	正常或不良
视乳头隆起高度	3D 以上	低于 3D	低于 3D	不隆起或微隆起
视乳头周围出血				
渗出物	较多	较少	较少	无
视网膜血管	动脉较细，小静脉高度怒张	动静脉轻度怒张	动静脉迂曲扩张	动静脉均可有轻度扩张弯曲
视野	早期生理盲点扩大，晚期周边部视野向心性缩小	早期即有中心暗点，周边部视野向心性缩小，红色视野缺损更为明显	正常或向心性缩小，生理盲点扩大	正常
视力恢复	逐渐	较快	较快或逐渐	正常或无变化
视神经萎缩	数月或 1～2 年	发生较早（1 个月～2 个月）	一般不发生	无
神经系统症状	有	通常无	无	无
头颅 X 线或 CT	有改变	一般无改变	无	无
预后	根据不同病因决定	一般较好	良	良

五、治疗

（一）中医治疗

1. 治疗原则 本病中医以散风清热、清泻肝火、疏肝行气、益气养血配合通络开窍法治之。

2. 中医辨证论治

（1）风邪袭目证

症候：视力骤降，常见于外感之后或外感之中，或有目珠胀痛不舒，或目珠转动疼痛；眼底见视盘充血水肿；舌红，苔薄黄或薄白，脉浮数或浮紧。

治法：散风清热，开窍明目。

方药：银翘散加菊花、细辛。热象不显，或有表寒者，减淡竹叶，加防风、藁本以祛风散寒；眼球转动痛明显者，加牡丹皮、红花、鸡血藤以通络止痛。

（2）肝经实火证

症候：眼症同前；口苦，便秘，溲赤；舌红苔黄，脉弦数。

治法：清泻肝火，通络开窍。

方药：龙胆泻肝汤加减。加菊花以助清热明目之功；视网膜出血较多者，加三七粉化瘀止血；眼痛明显者，加川芎、丹参、陈皮通络行气止痛。

（3）肝郁气滞证

症候：视力骤降，眼球隐痛或胀痛，发病前后常有情绪波动，平素情绪抑郁，胸胁胀满，善太息，头晕口苦，食欲不佳；眼底见视盘水肿、充血，或视网膜水肿；舌红，苔薄白或薄黄，脉弦。

治法：疏肝解郁，行气活血。

方药：丹栀逍遥散合桃红四物汤加减。兼腹泻、纳呆者减山栀，加山药健脾益气；热象明显者，加青葙子、决明子、蒺藜以助清肝热之力。

（4）气血两虚证

症候：哺乳期或久病、失血之后，眼症同前；面白无华，唇舌色淡，少气乏力；舌淡苔白或少，脉沉细无力。

治法：益气养血，开窍明目。

方药：八珍汤加减。酌加鸡血藤、菊花、枸杞开窍明目。气虚甚者重用人参，加炙黄芪以益气；血虚甚者，加鹿角胶、龟板胶等。

（二）西医治疗

1. 治疗原则 消除病因，初期大量应用激素，并配合维生素及神经营养剂。

2. 病因治疗 细菌感染引起者，应用抗生素（能透过血脑屏障者）；结核、梅毒引起者，采用抗痨、驱梅治疗；因鼻、齿、扁桃体等处炎症所致者，应积极治疗，清除病灶。

3. 对症治疗 主要采用早期大剂量糖皮质激素冲击疗法，先静脉滴注地塞米松 10mg，3～5 日后减量，并改口服；泼尼松 30～50mg，每日晨顿服，症状好转后渐减。辅助治疗包括口服或注射 B 族维生素，或血管扩张剂，如口服烟酸等。

4. 球周注射 球周注射地塞米松 5mg，每日 1 次，连续 5～7 日；症状好转后，改为隔 1～2 日 1 次。

球后视神经炎

球后视神经炎（retrobulbar neuritis）为视神经穿出巩膜后在眶内段、管内段及视交叉前的颅内段所发生的炎症。根据炎症发生的急缓分为急性和慢性两类，以前者多见。本病的急性病变因其视力下降迅速而严重，故多归属于中医学之“暴盲”范畴；其慢性病变因其视力下降缓慢或不明显，常归属于中医眼科学之“视瞻昏缈”、“青盲”等范畴。

一、病因病理

（一）中医病因病机

本病与视神经乳头炎大致相同。慢性者在病因病机上更重视与内伤七情、五脏功能失调、气滞血瘀等的关系，虚实夹杂情况更为多见。

（二）西医病因病理

本病的常见病因与视神经乳头炎的病因相似，慢性者多为中毒引起，另外本病的病因还可见于多发性硬化。

二、临床表现

（一）症状

急性者与视神经乳头炎相同，以视力急剧下降，眼球转动时眶内胀痛为主。慢性者除视力下降明显外，有视力波动及昼盲现象，即光线越明亮而视力越差，患者常诉关闭视力表灯光反而看得清楚。

（二）体征

通常眼底正常，个别有视盘充血现象。晚期视神经萎缩后，可见视盘苍白。瞳孔改变。本病眼底大致正常，瞳孔检查尤为重要。视力严重障碍者，直接对光反射迟钝或消失；视力下降不严重者，瞳孔对光反射不持久、瞳孔颤动（呈跳跃式），或相对性传入性瞳孔障碍；全盲者，瞳孔散大。

三、实验室及其他辅助检查

应进行严格的神经系统检查；必要时行眼超声、OCT、结核及梅毒血清等检查。

（1）视野改变。横断性者，健眼视野正常；轴性者，为巨大的中心暗点和哑铃状暗点；视神经鞘膜周围炎型，则表现为视野向心性缩小；慢性者，可见中心视野相对或绝对中心暗点。

（2）急性者多有色觉障碍。

（3）横断性球后视神经炎 VEP 呈熄灭型。

四、诊断与鉴别诊断

（一）诊断要点

1. 辨病要点 视力下降，瞳孔异常、眼底大致正常、视野改变、眼球转动痛等。

2. 辨证要点

（1）阴虚火旺证：视力下降明显，舌暗红少苔，脉细或细数。

（2）气虚血瘀证：视力下降明显，舌胖有齿痕，色淡紫，苔白，脉沉细或细涩。

3. 西医诊断要点 根据病史、视力、瞳孔、眼底及视野改变可以做出诊断，但由于本病眼底表现正常，有时由于视力的严重减退，不能做视野检查，故瞳孔的大小及其对光反射的检查尤为重要。

（二）鉴别诊断

1. 屈光不正 一般屈光不正不会有突然的视力减退，但有时尤其单眼发病者，是患者偶然发现一眼视力差，误认为是突然的视力骤减，必须进行详细认真的远、近视力检查，必要时可做散瞳验光。

2. 癔症 该患者仅有视力障碍，而眼病检查均属正常，也无瞳孔的改变，但患者行动与视力障碍不相符。需详细询问病史，有无明显的情绪波动，一次反复视野检查表现为螺旋形视野缩小，必要时可做视觉诱发电位检查以助诊断。可做暗示疗法，严密随访。

3. 伪盲 很少见。需慎重排除一切器质性病变的可能性。可做伪盲试验，一般不难确诊，必要时可做视觉诱发电位检查。

五、治疗

（一）中医治疗

1. 治疗原则 本病发病急、视力下降明显，应当积极抢救。早期在大剂量激素治疗的同时，辅助中医辨证施治，对缓解症状、减少糖皮质激素的不良反应有帮助。

2. 中医辨证论治

（1）阴虚火旺证

症候：视力下降明显，或时轻时重，或经治好转、不时复发，眼珠酸胀或隐痛不适；眼底见视盘变浅或正常；舌暗红少苔，脉细或细数。

治法：滋阴降火。

方药：知柏地黄汤加减。常加香附、木香行气开窍。久病者加细辛、地龙通络明目。

（2）气虚血瘀证

症候：视力下降明显，或反复发作，经年累月；少气乏力，眼球深部疼痛；眼底见视盘暗红或伴视网膜血管紫滞迂曲；舌胖有齿痕，色淡紫，苔白，脉沉细或细涩。

治法：益气化瘀，通络明目。

方药：补阳还五汤加减。眼胀痛明显者，加蔓荆子、夏枯草、白芷行滞消胀。

（二）西医治疗

本病是眼科的急症，需要及时诊断与救治。首先应积极寻找病因，针对病因治疗，采用大剂量皮质类固醇、B族维生素、血管扩张剂及抗生素治疗。

（1）皮质类固醇：依病情轻重选择不同的糖皮质激素。病情轻者，给予泼尼松 30～50mg，每日晨服；病情重者，每日给予地塞米松 10～20mg 或者甲泼尼龙 500mg，静脉滴注，有效后可逐渐减量，然后再改用口服，逐渐减量。可给予局部泼尼松龙或地塞米松球周、Tenon 囊下或球后注射等治疗，或用妥拉苏林球后注射等。

（2）抗生素：依感染原因通常选择能够透过血-脑屏障的抗生素，如青霉素类。

（3）复合维生素 B、ATP、辅酶 A、肌苷等均可应用。血管扩张药及活血化瘀药如烟酸、复方丹参片或复方丹参滴丸等均通过扩张血管，改善微循环，改善视神经缺氧。

缺血性视神经病变

缺血性视神经病变（ischemic optic neuropathy）系视神经的营养血管发生急性循环障碍所致。一般以视网膜中央动脉在球后 9～11mm 进入视神经处为界线，临床上可分为前部缺血性视神经病变（anterior ischemic optic neuropathy，AION）和后部缺血性视神经病变（posterior ischemic optic neuropathy，PION）；前者系由于后睫状动脉循环障碍造成的视盘供血不足，使视盘急性缺氧水肿；后者系筛板后至视交叉间的视神经血管发生急性循环障碍，因缺血导致视神经功能损害的疾病。本病多发生于老年人，国内发病年龄较国外低，平均 49 岁，国外平均在 60 岁。多双眼先后发生，相隔数周或数月、数年不等。视力损害轻者，则表现为某象限“发黑”，重则失明。因 PION 较少见，故本节以讨论前部缺血为主。

根据病情轻重缓急本病可归属于中医眼科学之“视瞻昏缈”或“暴盲”范畴。

一、病因病理

（一）中医病因病机

本病多因素体肝旺，或暴怒伤肝，情志过激化火，气火上攻；或嗜食肥甘辛辣，饮酒无度，痰热内生，上壅目窍；或年老久病，肝肾不足，阴虚火旺，虚火上灼目络所致。

（二）西医病因病理

缺血性视神经病变的病因相当复杂，目前也已确定的有以下几个方面：由各种原因所致的局部血管异常；血液成分的改变；血流动力学异常。任何原因引起视乳头的缺血，均可发生前部缺血性视神经病变。

二、临床表现

（一）症状

本病起病突然，常在早晨起床时发现视力下降，但视力下降一般不太严重。在少数情况下，视力急速减退，甚至无光感。个别患者发病前伴有偏头痛，眼球胀痛，或一过性视力模糊。

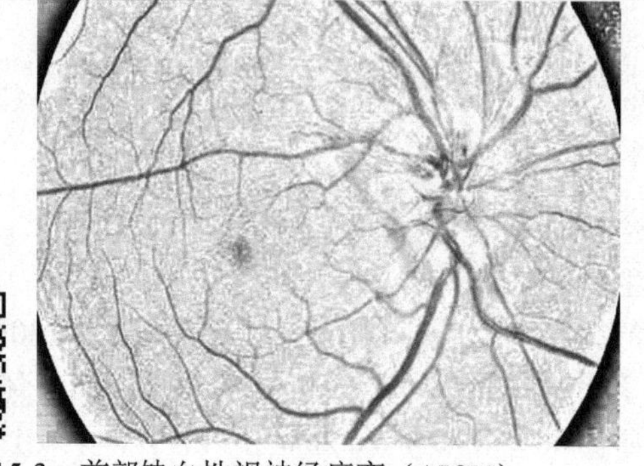

图 15-3　前部缺血性视神经病变（AION）

（二）体征

眼底检查：早期视乳头轻度水肿，颜色稍淡或正常，有时稍充血。边界模糊呈灰白色，视乳头表面及附近的视网膜可见少数线状出血及絮状渗出。血管一般无明显改变，动脉可稍细，经数周或数月，视乳头水肿消退，边界清楚，颜色可局限性变浅，亦可上、下各半或全部苍白（图 15-3）。

三、实验室及其他辅助检查

1. 视野检查　显示与生理盲点相连的水平偏盲、象限盲或垂直偏盲（图 15-4）。

2. 荧光素眼底血管造影（FFA）　动脉期可见视盘缺血区呈弱荧光，周围区域可见毛细血管扩张，后期视盘呈不均匀性水肿。

3. 神经科、内科检查　查找病因非常重要。如颞动脉炎而致者，血沉有改变；必要时亦可行颞动脉组织活检。老年人应重视血液流变学及生化检查。

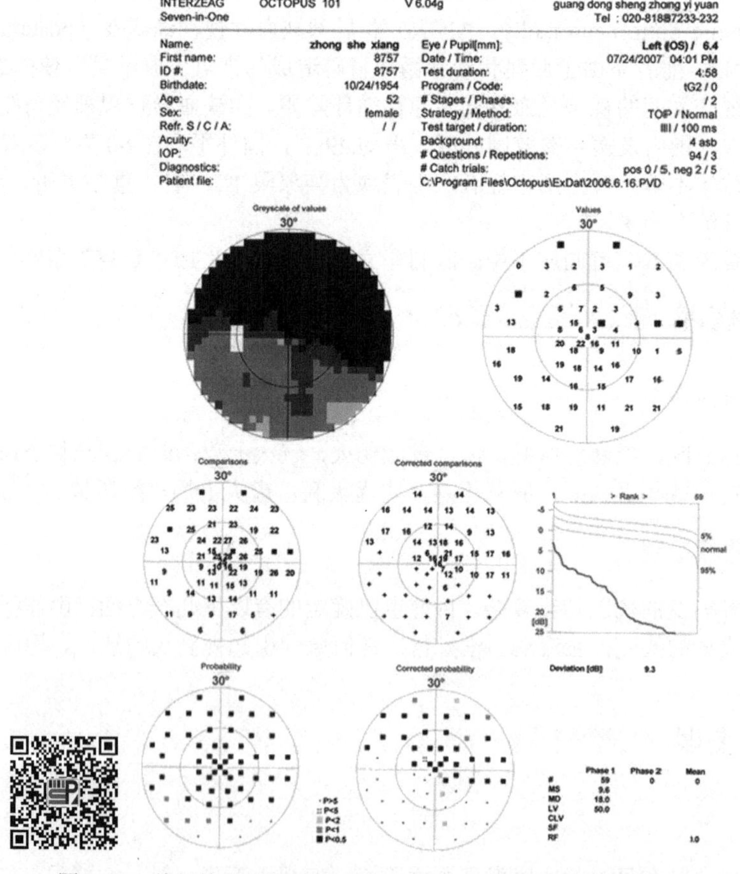

图 15-4　前部缺血性视神经病变（AION）视野：上半侧偏盲

四、诊断与鉴别诊断

（一）诊断要点

1. 辨病要点

（1）常为单眼视力突降，视野特征性改变及眼底视盘改变为主。

（2）若一眼已病数月、数年，形成视神经萎缩而另一眼又发病者，应结合眼部及全身检查以帮助诊断。

2. 辨证要点

（1）风痰阻络证：视力突降，兼见眩晕耳鸣，胸闷恶心，或有头痛；舌胖苔腻，脉弦或滑。

（2）气滞血瘀证：眼症同前；或伴头痛，情志不舒，胸胁满闷；舌紫苔白，脉弦或涩。

（3）阴虚阳亢证：眼症同前；素有眩晕耳鸣、腰膝酸软；舌红，苔薄白或薄黄，脉弦细。

3. 西医诊断要点 ①多发于中老年人。②视力突然下降。③眼底有视盘水肿，以及与生理盲点相连的扇形（或象限性）视野缺损。④FFA 检查可帮助诊断。

（二）鉴别诊断

本病需要与视神经乳头炎鉴别。后者视力障碍严重，视乳头充血水肿，周围有多量渗出，眼球转动时痛，多见于青年人，视野改变多为中心暗点而不是象限盲。荧光素眼底血管造影检查为视乳头均匀荧光素渗漏。P-VEP 本病以 P100 振幅下降为主，后者为潜伏期延长为主。

五、治疗

（一）中医治疗

1. 治疗原则 在激素治疗的同时，采用活血化瘀、开窍通络药，以尽快缓解或消除血循环障碍，减轻视盘水肿，恢复视力，晚期可以长期口服中药治疗。

2. 中医辨证论治

（1）风痰阻络证

症候：视力突降，眼底见视盘水肿，视网膜有水肿及小出血、渗出；兼见眩晕耳鸣，胸闷恶心，或有头痛；舌胖苔腻，脉弦或滑。

治法：息风豁痰，活血通脉。

方药：导痰汤合桃红四物汤加减。口舌干燥，苔黄等热象明显者，加竹茹、黄芩、菊花，改南星为龙胆草以清肺肝之热；大便不畅者，加全瓜蒌泻热通便。

（2）气滞血瘀证

症候：眼症同前；或伴头痛，情志不舒，胸胁满闷；舌紫苔白，脉弦或涩。

治法：行气活血。

方药：血府逐瘀汤合逍遥散加减。视力恢复缓慢者，加细辛、麝香开窍明目；久病加全虫、蜈蚣、血竭以化瘀通络。

中成药：静脉滴注丹参，以扩张微循环，增加供血量。

（3）阴虚阳亢证

症候：眼症同前；素有眩晕耳鸣、腰膝酸软；舌红，苔薄白或薄黄，脉弦细。

治法：滋阴潜阳，活血通络。

方药：天麻钩藤饮合桃红四物汤加减。口干苔少者，加女贞子、麦冬、天冬滋阴生津；失眠者，加五味子、酸枣仁以养肝安神。

（二）西医治疗

1. 糖皮质激素 全身应用糖皮质激素，以缓解由循环障碍所致水肿、渗出，尤其对动脉炎性的AION治疗效果更佳。可大剂量使用，以保护第二眼免于发作。

2. 口服药物 常用的有复合维生素B、ATP、辅酶A、肌苷、神经生长因子等营养药物，口服醋氮酰胺降低眼内压，相对提高眼灌注压。

3. 神经减压术 对于特发性即非炎性缺血性视乳头病变，有报道用神经减压术，以缓解视乳头水肿，保护视力。

视乳头水肿

视乳头水肿（papilloedema）不是一个独立的疾病，常因颅内压增高或其他因素，视神经受到机械性压迫，而产生的瘀血性水肿。如由全身性疾病与颅内压增高所致者，常双眼发生；由局部原因引起的多为单眼发生。本病早期视力不受影响，或稍感视物模糊，故可归属于中医眼科学视瞻昏渺的范畴。至晚期，若继发视神经萎缩而失明者，又可归属于中医眼科学“青盲”范畴。

一、病因病理

（一）中医病因病机

中医认为本病主要与肝、脾、肾有关。气郁气滞，气不化水，则水停目窍；或素体肝旺，肝阳上亢于头目，壅阻目系；或脑生肿瘤，气滞血瘀或痰浊积聚，瘀阻目系等而致。

（二）西医病因病理

本病最常见的原因是颅内肿瘤、炎症、外伤、先天性头颅畸形、脑积水等所致的颅内压增高；眼眶占位性病变、恶性高血压、肾性高血压、肺源性心脏病、高眼压，以及可导致眼内压突然降低的角膜瘘、眼球穿透伤等。最主要的发病机制是颅内压增高，致视神经蛛网膜下腔压力也增高，一方面视网膜中央静脉回流受阻；另一方面视神经纤维的轴浆运输也发生阻滞，从而导致轴浆、水分、蛋白质等积存于视乳头的细胞外间隙，出现视乳头水肿。

二、临床表现

（一）症状

（1）早期视力不受影响，但可有周期性、暂时性视力障碍，视乳头水肿持续一段时间后视力方逐渐下降。

（2）颅内占位性病变患者，常有明显的头痛、恶心、呕吐，且呈进行性加重。

（二）体征

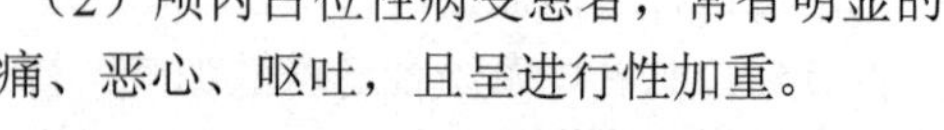

（1）眼底检查：病变早期出现视乳头边缘模糊，视乳头隆起伴充血、水肿，视网膜中央静脉扩张。病变继续发展，视乳头水肿呈蘑菇状突出于玻璃体内，静脉高度怒张、迂曲，视乳头表面及其附近网膜可见到点状

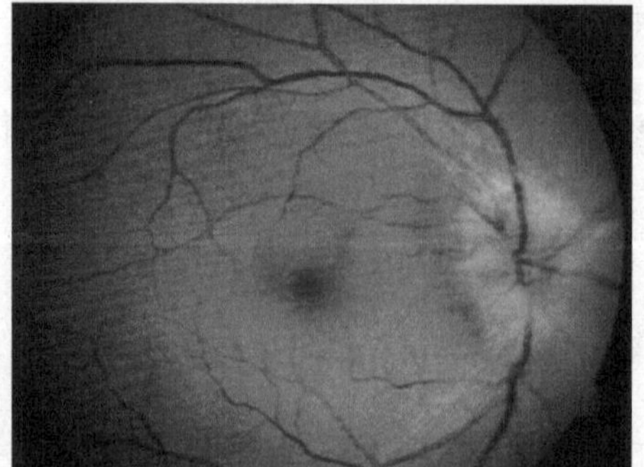

图 15-5 视乳头水肿

或放射状出血及渗出。长期的视乳头水肿导致继发性视神经萎缩，视乳头呈灰白色，边缘不清，动脉更细，静脉恢复正常，血管两旁可有白鞘伴随（图 15-5）。

（2）视野检查：显示生理盲点、周边视野缩小或偏盲。

（3）由眶内或眼内原因引起者，多单眼发病，由颅内压增高或全身病引起者一般为双眼，但水肿程度可能两眼不同，额叶肿瘤可压迫一侧视神经使其发生萎缩，以后因肿瘤逐渐长大，产生高颅压，使另一侧眼发生视乳头水肿。头颅或眼眶 CT 及 MR 检查可发现颅内或眶内原发病。

三、实验室及其他辅助检查

1. 荧光素眼底血管造影 视盘有明显荧光素渗漏。

2. 眼科超声及共焦激光扫描仪（HRT） 可见视盘明显隆起改变。

四、诊断与鉴别诊断

（一）诊断要点

1. 辨病要点 ①头痛、呕吐等。②视力正常或有一过性黑矇；少数患者有复视。

2. 辨证要点

（1）气虚水停证：视盘水肿；伴乏力面白，便溏；舌淡苔白，脉沉滑。

（2）阳虚水停证：视盘水肿；伴肢冷面白，夜尿多；舌淡苔白，脉沉弱或迟。

3. 西医诊断要点 眼底检查可见明显的视盘隆起，但视功能损害不明显，瞳孔对光反射亦无明显异常。

（二）鉴别诊断

本病应与假性视神经炎鉴别。后者属于一种先天异常。由于巩膜管小，视神经纤维通过时拥挤而隆起，眼底改变类似视乳头水肿，但无静脉扩张和视网膜出血及渗出。多见于高度远视眼。如从眼底的改变难于鉴别，可做视野或眼底荧光血管造影区别之。视野在假性视乳头炎为正常，而视乳头水肿有生理盲点扩大。荧光素眼底血管造影，前者为正常荧光，后者有视乳头表面毛细血管扩张和荧光素渗漏现象。

五、治疗

（一）中医治疗

1. 治疗原则 中医以化湿利水为基本治则。

2. 中医辨证论治

（1）气虚水停证

症候：视盘水肿；伴食少纳呆，乏力面白，便溏；舌淡苔白，脉沉滑。

治法：益气利水。

方药：五苓散加减。视力下降明显者，加枸杞子、女贞子补肾明目。

（2）阳虚水停证

症候：视盘水肿；伴肢冷面白，畏寒，夜尿多；舌淡苔白，脉沉弱或迟。

治法：温阳利水。

方药：真武汤加减。久病者，加红花、丹参、全虫以活血通络；视力下降者，加枸杞子、细辛、石菖蒲以补肾开窍明目。

（二）西医治疗

1. 治疗原则 针对原发病给予激素、抗感染、脱水及神经支持疗法。

2. 药物治疗 维生素 B_1、维生素 B_{12} 肌内注射；肌苷片 400mg，口服，每日 3 次；亦者，可用三磷酸腺苷等。水肿明显者，可适当应用脱水剂，如 20%甘露醇 250～400ml，每日 1 次，静脉滴注。

3. 手术治疗 因颅内肿瘤引起者予以手术。

视盘血管炎

视盘血管炎（optic disc vasculitis）是指病变局限于视乳头内睫状血管分支或视网膜中央血管的非特异性炎症。视盘内的睫状血管小分支发生炎症，使毛细血管渗出增加，呈现视乳头水肿为主，称为Ⅰ型视乳头血管炎；由于乳头表层辐射状毛细血管炎症累及视网膜中央静脉，呈视网膜中央静脉炎性阻塞征，称为Ⅱ型视乳头血管炎。Ⅰ型比Ⅱ型更为常见，本病多发生于 40 岁以下的男性青壮年，以单眼发病者为多，双眼发病者很少，自觉症状不明显，视力障碍较轻。本病属于中医眼科学之“视瞻昏渺”范畴。

一、病因病理

（一）中医病因病机

本病多与心、肝、肾功能失调有关。若情志不舒，肝气郁结，郁久化热，郁热循经上犯，灼伤目系脉络；或房劳伤肾，肾阴不足，阴虚内热，虚热上承，目系脉络受损，均可形成本病。

（二）西医病因病理

本病的病因可能是供应视神经乳头筛板前区的睫状后血管发生一种非特异性血管炎，使该区毛细血管渗透性增加，以致液体积聚于疏松的筛板及前区组织中，而发生视乳头水肿。视乳头水肿反过来又可压迫视网膜中央静脉，使静脉血管扩张及瘀滞，进而又加重了视乳头水肿。引起血管炎症的原因，可能是对眼内的抗原及眼外的细菌、病毒等的一种免疫反应。

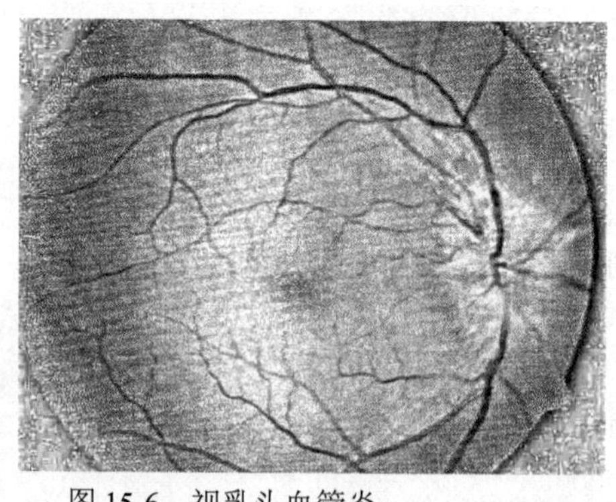

图 15-6 视乳头血管炎

二、临床表现

（一）症状

本病无明显的自觉症状，仅感视物模糊。视力轻度下降甚至正常。有脑血管炎或颞动脉炎时，可有头痛或偏头痛。

（二）体征

眼底检查：视乳头充血、水肿、边界不清，视网膜静脉迂曲扩张，视乳头及附近毛细血管扩张伴血管白鞘，黄斑部多不累及（图 15-6）。

三、实验室及其他辅助检查

视野及荧光素眼底血管造影检查有助于诊断。

（1）中心视野检查显示生理盲点扩大。

（2）荧光素眼底血管造影：Ⅰ型视盘血管炎于造影早期可见视盘高荧光，视盘内小血管扩张、渗漏，后期呈强荧光。Ⅱ型视盘血管炎的异常荧光同缺血性视网膜中央静脉阻塞的表现。

四、诊断与鉴别诊断

（一）诊断要点

1. 辨病要点

（1）中青年单眼发病。

（2）视力轻中度下降，生理盲点扩大。

（3）视盘充血水肿，边缘线状出血。

2. 辨证要点

（1）肝经郁热证：视物稍模糊，伴有情志不畅，胸胁胀满，舌红苔薄，脉弦或弦数。

（2）阴虚火旺证：视物稍模糊，全身兼见口干咽燥，手足心热，舌红少苔，脉细或细数。

3. 西医诊断要点

（1）Ⅰ型视盘血管炎

1）中青年单眼发病。

2）视力中轻度下降，生理盲点扩大。

3）视盘充血水肿，边缘线状出血。

4）FFA 检查视盘表面毛细血管扩张及微血管瘤，晚期荧光渗漏。

（2）Ⅱ型视盘血管炎

1）中青年单眼发病，无心脑血管疾病史。

2）检查所见似视网膜中央静脉阻塞。

（二）鉴别诊断

本病应与视神经乳头炎、缺血性视乳头病变鉴别。视乳头炎视力突然下降，视野有中心暗点，可伴有眼珠转动疼痛。缺血性视乳头病变发病较急，多发于中年以后，常双眼先后发病，视乳头颜色较淡，视野常呈水平偏盲或象限偏盲，常引起视神经萎缩。

五、治疗

（一）中医治疗

1. 治疗原则 在激素治疗的同时，辅助中药辨证治疗。

2. 中医辨证论治

（1）肝经郁热证

症候：疾病初期，视物稍模糊，视乳头充血水肿，伴有情志不畅，胸胁胀满，舌红苔薄，脉弦或弦数。

治法：疏肝清热。

方药：丹栀逍遥散加减。如头痛或偏头痛，加川芎、白芷、蔓荆子。

（2）阴虚火旺证

症候：视物稍模糊，视乳头充血水肿减轻，全身兼见口干咽燥，手足心热，舌红少苔，脉细或细数。

治法：滋阴降火。

方药：知柏地黄汤加减。

（二）西医治疗

（1）治疗原则：无论哪种类型均首选糖皮质激素、神经营养及改善微循环类药物。
（2）玻璃体内注射抗 VEGF 药物治疗视盘血管炎引起的黄斑水肿有效。

六、中西医临床诊疗思路

因眼底改变极为相似，Ⅰ型视盘血管炎易被误诊为视神经炎；Ⅱ型视盘血管炎易被误诊为视网膜中央静脉阻塞。明确诊断应以发病年龄、荧光素眼底血管造影检查为依据，否则，易误诊误治。

外伤性视神经病变

外伤性视神经病变（traumatic optic neuropathy，TON）是外力对视神经的冲击性损伤，以损伤程度的不同可以有不同程度的视力障碍，甚至部分或全部视力丧失。损伤可发生于视神经的任何部位，约 95%发生于管内段视神经，最多见于交通事故，尤以摩托车和自行车事故为多，其次是高处坠下、暴力击伤等。眉外部眶部，即颞侧额区（包括前额部、眶上嵴颞骨区）外伤，常可提示视神经管损伤，额部眶板骨折是颅底骨折的多发部位之一，瘀血圈一旦出现在皮下时，为临床判断额骨骨折的可靠症状。其发病机制从解剖学分析，视神经管段视神经鞘膜与骨膜紧密融合是其易于受伤的主要原因；从病理学分析，视神经管骨折、出血所致血肿压迫等可造成视神经原发性和继发性损伤。

一、临床表现

（一）症状

视力大多于外伤后立即可达无光感。有时仅有较低的视力。瞳孔外伤侧开大。

（二）体征

本病直接对光反射迟钝或消失，眼底根据损伤部位而不同。
（1）如损伤在颅内，眼底可正常，但可伴相应视野改变。晚期视乳头可苍白萎缩。
（2）在眶内，可由于眶内出血、眶压高及供应视神经的血管受压缺血，可见视乳头水肿，视网膜静脉扩张，视网膜出血等。视神经鞘膜内出血也可压迫视神经。
（3）视神经撕脱经常伴有眼内出血，根据范围不同而有差异。

二、治疗

该病属眼科急诊范畴，目前无特效的治疗方法，针对病因治疗，通常需与神经外科、耳鼻喉科共同诊治。给予大剂量糖皮质激素、脱水剂、血管扩张剂、神经营养药物等，目的在于减轻视神经水肿，改善局部血液循环，增加视神经营养，防止视神经萎缩。必要时行视神经管开放减压术。

Leber 遗传性视神经病变

Leber 遗传性视神经病变（Leber hereditary optic neuropathy，LHON）又称家族性视神经病变，系由 Leber 氏于 1871 年报道，后称 Leber 氏病。该病属伴性隐性遗传，1988 年 Walllace 等首先发现该病是由于线粒体 DNA（mtDNA）第 11778 位点核苷酸发生突变引起的，即鸟嘌呤（G）变为腺嘌呤（A），此突变使呼吸链上 NADH 脱氢酶亚单位 4 中（ND4）基因编码的第 340 位氨基酸由精氨酸变为组氨酸，后称其为 Wallace 突变。现公认常见的原发性位点突变为 11778、3460 及 14484 三个位点。现已知有 40 多个新位点，多为继发位点。国内以 11778 位点突变为最多见。临床表现以急性视神经炎或者球后视神经炎为特征，最终发展成视神经萎缩。目前尚无有效的治疗方法，以后基因疗法可望为该病带来希望。

视神经萎缩

视神经萎缩（optic atrophy）是由多种原因所造成的视神经纤维的退行性变。诸如眶内、颅内肿瘤、视神经的炎症、缺血、外伤、眼底炎症、血管疾病、中毒、代谢性与营养不良性疾病及遗传因素等均可引起。一般而言，儿童的视神经萎缩以脑部肿瘤或颅内炎症较多；青年者，以遗传性为主；在中年人，则多为视神经炎，视神经外伤或颅内视交叉区肿瘤；而对老年患者来说，常与青光眼或血管性疾病有关。临床把视神经萎缩分为原发性、继发性及上行性三种。本病眼外观端好，视物日渐昏矇，终至盲无所见，故本病可归属于中医眼科学之“青盲”范畴。

一、病因病理

（一）中医病因病机

本病与肝、脾、肾关系密切。多由七情内伤肝气郁结；或脾气虚弱；或先天禀赋不足；或脾肾两亏；或外伤气血受损，脉络瘀阻等所致。

（二）西医病因病理

多种原因均可引起视神经萎缩，如炎症、退变、缺血、压迫、外伤、中毒、脱髓鞘及遗传性疾病等。其病理改变为由于视神经纤维变性、坏死、髓鞘脱失而导致神经传导功能丧失。

二、临床表现

（一）症状

本病视力明显下降，严重者无光感；或有视力突降史，久未恢复；眼外观无异常。

（二）体征

瞳孔对光反射正常、迟钝或消失。眼底检查：原发性者，视乳头颞侧或全视乳头色淡或苍白，边界清楚，凹陷中可见筛板，视网膜血管一般正常；继发性者，视乳头色灰白，晦暗，边界模糊不清，生理凹陷不见，被大量增生的胶质组织或炎性渗出物所替代，视网膜动脉细，静脉正常，血管伴白鞘（图 15-7）。原发性视神经萎缩视野检查，视野可为向心性缩小、中心暗点、双颞侧偏盲、同侧偏盲等（图 15-8）。

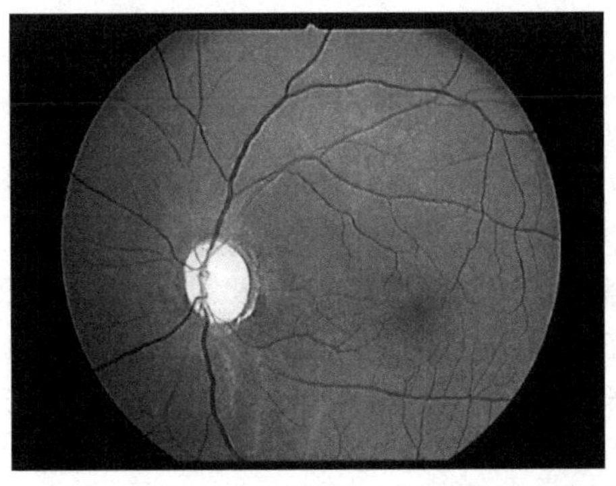

图 15-7　原发性视神经萎缩（彩图）

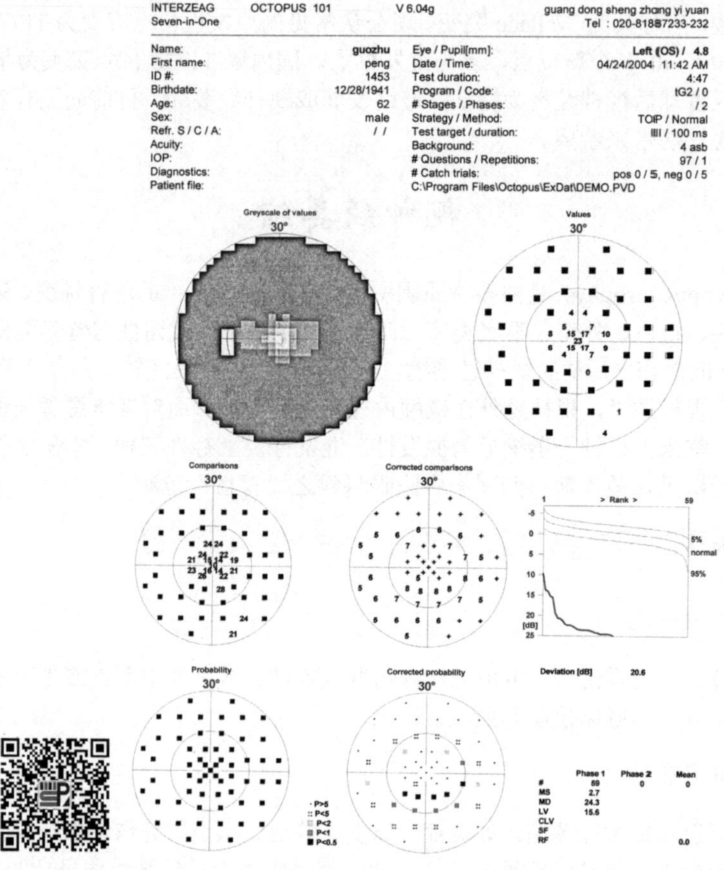

图 15-8 原发性视神经萎缩视野检查

三、实验室及其他辅助检查

本病作病因诊断须做多种辅助检查，如电生理、视野、视神经孔或头颅 X 线片、CT 和 MRI 等，甚至需要神经科检查，以推断病因。

四、诊断与鉴别诊断

（一）诊断要点

1. 辨病要点

（1）视力显著下降，视野多呈向心性缩小或仅存颞侧岛状视野，对红色视标最为敏感。

（2）视盘不同程度灰白或苍白、蜡黄色。

2. 辨证要点

（1）肝郁气滞证：视神经萎缩，兼情志抑郁，胸胁胀满；舌质红，苔薄白，脉弦细。

（2）心脾两虚证：视神经萎缩，精神倦怠，四肢乏力，气短懒言，心悸失眠。舌质淡，苔薄白，脉缓弱。

（3）肝肾阴虚证：视神经萎缩，头晕耳鸣，腰膝酸软。舌红，苔薄白或无苔，脉细尺弱。

（4）脾肾阳虚证：视神经萎缩，形寒肢冷，腰膝冷痛；舌质淡胖，苔白滑，脉沉细。

（5）气血瘀阻证：视神经萎缩，有头颅外伤或手术史，视力日减，胸胁不舒，舌质紫暗或有瘀斑，脉涩。

3. 西医诊断要点 依据视力下降、眼底视盘颜色改变不难确诊。必要时，可做视野及视觉诱发电位以帮助诊断。但有时病因诊断较为困难，需经全面检查及家族史调查等。

（二）鉴别诊断

屈光不正。某些屈光不正（如远视）伴有弱视、裸眼视力不佳而眼外观及前段无异常、眼底检查似是而非者，应与早期视神经萎缩相鉴别。需详细追寻病史，进行散瞳验光、视野、电生理等详细检查。

五、治疗

（一）中医治疗

1. 治疗原则 中医重在辨证论治，根据局部及全身症状分别以疏肝解郁、健脾益气、滋补肝肾、活血化瘀辨证论治。

2. 中医辨证论治

（1）肝郁气滞证

症候：视神经萎缩，兼头昏目胀，情志抑郁，胸胁胀满，或小儿热性病后，热退双目失明。舌质红，苔薄白，脉弦细。

治法：疏肝解郁。

方药：逍遥散加减。如兼肾阴亏虚者，加枸杞、黄精、生地黄、熟地黄以滋肾补阴。中成药可用逍遥丸。

（2）心脾两虚证

症候：视神经萎缩，精神倦怠，四肢乏力，气短懒言，面色少华，头晕目眩，心悸失眠。舌质淡，苔薄白，脉缓弱。

治法：健脾益气，养心安神。

方药：归脾汤加减。

（3）肝肾阴虚证

症候：视神经萎缩，头晕耳鸣，腰膝酸软。舌红，苔薄白或无苔，脉细尺弱。

治疗法则：滋补肝肾。

方药：六味地黄汤加减。若胸胁不舒，喜叹气，加柴胡、香附以疏肝行气；如口干咽燥，五心烦热，加黄柏、知母以滋阴降火。

中成药：六味地黄丸。

（4）脾肾阳虚证

症候：视神经萎缩，病程日久，形寒肢冷，腰膝冷痛，面色㿠白，食少便溏。舌质淡胖，苔白滑，脉沉细。

治法：宜温补脾肾。

方药：右归丸加减。如视神经萎缩严重，加紫河车以补阴益阳；若视野缩小明显，加石菖蒲、苏木、鸡血藤以开窍活血。

中成药：八味地黄丸、参附注射液。

（5）气血瘀阻证

症候：视神经萎缩，有头颅外伤或手术史，视力日减，胸胁不舒，舌质紫暗或有瘀斑，脉涩。

治法：活血化瘀。

方药：补阳还五汤加减。如头部刺痛加制乳香、制没药以活血止痛；如兼肝肾亏虚，加枸杞、菟丝子以益肾明目。

中成药：可选用复方丹参滴丸、川芎嗪注射液、复方丹参注射液。

3. 针刺治疗 选睛明、球后、攒竹、目窗、瞳子髎、健明、承泣、鱼腰、风池、头维、前顶穴、足三里、三阴交、关元、气海、肝俞、肾俞等穴。每次选用眼周穴 2～3 个、远道穴 2～3 个，交替轮取，每日 1 次，用补法，10 次为 1 个疗程。亦可取肝俞、肾俞、足三里、三阴交等穴，作穴位注射，每次注射维生素 B_1 或 B_{12} 0.5ml 或中药针剂。隔日 1 次，10 次为 1 疗程。

（二）西医治疗

寻找病因，针对病因治疗。其次可给予糖皮质激素、扩血管、神经营养剂等治疗。常用的维生素 B 族药物、ATP、辅酶 A、肌苷、烟酸、地巴唑、曲克芦丁等均有一定效果。体外反搏及高压氧亦可应用。近年来迅速发展起来的诸多神经生长因子如脑源性神经营养因子和睫状神经生长因子等亦有一定效果。

视神经肿瘤

视神经肿瘤罕见，常见的视神经肿瘤有视神经胶质瘤和视神经脑膜瘤两种。

视神经胶质瘤

视神经胶质瘤（glioma of optic nerve）是由于视神经内部神经胶质细胞异常增殖所致，属于良性或低度恶性肿瘤。瘤细胞以星形细胞为主，尚可有少突状神经胶质细胞，多发生在 10 岁以下儿童，无性别差异。如发生在成年则其恶性程度较高，不引起血行或淋巴道转移，1 / 4～1 / 2 患者伴有多发性神经纤维瘤病，可有家族发病史。

一、临床表现

肿瘤起于眶尖者，可早期引起视力障碍和视神经孔呈圆形扩大，易向颅内蔓延。位于眶内者由于肿瘤逐渐增大，可使眼球向正前方突出，视力障碍和眼球运动障碍多发生于突眼前，乃因视神经纤维最先被增生的胶质细胞所压迫破坏，与其他肌圆锥内肿瘤不同。肿瘤较大者，尚可见眼底有放射状条纹，亦可引起视网膜缺血性改变，与视神经内视网膜中央血管被压迫有关。位于视神经管附近者，可向眶内和颅内发展呈纹缍形，向前至视乳头，向后经视神经孔呈哑铃状，肿瘤亦可沿视交叉发展，交叉部胶质瘤可致双眼视力减退或消失，视野缺损。如肿瘤累及视丘下可出现尿崩症，发育障碍等；颅内者除有头痛、呕吐、眼球运动障碍外，尚可见颅内压增高，视神经乳头水肿或萎缩和视野相应性缺损等。

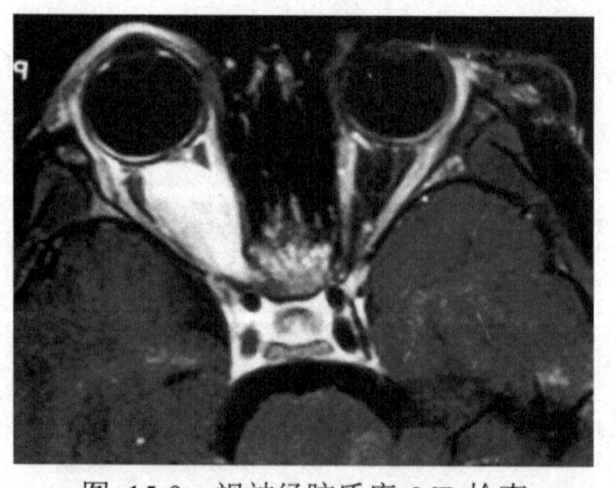

图 15-9 视神经胶质瘤 MR 检查

二、诊断

根据眼部症状和体征，特别要结合影像学检查，CT 可显示视神经呈梭形扩大（图 15-9），其内可有低密度的液化腔，视神经管扩大提示肿瘤向颅内蔓延，MRI 更有助于了解病变范围，MRI 检查与脑白质相比，T_1W_1 呈等信号，T_2W_1 呈高信号，肿瘤较大可沿视神经管进入颅内，累及视交叉及视交叉后脑组织，此时 MRI 显示病变范围优于 CT，增强后肿瘤明显强化，使平扫时等密度的病灶能清晰地辨明其轮廓。B 型超声波探查显示视神经呈梭形肿大，缺乏回声，中等度衰减。若在儿童出现单眼呈进行性视力下降，同时有眼球突出或有斜视，

则应考虑本病可能。如视神经扩大则更支持该病诊断，同时应注意检查全身皮肤有无咖啡色素斑，看有无多发性神经纤维瘤合并发生。

三、治疗

本病应根据肿瘤大小及位置，有无扩展至颅内等考虑。位于眶内者应行眶外侧路手术；位于眶中段者可行眶侧壁开眶术；位于眶尖或颅内者应行经颅手术，即经额将视交叉前至眼球的视神经及肿瘤全切除。已蔓延至视交叉或对侧视神经时，则手术很难彻底清除。如果累及眼球后则不一定同时摘除眼球，突入球内者应同时行眼球摘除。

视神经脑膜瘤

视神经脑膜瘤（meningioma of optic nerve）系起源于视神经外硬脑膜的蛛网膜纤维母细胞或硬脑膜内的内皮细胞的一种中胚叶性肿瘤，又名蛛网膜纤维母细胞瘤或硬脑膜内皮细胞瘤，属良性肿瘤。一般无包膜，生长缓慢，相对隐蔽，以致延误诊断，恶性变者发病迅速，多见 40 岁后女性，年龄越小，恶性程度越高，眶内者儿童多见。

眶内者由于肿瘤逐渐生长，眼球多向正前方突出，晚期眼突可偏向外下方，亦可在眶缘触及质地坚硬的肿块，较硬，不光滑，不能移动。临床特点是在未发生眼突前视力可正常，眼突后视力才逐渐减退，以至全盲，有时甚至眼突后很久视力尚可保持良好。肿瘤可向后通过视神经孔或从视神经颅内部或经蝶骨嵴脑膜瘤向眶部扩展形成哑铃状。位于眼眶部易侵犯肌圆锥内的神经组织，使早期产生眼球运动障碍，表现较视神经胶质瘤为重。位于视神经管内的脑膜瘤常首先有视神经管扩大，向心性视野缩小。起源于颅内者可有头痛、呕吐、颅内压增高等，向前扩展可蔓延至眶部。一般认为如有眼球突出、视力丧失、慢性视乳头水肿及视睫状短路血管（opticociliary shunt vessels）可视为该瘤四联征。视睫状短路血管乃视乳头周围的正常毛细血管发生扩张，以便来自视网膜静脉的血流绕过筛板处阻塞的静脉而到达视乳头周围的静脉所形成的侧支循环。又因为由于视睫状短路血管大多数为静脉，视乳头周围的脉络膜静脉可直接进入视神经内，于筛板区与视网膜中央静脉的小分支吻合，这类静脉在视乳头边缘处走出，横越视乳头表面再向后汇入视网膜中央静脉，有时可形成静脉环。其临床意义在于若此征出现在一个成年女性患者，并伴有单侧眼突、视力丧失及视乳头水肿或苍白，则高度提示原发性视神经脑膜瘤的可能，但此征亦可见于视神经胶质瘤、视网膜中央静脉栓塞等。

一、诊断

诊断根据临床症状和体征，尚需结合影像学检查，X 线检查可见视神经孔扩大，眼眶壁骨质增生或钙化等，CT 检查显示肿瘤呈等密度点状或环状钙化，视神经管增粗，肌圆锥内呈梭形、锥形高密度块影（图 15-10）。MRI 检查肿瘤 T_1W_1 和 T_2W_1 均呈低信号，当肿瘤累及视交叉时，视神经呈结节状增大。

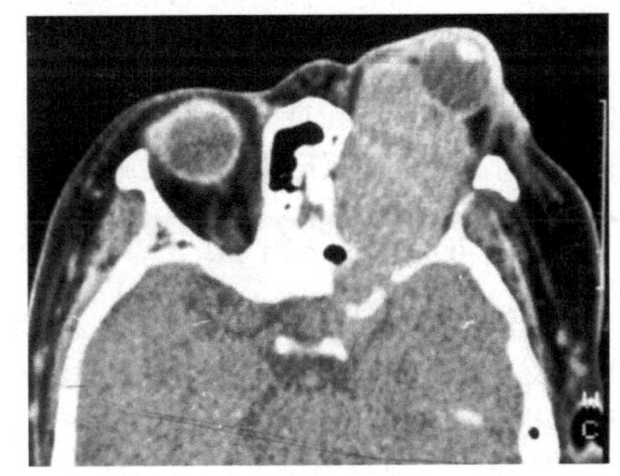

图 15-10　视神经鞘脑膜瘤 CT 检查

二、治疗

治疗主要采用手术治疗，尽量早期确诊，及时手术。晚期患者无视力可行眶内容摘除术，放疗不敏感，复发率达 15%。

第二节　视乳头先天发育异常

视乳头发育先天异常虽罕见，由于常伴发全身异常，故对神经眼科、小儿眼科有一定临床诊断参考价值，又因临床表现各异，极易误诊，今简要分述如下：

一、视神经乳头发育不全

一般认为系在胚胎发育13～17mm对视网膜神经节细胞层分化障碍所致。视盘部或视神经内神经纤维数量或神经纤维变细，并伴有不同程度的视神经萎缩，与妊娠期胎儿在宫内视神经轴索过度退化有关。糖尿病孕妇其子女似有较高的视盘发育不全的危险。本病为儿童视力减退的重要原因之一。

临床表现：眼底呈部分性或完全性视盘发育不全，视盘较正常为小，为正常视盘的1/3～1/2大小，呈灰色，可为一黄色外晕所包绕，即视网膜色素上皮越过巩膜筛板外缘形成双环征。黑色的内环起自增厚的视网膜色素上皮，与发育不全的视神经相连接，外环则起自巩膜筛板与巩膜交界处。视网膜血管多数正常或呈迂曲状，但管径正常，黄斑中心光反射减弱或缺如。视力减退与其发育不全或弱视有关，视野呈双眼下半部等视线缺损或有颞侧偏盲、同侧偏盲等，尚可见无虹膜、脉络膜缺损等。

该症全身常伴有明显内分泌中枢神经系统异常，如发育迟缓、身材矮小、大脑发育不全、塔颅、癫痫、尿崩症等。头颅CT、MRI等检查可见脑发育不全，中膈、胼胝体缺失等。

对于该症早期诊断，可及时治疗其伴随的异常，激素的治疗可使其生长发育正常，儿童弱视和斜视诊断时应详细检查眼底，如发现视神经发育不全，遮盖健眼应慎重。

二、先天性视盘小凹

本病为神经外胚叶发育缺陷所致，多单眼发病，视力一般正常，如合并黄斑部视网膜脱离时则视力障碍。小凹呈裂隙样、三角形、多角形、圆形或长方形等。多见于视盘颞侧或颞下方，1/3在正中。小凹大小深度不一，有的浅，有的可深达8mm，呈灰白色、橄榄色、黄色或蓝灰色、小凹常被白色或灰白色纤维胶质膜覆盖。典型视野缺损呈弓形、束状缺损或中心暗点，荧光素眼底血管造影视盘早期呈弱荧光，晚期呈强荧光；OCT可较清晰显示凹陷程度。

三、倾斜视盘综合征

视盘倾斜呈D形或半月形，视盘变小，内上方稍隆起，外下方稍低，视盘向外下方倾斜。视乳头下方可见先天性弧形斑，单侧或双侧颞侧偏盲，易误诊为垂体腺瘤。

四、牵牛花综合征

牵牛花综合征（morning glory syndrome）眼底表现酷似一朵盛开的牵牛花，故而得此名，多累及单眼。本病视盘比正常的扩大3～5倍，呈粉红色，中央呈漏斗形深凹陷，底部被白色绒毛样组织填充。视盘及其边缘可见异常的毛细血管，20～30支，动静脉分不清，呈放射状径直走向周边部。视盘周围有一灰白或灰黑色隆起的脉络膜视网膜色素环，环内常有色素沉着，外有视网膜脉络膜萎缩区。视力明显减退，可同时伴有小眼球、脉络膜缺损、斜视等。荧光素眼底血管造影显示视盘中央呈弱荧光，甚至荧光遮蔽，周围呈弥散性强荧光，无荧光素渗漏。可伴有中枢神经系统及正中颅面骨发育异常，如腭裂及唇裂等。头颅CT、MRI可见颅底脑膨出、胼胝体发育不全等。

五、有髓鞘神经纤维

有髓鞘神经纤维（medullated retinal nerve）系指视神经周围的视网膜内出现有髓鞘神经纤维。临床上常见双侧性，位于视盘附近，呈银白色，甚至整个视盘均被包绕。视力一般无影响，视野常见生理盲点扩大和弓形暗点等。

第三节　视交叉及其以上视路病变

一、视交叉病变

鞍区包括鞍内、鞍上及鞍周区域，视交叉位于鞍膈上方，其后缘为第三脑室漏斗隐窝，下方为垂体，位于颅底的蝶鞍内。鞍区肿瘤可从不同方向直接压迫视交叉或因肿瘤引起视交叉腹面中央区供血发生障碍，造成双眼视力下降和视野缺损，由于远离脑组织和脑室系统，早期可仅有眼征而无全身神经系统症状和体征。由于视网膜纤维及黄斑纤维在视交叉中排列有一定规律，故视野障碍亦有一定顺序，肿瘤由鞍内向上生长可压迫视交叉的下方及后方，首先受压迫的是位于视交叉下方的视网膜内下方的纤维，引起颞上象限视野缺损。肿瘤继续发展可累及视交叉中层的视网膜内上象限的神经纤维，因而可致颞下象限视野缺损，此时即形成颞侧偏盲。有时在视网膜内上象限的纤维中一部分混杂有不交叉的纤维，位于视交叉侧面，故在颞侧偏盲中保留小片状视野，称为“颞侧小岛”。肿瘤再发展则可向两侧压迫视交叉较内侧的视网膜外上象限不交叉纤维，而产生鼻下象限缺损，而位于视交叉的最外侧的视网膜外下象限的纤维最不易遭到压迫，所以晚期鼻上象限可保留至最后才丧失。对右眼其视野损害的顺序按顺时针方向发展，而对左眼则呈逆时钟方向。视交叉病变常见的有以下几种。

（一）垂体腺瘤

由于垂体位于视交叉下方，当鞍内肿瘤突出鞍膈由下向上发展压迫视交叉时即会引起视力减退，可为眼部首发症状，早期眼底无异常，最易误诊为球后视神经炎，因其又无其他神经系征及内分泌征，常难以诊断为垂体腺瘤（pituitary tumor）。垂体腺瘤如尚未压迫视交叉时可无眼征。如影响视交叉血液循环，则出现有视力障碍。一般垂体腺瘤多自前下向上压迫视交叉，最先损害来自两眼视网膜鼻下方的视神经纤维，引起双颞上方视野缺损，当肿瘤压迫整个视交叉纤维则呈双颞侧偏盲。如肿瘤继续增大将视神经推压向上，使其上部的纤维压在大脑前动脉下，则颞上方纤维受损，出现双鼻下方视野缺损，最后可因颞下方纤维亦受损，而鼻上方视野亦受损。在右眼按顺时针方向进行，左眼按逆时针方向发展。垂体腺瘤典型眼征为双视神经萎缩和双颞侧偏盲，应着重指出的是，这种所谓典型改变已属病变晚期。眼科医师应尽量对该病的早期做出诊断，以免延误治疗，特别是近年来发展的影像学技术，如头颅 CT 及 MRI 等，可为诊断提供极大的帮助，目前，对几毫米垂体腺瘤，视力、视野尚未受影响即可诊断，在手术显微镜下完全可做到全切除肿瘤又保留垂体功能，经蝶路显微镜外科切除术已广泛应用，取得良好效果。

（二）鞍结节脑膜瘤

鞍结节脑膜瘤（tuberculum sellae meningioma）可仅呈球后视神经炎的表现，早期眼底无变化，因而极易误诊。临床表现为单侧或双侧视力减退，逐渐发生，由于肿瘤位置可偏向一侧，因而视力障碍常先由一眼开始而后波及另一眼。视野改变不规则，以不典型双颞侧偏盲最多见。由于肿瘤的直接压迫可出现视神经萎缩，亦可因一眼视神经萎缩，另一眼因颅内高压致视乳头水肿而形成 Foster

Kennedy 综合征改变。凡成年人患进行性视力减退，有单眼或双眼颞侧偏盲，眼底正常或有原发性视神经萎缩，蝶鞍 X 线摄片大致正常，有报告 62%可无变化，应首先考虑该瘤的可能，必须行头颅 CT 或 MRI 检查，以便确诊。

（三）血管性病变

在视交叉病变中由于颅底动脉环的解剖关系，如有动脉瘤可压迫视交叉引起视力及视野改变，其不典型的颞侧偏盲，应与鞍结节脑膜瘤、颅咽管瘤、垂体腺瘤等鉴别，如有动脉硬化特别是大脑前动脉的硬化可压迫视交叉外上方，引起鼻下方 1/4 视野缺损。颈内动脉硬化也可压迫视交叉或由于营养视神经的血管发生闭塞引起缺损。对 60 岁以上尤其是女性，有长期动脉硬化史，并逐渐出现不明原因的视野缺损时，应考虑由于颈内动脉压迫视神经所致，可行颈内动脉 X 线检查，如有动脉壁钙化或通过超声多普勒检查证实均有助诊断。

总之，在视交叉病变诊断中一定要重视常规检查（包括视力、视野、眼底、VEP 等），另外，亦应结合内分泌改变，既要考虑占位性病变，亦要考虑非占位性病变，甚至蝶窦囊肿亦可和鞍区占位性病变的表现相类似。对临床不典型病例应充分应用现代检测手段，如半视野 VEP，头颅 X 线片、CT 及 MRI 初步可了解蝶鞍有无扩大，鞍底鞍背骨质有无破坏，有些病例必须随访。

二、视交叉以上的视路病变

（一）视束病变

视束病变特征是双眼视野同向偏盲和下行性视神经萎缩。常见原因多由于邻近组织病变累及视束，如鞍区或鞍旁肿瘤，Willis 环动脉瘤，特别是位于后交通动脉瘤的压迫等所致。视束病变所致的典型视野改变为同向性偏盲性的视野缺损，因交叉与不交叉的纤维在两侧排列不十分对称。或在视束中各占有一定的部位，如病变位于视束前端即与视交叉后角相连接处，由于该侧的鼻上纤维在视交叉后角处（视交叉后膝）也受到损害，因而视野表现为患眼除有鼻侧偏盲外，还有颞下象限缺损、对侧眼颞侧偏盲。如视放射前部疾病出现不一致的同向偏盲提示视束同时受累，当一侧视束全部受累时即引起完全一致性的同向偏盲，并伴有黄斑分裂，此为视束疾患的另一特点。由于视束的神经纤维紧密地聚集在一起，在受累时则视网膜周围纤维及黄斑纤维常同时受损，视神经萎缩越靠近前部，萎缩出现越早，如双视神经乳头两侧一半苍白也是视束的特征，临床上如不注意有时易疏忽。视野检查相对更重要。视束近大脑脚附近病变常可伴有锥体束障碍、垂体功能异常及尿崩症等。

（二）外侧膝状体病

外侧膝状体病罕见，多由血管性疾病所引起，其中以大脑中动脉及其分支的动脉瘤出血最多见，或因血栓形成、栓塞等引起。视野改变无特征性，可能与视束损害所致者相同，也可能与视放射前部的损害所致者相同，临床表现为病变的对侧双眼同向偏盲或完全一致性同侧偏盲，无 Wernicke 偏盲性瞳孔强直，因瞳孔光反射的传入纤维已在外膝状体前离开视束，经上丘臂入中脑。如病变影响右侧外膝状体内侧时，即临床表现左侧同侧下象限的偏盲性缺损，如累及外侧即表现左侧同侧上象限偏盲；如两侧外侧膝状体的内侧同时遭受损害，则表现下半侧视野缺损，同时伴有黄斑回避，因其与视丘锥体束相邻，故常伴有锥体束征等。

（三）视放射病变

视放射由外侧膝状体后通过顶叶、颞叶和枕叶，而终止于纹状区皮层，自外膝状体发出神经纤维呈放射形分布于侧脑室外侧壁外，先往外行走，继之折向上部，然后向后下部绕侧脑室下角形成梅尔（Meyer）环，再折向上或向下部纤维会合而终止于枕叶距状裂上下唇。外伤、肿瘤和血管性病变等均可引起视放射病变。

临床表现为如视放射前部受累，则双侧视野缺损可不一致，因双眼相应的部分纤维在此处未充分地彼此混合并列所致。病变越靠近视放射的后部，其一致性越明显。尚可见黄斑回避、颞侧半月视野缺损、无视神经萎缩、无 Wernicke 偏盲瞳孔强直及视动性眼球震颤阳性。同时，尚可伴有相应的大脑附近病变的症状和体征。

（四）枕叶皮质病变

视皮质中枢位于两侧大脑枕叶皮质的纹状区，每一侧的纹状区代表对侧一半视野，因此视皮质损害引起病灶对侧一致性同向偏盲并伴有黄斑回避。如果病变范围较广，损害一侧的全部纹状区则视野缺损表现为病灶对侧的双眼完全的同侧偏盲；如果病变仅损害一侧纹状区的最前端，视野则表现为病灶对侧眼的单眼颞侧最外周部的颞侧新月形的缺损。如病变位于一侧枕叶后极部只损害黄斑部纤维，呈病灶对侧的双眼同向偏盲型中心暗点。如仅损害一侧楔叶或舌回则表现为病灶对侧的双眼象限型视野缺损。双侧楔叶受累则可见双眼下方的水平偏盲。双侧舌回受累则可见双眼上方的水平性偏盲。如同侧偏盲先有黄斑分裂，其后出现黄斑回避时则提示为血管性病变。当视皮质受损时，即使所引起的视野缺损很小也是两侧一致性。最常见原因为血管性病变，其次为肿瘤及外伤。

皮质盲（cortical blindness）：临床上又称为大脑盲。由外侧膝状体以上包括双侧视放射和枕叶病变时均可发生双眼全盲。特征为视觉完全丧失（无光感或黑矇）；强光照射或外界的各种刺激均不能引起眼睑闭合反射反应；瞳孔大小及对光反应正常；眼底视乳头无异常。本病多数由血管性障碍引起，其他可见脑膜炎、中毒型菌痢、头颅外伤等。由于血管痉挛引起视力下降或丧失，常可有不同程度或完全恢复，其他原因引起则预后较差。

黄斑回避（macular sparing）和黄斑分裂（macular splitting）：在同侧偏盲的患者中其视野内的中央注视区可保留 1° ～3° 或更大一些视觉功能区，称黄斑回避；如果垂直分界线将黄斑中心注视区一分为二，则称为黄斑分裂。有关视路病变与相应的视野改变见图 15-11。

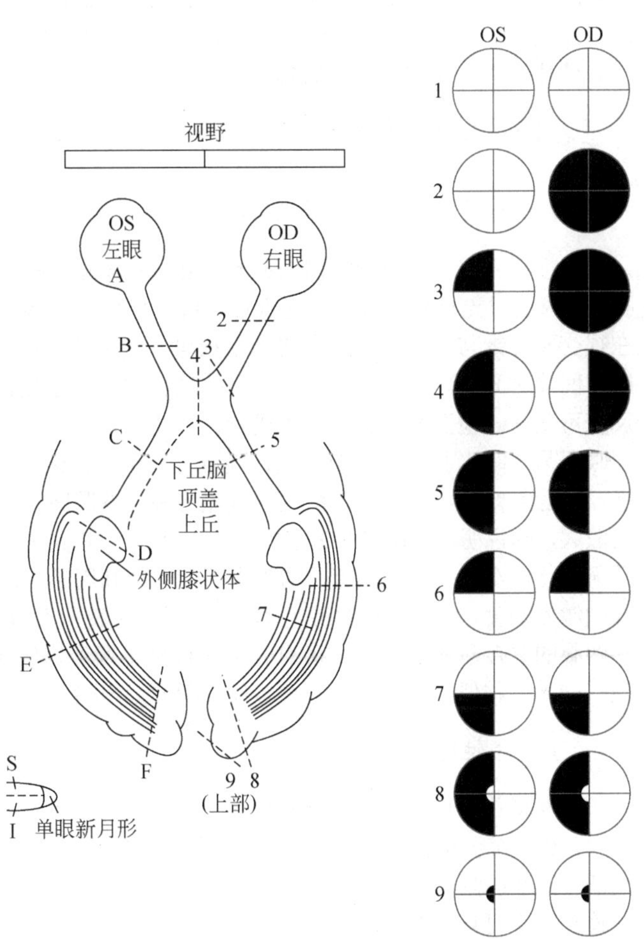

图 15-11 视路病变与视野异常示意图

第四节 瞳孔反射异常

一、瞳孔的正常状态

正常情况下，瞳孔直径为 2.5～4mm，双侧相等，直径小于 2mm 者称为瞳孔缩小，超过 5mm 称瞳孔散大，双瞳孔大小可差别 1mm，大于 1mm 属异常，正常人群中亦有 3%不等。瞳孔大小可受各种因素影响，临床上检查时应注意：

1. 年龄 新生儿、婴儿及老年人瞳孔均较小，新生儿、婴儿因瞳孔括约肌较散大肌发育早且明显；在老年人则因虹膜血管呈放射形走向，随年龄增加而硬化使血管变直变长所致。幼儿、成人瞳孔较大，而青春期瞳孔最大。

2. 种族 白种人虹膜色素少、瞳孔大；黑种人色素多、瞳孔小。

3. 性别 女性较男性瞳孔大。

4. 屈光状态 近视眼瞳孔比正视眼大，而远视眼瞳孔比正视眼小。调节作用的冲动本身不会直接产生瞳孔收缩，只有在调节作用引起集合运动时才会间接引起瞳孔反应，即双眼集合时瞳孔收缩。

5. 精神因素 在惊恐强烈的感情冲动时瞳孔散大。

二、瞳孔的异常状态

（一）相对性传入性瞳孔反应障碍

相对性传入性瞳孔反应障碍（relative afferent papillary defect，RAPD），即往常称为 Marcus Gunn 瞳孔征。瞳孔对光反应传入弧与视觉传入纤维皆由视网膜、视神经、视交叉至视束，走向是一致的，但在视交叉纤维与不交叉纤维中比例不相等，交叉纤维稍多于未交叉纤维，致使被检眼的直接对光反应与间接对光反应不对称，即当一眼的瞳孔传入纤维受损致直接对光反应减弱时，该眼的间接对光反应可正常。检查时应在暗室中进行，嘱患者双眼平视，用聚光手电或弥散光线来回检查双眼，从一眼至另一眼来回数次分别检查，间隔 1～2s。如发现一眼瞳孔较大和（或）瞳孔收缩幅度小速度慢，即遮盖健眼，患眼瞳孔扩大，遮盖患眼，健眼瞳孔无变化，或持续光照患眼，瞳孔开始缩小继之散大，则说明该侧眼 RAPD 阳性（+）；相反，正常人双眼瞳孔轮流被遮盖时，另侧未被遮盖的瞳孔无变化，双瞳孔大小相等，则称为阴性，如利用不同透光率的滤光片置于健眼或相对健眼前以减弱刺激光强度，以滤光片的透光率（对数单位）表示 RAPD 的程度，用光源分别照射患眼和健眼，观察两眼的直接对光反应和间接对光反应过到平衡所需滤光片的透光率大小，透光率越高，RAPD 越轻；透光率越低，RAPD 越严重。如 RAPD 大于 3 个对数单位则有临床诊断意义。

（二）黑矇性瞳孔强直

黑矇性瞳孔强直指无光感合并瞳孔反应异常的一种状态，当一侧视网膜或视神经有病变而视力黑矇者，患眼瞳孔散大，无直接对光反应，但有间接对光反应。在颅脑损伤患者处于昏迷状态下如有此征，提示该侧尚有严重视神经受损，且可能有颅底骨折。双瞳孔的集合反应及闭睑反射等其他各种瞳孔反应可均存在。

（三）Argyll Robertson 瞳孔

Argyll Robertson 瞳孔病因以梅毒最多见，占半数以上，该征的出现常提示有中枢神经系统梅毒，可作为脑膜血管性梅毒、脊髓痨、麻痹性痴呆的特殊表现，因中脑顶盖前区至两侧缩瞳核（EW 核）

之间病损所致。病变一般认为位于中脑被盖前核的中脑导水管附近或被盖前核至动眼神经核之间。推测单眼者病变在病侧被盖前核至动眼神经的 Edinger-Wesphal 核或至瞳孔括约肌核之间，而双侧者为双侧被盖前核至双侧瞳孔括约肌核之间的病变。中枢性损害因部位不同可出现丘脑下部、脑干及脊髓受累征象如 Wallerberg 综合征。临床表现典型者双瞳孔缩小，小于 3mm，不规则，直接间接对光反应消失或非常迟钝，而近反应时瞳孔反应并不减退，甚至增强，即调节和辐辏反应存在，有光近点反应分离现象，调节反射中瞳孔缩小，副交感神经核间的联系和瞳孔括约肌本身未受到损害，在暗室瞳孔不散大，单侧或双侧均可发生，一般为双眼，对阿托品散瞳反应迟钝，滴毒扁豆碱瞳孔可再度缩小，因病变加损害程度及部位不同，故该征在临床上并不全是典型的，如集合反应亦减低，可排除梅毒性病变，常见于脑炎、脑出血和脑外伤等。

（四）Horner 综合征

该综合征又称颈交感神经麻痹综合征，凡交感神经径路自丘脑下部至眼球之间任何部位受损均可引起该综合征。临床表现为瞳孔缩小，轻度上睑下垂和眼球凹陷三大症状，其中以瞳孔缩小为最重要的体征。瞳孔虽缩小，但直接、间接对光反应尚存在。此外，尚可见颜面部潮红，由于早期交感神经受累使局部血管扩张所致，该时尚可见瞳孔散大，其后由于交感神经麻痹而出现典型瞳孔缩小、颜面苍白。

（五）强直性瞳孔和 Adie 综合征

强直性瞳孔和 Adie 综合征系一组以瞳孔散大为特征的良性疾病。Adie 综合征又称 Holmes-Adie 综合征，除瞳孔散大外，同时尚伴有膝健反射消失；而强直性瞳孔虽有瞳孔散大，但膝腱反射正常，又称埃迪瞳孔。临床上常易误诊而怀疑为颅内恶性病症，作一些不必要的检查，值得指出的是，该病虽少见，但近年来确有增多趋势。一般认为与自主神经系统紊乱有关，但公认该病与中枢神经系统梅毒无关。该综合征多见于 20～40 岁女性，90%单眼受累，多数在无意中发现，亦有主诉突然发病者，左眼多于右眼；亦有认为多双眼受累，但迟早或轻重不等而已。病因尚未最后阐明，有中枢性及周围性神经学说。临床表现为瞳孔散大，瞳孔运动呈呆滞缓慢，呈一种特殊的瞳孔紧张状态。看近呈强直性缩瞳，看远呈强直性散瞳。一般常规在诊室内检查瞳孔对光反应迟钝或消失，近反应亦差。但如在暗室内停留 15～40min，患侧瞳孔可缓慢散大和健侧相等，此时如再照射两侧瞳孔，健侧瞳孔立即缩小，而患侧瞳孔缩小缓慢，但数分钟后可比健侧更小，注视近物时瞳孔缩小和注视远物时瞳孔散大都极缓慢。调节和辐辏反应慢而持续较久，即调节时收缩和松弛都要经过几秒。如持续 5min 或更长时间集合时瞳孔可缓慢缩小，甚至最后可小于健侧。停止调节辐辏反应后，瞳孔可缓慢地散大至原来大小。瞳孔对光反应缓慢和延长可能是由于变性的神经尚残存有部分神经末梢未被波及之故。亦有认为可能系通过反射的调节和辐辏作用所产生的乙酰胆碱，以及泪液中可能有少量的乙酰胆碱进入前房刺激瞳孔括约肌而使瞳孔缓慢缩小。如瞳孔对光反应完全丧失，则提示支配瞳孔的所有副交感神经纤维已完全变性，裂隙灯下检查尚可见蠕动样虹膜节段性收缩，即虹膜组织的蠕动样收缩。1%～2%毛果芸香碱眼药水可有一定的治疗改善作用。

第十六章 眼外肌病

眼球靠眼外肌的收缩和松弛产生协调运动，每只眼有四条直肌和两条斜肌。当双眼向正前方无限远平直注视，视轴平行时，内外直肌的收缩作用仅使眼球内转或者外转；上直肌的主要作用使眼球上转，次要作用为内转及内旋；下直肌的主要作用使眼球下转，次要作用为内转及内旋；下斜肌的主要作用使眼球外旋，次要作用为上转及外转；上斜肌的主要作用使眼球内旋，次要作用为下转及外转。

眼球运动是在各条眼外肌的共同作用下完成。一眼的眼外肌行使主要作用时，伴有其他眼肌的参与，起协助作用的眼外肌称协同肌。如上转时上直肌和下斜肌、下转时下直肌和上斜肌为协同肌。如内直肌收缩，使眼球内转时，需要有上、下直肌协助完成。使双眼向同一方向运动的眼外肌称配偶肌。如两眼向左侧注视时，左眼外直肌收缩，右眼内直肌也需要等量地收缩，才能保持双眼单视。作用相反的肌肉互相制约称作拮抗肌，如内直肌与外直肌、上直肌与下直肌、上斜肌与下斜肌即互为拮抗肌。左眼内直肌收缩时，必有左眼外直肌的松弛。眼外肌可以某个作用是协同肌，而另外一个作用是拮抗肌。例如，上转时上直肌和下斜肌的垂直作用为协同肌，其旋转作用为拮抗肌。

一旦眼外肌的收缩与松弛功能失去平衡，眼球就会发生偏斜，形成斜视。

任何眼球运动均不是单独某条眼外肌的作用，而是通过所有眼外肌共同完成。双眼能维持正常眼位，各主动肌、拮抗肌、配偶肌间能如此默契、协调地工作是因为在左额叶眼球运动中枢支配下，眼外肌保持自身的紧张力，来自小脑及其他平衡器官的兴奋性。

眼球运动定律：①神经交互支配定律（Sherrington’s law）：眼外肌在接受神经冲动产生收缩的同时其拮抗肌相应抑制。例如，向右侧注视时，右眼外直肌收缩、右眼内直肌抑制，而左眼内直肌收缩和左眼外直肌抑制。②配偶肌定律（Hering’s law）两眼向相同方向注视时，相对应的配偶肌同时接受等量的神经冲动。遵循以上两个眼球运动定律，可以实现双眼向各个方向的协调运动。

据此，一旦某条眼外肌存在功能障碍，为加强该肌肉运动发出所有更强的神经冲动，必将到达其配偶肌，使配偶肌功能过强，表现为临床上麻痹性斜视的第二斜视角大于第一斜视角。

第一节 双眼视觉

双眼视又称为双眼单视（binocular single vision），是外界物体的影像，分别落在双眼视网膜对应点上（主要是黄斑部），神经兴奋沿知觉系统传入大脑，在大脑高级中枢把来自双眼的视觉信号进行分析，综合成一个完整的具有立体感知印象的过程。

两眼视网膜黄斑中心凹有共同的视觉方向。以黄斑中心凹为中心，两眼视网膜其他部分各结成对应关系以保持共同的视觉方向，称为视网膜对应点。外界物体在两眼视网膜对应点所形成的像，经大脑枕叶的视觉中枢融合为一，使人们感觉到一个完整的立体形象，这种功能称为双眼单视。双眼单视功能分为三级，可用同视机检查，第一级是双眼能同时见到两个不同画面的图像，称为同时知觉；第二级是双眼能将部分相同、部分不同的图像看成为一个图像，称为融合；第三级是双眼能将两个分离开的完全相同的图像综合成为一个具有立体感的图像，称为立体视觉。建立双眼单视需要具备：两眼的视力必须正常或相等；两眼必须具备恒定注视同一目标的能力；两眼必须具备正常的视网膜对应点；两眼具有相同的协调运动的能力；具有健全的大脑视中枢。

双眼在视觉活动中，为保持双眼单视，两眼无论是在看远、看近中行使的异向运动（分开、集合）；还是在为寻找目标进行快速扫视或在对感兴趣的视标进行缓慢视觉追踪的同向运动，都离不开大脑眼球运动中枢。遵循上述法则，支配两眼眼外肌的平衡和协调运动。

在同向运动中，双眼就如同有 12 条缰绳的两匹马，在马车夫（大脑）的统一支配下协调地同时向一个方向运动，转弯时每匹马一侧的缰绳同时收紧、另一侧的缰绳就要同时放松，才能顺利行进。临床上任何原因导致的功能性眼外肌肌力不平衡，或由于中枢、外周神经、眼外肌肌肉或肌肉接头异常导致眼外肌器质性病变，引起一条或多条眼外肌麻痹不能协调运动、不能够保持正常眼位，均可造成双眼单视功能异常。

第二节　斜视检查法

（一）询问病史

询问准确的发病时间，年龄，有何诱因，斜视发展情况，有无家族史。

（二）眼科常规检查

需详细检查远、近视力。对视力不正常患者应注意麻痹睫状肌后进行屈光状态、屈光度、视盘和黄斑部检查等。

（三）遮盖试验

检查者与患者相对而坐，距离 1/2m，取一宽 5cm，长 15cm 之硬纸板作为遮盖板，分别检查注视 33cm 和 5m 以外的目标时眼位的情况。检查隐斜时，采用交替遮盖法；检查显性斜视时，采用单眼遮盖与去遮盖检查法。

（四）眼球运动检查

眼球的六个主要注视方向运动，检查确定肌肉功能有无异常。诊断眼位是检查两眼共同运动时的三个眼位六个注视方向，以便了解眼外肌运动是否平衡及协调一致。三个眼位如下：第一眼位即在无辐辏作用下，保持头位正直，注视正前方目标，两眼视线平行，两眼角膜垂直子午线与地面垂直互相平行时的眼位；第二眼位：眼球向内、外、下、上转动时的眼位，两眼角膜垂直子午线仍互相平行；第三眼位：当眼球自第一眼位转向斜方运动如向颞上、颞下、鼻上、鼻下运动时的眼位，常用六个注视方向代表六对配偶肌。

（五）斜视的定量检查

1. 角膜映光法　是测定斜视角最简单而常用的方法。嘱患者注视正前方 33cm 处的手电灯光，检查者对面而坐，观察角膜上反光点的位置，光点离角膜中心每 1mm 为 7°。如为正视轴眼，则角膜映光点在瞳孔区中心，斜视度为 0°；若角膜映光点在内侧或外侧瞳孔缘，则该眼为外斜或内斜 10°～15°；映光点在角膜缘约为 45°；若映光点出现在瞳孔缘与角膜缘之间，约为 25°。以这几个度数为基础，可以推算出映光点在其他角膜部位时的斜视度数。

2. 视野计测量法　患者坐于视野计前面，让斜视眼正对视野计的中心，另眼注视放在视野计前 5m 的目标。检查者取一灯光或烛光在视野弧上往返移动，直至灯光的反射影象出现于斜眼之瞳孔中央为止。灯光在视野弧上的读数即是斜视的读数。

3. 同视机检查法 患者头部固定，调整瞳距后，在注视眼与斜视眼前各加同时知觉片，注视眼镜筒放于“0”位置，然后转动偏斜眼睛筒，使两片画片重合，此时镜筒所指度数即为主觉斜视角，如果交替开关两个镜筒至其反光点位于角膜中央，两眼不移动时，此时的度数为他觉斜视角。

4. 三棱镜或马氏（Maddox）杆加三棱镜检查法 检查在暗室中进行。分别设置 5m 和 33cm 小灯为注视目标，马氏杆置于一眼前，所见物像为一亮线，另一眼注视小灯，若亮线通过所见光点，为正视眼，否则有斜视。如在斜视眼前如前法放置三棱镜，调整度数使亮线恰好重合光点，此时的三棱镜度即为斜视度。

第三节 共同性内斜视

正常两眼注视无限远物体时，两视轴应保持平行，视近物时，视轴必向内会聚，但能保持良好的双眼单视能力，称为正视眼。双眼球协同运动受大脑中枢调控。如中枢调控失衡，眼外肌力量不平衡，两眼不能同时注视目标时，视轴呈分离状态，其中一眼注视目标而另一眼偏离目标，称为斜视。当双眼的眼位表现有偏斜倾向，但可通过正常的融合机制得到控制时，称为隐斜。斜视分为共同性斜视与非共同性斜视（即麻痹性斜视）两大类。

共同性斜视（concomitant esotropia）是指眼外肌肌肉本身和它的支配神经均无器质性病变而发生的眼位偏斜。患者无双眼单视，无眼球运动障碍，斜视角度不因注视方向而改变。共同性外斜视的发病率国外统计为 1%～1.5%，国内统计占儿童群体的 1.3%。

共同性内斜视是儿童斜视中最常见的类型。先天性内斜视是指出生后 6 个月以内发生的内斜视；后天性内斜视，大部分在出生后 6 个月以后，因调节性集合过强所引起，故又称为调节性内斜视。调节性内斜视分为完全调节性（15%）、部分调节性（46%）及非调节性内斜视（39%）三种类型。完全调节性内斜视是属于后天性内斜视，而部分调节性及非调节性内斜视如发病时间不清，则与先天性内斜视的鉴别比较困难。

中医学将共同性内斜视称之为“双目通睛”（《证治准绳》）或“小儿通睛”（《秘传眼科龙木论》）。

一、病因病机

（一）中医病因病机

《秘传眼科龙木论》谓：通睛外障“此眼初患之时，皆因失误筑打着头面额角，倒蹙扑下，令小儿肝受惊风”。《秘传眼科纂要》谓：“通睛眼，此是小儿灾。”《审视瑶函》谓：“……此幼时所伤，非壮年所得，欲看东而反顾其西，彼有出而反顾其入，为脑筋带转，幼因风热所逼。”该文对双目通睛的病因及症状做了详细描述。结合现代临床将病因病机归纳如下：先天禀赋不足，眼带发育不良或眼珠发育异常；婴幼儿期长期逼近视物或头部偏向一侧，视之过久致筋脉挛滞而致目偏视。

（二）西医病因病理

对于共同性斜视的病因病理，目前还不完全清楚，一般认为与机械性因素或神经支配因素或两种因素的共同作用有关。机械性因素（解剖因素）包括眼眶的方向、大小、形状；球后组织的体积及形状；眼外肌的止端、长度、弹性、结构眼球筋膜与韧带的解剖排列和状态等。神经支配因素，即抵达眼球的神经冲动因素，双眼必须依靠集合兴奋来维持双眼视线的平行，以取得双眼单视，集合过强或外展过弱或两者同时存在均可产生斜视。此外未经矫正的远视或已经矫正的近视眼，均因过度使用调节而诱发过强集合，造成内隐斜或内斜视；未经矫正的近视，由于看近距离目标，不使用调节，常引起外隐斜。

二、临床表现

（一）先天性内斜视

患者出生后 6 个月内发病，无明显屈光异常。单眼性斜视可合并弱视。开始时内斜视可间歇出现，斜视度数较大。内斜视角大（$30^{\triangle}$～$50^{\triangle}$以上）。假性外展限制、娃娃头试验可以排除。可以合并分离性垂直偏斜（DVD）、眼球震颤等。

（二）共同性内斜视

1. 完全调节性内斜视 调节性内斜视分为以下几种：屈光性调节性内斜视、部分调节性内斜视、调高 AC/A 型调节性内斜视和混合型调节性内斜视。屈光性调节因素出现在 2 岁半左右，个别也可以出现在 1 岁内。有限患者可以由混合因素引起。

（1）屈光调节性内斜视（图 16-1）：患者有中度或高度远视性屈光不正。去调节可以矫正眼位。去调节的方法包括药物或佩戴眼镜两种，即睫状肌麻痹剂散瞳或佩戴合适的矫正眼镜可以矫正眼位。合并或者不合并弱视。眼球运动无明显限制。

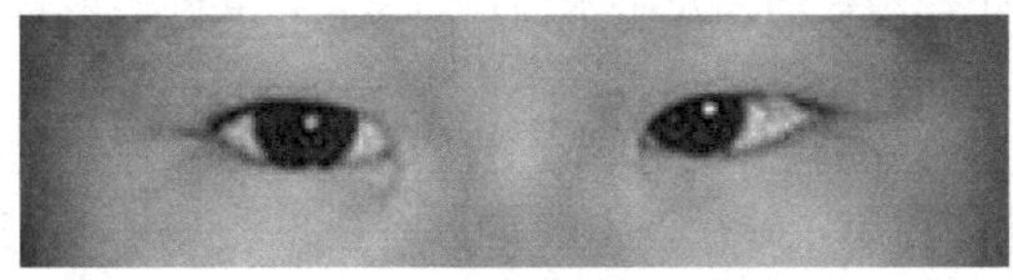
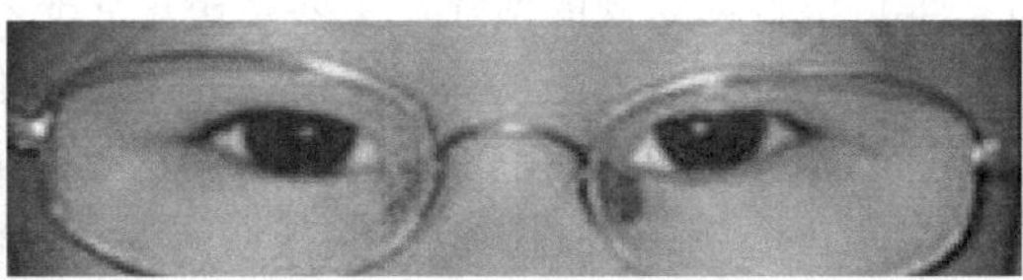

图 16-1 屈光调节性内斜视

（2）部分调节性内斜视（图 16-2）：患者有中度或高度远视性屈光不正。去调节可以部分矫正眼位。去调节的方法包括药物或佩戴眼镜两种，即睫状肌麻痹剂散瞳或佩戴合适的矫正眼镜可以部分矫正眼位。合并或者不合并弱视。眼球运动无明显限制。

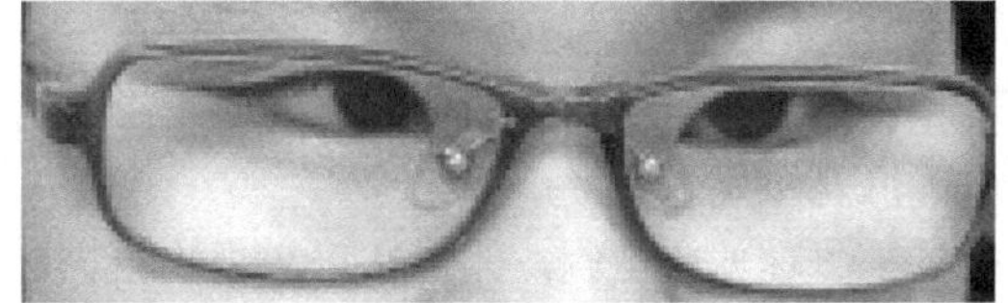

图 16-2 部分调节性内斜视

（3）高 AC/A 型调节性内斜视：患者斜视度看近大于看远达到 $15^{\triangle}$以上。看远时可以正位。可以有非屈光调节性内斜视。此类斜视 10 岁后有自愈趋势。

（4）混合型调节性内斜视：为屈光调节性内斜视和高 AC/A 型调节性内斜视合并存在的病例。有远视性屈光不正，戴镜后斜视度数减少，看远减少明显，看近仍有较大度数内斜视，看近大于看远达到 $15^{\triangle}$以上。

2. 非调节性内斜视 是指 6 个月以后发生的、与调节无关的内斜视，占儿童共同性内斜视的 1/3。

（1）基本型内斜视：斜视常在 2 岁以后出现、没有无明显调节因素，单眼斜视可以合并弱视。无明显远视性屈光不正，视远、视近斜视度数相同。

（2）急性共同性内斜视：病因不清，可能与融合机制突然破坏，引起眼外肌的不平衡有关。发病急，突然出现复视。多发生在 5 岁以后。眼球活动无受限。

（3）周期性内斜视：3 岁左右发病，内斜视呈周期性，一般为隔日斜视，在不出现之日可能仅有轻度斜视或者隐斜。日久可以形成恒定性斜视。周期性内斜视患者中偶见弱视，V 征常见。在内斜视不存在时，患者可有正常的双眼视和较好的立体视觉。

（4）感觉剥夺性内斜视：儿童时期的各种眼病如白内障、角膜白斑、视神经萎缩、眼外伤、青光眼、肿瘤等造成单眼视力丧失或者明显下降出现此类斜视。屈光参差性弱视在这类内斜视中常见。

三、诊断与鉴别诊断

（一）诊断要点

内斜，眼球运动无明显异常，无复视。

（二）鉴别诊断

1. 先天性内斜视 主要与假性内斜视（内眦赘皮）、Duane 眼球后退综合征、Mobiuius 综合征、眼球震颤阻滞综合征、先天性外展神经麻痹伴婴幼儿调节性内斜视、知觉性内斜视及神经损伤性内斜视鉴别。

2. 完全调节性内斜视 主要与调节低下型内斜视、非调节性集合过强型内斜视、远视欠矫等鉴别。

四、治疗

治疗先天性内斜视首先应防止弱视的发生，其次是矫正眼位，使看远看近的斜视度减少并接近正位，至少能取得知觉性融合。完全调节性内斜视的治疗，关键是在间歇性内斜视期，配戴充分矫正的眼镜，防止形成恒定性内斜及弱视的产生。治疗部分调节性内斜，早期应在训练治疗后行手术治疗。非调节性内斜视的治疗，主要是矫正屈光不正，治疗弱视及手术治疗。总之，共同性内斜视以治疗弱视、矫正屈光不正及手术治疗为主；无论在任何年龄进行矫正术，先天性内斜视都不能取得很好的双眼单视；而调节性内斜视若能及时并坚持治疗，则较少发生弱视。治疗弱视：遮盖主视眼，完全遮盖或按比例遮盖，在遮盖期间要监视注视性质，并行视力的定量检查。矫正屈光：3D 以上的远视，必须配戴眼镜。

（一）中医治疗

1. 中医辨证论治

（1）肝肾不足证

症候：目珠偏向内侧，能远怯近，视物模糊；舌淡红，苔薄白，脉弱或缓。

治法：补益肝肾。

方药：杞菊地黄丸加减。气虚体弱加党参、黄芪、黄精以益气养阴；伴能远怯近者加何首乌、龙眼肉、肉苁蓉以增强滋补肝肾之功。

（2）经络挛滞证

症候：小儿长期仰卧，或长期逼近视物，或偏视灯光及亮处，眼珠逐渐向内偏斜；全身及舌脉无异常。

治法：舒筋通络。

方药：正容汤加减。酌加当归、白芍、鸡血藤等养血通络。

（3）风热上攻证

症候：发热惊风后，目突然偏视，视一为二，或倾头瞻视，视物昏花，甚至步履不稳；舌红，苔薄白，脉数。

治法：祛风通络，平肝息风。

方药：正容汤。加天麻、钩藤，酌加天冬、麦冬养阴清热。

2. 针刺治疗 常用穴：睛明、瞳子髎、承泣、太阳、攒竹、颊车、地仓、风池、合谷、足三里。每次选 2～4 个穴，每日 1 次，10 日为 1 个疗程。

（二）西医治疗

1. 先天性内斜视需要手术治疗，手术时机为18～24月。也有人主张确诊后即行手术矫正眼位。合并下斜肌亢进和DVD者手术设计时应给予同期矫正。手术后可以保留10^{Δ}微小内斜，以利于建立周边融合和粗立体视。

2. 完全调节性内斜视的治疗，关键是在间歇性内斜视期，配戴充分矫正的眼镜，防止形成恒定性内斜及弱视的产生。部分调节性内斜视的治疗，全屈光处方戴镜，戴镜3～6月后眼位不能完全矫正，非调节部分应手术矫正。调节部分仍需要戴镜矫正。每年重新验光一次，并根据屈光变化决定是否调换眼镜，调换眼镜时应满足视力和眼位正常。

3. 高AC/A型调节性内斜视的治疗佩戴双光眼镜：全屈光矫正下加+1.5～+3D球镜，定期复查。点散瞳剂：局部形成药物性近视，减少中枢调节，但不宜长期应用。以上两种方法依从性差。合适的病例可以考虑双眼内直肌减弱手术。为减少对远视时眼位的影响，也可以行内直肌后固定术。

第四节　共同性外斜视

外斜视在婴幼儿较内斜视少见，随着年龄增大患病率逐渐增高。患者可由外隐斜进展为间歇性外斜视在进展为恒定性外斜视，也可以一发病即为间歇性外斜视或者恒定性外斜视。外斜的发生有明显的遗传性，为染色体显性遗传，父母一方或双方有外斜，其孩子有较高的外斜或外隐斜的趋向。外斜视通常分为固定性和间歇性。中医病因病机同共同性内斜视。

一、临床表现

间歇性或者恒定性外斜视根据视远、视近时斜视度的不同，临床上分为4种类型。

1. **基本型**　视远、视近时的斜视度基本相等。

2. **分开过强型**　视远斜视度明显大于视近（$\geqslant 15^{\Delta}$）。

3. **集合不足型**　视近斜视度明显大于视远（$\geqslant 15^{\Delta}$）。

4. **假性分开过强型**　视远斜视度明显大于视近，但单眼遮盖1小时或双眼佩戴+3D球镜后，视远、视近时的斜视度基本相等。

二、诊断与鉴别诊断

（一）诊断要点

外斜，眼球运动无明显异常。

（二）鉴别诊断

本病主要与外展神经麻痹鉴别，后者常有复视、眼球运动障碍等。

三、治疗

（一）治疗原则

1. **间歇性外斜视**　一般需行手术治疗，非手术治疗的目的只是在术前创造最佳的视觉条件，如矫正屈光不正、弱视训练及增强融合功能的训练等。

2. **恒定性外斜视**　适应做手术。

（二）局部治疗

矫正屈光不正和弱视训练，若 AC/A 很高，则可使用负片来推迟手术时间。抗抑制训练或集合练习，可暂时缓解间歇性外斜程度。

（三）中医治疗

本病中医治疗同共同性内斜视。

（四）手术治疗

1. 间歇性外斜视

（1）适应证：是否需手术，应综合考虑斜视角的大小，显性外斜出现的频率和时间的长短，集合功能是否良好，患者年龄，融合控制状态，双眼视功能状态和有无视疲劳等因素。即使斜视角小，但出现显性外斜的频率多，时间长，集合和双眼视功能差，视疲劳明显者，也可手术；如斜视角大，但出现显性外斜的频率少，时间短，集合和双眼视功能好，无视疲劳，不可勉强手术。

（2）目的：尽可能保持眼位接近正位。

（3）手术方法的选择：外展过强型，斜视角看远大于看近，主要做外直肌后退，不足部分行内直肌缩短；集合不足型，斜视角看近大于看远，主要做内直肌缩短，不足部分行外直肌后退；基本型，斜视角看远看近相等，行一眼内直肌缩短和外直肌后退，手术量相等，也有行双眼外直肌后退者。

2. 恒定性外斜视 通常需要手术治疗，手术方法的选择同间歇性外斜。手术目的分功能性和美容性。对需达到功能性效果的，除非外斜视明显，伴有运动障碍需要早期手术外，对术后立即发生的外斜视，感觉性和运动性融合正常者，应观察数天，常可自发好转；对需达到美容性效果的，切忌过矫。

第五节 麻痹性斜视

麻痹性斜视是由神经核、神经或眼外肌本身器质性病变使单条或多条眼外肌完全或部分麻痹而引起的眼球向麻痹肌作用相反的方向偏位。眼球向各个方向运动时偏斜程度变动不一，向麻痹肌作用方向运动时斜角愈益增大。眼球运动可有不同程度的受限。

因麻痹性斜视多由风邪所致，故称为风牵偏视，据其眼部症状又有不同称谓，以复视症状为主者称为“视歧”（《灵枢・大惑论》）；以眼珠偏斜为主者称为“神珠将反”（《证治准绳》）；偏斜严重而角膜几乎不见者称为“瞳神反背”（《证治准绳》）；若眼珠向下偏斜不能上转者称“坠睛”（《太平圣惠方》）；眼珠向上偏斜不能下转者称“目仰视”（《审视瑶函》）或“目上视”（《证治准绳》）。

一、病因病机

（一）中医病因病机

《诸病源候论》谓：“目是五脏六腑之精华，人脏腑虚而风邪入目，而瞳子被风所射，睛不正则偏视。此患亦有从小而得之者，亦有长大方病之者，皆由目之精气虚，而受风邪所射故也。”因风邪闭阻阳明、厥阴经络，以致筋脉拘挛或麻痹；脾胃虚弱，约束无权或脾胃失调，津液不布，聚湿生痰，复感风邪，风痰阻络，脉络失畅所致；或热病伤阴，或血虚生风，风动挟痰上扰而致；或因跌仆外伤，或肿瘤压迫，经络受阻所致。

（二）西医病因病理

本病病因复杂，并非单纯由眼科疾患引起，大多数是全身性疾病的一部分。颅脑外伤、脑膜炎、脑炎、头颅血管性疾病、颅内肿瘤、鼻咽部肿瘤、内分泌障碍、代谢障碍、中毒及重症肌无力等均可引起麻痹性斜视。

二、临床表现

（一）症状

后天性麻痹多为急性，往往立即出现复视、视物模糊不清，严重的复视会出现眩晕和恶心呕吐，必须闭上一眼或遮盖一眼才能使症状消失。由于突然的眼位偏斜，视觉定位功能被破坏，患者走路时步态不稳，常向某一方向偏斜，触拿物体有异常投射现象。如先天性或幼年早期发生的部分麻痹，由于有代偿头位和健全的融合功能，一般多无自觉症状，偶有因某些原因发现复视而来就诊者。

（二）体征

麻痹眼向麻痹肌作用方向运动受限，眼位向麻痹肌作用相反方向偏斜，并出现代偿头位。第二斜视角比第一斜视角大（健眼注视目标，斜眼的偏斜度称为第一斜视角；斜眼注视目标，健眼的偏斜度称为第二斜视角）。斜视度因注视方向而异，向麻痹肌作用方向注视时斜视度最大。

（三）麻痹性斜视的检查方法

（1）观察眼球运动：嘱患者将眼球向鼻侧、颞侧、鼻上、鼻下、颞上、颞下 6 个方向转动，如果向鼻侧运动受限，表示内直肌麻痹；向颞侧运动受限，则外直肌麻痹；颞上运动受限，则上直肌麻痹；颞下运动受限，则下直肌麻痹；鼻上方运动受限，则下斜肌麻痹；鼻下方运动受限，则上斜肌麻痹。

（2）红玻璃烛光试验：用一块红玻璃镜片和一支蜡烛检查患者复视情况。假设患者右眼戴红玻璃镜片，左眼不戴镜片，观看距眼 1m 处的烛光，则可出现以下情况：

外直肌麻痹：患者看到两个烛光，红烛光在戴红玻璃镜片眼的一侧，白烛光在不戴镜片的一侧，这就是同侧性复视，表示眼球向内偏斜，提示外直肌麻痹。

右外直肌麻痹：烛光向右侧移动时引起复像间距增大，向左侧移动时复像间距缩小。

左外直肌麻痹：烛光向左侧移动时引起复像间距增大，向右侧移动时复像间距缩小。

内直肌麻痹：红烛光在不戴红玻璃镜片眼的一侧，而白烛光在戴红玻璃镜片眼的一侧，则为交叉性复视，表示一眼向外偏斜，提示内直肌麻痹。

右内直肌麻痹：烛光向左侧移动时引起复像间距增大。

左内直肌麻痹：烛光向右侧移动时引起复像间距增大。

右眼垂直向眼外肌麻痹：垂直方向出现红、白烛光复像，并且红烛光偏离原位，向上、下移动。

左眼垂直向眼外肌麻痹：垂直方向出项红、白烛光复像，并且白烛光偏离原位，向上、下移动。

上直肌麻痹：烛光向麻痹眼颞上方移动，红、白烛光复像间距最大。

下直肌麻痹：烛光向麻痹眼颞下方移动，红、白烛光复像间距最大。

上斜肌麻痹：烛光向麻痹眼鼻下方移动，红、白烛光复像间距最大。

下斜肌麻痹：烛光向麻痹眼鼻上方移动，红、白烛光复像间距最大。

上述检查的原理是：当眼球转向颞侧方位时，直肌向上，向下的效能最大；当眼球转向鼻侧方位时，斜肌向上，向下的效能最大。

此外，还可用蓝开斯特法（Lancaster's Test），同视机检查法等来确定麻痹肌并可定量。派克三步法（Parks three step method）检查适用于幼儿及不合作者（图 16-3）。

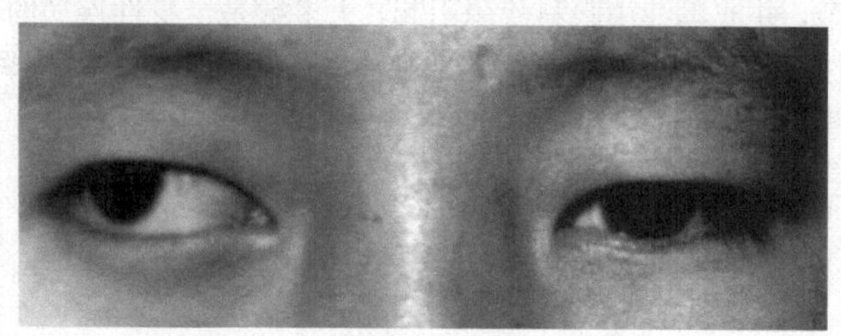

图 16-3　麻痹性斜视彩图

三、实验室及其他辅助检查

1. **实验室检查**　常有血脂高、血黏度增高或血糖增高等。

2. **CT 或 MRI 检查**　可发现颅内肿瘤、鼻咽部肿瘤等。

四、诊断与鉴别诊断

（一）诊断要点

双眼复视，甚则眩晕，伴代偿头位，眼球向麻痹肌作用方向运动受限。

（二）鉴别诊断

本病主要与共同性斜视鉴别：后者无代偿头位，无复视，双眼运动不受限，通过眼外肌运动及复视检查可确诊。

五、治疗

（一）中医治疗

1. 中医辨证论治

（1）风邪中络证

症候：发病急骤，目珠猝然偏斜，转动失灵，视一为二，起病多有恶寒发热、头痛；舌淡红，苔薄白，脉浮。

治法：祛风通络，扶正祛邪。

方药：小续命汤加减。若风热为患，原方去生姜、附子、桂枝，加生石膏、生地、桑枝、秦艽等疏风清热通络。

（2）风痰阻络证

症候：骤然视一为二，目珠偏斜，转动失灵，兼胸闷呕恶，食欲不振，泛吐痰涎；舌淡，苔白腻，脉滑。

治法：健脾利湿，豁痰通络。

方药：六君子汤合正容汤加减。头痛甚者加菊花、川芎。

（3）脉络瘀阻证

症候：头部外伤或眼部直接受伤后，目珠偏视，视一为二；舌质暗或有瘀斑，脉细或如常。

治法：活血行气，化瘀通络。

方药：桃红四物汤合正容汤加减。疼痛甚者，加乳香、没药、五灵脂、郁金，后期可加黄芪、党参以益气扶正。

（4）阳亢风动证

症候：多见于年老体衰之人，平素常有头昏头痛、耳鸣眼花，手足心热，夜寐不安，腰膝酸软；突然目珠偏斜，转动不灵，视一为二；舌红苔黄，脉弦。

治法：平肝潜阳，息风通络。

方药：镇肝息风汤合六味地黄丸加减。眼干涩加北沙参、旱莲草、女贞子等。

2. 外治法

（1）遮盖麻痹眼，解除复视，或遮盖健眼，以减少麻痹肌的拮抗肌挛缩，视力相等或相差不大者，可交替遮盖。亦可使用三棱镜。

（2）推拿眼周及全身俞穴，促进血液循环，经络舒通，促进眼肌收缩功能的恢复。

（3）脉冲理疗，刺激麻痹眼外肌，促进血液循环，防止或减少肌肉萎缩。

（4）针刺治疗以取三阳经穴位为主，局部及远端取穴配合，每次选 2～4 个穴，每日 1 次，10 日为 1 个疗程。常用穴位：天柱、完骨、风池、睛明、瞳子髎、承泣、四白、阳白、丝竹空、太阳、攒竹、颊车、地仓、合谷、足三里、太冲、行间。

（二）西医治疗

1. 药物治疗

（1）营养神经：肌内注射维生素 B_1 100mg、维生素 B_{12} 500μg，每日各 1 支，10 日为 1 个疗程；口服或静脉滴注肌苷、三磷酸腺苷、辅酶 A 等；胞磷胆碱 500mg，加入 5%葡萄糖液 250ml 静脉滴注，每日 1 次，10～14 天为 1 个疗程。

（2）糖皮质激素：地塞米松注射液 10～15mg，加入 5%葡萄糖液 250ml 静脉滴注，每日 1 次，疗程 10～15 日，逐渐减量。

2. 手术治疗

（1）手术时间

1）后天性眼外肌麻痹：应在发病后 6～8 个月不见好转时行手术。非手术治疗后病情有所好转但仍未痊愈者，可待病情稳定 4～6 个月再考虑手术。

2）先天性眼外肌麻痹：在麻痹肌已肯定、病因已确定并且不危及生命、也不会发展或复发后，可考虑手术。

（2）手术原则

1）首先确定注视眼（患者是用麻痹眼还是健眼注视）：健眼注视者，其直接对抗肌受累而发生痉挛、挛缩；麻痹眼注视时，受累肌是麻痹肌的配偶肌，两者的手术设计是完全不同的。

2）日常生活中人们多用水平线以下眼位，要尽量把高的眼位降下来。

3）若有眼外肌的痉挛或牵引，首先要解除牵引，松弛挛缩的肌肉。

4）减弱麻痹肌的直接对抗肌所起的作用，要远远超过加强麻痹肌的效果。

5）做直肌手术时一般一次不超过两根直肌，以免影响眼前部的供血。

（3）手术方式：包括麻痹肌缩短及拮抗肌后徙术。注意超大量的拮抗肌后徙术，只能使眼球放在正中，但不能转动。

六、中西医临床诊疗思路

针对病因治疗。对后天性不全麻痹的患者，早期采取针灸、药物及理疗、推拿治疗，可达较理想的治疗目的。经过 6～8 个月甚至 1 年的保守治疗无效，可行手术治疗。

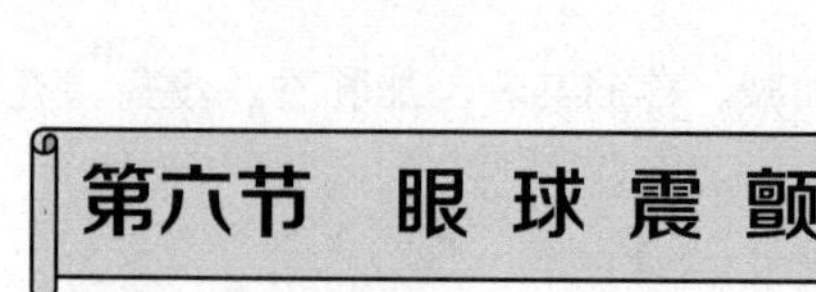

第六节 眼球震颤

眼球震颤是指两眼发生有节律的不自主摆动。根据震颤的节律，可分为跳动型、钟摆型，其中以跳动型为最多，震颤由快相和慢相两个期相组成。钟摆型较少见，震颤无快、慢相，两个期相摆动速度基本相同。根据震颤方向可分为水平震颤、垂直震颤、旋转、斜向、混合震颤，又以水平震颤为最多见。本病常见于婴幼儿，终身存在。本病属中医“目转”范畴。

一、病因病机

（一）中医病因病机

中医认为本病的发生，多与禀赋不足，后天失调，或肝肾亏损，目窍失养，约束失调而成，或平素肝血不足，外邪乘袭，上攻于目而成。也有因先天性眼病而引起者。

（二）西医病因病理

现代医学认为眼球震颤是由固视功能缺陷所致。与先天性遗传性疾病、中心视力严重障碍、中耳或内耳疾病、脑部的病变等因素有关。

二、临床表现

患儿出生或者生后不久即出现，视力明显障碍，伴有眼部的先天发育异常、弱视或者斜视等。眼球震颤呈跳动型或者钟摆型。

生理性眼球震颤发生在正常眼，当双眼极度侧方注视时，注视黑白条纹转动鼓时出现的眼球震颤，称视觉性眼震。

病理性眼球震颤：①先天性：一般发生在有先天性眼疾的儿童，多呈水平震颤。②后天获得性：一般出现在脑干疾病患者，多表现为垂直眼球震颤或旋转眼球震颤。③前庭性：由前庭神经核病变诱发，表现为垂直眼球震颤。

三、治疗

目前无有效的治疗方法，主要是针对病因治疗。通常采取验光配镜、戴远近助视器的方法来提高视力，用眼肌手术方法减轻眼球震颤也可获得不同程度的疗效。手术原则：将慢相侧两眼外肌后退，减弱其张力，使之与快相侧眼外肌平衡，使眼位从偏心注视位转到正前方位注视。中医认为本病的发生，多为禀赋不足，后天失调，或肝肾亏损，目窍失养，约束失调而成，或平素肝血不足，外邪乘袭，上攻于目而成。也有因先天性眼病而引起者。故治疗多从补养肝肾，调养气血及祛风散邪等着手。

第七节 弱 视

眼球无器质性病变，而最佳矫正视力不能达到同龄人的正常者称为弱视，弱视发病率据统计为3%～4%。

一、病因病机

病因病理 中医认为本病多因先天不足或后天失养，肾气不充，以致肝肾阴精亏损，精气不能上承，目失濡养所致。现代医学认为弱视是一种从视网膜神经节细胞开始至视中枢的视觉传导系统及中枢全领域的机能及形态学异常引起。主要因素有：对整个视网膜光的剥夺；对中心凹形觉的剥夺；无双眼间相互作用的冲动传入。弱视在临床上可分为五类：斜视性弱视；屈光性弱视；屈光参差性弱视；形觉剥夺性弱视和先天性弱视。

二、临床表现与诊断

2011 年中华医学会眼科学分会斜视与小儿眼科学组的定义为“视觉发育期由于单眼斜视、未矫正的屈光参差、高度屈光不正及形觉剥夺引起的单眼或双眼最佳矫正视力低于相应年龄的视力为弱视；或双眼视力相差 2 行及以上，视力较低眼为弱视。”并推荐：3-5 岁儿童视力的正常值下限为 0.5；5-6 岁及以上儿童视力的正常值下限为 0.7。

三、治疗

1. 辨证治疗 本病多因先天不足或后天失养，肾气不充，以致肝肾阴精亏损，精气不能上承，目失濡养所致。故治疗多从补肝肾入手。可方选驻景丸加减方加减。针刺治疗对弱视疗效确些。针刺选太阳、睛明、合谷、外关、光明、足三里、三阴交、行间、阳陵泉、风池、翳风等穴位。每周治疗 3～6 次,每次选穴 5～7 个,交替应用。

2. 其他治疗 麻痹睫状肌扩瞳检影后配戴准确的眼镜是治疗弱视的最基本方法。遮盖疗法是传统的治疗方法，在治疗弱视方面仍占有重要地位，治疗方法是两眼戴矫正眼镜后，遮盖视力好的眼睛。视力好的眼睛被遮盖后，强迫患者使用弱视眼，弱视眼因为经常使用得到锻炼而提高视力，一般 3 周岁左右健眼遮盖 3 天，弱视眼遮盖 1 天。5 周岁左右每次遮盖健眼 1 星期后解除遮盖 1 天。6 周岁以后每次遮盖健眼 2 星期后去除遮盖 1 天。以便保证健眼也能得到使用，预防视力减退。定期检查健眼视力可作为开放健眼时间的选择标准。光学药物压抑疗法是治疗弱视的重要方法，本法适用于学龄儿童。

3. 其他疗法 红胶片疗法、后像镜疗法、三棱镜疗法、生理基础疗法、穿珠子疗法等均可配合使用。

第十七章 眼眶病

第一节 概 述

一、眼眶应用解剖及生理

眼眶在解剖学上与邻近组织有密切关系，它菲薄的内侧、上侧和下侧壁与诸鼻窦相毗邻，眶壁和眶尖的诸孔裂又与颅腔相贯通，因此，眼眶，鼻窦和颅腔的某些疾病可互为因果，并引起较复杂的临床并发症。

眼眶由骨性眼眶和眼眶内容物构成。额骨、蝶骨、颧骨、上颌骨、颚骨、泪骨和筛骨围起来形成大致为锥形的眼眶，底向前，尖向后。前后最大径线 40～50mm。眶内有眼球、视神经、眼外肌、泪腺、血管，神经及脂肪等，周围有四个含气空腔形成的鼻窦。眼眶的上壁、内壁、下壁和外壁，分别与颅前窝、额窦、筛窦、上颌窦、颞窝及颅中窝相邻。眼眶的静脉回流的主要途径有：向后由眼上及眼下静脉至海绵窦；向前经眼静脉与内眦静脉吻合入颜面血管系统；向下经眶下裂至翼状静脉丛。加之颜面部静脉无瓣膜，面部的浅层和深层静脉与眼眶静脉有通畅的交通，故面部的疖或鼻窦的细菌感染很易侵犯眼眶及海绵窦，甚至危及生命。

眼球在眶内的位置取决于眶内诸软组织互相制约的作用，如球后组织中的血管和脂肪，斜肌的正常张力是将眼球推前的力量，而眶隔及其平滑肌、四条直肌的张力及内、外眦韧带则有阻止眼球前突的作用。凡眶内炎症性或循环障碍性水肿、肿瘤、血管扩张过度、血肿及寄生虫能使眶内容增加，直肌麻痹失去张力及由于眶骨的异常所致眶腔的变化，都能造成眼球突出（exophthalmos），而眶炎症后的结缔组织牵引，眶脂肪的耗损、交感神经支配的平滑肌松弛或眶骨折则能引起眼球内陷（enophthalmos）。眼球突出或眼球内陷是指眼球在眶内位置的异常，应与某些眼球过大或过小所致者相区别。

眼球突出的方向主要取决于眶内病变发生的间隙。骨膜下间隙：是位于眶骨壁和骨膜之间的潜在间隙，易积聚炎症渗出物使骨膜剥离，致眼球向剥离的压力方向移位或突出；骨膜直肌间隙：它位于骨膜和诸直肌间，此间隙内病变常引起眼球向着病变对侧偏移；中央部或肌锥内间隙：该间隙位于眼球后及四条直肌的正中部位，此处的病变将引起眼球向正前方突出和眼球早期运动障碍；巩膜周围表层间隙：是巩膜和眼球筋膜之间的潜在间隙。

眼眶血管的形成，从单一的内皮细胞至大动、静脉有一个连续的发展过程，每个阶段均可发生肿瘤。各种血管瘤所见的细胞成分不同，由单一细胞形成的肿瘤为单源性肿瘤，如血管内皮瘤、外皮瘤和平滑肌瘤，属于真正的新生物。由多细胞成分构成的肿瘤为多形性肿瘤，如毛细血管瘤和海绵状血管瘤，是由毛细血管（包括血管内皮和外皮）构成的，常被视为错构瘤。至于静脉性血管瘤、静脉曲张、动静脉血管瘤和动脉瘤是由比较成熟的血管构成的，属于静脉性、动脉性或动、静脉性血管畸形。

从眼球突出的方向可以推断眶内病变的位置和指导手术的途径。超声波检查，A 型和 B 型超声扫描图的联合使用能较详细测定眶内肿瘤的大小、形态、部位及性质；CT 检查则对眶病的诊断和鉴别诊断有重要意义，磁共振检查也有助于对眼眶肿瘤的诊断。

眼眶疾病的分类：按其病因眼眶病可分为先天发育异常、眼眶炎症、眼眶囊肿、肿瘤和外伤。其中炎症包括眼眶特异性炎症和非特异性炎症；肿瘤包括原发性肿瘤、继发性肿瘤和转移性肿瘤。

二、眼眶病的检查

眼眶病种类繁多，且很多疾病的临床表现类似，需充分运用病史、体检及辅助检查相结合的方式进行综合分析，才能做出相对的准确判断，但眼眶肿物的最终诊断，往往还需要病理检查才能确定。

（一）病史

详细询问现病史及既往史，关注有价值的信息。比如发病年龄、性别、发病部位都能提供很重要的信息。如毛细血管瘤多见于婴儿，横纹肌肉瘤、视神经胶质瘤、绿色瘤多见于儿童，中青年多发囊肿、眼眶良性肿瘤、甲状腺相关眼病、炎性假瘤等。而甲状腺相关眼病又多见于女性且多为双侧。而眼眶肿瘤多发生于单侧眼眶等。此外，病变的急缓及症状的严重程度也对临床诊断有很大帮助，比如急性者多提示急性炎症、出血、血栓形成、眶内气肿等，恶性肿瘤发展也比较快，而良性肿瘤发展较慢，病史相对较长。

（二）眼部检查

眼部检查要关注有无眼睑及结膜水肿，有无眼睑退缩及上睑迟落。这些往往提示有炎症及甲状腺相关眼病的可能。眼睑肥厚、皮下赘生物及色素沉着、咖啡斑提示神经纤维瘤病；结膜的螺旋状扩张往往提示眶静脉压增高，要考虑颈动脉海绵窦瘘的可能。眼球突出度也是一个很重要的指标，正常情况下双眼突出度应该一致对称，双眼突出度相差应小于 2mm。此外，眼眶前部及眶周的病变往往可以触及，应注意肿块的位置、大小、质地、边界、活动度、表面情况、是否压痛、波动感或搏动等情况。此外，眶压、视力、视野及眼球运动的变化，也提示着病变的发展，对诊断也具有重要的作用。眶压的检查方法是用两拇指对称向眶内按压两侧眼球，判断眶内压力即眼球后面的阻力。正常时球后组织松软，双侧对称。而视神经受到压迫、侵犯或本身发生病变，均会造成视力下降及视野缺损。眼眶的骨折所致的眼外肌嵌顿或眼外肌本身的病变，往往造成眼球运动障碍。而视盘水肿、充血往往提示视神经压迫等病变，因此眼底检查也是眼眶病诊断中不可忽视的一项检查。

（三）实验室及影像学检查

实验室检查对眼眶病的诊断具有重要意义。例如，急性化脓性感染血液中的白细胞增多，多形核白细胞比例增高；造血系统肿瘤末梢血白细胞增多，并发现幼稚细胞，骨髓中白细胞系增生活跃，原始白细胞占主要成分；甲状腺相关眼病，甲状腺吸 ^{131}I 率增高，血清三碘甲状腺原氨酸和甲状腺素含量增高，T_3 抑制试验和促甲状腺激素释放因子实验结果异常对诊断均有帮助。

实验室检查方法很多，主要包括细胞学、血清学、生化、细菌培养、病毒分离、免疫组化、放射免疫组化、特殊染色、电子显微镜、基因诊断等。此外，还包括与甲状腺功能相关的检查，如甲状腺吸碘率、甲状腺抗体、促甲状腺受体抗体、血清三碘甲状腺原氨酸、甲状腺素、促甲状腺素释放因子等。

眼眶影像学检查，在近年来取得了巨大的发展，成为眼眶病诊断不可或缺的重要手段。随着科学技术的进步，显像能源不断发现，计算机技术与医学的结合，使得现象的对比分辨和空间分辨方面均有空前的发展，形成崭新的医学影像学。在眼眶病的诊断方面常用的影像检查方法包括：X 线检查、超声检查、计算机体层成像、磁共振成像、数字减影血管造影及磁共振血管造影、热像图等检查手段。

第二节 眼眶炎症

眼眶炎症（orbital inflammation）包括眼眶非感染和感染性疾病，它们占眼眶病和眼球突出一半以上的病例。细菌、真菌和寄生虫均可感染眼眶组织；鼻窦、眼睑和结膜的病原菌直接侵犯眼眶的机会也多；致病菌经血液循环传播到眼眶的可能性小；感染多发于儿童，因为其免疫机制发育尚不健全。病毒几乎不累及眼眶内容物。眼眶炎症主要包括急性感染性炎症、特发性炎性综合征和慢性炎症。

眶蜂窝织炎

眶蜂窝织炎（orbital cellulitis）是发生于眶内的急性化脓性炎症。因可引起永久性视力丧失，并通过颅内蔓延或败血症危及生命，常被视为危症。本病多发生于儿童或上呼吸道感染之后，通过多条途径侵入眼眶。常见的感染途径有眼眶外伤直接感染；邻近周围组织的炎症蔓延，以鼻窦、鼻腔、牙齿、泪囊炎最多见；身体其他部位的化脓性炎症经血行迁徙至眶内或脓毒血症时眼眶同时发生炎症等（图 17-1）。

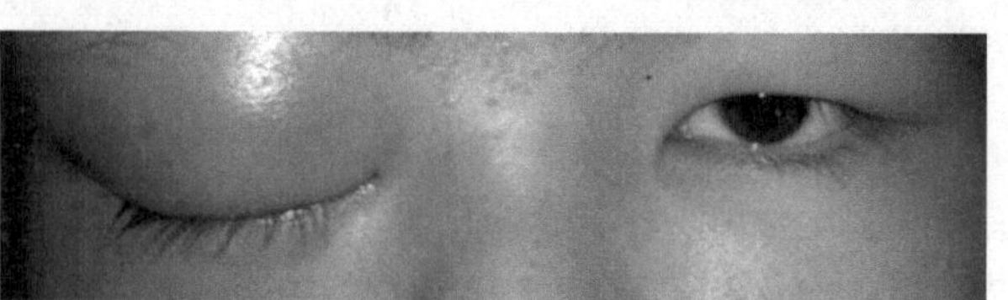

图 17-1　眶蜂窝组织炎

一、病因病理

（一）中医病因病机

本病多因脾胃积热，火热上炎，熏蒸目窍而发。《素问·阴阳应象大论》说："热胜则肿"　。《灵枢·痈疽》中说："热胜则肉腐"　。由于热盛，故局部红肿热疼，甚则流脓；或因局部外伤，异物存留，风邪乘机而入，久而化热，腐肉所致。

（二）西医病因病理

本病是由化脓性细菌感染引起的，病原体多为溶血性链球菌和金黄色葡萄球菌，还有类白喉杆菌、流感杆菌、大肠杆菌和厌氧菌等。

二、临床表现

（一）症状

本病以眼睑红、肿、热、痛为特征。

（二）体征

本病初期眼睑局部红肿、发硬、血管扩张，继之球结膜水肿，突出于睑裂之外，表面干燥、结痂，嵌塞于睑裂发生坏死。严重时发生眼球突出，多为轴性中度突出，严重者可脱出于睑裂之外，导致睑裂闭合不全引起暴露性角膜炎，病情进一步发展，可以发生视乳头水肿、视网膜出血和静脉扩张，视神经侵犯常发生视力减退及视神经炎性萎缩。当眼眶急性炎症引起毒血症时，出现发热、恶寒、周身不适、食欲不振等全身症状。

三、实验室和其他检查

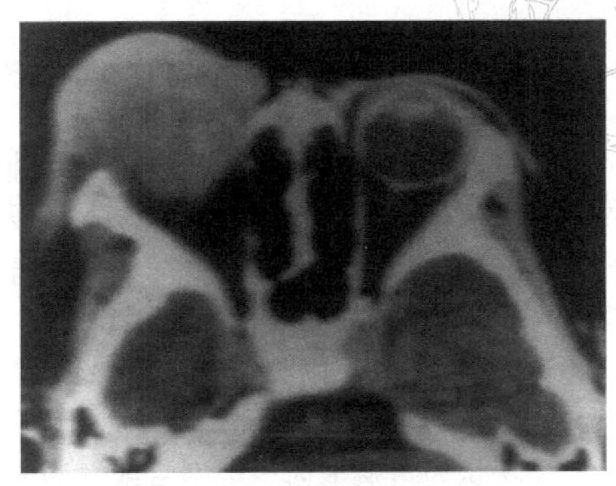

图 17-2　眶蜂窝织炎 CT

（1）血常规提示白细胞升高，中性粒细胞增多。

（2）X 线检查往往发现鼻旁窦密度增高或气-液平面。产气杆菌感染或与鼻旁窦沟通，眶内也可发现气肿。X 线片还可发现鼻旁窦骨折、骨炎、黏膜增厚和金属异物等。

（3）B 超显示边界清楚的低回声区或无回声区表示已经形成脓肿。

（4）CT 检查提示：眶内脂肪密度增高、眼睑水肿、眼环增厚和眼外肌肥大、或者有鼻旁窦炎症、骨膜炎和异物等（图 17-2）。

四、诊断与鉴别诊断

眼眶蜂窝织炎和脓肿表现具有典型特征，容易诊断。但有时需要与眼眶恶性肿瘤及眼眶寄生虫相鉴别。虫体死亡裂解后也可以引发炎症反应和眼眶脓肿。CT、MR 及肿瘤细胞学检查可帮助鉴别。

五、治疗

（一）中医治疗

1. 治疗原则　本病主要是早期给予足量、广谱的抗生素治疗。积极查找原发病灶，行血、分泌物或脓液细菌培养，依据药敏试验结果选择抗生素，酌情应用皮质类固醇制剂，辅助中药治疗对于改善症状、减轻疼痛和水肿有帮助。

2. 中医辨证论治

（1）风热毒熏证

症候：发病初期眼睑红肿、疼痛，球结膜充血水肿，或眼球转动疼痛，头痛眶痛伴有发热、恶风，苔薄白或薄黄，脉浮数或数而有力。

治法：清热散风，解毒消肿。

方药：仙方活命饮加减。

（2）脾胃热毒证

症候：病情逐渐发展眼睑红肿、疼痛较甚，球结膜高度充血水肿，眼球突出，不能转动，或有视力下降。全身兼有发热、口渴、便秘、溺赤。舌质红，苔黄，脉数。

治法：泻火解毒。

方药：五味消毒饮加减。

（二）西医治疗

（1）局部应用鼻腔血管收缩剂、抗炎滴眼剂、涂抗生素眼膏及局部热敷等。

（2）如果是眶深部蜂窝织炎，早期强有力抗生素治疗，即细菌培养未出来之前就静脉输入大剂量广谱抗生素，培养结果出来后在酌情调整。如以上治疗能及时控制炎症，常常可以保留视力。

（3）如果眼球突出、视力减退和眼肌麻痹仍在进展，经超声、CT 证实有球后脓肿形成，可以在波动最明显处切开引流，行脓腔内抗生素灌洗，引流条于 7 日后去除。

（4）若发生海绵窦血栓应按败血症的治疗原则抢救。

炎性假瘤

炎性假瘤（pseudotumor）属于眼眶非特异性炎症的范畴。临床常见，本病缺乏明显性别倾向，发生于任何年龄，好发于中、老年。多侵犯单侧眼眶，约 1／4 发生于双侧，可同时或间隔数年发病。本病预后较好，但常有复发。基本病理学改变为炎细胞浸润、纤维组织增生、变性等炎症的改变，由于病变类似肿瘤，故此得名。

一、病因病机

中医认为本病多为风热壅目或气滞血瘀所致。现代医学认为炎性假瘤是一种非特异性的免疫反应性疾病。

二、临床表现

本病临床表现具有疼痛、复视、视力减退、眼底改变、眼球突出、占位效应和炎症等特征。炎症表现为：泪腺炎、眼肌炎、弥漫性眼眶炎症及眼眶炎性肿块。炎性假瘤从眶缘可以触及肿物，肿物大小和形状可以有不同。病变较小的呈圆形或椭圆形，边界清楚，可推动。病变较大的表面呈结节状，可扪及多个肿物，向眶深部延伸，在后部合为一体。发生于泪腺的炎症，眶外上方可扪及肿物，表面光滑，不能推动，与泪腺上皮瘤难以鉴别。发生于眼外肌的炎症，眶下部可扪及肥大的下直肌，常有压痛。患者有自发性沉重感或轻度疼痛，压迫眼球或眼球转动时疼痛加重。眼球运动障碍明显时常有复视，视力减退发生于视神经的炎性侵犯、眶尖部视神经压迫及球后纤维增生变性等。眼底可见视乳头水肿或继发性视神经萎缩。

CT 扫描可以帮助诊断，显示为眶脂肪内高密度占位病变影像，形状不规则，边界不整齐，内密度不均质，常伴有眼环增厚，眼外肌和泪腺肿大，眶内视神经和眼外肌均被遮蔽。

三、诊断与鉴别诊断

炎性假瘤根据病变侵及的部位不同，可分为泪腺型、肌炎型、视神经周围型、弥漫型和肿块型，每一位置发生的病变其临床表现不尽相同，且病变可急性发作，也可慢性进展，因此鉴别诊断有时颇为困难。主要与该发生部位的常见疾病所鉴别。如泪腺型与泪腺上皮性肿瘤鉴别，肌炎型主要与甲状腺相关眼病引起的眼外肌肥大相鉴别，视神经周围型则与视神经鞘脑膜瘤相鉴别，后者在 CT 及 MRI 上均有其特征性的改变。

四、治疗

（一）中医治疗

1. 治疗原则 中医认为本病多为风热壅目或气滞血瘀所致，故治疗多从疏风泻火解毒或活血散结着手。

2. 中医辨证论治

（1）风热壅目证

症候：眼球突出，转动不灵，复视，眼睑及球结膜轻度充血水肿，头痛，流泪，舌苔薄黄，脉浮数。

治法：清热散风，泻火解毒。

方药：泻肝散加减。

（2）气滞血瘀证

症候：眼睑紫赤肿胀，球结膜充血水肿，眼球突出严重，运动受限，复视，兼口渴，便秘，溲

赤，舌质紫暗，舌苔黄，脉涩。

治法：活血化瘀。

方药：血府逐瘀汤加减。

（二）西医治疗

部分患者有自限和自愈倾向，预后较好，采取积极药物或放射治疗。对于疼痛不止、视力丧失、高度眼球突出及角膜暴露者，可采取手术治疗。糖皮质激素对本病有显著疗效，有禁忌证者，可用其他免疫抑制剂代替。

慢性炎症

眼眶慢性炎症（chronic inflammation of the orbit）是一组极其复杂的眼眶组织慢性炎症性病变，大多数病变的发病机制不清，并与全身病密切相关，按照临床表现和组织病理学特征将慢性炎症分为慢性非肉芽肿性炎症和慢性肉芽肿性炎症。前者病变可能局限在眼眶，但其可能是全身病的一部分，如 Sjogren 综合征等；后者包括眼眶结核、异物和皮样肿所致的眼眶肉芽肿，以及与全身病有关联的眼眶类肉瘤及中线坏死性肉芽肿。

第三节　甲状腺相关眼病

甲状腺相关眼病（thyroid associated ophthalmopathy，TAO），过去有很多命名，如甲状腺眼病、甲状腺毒性眼病、Graves 眼病、眼型 Graves 病、甲状腺相关性眼病等，都具有共同的临床特征，即伴有甲状腺内分泌轴功能异常的眼眶病变。眼部体征与甲状腺的功能异常可以同时出现、或者先后出现；甲状腺的功能可亢进、正常或者低下。TAO 发病的年龄组跨度较大，青年至老年均可发病，其中甲状腺功能亢进合并眼征者多为中青年女性，男女比例为 1∶4，单纯有眼征者无明显性别差异。

一、病因病理

西医认为本病是一种自身免疫或者器官免疫性疾病，而又与全身内分泌系统的功能状态密切相关。球后组织 TSHR 的异常表达是 TAO 发病的重要因素。不同人群、病变的不同时期可以表现出甲状腺内分泌轴（甲状腺、垂体、丘脑下部所分泌的内分泌素或其相互作用）的异常，均具有相似的眼眶病变。

二、临床表现

（一）症状

本病病变主要累及眼眶的平滑肌、脂肪、横纹肌、泪腺及结缔组织等。

（二）体征

眼睑征是 TAO 的重要体征，主要包括上睑回缩和眼睑迟落，暴露部分巩膜，似兔眼。双眼眼球突出，眼睑水肿，结膜水肿，严重病例结膜突出于睑裂之外，阻碍眼睑闭合，引起角膜暴露。不同程度的眼外肌麻痹，最初和最多受侵犯的是下直肌，依次是上直肌、内直肌和外直肌。眼球突出明显病例，所有眼外肌均肥大，眼球各方向运动受限，严重者眼球固定。晚期眼外肌纤维增生、纤维挛缩，

眼球固定于下转位置。眼底改变有视乳头水肿、视网膜出血、视网膜静脉迂曲扩张（图 17-3）。

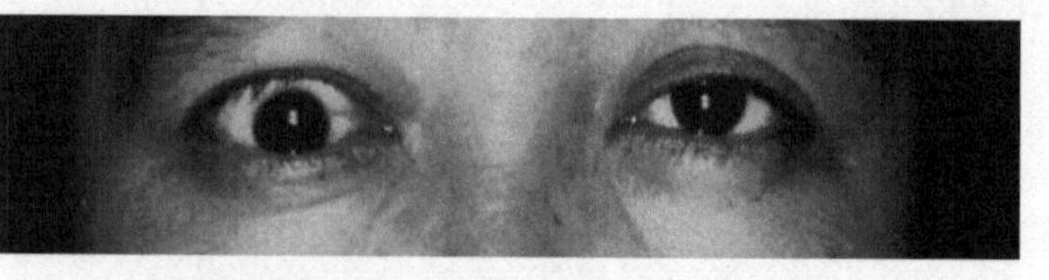

双眼睑轻度浮肿，右眼上睑回缩，右眼下转位

图 17-3　甲亢眼征

（三）并发症

暴露性角膜炎，感染性角膜溃疡，继发性青光眼，视神经萎缩等。如果伴有甲状腺功能亢进，还有性情急躁、易怒、食欲亢进、消瘦及心率快、手震颤等全身症状（表 17-1）。

表 17-1　甲状腺相关眼病病变分级

分级	定义	缩写第一英文字母
0	无体征或症状	N（no signs or symptoms）
1	仅有体征	O（only signs）
2	软组织受累	S（soft-tissue involvement）
3	眼球突出	P（proptosis）
4	眼外肌受累	E（extraocular muscle involvement）
5	角膜受累	C（corneal involvement）
6	视力丧失	S（sight loss）

三、实验室及其他辅助检查

1. 超声探查　见眼外肌肥大，多波及双侧眼，边界明显，内回声不规则，脂肪垫扩大，斑驳状，视神经鞘边缘回声向后延长。

2. CT 扫描　显示眼外肌肥大，一侧或两侧眶，波及多条眼外肌，呈梭形肿大，眼球端止点和肌腱正常，眶尖密度增高（图 17-4）。

3. 甲状腺功能检查　吸碘率，血清 T_3、T_4、TSH 水平，T_3 抑制试验及兴奋试验等实验室检查结果异常有助于诊断。

四、诊断及鉴别诊断

甲状腺相关眼病按照病变分级，诊断不难。CT 及 MR 能提供很大的帮助。但有时当病变仅仅累及一条肌肉，尤其是下直肌受累肥厚时，在 CT 的横断面扫描图像上非常容易被误诊为肿瘤，此时要结合病史及多个扫描方位综合评判，如加做冠状位或 MRI，以免误诊。

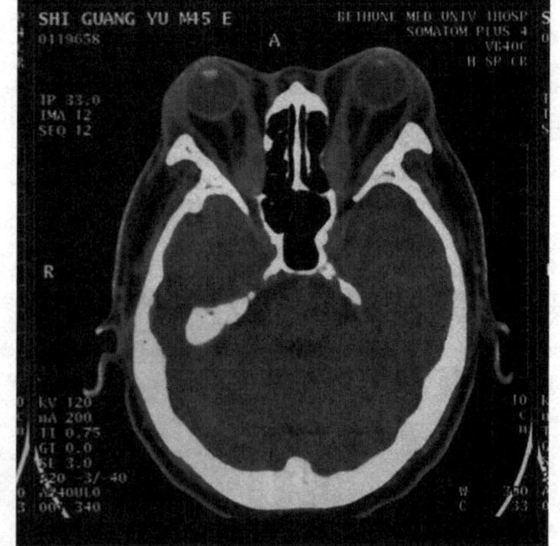

双内直肌肌腹对称性肥厚

图 17-4　甲亢眼肌病（CT）

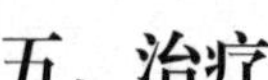

五、治疗

（一）中医治疗

1. 治疗原则　甲状腺相关眼病是甲状腺病变在眼部的表现，在治疗眼眶病的同时，还需要对甲

状腺功能异常加以治疗。治疗包括全身和眼部治疗。全身治疗主要是针对甲状腺的功能异常。眼部治疗包括药物治疗、放射治疗和手术治疗。中药治疗主要是理气化痰、化痰散结。

2. 中医辨证论治

（1）热郁痰凝证

症候：双眼眼球突出，眼睑水肿，结膜水肿，严重病例结膜突出于睑裂之外，阻碍眼睑闭合。伴有情志不舒，急躁易怒，心悸失眠多汗。舌红苔薄腻，脉弦数。

治法：清热解郁，化痰散结。

方药：二陈汤和丹栀逍遥散。

（2）热毒壅滞证

症候：双眼眼球突出显著，凝滞不动，眼睑水肿，结膜水肿，角膜溃疡。面赤身热。舌红，苔黄腻，脉弦数。

治法：清热解毒，散瘀通络。

方药：泻脑汤加减。

（3）阴虚阳亢证

症候：双眼眼球轻度突出，凝视不动，眼睑水肿，结膜水肿。伴有头晕耳鸣，心烦失明。舌红少苔，脉细数。

治法：滋阴潜阳，化痰散结。

方药：知柏地黄汤加减

（二）西医治疗

对于甲亢型 Graves 眼病，应用抗甲状腺药物、放射性碘或手术治疗。

（1）皮质类固醇制剂：病变早期以炎症反应为主，应用皮质类固醇制剂治疗，有禁忌证者应用其他免疫抑制剂。

（2）给予脱水剂减低眶内水肿，肉毒杆菌素 A 局部注射治疗眼睑回缩。

（3）滴眼：角膜病变时保护角膜的方法有戴湿房或简便潜水镜，滴人工泪液，涂消炎药膏，保持角膜表面湿润；预防感染使用抗生素眼液、眼膏。

（4）手术治疗：眼睑闭合不全者必要时行睑裂缝合术。手术治疗适于病情稳定的眼睑、眼外肌病变；高眶压经药物治疗无效、严重的角膜病变及有美容要求的患者。选择手术的顺序是：眼眶减压术、眼外肌矫正术、眼睑手术。

（5）放射治疗：药物治疗无效或者有禁忌证者，可以考虑放射治疗，双颞侧位照射 20～30Gy / 2W。

第四节　眼眶肿瘤

一、皮样囊肿

皮样囊肿（dermoid cyst）是一种眼睑和眼眶区域相对常见的囊性病变，为胚胎时期表皮外胚层植入形成的囊肿，属于一种迷芽瘤。囊肿由囊壁和囊内容物组成，囊壁为复层鳞状上皮，含有毛囊和皮脂腺，囊腔含有脱落上皮、胆固醇、脂肪、毛发及皮脂腺分泌物，囊壁绕以纤维结缔组织。

本病为先天性疾病，生长缓慢，至成年后才发现。临床表现为眼球渐进性突出，肿瘤多位于眼眶的上方或者外下方，于眶缘可以触及囊肿质软、表面光滑、不活动、无压痛。B 超检查显示病变边界清楚、形状不规则、透声性好等特征，CT 显示囊肿壁边界清晰、囊内密度不均匀。细小或无症状的皮样囊肿并不需要立即手术治疗，在少数情况下，一个眼眶皮样囊肿会稳定多年或者变小。

然而，在大多数情况下，囊肿进行性增大，需要手术治疗。

二、毛细血管瘤

毛细血管瘤（capillaryhemangioma）是婴幼儿时期最常见的良性肿瘤，发病率为1%～2%。本病可发生于身体任何部位，多见于体表。因其局部红色隆起及表面许多小浅凹陷，常名“草莓痣”。

毛细血管瘤由毛细血管和腔内的内皮细胞增殖而成，肉眼观察缺乏囊膜，实质呈灰白色颗粒状。镜下不成熟的肿瘤可见血管内皮细胞集聚成巢、成片，间有较少血管间隙。虽然病变与大循环相接通，但血管间隙血液甚少，此种肿瘤称良性血管内皮瘤。在分化较好的病变中，成堆的内皮细胞减少，而毛细血管增多。长期存在的肿瘤毛细血管扩张，有的区域呈海绵状，常称之为混合性血管瘤。在电镜下，可见实体细胞带、混合带和开放的血管腔带。每一血管单位包括内皮细胞、网状纤维鞘和外皮细胞；间质内有吞噬细胞和变性细胞区，与临床的肿瘤自发消退相对应。

眼部毛细血管瘤多发生于出生后3个月以内，在随后的3个月内增长较快，1岁以后稳定，且有自行消退倾向。皮肤毛细血管瘤，至3岁时约有30%退化，4岁时约有60%消失，7岁时约有76%消退。原发于眶内的毛细血管瘤，多位于眶内上象限，肌肉圆锥与骨膜之间，向前推移眶隔。临床上发现上睑前隆，眼球向下移位。肿瘤位于眼眶深部，往往出现进展较快的眼球突出、肿胀、视力减退和眼球向肿物方向运动障碍。眼部毛细血管瘤，常侵犯结膜并伴有身体其他部位同类肿物。

（一）实验室及其他辅助检查

CT 扫描显示病变为形状不规则、边界清或不清的高密度区，静脉内注射泛影葡胺可使肿瘤区声像增强。

（二）诊断及鉴别诊断

毛细血管瘤特点突出，诊断容易。注意和神经纤维瘤病区别。后者是先天遗传性疾病，有典型的外观和全身症状，尤其是眼睑皮肤和颞部。但只波及眶内的婴儿型血管瘤，诊断比较困难，需要借助超声、CT 和 MRI 检查。

（三）治疗

对于较小、发展较慢或静止、缺乏眼部并发症的肿瘤，以临床观察为主，而不予任何干扰，静待其自行消退。对肿瘤发展较快、影响视力和外观的肿瘤，可口服或肿瘤内注射糖皮质激素。采用长效的曲安奈德 40～80mg 和速效的倍他米松 6～12mg 混合液注射于肿瘤内，1～2 次，肿瘤可完全消退。对于肿瘤较小的皮下病变，常采用鱼肝油酸钠或 50%尿素，亦可以采用瘤内注无水乙醇 0.5～0.7ml 于病变中央，1～2 次，能使肿瘤全部消退。另外，热凝、电凝也可应用，但应避免形成皮肤瘢痕。对于眼眶内的肿瘤者，也可采用眶外侧放射治疗。只有当以上方法不能实行或无效；眼睑遮蔽瞳孔影响视觉发育；眼球突出、角膜暴露；压迫视神经、视力减退，才考虑手术切除。

三、海绵状血管瘤

海绵状血管瘤（cavernous hemangioma）因肿瘤内呈海绵样血管窦腔而得名，是成年人最常见的原发于眶内的肿瘤，占原发性眶内肿瘤的10%～23%，按血管的发展过程，属于毛细血管以后更成熟血管发生的肿瘤。海绵状血管瘤多发生于女性，占52%～70%。就诊年龄自6岁至72岁，平均38岁，30～49岁者占2/3。本病多发生于一侧眼眶，眶内一个或多个肿瘤。

（一）临床表现

海绵状血管瘤是典型的眶内良性肿瘤，临床表现可作为各种良性肿瘤的代表。临床表现为不同程度的视力减退及眼球突出。肿瘤多位于肌肉圆锥内，一侧性、慢性、渐进性眼球突出是最常见的体征。肿瘤以细小血管与体循环联系，有完整包膜，眼球突出不受体位影响。眶后部肿瘤眼睑及结膜多属正常。位于前部的常引起眼睑隆起，皮肤或结膜透见紫蓝色肿物。晚期出现眼球运动受限。原发于眶尖的肿瘤早期可引起视神经萎缩；肌肉圆锥内肿瘤压迫视神经可发生视乳头水肿；位于眶前部或位置较深的近眶缘肿物，检查者压迫眼球时，眶缘也可扪及肿物，中等硬度，稍具弹性或囊性感，表面光滑，边界清楚，可推动，有漂浮感。B 型超声探查：海绵状血管瘤具有独特的声像图，病变呈圆形或椭圆形、边界清楚、内回声多而强且分布均匀、中等度声衰减、压之可变形。CT 可准确提示肿瘤的存在，确定位置、大小和肿瘤数目（图 17-5）。

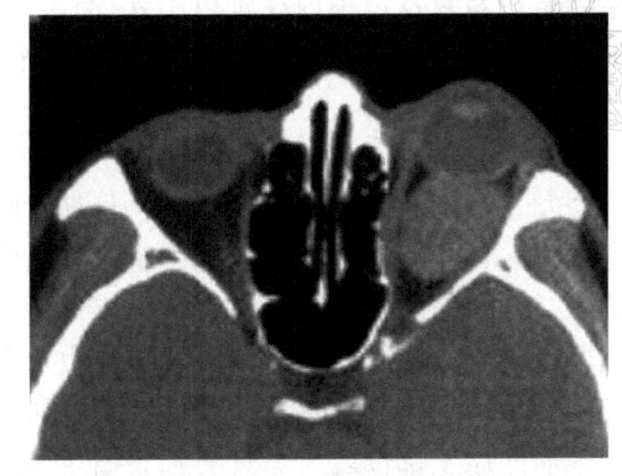
图 17-5　左眼球突出，球后类圆形占位，边界清楚，中央可见少许低密度区

（二）诊断与鉴别诊断

眼眶海绵状血管瘤主要见于成年人，渐进性眼球突出，外观无红肿。B 超显示类圆形、椭圆形占位。与其最容易混淆的是神经鞘瘤，两者发病部位、年龄相似，均为单眼突出，但神经鞘瘤发病率稍低，两者超声特点不同，海绵状血管瘤是多回声或高反射肿瘤，而神经鞘瘤是低回声或低反射肿瘤。

（三）治疗

海绵状血管瘤增长缓慢，不发生恶变，在视力正常和不影响美容的情况下，可先观察。但多数病例需手术切除。对于手术进路的选择根据组织学诊断、超声探查、CT 像选择手术进路。海绵状血管瘤虽然摘除较易，预后较好，但术后视力完全丧失者亦有之。

四、横纹肌肉瘤

横纹肌肉瘤（rhabdomyosarcoma）是儿童时期最常见的眶内恶性肿瘤，发病年龄多在 10 岁以内，偶见于成年人。此肿瘤恶性程度高，发展快，早期即有复视、眼球运动不足或眼球固定。横纹肌肉瘤最常见于眼眶内上部，使眼球向前下方突出，上睑隆起、肥大和下垂，遮盖眼球。眼睑肿胀和眼球突出发展均快，1～2 周内可明显增长。有时眼球突出度突然增加，甚至脱出于睑裂之外，可能是由于肿瘤内部坏死、出血所致。多数病例在眶缘可扪及肿物。肿物较软，早期边界清楚，晚期占据全眼眶，肿物、眼球均突出于眶外，有压痛。睑裂不能闭合，角膜暴露，溃疡。少数病例，通过球结膜，可观察到粉红色肿物，表面血管增多。肿物也可呈息肉状，自上部突出于睑裂之外。病理检查见横纹肌肉瘤呈淡粉色，无包膜，质地软、嫩，如鱼肉状，可有假包膜与周围组织分界。组织分为三型：胚胎型，腺泡型和多形性。CT 显示高密度占位病变及骨破坏。

眶横纹肌肉瘤多发生于儿童时期，有明显的炎症现象，应与眶蜂窝组织炎、炎性假瘤、毛细血管瘤、淋巴管瘤、转移性眼球突出，睑红肿及肿物等鉴别。

本病目前采取综合治疗的方法。当肿瘤尚局限在眶内时，先行化疗，待肿物缩小后行扩大的手术，手术后再给以化疗及放射治疗。放射总量在 60～100Gy，化疗药物常用的有阿霉素、长春新碱、放线菌素 D 等。预后多不佳，死亡率高。

五、脑膜瘤

脑膜瘤（meningioma）是常见的眼眶内肿瘤，占原发瘤的 4%～8%。因其发病数多，视力丧失严重，术后易复发，颅内蔓延可引起死亡。眼眶脑膜瘤可原发于眶内，也可起自颅内或鼻旁窦内，蔓延至眶内。本节只涉及原发于眶内脑膜瘤，脑膜瘤多发生于中年女性。

（一）病因病理

原发于眶内脑膜瘤可发生于视神经鞘、眶骨膜和埋藏于眶脂肪内的异位脑膜细胞。视神经属于中枢神经，其周围视神经鞘包括硬脑膜、蛛网膜和软脑膜。蛛网膜由两层细胞及其中间的网状组织所构成。表面一层为脑膜上皮细胞，胞体较大，呈椭圆形，眶内脑膜瘤多由此层细胞发展而来。内层细胞呈梭形为成纤维细胞，此层细胞也可发展为脑膜瘤。起源于视神经鞘的脑膜瘤占眶内脑膜瘤的 3/4。眼眶骨膜在视神经管内与脑膜是同一层膜状结构，在眶尖部分离，两者关系密切，骨膜也是脑膜瘤的原发部位之一。有的脑膜瘤手术时发现，与视神经鞘和骨膜均无关系，考虑来自异位脑膜细胞，临床上甚少见。

（二）临床表现

脑膜瘤以视力严重减退和眼球突出为特征。发生部位不同，临床表现有一定差异；即使发生于视神经鞘的肿瘤，原发于管内或眶内症状也不相同。发生于视神经鞘的肿瘤，往往有两种增长形式：一种形式为瘤细胞增生，并侵犯鞘间隙、软脑膜和硬脑膜，硬脑膜不被穿破，表面保持完整，肿瘤向眼球和颅内两个方向发展，外形呈管状增粗；另一种形式为肿瘤早期穿破硬脑膜，即沿视神经纵轴发展，也围绕视神经或向一侧增长，外形呈梭形或块状。肿瘤不断增大，受到眶壁限制，则形成与眶腔一致的锥形肿块。发生于骨膜的肿瘤，沿骨膜增长，早期不影响视神经，症状和体征同于周围间隙肿瘤。

脑膜瘤质地较硬，发生于视神经鞘的妨碍视神经的移动，而发生眼球运动障碍，影响静脉回流，引起眼睑和结膜水肿。中年女性眼睑慢性水肿者，除炎性假瘤、Graves 眼病和恶性肿瘤之外，还应考虑脑膜瘤。在病程的晚期，或发生于眶前部骨膜的肿瘤，还可扪及硬性肿物。脑膜瘤的症状在妊娠期比较显著，发展较快。另外此肿瘤可伴有神经纤维瘤病。

（三）诊断及鉴别诊断

容易与脑膜瘤混淆的是骨纤维异常增生症，后者是一种先天性骨发育异常，且发病年龄较小，CT 可显示广泛骨增生。增强 CT 或 MRI 眶内和颅内无软组织肿块。

（四）治疗

脑膜瘤的治疗是一个困难问题，因其对药物和放射治疗均不敏感，手术切除是唯一可供选择的方法。手术时机和进路应根据患眼视力、肿瘤原发位置、大小、范围，以及年龄和健康状况来确定。脑膜瘤虽属于良性肿瘤，增长也较缓慢，但由于此肿瘤多发生在眼眶后部，早期蔓延至视神经管及颅内，并浸润眶骨，手术难以完全切除易复发。对视力和生命都有严重危害，特别是发生于儿童时期，预后更为不佳。复发原因是由于肿瘤浸润增长、不易完全切除；不恰当手术时机和进路也是造成复发原因之一。

第五节　眼眶外伤

随着社会的发展，社会交往及交通事故的增加，颜面部和眼眶外伤（injuries of the orbit）也有增加的趋势。同时科技的进步，对于眼眶外伤的认识与治疗也在不断发展，各种新的医学影像检查方法的广泛应用，大大提高了诊断的正确率；而各种新型材料的应用，也使得眼眶外伤的治疗有了更好的选择及效果。

一、眶尖综合征

眶尖综合征（orbital apex syndrome）常见于炎症、肿瘤和出血，眼眶外伤也可以引起这一严重的综合征。

（一）病因病理

眼眶软组织挫伤出血可以造成眶尖综合征，但多见的原因是锐器穿通伤，穿孔至眶深部，直接损伤眶尖部各种结构，外伤后的出血、水肿和感染，更加重了临床症状和体征。

（二）临床表现

眼睑或穹隆部可见穿孔，周围组织出血、水肿或血肿。伴有眶压增高，严重者可伴有视力立即丧失。因眼外肌及支配的神经受损，可出现眼睑下垂及眼球固定及眼部的知觉障碍。眼底早期可出现视盘充血，静脉扩张。如视网膜中央动脉损伤，视盘及视网膜高度水肿，黄斑樱桃红色，视网膜动脉收缩，呈白线状或血流串珠状。晚期视神经萎缩。

（三）诊断与鉴别诊断

本病外伤史明确，伤后立即出现患眼视力严重下降或丧失，瞳孔散大，直接对光反射消失。症状体征较为典型，CT 及 MRI 可帮助确定诊断。

（四）治疗

抗生素预防感染，20%的甘露醇静脉输入，降低眶内压。维生素 B_1 及维生素 B_{12} 帮助视神经恢复功能。

二、眼眶爆裂性骨折

眼眶爆裂性骨折（orbital blowout fracture）是由于外力作用于眼部，眶压突然增高，外力沿着眼眶及软组织传递，眶缘完整，而薄弱处的眼眶骨壁发生破裂，眶内软组织疝出或嵌顿，造成眼球内陷，眼球运动障碍的一组综合征。

（一）临床表现

由于骨折发生的部位、范围及严重程度不同，临床表现不尽一致，常见的多见眼眶下壁和内壁骨折。本病主要表现为复视及眼球运动障碍，眼球内陷，尤其是骨折范围较大的，嵌顿及疝出的组织较多，可在伤后立即出现眼球内陷。但多数发生在伤后 10 日左右。此外，眼位变化及鼻出血、眼部损伤甚至脑脊液漏也常常发生。在后期也可因为眶内出血、水肿和炎症反应而出现眼球突出。具体的表现主要取决于发生骨折的眶壁的位置。

（二）诊断与鉴别诊断

依据外伤史及典型的复视及眼球内陷可诊断本病。影像学检查，如 X 线、超声、CT、MRI 可明确提供发生爆裂性骨折的部位及严重程度。

（三）治疗

早期对症治疗，减轻眶内水肿。应给予较大剂量糖皮质激素（60mg/d）、止血剂和维生素，有感染风险的应给予广谱抗生素，局部冷敷。部分患者可显著改善症状。如治疗 7～14 日仍不恢复者，可考虑手术治疗。手术原则为还纳疝出的眼眶软组织；修复骨折的眶壁，可选用适当的填充材料。手术后需要一定时间的眼球运动功能训练。

第十八章 眼视光学

眼视光学是一门以保护人眼视觉健康为主要内容的医学领域学科，是以眼科学和视光学为主，结合现代科学、生物光学、应用光学、生物医学工程等知识所构成的一门专业性强，涉及面广的交叉学科。眼视光学的基础研究包含了视觉形成、视觉发展、视觉异常矫正、视觉功能异常治疗等方面的研究，也包括了视觉感知生理、病理及心理的研究。

第一节 概 述

一、眼的屈光与屈光力

眼是以光作为适宜刺激的视觉生物器官，从光学角度可将眼看作一种光学器具，即一种复合光学系统。眼球光学系统包括从外到内的角膜、房水、晶状体、玻璃体。从角膜到眼底视网膜前的每一界面都是该复合光学系统的组成部分。

当光从一种介质进入另一种不同折射率的介质时，光线将在界面发生偏折现象，该现象在眼球光学中称为屈光。眼球对外来光线的折射能力，称为屈光力，眼的屈光力取决于各屈光成分曲率半径和折射率。屈光力大小可以用焦距（f）来表达，即平行光线经过透镜后聚焦为一点，该点离透镜中心的距离为焦距。焦距的倒数即屈光度（D）=1/f，是屈光力的单位。

为了便于分析和计算，较常用的模型眼有 Gullstrand 精密模型眼和简略眼。简略眼将眼球各界面简化为单一光学面，其折射率为 1.336，前焦距为-14.99mm，后焦距为 23.90mm，此时眼球的总屈光力（非调节状态下）为 60D。而精密眼的总屈光力在调节静止状态下为 58.64D，最大调节时为 70.57D。眼屈光系统中最主要的屈光成分是角膜和晶状体，角膜的屈光力约为 43D，晶状体约为 19D，眼轴长度为 24mm（表 18-1）。

表 18-1 Gullstrand 模型眼的基本参数

		Gullstrand 精密模型眼	Gullstrand 简易模型眼
折射率	角膜	1.376	
	房水	1.336	1.336
	晶状体皮质	1.386	
	晶状体核	1.406	1.413
	玻璃体	1.336	1.336
位置	角膜前顶点	0	0
	角膜后项点	0.5mm	
	晶状体前顶点	3.6mm	3.6mm
	晶状体后顶点	7.2mm	7.2mm

续表

		Gullstrand 精密模型眼	Gullstrand 简易模型眼
曲率半径	角膜前表面	7.7mm	7.8mm
	角膜后表面	6.8mm	
	晶状体前表面	10.0mm	10.0mm
	晶状体后表面	-6.0mm	-6.0mm
屈光力	角膜	43.05D	42.74D
	晶状体	19.11D	21.76D
	总屈光力	58.64D	60.48D
焦距	前焦距	-15.70mm	-14.99mm
	后焦距	24.38mm	23.90mm
眼轴		24.00mm	23.90mm

二、眼的调节和集合

（一）调节的定义及机制

人之所以能看清远近不同距离的物体，依靠的是眼球的调节作用。对于正视眼，平行光束于正前方通过眼的屈光介质后，聚焦落在视网膜黄斑中心凹处，为看清近距离目标，需增加晶状体的弯曲度，从而增加眼的屈光力，使其能在视网膜上形成清晰的像，这种为看清近距离目标而改变眼的屈光力的功能称为调节（accommodation）。调节力的表示也以屈光度为单位。调节力与阅读距离成反比。如一正视者阅读 40cm 处目标，则此时所需调节力为 1/0.4m=2.5D。

通常认为调节产生的机制是：当看远目标时，睫状肌处以松弛状态，睫状肌使晶状体悬韧带保持一定的张力，晶状体在悬韧带的牵引下，形状相对扁平；当看近目标时，由于环形睫状肌收缩，睫状冠所形成的环缩小，晶状体悬韧带松弛，晶状体由于弹性而变凸。调节主要是晶状体前表面的曲率增加而使眼的屈光力增强。

（二）调节幅度

眼所能产生的最大调节力称为调节幅度。调节幅度与年龄成负相关，年幼时，调节幅度大，随年龄增长，调节幅度逐渐减小而出现老视。临床上常用 Hoffstetter 调节幅度公式来表达：

最大调节幅度=25-0.4×年龄

平均调节幅度=18.5-0.3×年龄

最小调节幅度=15-0.25×年龄

当所需调节幅度小于该年龄组最小调节幅度，则在视近时可能出现视疲劳等一系列症状。

（三）调节范围

眼在调节放松（静止）状态下能看清的最远一点称为远点；眼在极度（最大）调节时所能看清的最近一点为近点；远点与近点之间的间距为调节范围。

（四）集合

当眼调节在松弛状态下注视远处物体时，两眼视轴是平行的，当看近物时，眼部除用调节外，两眼视轴也要转向被注视物体，才能使两眼物像落在视网膜黄斑中心凹处形成双眼单视，这种双眼内转的运动称为集合（convergence）。调节和集合是一个联动的过程，两者保持协同关系。表达集合程度常用棱镜度（prism diopter）表达，如某正视眼患者，双眼瞳距 60mm，当其阅读 40cm 处目标时，其集合量为 $6cm/0.4m=15^{\Delta}$。

调节也会引起瞳孔缩小，因此，调节、集合和瞳孔缩小被称为眼的三联动现象。

第二节　正视、屈光不正和老视

一、正视

当眼调节处于静止状态下，外界的平行光线（一般认为来自 5m 以外）经过眼的屈光系统折射后恰好落在视网膜黄斑中心凹处聚焦，这种屈光状态称为正视（emmetropia）。正视眼的远点在无限远。

若平行光线经过眼的屈光系统折射后不能在视网膜黄斑中心凹聚焦，将无法形成清晰的像，称为非正视（ametropia）或者屈光不正（refractive error）。根据光线通过屈光系统折射的聚焦点与视网膜黄斑中心凹的关系分为了远视、近视、散光三大部分（图 18-1，图 18-2）。

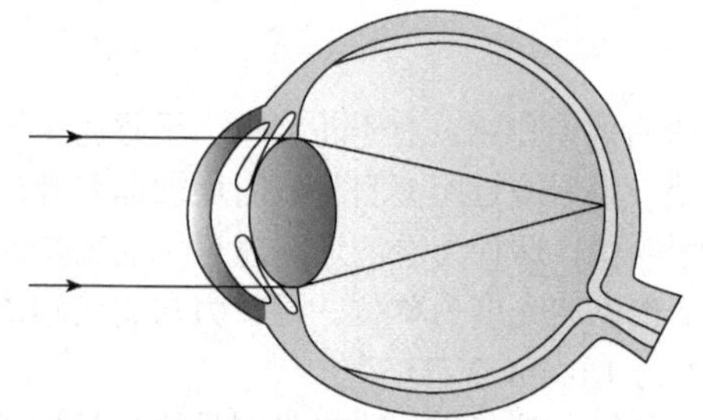

图 18-1　正视眼光学示意图

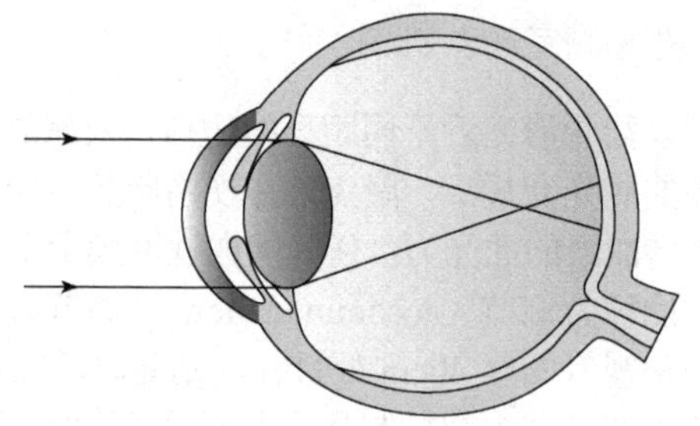

图 18-2　近视眼光学示意图

二、近视

在调节放松状态时，平行光线经眼球屈光系统后聚焦在视网膜之前，称为近视（myopia）。近视眼的远点在眼前某一点。近视眼的发生及发展，是受遗传和环境等多因素的综合影响。

（一）分类

1. **按解剖特点分类**　近视分为①屈光性近视：指由于眼屈光介质的折射率增加引起的近视眼；②曲率性近视眼：指由于角膜或晶状体的曲率半径缩短导致屈光力增加所致；③轴性近视眼：由于眼轴延长所致，为最常见的近视类型。

2. **按近视度数分类**　①轻度近视：＜-3.00D；②中度近视：-3.00～-6.00D；③高度远视：＞-6.00D。除此以外，也有将-9.00DS 以上的近视称为超高度近视眼。

3. **按近视眼病因分类**　分为原发性与继发性两大类。原发性近视又分为单纯性近视眼和病理性近视眼。

（二）临床表现

单纯性近视患者，其临床表现为：远距离视物模糊，近距离清晰。为看清远处物体时，不少患者通过缩小睑裂增加景深来提高视力，即表现为眯眼。由于调节和集合联动失衡，容易出现外隐斜或外斜视。

高度近视患者，除了明显的视远不清外，常伴有飞蚊症、闪光感等症状，同时出现不同程度的眼底改变，主要包括近视弧形斑、豹纹状眼底改变、黄斑部出血或形成新生血管等，也可出现形状不规则的白色萎缩斑、Fuchs 斑（伴色素沉着的圆形黑色斑）、视网膜周边部格子样变性、囊样变性，当眼球后极部扩张可形成后巩膜葡萄肿，这些均为病理性近视眼底改变。

近视眼的危害性主要在于并发症，病理性近视常伴白内障，主要表现为核型白内障，也可表现为后囊下型白内障或两型白内障并存。在近视眼患者中，开角型青光眼的患病率为正常人的 6～8 倍，而正常眼压性青光眼及可疑青光眼的比例也明显高于正常人群。

（三）预防

单纯性近视眼与病理性近视眼的发病机制不同，其预防方法也有所不同。

单纯性近视眼考虑为遗传因素和环境因素共同作用下的结果，其遗传因素目前较难控制，可通过改善环境因素来进行干预，包括了：①减少视近工作；②增加户外活动；③改善照明等。

病理性近视多与遗传因素相关，主要表现为单基因遗传，可作遗传咨询，通过家系分析，半段遗传方式，推算发病概率。

（四）治疗

近视的矫正，必须经过准确的验光来确定近视度数，再选择恰当的凹透镜来矫正，矫正可选框架眼镜或角膜接触镜，也可在医生指导下，有条件的选择屈光手术。见后面章节详细阐述。另外，病理性近视除了屈光矫正外，同时也应对其并发症作出相应的治疗。

三、远视

在调节放松状态下，平行光线经过眼的屈光系统后聚焦在视网膜后，这种状态称为远视（hypermetropia or hyperopia）。当眼球的屈光力不足或眼轴长度不足就会产生远视（图 18-3）。

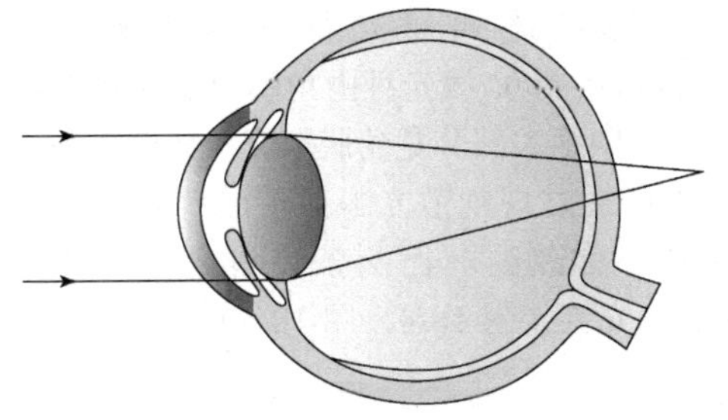

图 18-3　远视眼光学示意图

（一）分类

1. **按解剖特点分类**　远视分为：①轴性远视：指的是眼轴长度小于正常范围，而角膜和晶状体曲率在正常范围，其又细分为生理性眼轴缩短和病理性眼轴缩短；②屈光性远视：指的是角膜或晶状体曲率过小，屈光力小于正常范围，而眼轴长度在正常范围内，其分为指数性远视和曲率性远视。

2. **按远视度数分类**　①轻度远视：0.00～+3.00D；②中度远视：+3.25～+5.00D；③高度远视：＞+5.00D。

3. **按调节状态分类**　可划分为①隐性远视：即在无睫状肌麻痹验光过程中不会发现的远视，这部分远视被调节所掩盖；②显性远视：指在无睫状肌麻痹验光过程中仍可表现出来的远视；③全远视：指总的远视量，包括了显性远视和隐性远视的总和，是睫状肌麻痹状态下所能接受的最大正镜度数；④绝对性远视：指调节无法代偿的远视，即超出调节幅度范围的远视，只能通过镜片矫正；⑤随意性远视：指由自身调节所掩盖的远视，在无睫状肌麻痹验光过程中可被发现的远视，即显性远视与绝对性远视的差值。为方便理解，举例说明：某远视眼患者，小瞳下验光，予+1.00DS 镜片矫正后视力能达 1.0，逐渐增加镜片度数，直至+5.00D 仍可保持 1.0，若散瞳验光，予+6.50D，视力为 1.0。此时，绝对性远视为+1.0D，显性远视为+5.0D，随意性远视为+4.0D，全远视为+6.5D，隐性远视为+1.5D。

4. **按病理生理分类** 分为生理性远视及病理性远视。

（二）临床表现

远视眼的视力好坏与远视程度及绝对性远视程度有密切关系，当调节功能强的情况下，轻中度远视可被调节功能所覆盖，从而看清外界目标，此时视力与正视眼无异，这种远视被称为假性正视，通常见于幼儿和青少年。随着年龄增长，当调节能力下降，可出现近视力下降，严重者可出现远近视力均下降。而高度远视患者，由于调节能力无法完全抵消远视度数，即表现为远近视力明显障碍。

由于远视眼患者看近或看远都必须动用调节作用，长时间视近工作时，很容易产生视疲劳，出现不同程度的视力模糊、眼球沉重、压迫感、酸胀感、眼球深部疼痛或头痛，这种症状称为调节性视疲劳。这种视疲劳可通过休息或配戴恰当的凸透镜使其缓解。

眼的三联动现象指的是调节、集合和瞳孔缩小是联动的，远视眼患者注视远处目标时，两眼视线平行，不需要集合，但需要调节作用，视近时，其所用调节也常大于集合，这种调节和集合联动失调，轻者可造成内隐斜，重者可出现内斜视。

（三）治疗

远视眼用凸透镜矫正，轻度远视若无症状则不需矫正，但若有视疲劳和内斜视，即使远视度数再低仍需戴镜矫正。除此之外，接触镜矫正和屈光手术也是矫正远视眼的方法之一。

四、散光

眼球在不同子午线上屈光力不同，平行光通过眼球折射后所成像并非一个焦点，而是在空间不同位置形成两条焦线和最小弥散斑的屈光状态称为散光(astigmatism)。散光可由角膜或晶状体产生，其中绝大部分是角膜散光。如图，平行光线经过规则散光眼后形成两条焦线和最小弥散圈，而两条焦线之间称为 Sturm 光锥（图 18-4，图 18-5）。

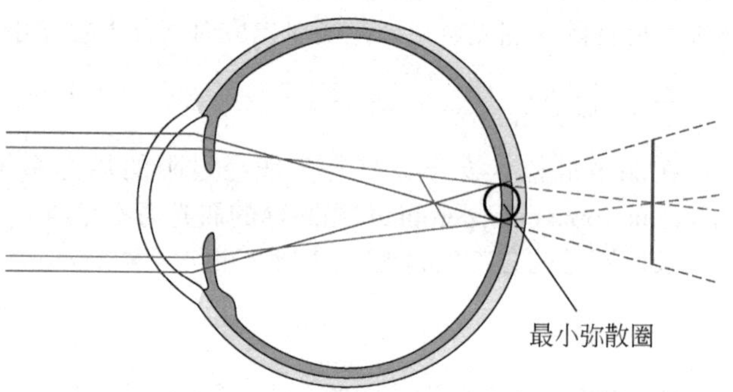

图 18-4 散光眼光学示意图

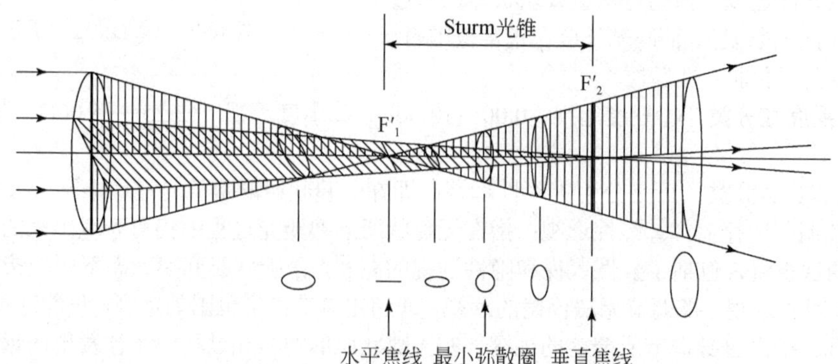

图 18-5 散光的光路和 Sturm 光锥

（一）分类

1. 根据两条主子午线的相互位置关系分类 散光可分为规则散光和不规则散光。规则散光指的是最大屈光力和最小屈光力主子午线相互垂直，不规则散光指的是最大屈光力和最小屈光力主子午线不相互垂直。根据最大屈光力子午线的位置分为顺规散光（子午线在 90°±30°）、逆规散光（子午线在 180°±30°）和斜向散光（子午线在 30°～60°或 120°～150°）。

2. 根据两条主子午线聚焦与视网膜的位置关系分类 散光分为：①单纯近视散光：一主子午线聚焦在视网膜上，另一主子午线聚焦在视网膜之前；②单纯远视散光：一主子午线聚焦在视网膜上，另一主子午线聚焦在视网膜之后；③复合近视散光：两互相垂直的主子午线均聚焦在视网膜之前，但聚焦位置前后不同；④复合远视散光：两互相垂直的主子午线均聚焦在视网膜之后，但聚焦位置前后不同；⑤混合散光：一主子午线聚焦在视网膜之前，另一主子午线聚焦在视网膜之后。

3. 按调节作用分类 分为静态散光和动态散光。静态散光指的是睫状肌放松状态下眼散光，仅取决于角膜散光与晶体散光；动态散光指由于睫状肌收缩致晶状体变形对眼散光的影响，这种散光的量是很小的。

（二）临床表现

散光眼主要临床表现为视觉模糊与视疲劳。

散光对视力的影响程度取决于散光的度数和轴向。散光度数高或斜轴散光对视力影响较大，逆规散光对视力的影响比顺规散光大。

散光常引起如眼痛、流泪、重影、视力不稳定、近距离工作不能持久、头痛等视疲劳症状。

（三）治疗

散光的光学矫正主要是眼镜矫正，包括了框架散光镜矫正和接触镜矫正。框架散光镜矫正应是首选，散光应以柱镜矫正，如不能适应全矫，可先予以较低度数矫正，再逐渐增加度数。不规则散光无法用柱镜矫正者，可试用硬性角膜接触镜矫正。

散光的手术主要适用于矫正高度散光。临床上较常见的角膜切口手术包括角膜楔形切除术、角膜松弛切开术等，除此外，也有穿透性角膜移植或白内障摘除术等。

五、屈光参差

双眼屈光度数不等者称为屈光参差（anisometropia）。

（一）分类

1. 根据双眼屈光度数相差的量分类 分为低度（0～2D）、高度（2.25～6D）、重度（>6D）。

2. 按病因分类 分为遗传性和获得性。

3. 按屈光成分分类 分为眼轴长度性、晶状体性和角膜性。在各种屈光参差中，角膜所起的作用甚微。

（二）临床表现

由于人眼调节活动是双眼等同性，在非矫正状态下眼通过调节来获得清晰视力，屈光参差者若一眼清晰聚焦，其另一眼则常处于视觉模糊状态。病理性屈光参差在双眼矫正或非矫正状态下可能出现各种视觉问题。如屈光参差的远视眼患者，低度数远视眼成像清晰，而度数较高眼则为模糊像，若处于视觉发育阶段，则该眼很容易成为弱视眼。而屈光参差的近视眼患者，低度数近视眼用于注视远处目标，近视度数较高眼用于注视近距离，两眼均收到足够的视觉刺激，一般不会引起弱视，但由于两眼不同时接受视觉刺激，双眼缺乏融像机会，容易出现双眼视功能异常。

当屈光参差者屈光不正完全被矫正时，虽然双眼接收到的像的清晰度基本一致，但由于镜片屈光度不一致会引起放大率不同，双眼所收到的像的大小存在差异，同样造成融像困难。一般而言，大脑对双眼的融像能力一般在 5%内。度数相差超过 2.50D 以上通常会因融像困难而出现症状。

（三）治疗

对屈光参差者进行屈光矫正时，应考虑矫正方法的视网膜像放大率。如单眼为无晶体眼，配戴框架眼镜矫正后，双眼视网膜物象差异约为 25%，而配戴角膜接触镜后，放大率约为 6%，接近双眼融像能力范围，因此，配戴角膜接触镜可相对减少因融像困难所带来的视觉症状，部分患者也可考虑手术治疗。

六、老视

随着年龄增长，晶状体逐渐硬化，弹性减弱，睫状肌功能逐渐减低，从而引起眼的调节能力逐渐下降。40～45 岁开始，出现阅读等近距离工作困难，这种由于年龄增长所致的生理性调节减弱称为老视（presbyopia）。老视是一种生理现象，无论屈光状态如何，每个人均会发生老视。表 18-2 为不同年龄组的调节幅度情况：

表 18-2 Donder 调节幅度表

年龄（岁）	幅度（D）	年龄（岁）	幅度（D）
10	14.00	45	3.50
15	12.00	50	2.50
20	10.00	55	1.75
25	8.50	60	1.00
30	7.00	65	0.50
35	5.50	70	0.25
40	4.50	75	0.00

（一）老视的临床表现

1. 视近困难 通常需要将目标放远才能看清，而且所需的阅读距离随着年龄增加而增加。

2. 阅读时需更强的照明 因足够的光线既能增加阅读物的对比度，又能通过缩小瞳孔增加景深，使视力提高。

3. 不能持久视近 老视者需在接近双眼调节极限状态下近距离工作，所以对于调节力减退的情况下，老视者不能持久；容易出现一系列的视疲劳症状，如眼胀、流泪、头痛等。

4. 屈光不正 年龄是影响老视的重要因素，裸眼状态下，远视眼出现老视的时间较正视眼早，而正视眼则比近视眼早；矫正状态下，无论戴框架眼镜或是戴接触镜，远视眼总是比近视眼更早出现老视。戴框架眼镜时，由于眼镜片距离角膜顶点 12～15mm，负镜片的棱镜效应减少了同样阅读距离的调节需要，而接触镜因为没有棱镜效应，因此，近视眼戴接触镜比戴框架眼镜更早出现老视；

远视眼则正好相反，戴框架眼镜比戴接触镜更早出现老视。

（2）用眼方式：调节需求直接与工作距离和精细程度有关，因此，长期从事近距离精细工作者比从事远距离工作者更容易较早出现老视症状。

（3）身体素质：身高较高的人比矮小的人拥有更长的手臂，即有更远的工作距离，相对需要较少的调节，所以，身材矮小的人较早出现老视症状。

（4）地理位置：温度高加速晶状体的老化，因此，生活在赤道附近的人们较早出现老视症状。

（5）药物：服用胰岛素、抗焦虑药、抗抑郁药、抗精神病药、抗组胺药、抗痉挛药和利尿药等的患者，由于药物对睫状肌的影响，会较早出现老视。

（二）治疗

配戴框架透镜以补偿调节力的不足，是最经典的矫正老视的方法。根据镜片的设计不同，框架眼镜又分为单光镜、双光镜和渐进多焦点镜三种基本类型（表 18-3）。

表 18-3　框架眼镜的优缺点

框架眼镜	优点	缺点
单光镜	价格相对便宜； 工艺要求低	只能近距离工作使用； 对远近需反复切换的老视者应用较麻烦
双光镜	可同时视远和视近	存在严重的“像跳”现象； 存在部分视觉盲区； 老视程度高者中距离视物受影响； 容易“暴露年龄”
渐进多焦点镜	在所有距离均有清晰的视觉； 不同视觉区域之间无“像跳”现象； 外形美观，不易“暴露年龄”	不可避免存在像差； 需要改变用眼习惯来适应中央的视远区、过渡区和视近区视物； 中度以上远视及较高散光者不适应； 价格较高

用于老视的接触镜有两种：同时视型和单眼视型。同时视型包括了区域双焦、同心双焦、环区多焦和渐变多焦等类型。单眼视型又称为“一远一近视力”，将一眼矫正远视力以用于看远，另一眼矫正近视力用于看近。

老视的手术治疗可分为以下两大类，一类为矫正老视为目的而开展的手术，包括角膜激光手术、射频传导性热角膜成形术和巩膜扩张术；另一类是在进行老年性白内障或其他眼内屈光手术时，利用现代晶状体技术同时达到改善老视的目的。

第三节　屈光检查

屈光检查的主要内容是验光。验光是一个动态的、多程序的临床诊疗过程。验光是使位于无穷远的物体通过被检眼及眼前的矫正镜片后恰好在视网膜上形成共轭点。通过规范和完整的验光过程，获得适合被检者的处方，以达到视物清楚、用眼舒服、用眼持久的理想矫正目的（图 18-6）。

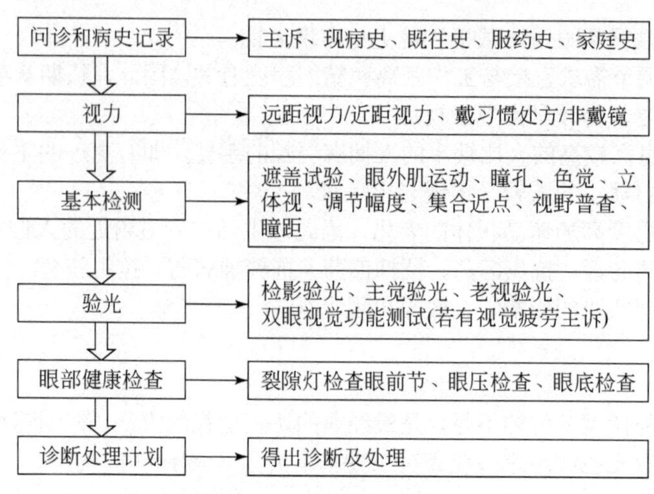

图 18-6　屈光检查流程图

完整的验光过程包括 3 个阶段，即初始阶段、精确阶段和终结阶段（表 18-4）。

表 18-4　完整的验光过程

阶段	目的	方法
第一阶段（初始阶段）	检查者主要收集有关被检者眼部屈光状态的基本信息，根据这些信息，预测验光的可能结果	检影验光或电脑验光（初步获得眼屈光信息）； 角膜曲率计检查（获得角膜散光信息）； 镜片测度仪检测（获得习惯性矫正状态信息）
第二阶段（精确阶段）	对从初始阶段所获得的预测信息进行检验	综合验光仪（通过主觉验光的标准流程和步骤，获得被检者最佳视力的处方）
第三阶段（终结阶段）	个性化调整和评定，获得最终处方	试镜架测试（个性化调整，达到配戴清晰、舒适和持久）

一、他觉检查法

检影包括静态检影和动态检影两大类。静态检影用于常规验光，是一种客观验光的方法，其结果作为主觉验光的起始点。

检影镜分为两种类型：点状光检影镜和带状光检影镜，后者临床上较常用。带状检影镜由投射系统和观察系统两部分组成。检影时，检影者持检影镜将发散光斑投射在被检眼眼底，并沿一定方向来回移动该发散光斑，通过观察被检影者的眼前或眼底，并在被检者眼前放置一定屈光度数的镜片，当放置的镜片使被检眼眼底恰好聚焦在检影者平面时，就可以获得被检眼的屈光不正度数。观察反射光时，首先需要判断影动为逆动或顺动，此外还通过观察其反光的速度、影动速度、映带宽度来协助判断。根据眼的屈光类型不同，反射回来的光线是这样的：①正视眼：平行光线；②远视眼：发散光线；③近视眼：会聚光线。

人们一般在被检眼眼前的一定距离进行检眼工作，在检眼中和后，屈光不正度数的判断一定不能忘记工作镜的作用和计算。

二、主觉检查法

确定被检者的眼屈光状况的主观方法为主觉验光，主观验光分为两部分：①单眼分别验光；②双眼平衡。所需设备为标准的综合验光仪和投影视力表。

（一）单眼远距主觉验光

单眼主观验光法分为三个阶段：

1. 初步 MPMVA 找到初步有效的球性矫正度数，称为“初步 MPMVA（maximum plus to maximum visual acuity，最高的正屈光度获得最佳视力）”，其过程包括：

（1）将视力“雾视”，其作用实际是利用“过多的正度数”。比较理想的雾视度数为+0.75～+1.00D（具体依被检者的实际度数而定），将其视力雾视至 0.3～0.5 范围内。

（2）在被检眼逐步减少正镜度数或增加负镜度数，使度数每降低+0.25D 或增加-0.25D，患者视力提高一行，直至达到最佳矫正视力。

（3）MPMVA 终点的判断：达到最佳矫正视力，即再增加-0.25D 视力无法提高，或增加-0.25D 时视标“变小变黑”，则退回-0.25D 即为终点。

（4）双色试验（红绿试验）：两组视标，一组视标背景为红色（长波），一组视标背景为绿色（短波），红光折射率稍小，绿光折射率稍大，在正视状态下，绿视标成像在视网膜前，红视标成像在视网膜后，白光视标成像在视网膜上。利用红绿测试可发现微量的欠矫和过矫。如近视微欠矫，表现为红视标比绿视标清，近视微过矫，表现为绿视标比红视标清。

2. 交叉柱镜确定精确散光检测 初步的柱镜读数已通过角膜曲率计和检影验光获得，确定柱镜的简单而标准的做法是使用交叉柱镜（JCC，Jackson cross cylinder）。JCC 在相互垂直的子午线上的屈光力度数相等，但符号相反，一般为±0.25D。主子午线用红白点表示：红点表示负柱镜轴位位置，白点表示正柱镜轴位位置，两轴之间为平光等同镜。一般将交叉柱镜的手柄或手轮设计在平光度数的子午线上，JCC 两条主子午线可以快速转换。其应用为：

（1）JCC 精确散光轴位：JCC 第一步是精确需要矫正的柱镜轴向，注视视标后，使 JCC 手轮位置同柱镜轴向一致，翻转 JCC，精确矫正柱镜的轴向。

（2）JCC 精确散光度数：注视视标后，红点/白点位置同柱镜轴向一致，翻转 JCC，精确矫正柱镜度数，测量时需考虑等效球镜。

3. 再次单眼 MPMVA 操作步骤和终点判断同初步 MPMVA。

右眼完成单眼主觉验光后，遮盖右眼，左眼去遮盖后验光步骤同右眼。

（二）双眼远距主觉验光

双眼远距主觉验光包括双眼调节平衡和双眼 MPMVA。

1. 双眼调节平衡 由于大脑总感知综合验光仪在眼前，会引起“器械性调节”，且大脑不容易将调节反应降至零，而双眼注视目标时调节较容易放松，所以，双眼调节平衡有助于减少或消除这些潜在的误差。其步骤如下：

（1）双眼同时雾视，将视力雾视到 0.5～0.8（一般雾视标准度数为+0.75D）。

（2）用垂直冷静将双眼分离，即打破融像功能，被检者将看到上下两行相同视标。

（3）让被检者判断上下两行视标哪行较清晰，在清晰的眼前加雾视镜直至双眼同样模糊。

在双眼平衡的整个过程中，必须一致保持：双眼均能看视标且双眼一直处于雾视状态。

2. 双眼 MPMVA 双眼平衡后移去棱镜，进行双眼 MPMVA，达到验光终点。

第四节 屈光不正非手术矫治

现代眼视光学目标就是通过各种屈光矫正方法，达到看得清楚、看得舒服、看得持久的目的，以获得最佳视觉效果，矫正或治疗屈光不正的方法主要分为三种：框架眼镜、角膜接触镜和屈光手术，屈光不正的非手术治疗主要是指前两者。

一、框架眼镜

框架眼镜是日常生活中最常见的一种光学矫正器具，即可以矫正人眼的屈光不正、保护眼睛，还可以作为美观的装饰品。框架眼镜的特点是安全、简便、经济。

框架眼镜一般由眼镜架和眼镜片组成。框架眼镜架的材质主要包括了天然、金属、塑料，金属类包括了纯钛、金属合金；天然的有玳瑁；塑料的有 tr90 和板材镜架。眼镜片的材质主要有玻璃和树脂，玻璃镜片耐磨性好、折射率较高，但较重且易碎；树脂镜片的特点是不易破碎、较轻、抗紫外线，但易磨损。

框架眼镜主要使用球镜、柱镜或球柱镜（现在多为环曲面）。球镜用于矫正单纯远视（凸透镜）或近视（凹透镜），柱镜或球柱镜用于矫正散光。

镜片设计已有突破性进展。非球面镜片使镜片更薄、更轻，并减少像差，提高像质。用于矫正老视的渐变多焦点镜片，通过同一镜片的不同区域看清远、中、近不同距离的物体。

眼镜的处方规范书写方法为：标明眼别，先写右眼处方，后写左眼处方。右眼可缩写为 R 或 OD，左眼可缩写为 L 或 OS，双眼为 OU。配远用为 DV，近用为 NV，一般先写远用处方，后写近用处方。球镜度数用 DS 表示，一般保留小数点后两位。柱镜度数用 DC 表示，同时表明柱镜轴向。三棱镜度用符号△表示，并需标明三棱镜基底朝向。如同时有球镜、柱镜或棱镜成分，则用/表示联合。如 OD -2.00DS/+1.50DC×100° /5△ BD；OS -2.50DS/-1.00DC×180° /5△ BU。

上述处方表示：右眼-2.00D 球镜联合+1.50D 柱镜，轴位为 100°，三棱镜 5△，基底朝下；左眼-2.50 球镜联合-1.00D 柱镜，轴位为 180°，三棱镜 5△，基底朝上。

配框架眼镜时，通常需将镜片的光学中心对准瞳孔中心，否则会产生棱镜效应，所产生的棱镜效应大小与镜片度数（D）和瞳孔偏光心距离（cm）成正比，即 P=cF（P：棱镜度；c：镜片光心偏离瞳孔中心的距离；F：镜片度数）。

由于框架眼镜镜片与角膜顶点之间存在一定距离，高度数镜片存在放大率问题，当屈光参差较大时会因放大率差异导致无法融像。

二、角膜接触镜

角膜接触镜亦称为隐形眼镜，其优点为缩短了眼镜距，减少了像放大率的问题，同时角膜接触镜能矫正不规则散光。但角膜接触镜直接与角膜、结膜及泪膜相接触，容易影响眼表的正常生理，在我国归类于 3 类医疗器械。角膜接触镜从材料上分为软镜和硬镜，硬镜又根据设计的不同分为硬性透气性接触镜（RGP）和角膜塑形镜（ortho-K 镜，ok 镜）。

（一）软性接触镜

软性接触镜由含水的高分子化合物制成，镜片透氧性和材料的含水量和镜片的厚度相关。软镜直径一般为 13.5～14.5mm，后表面曲率半径为 8.4～8.8mm。软镜特点是镜片柔软、配戴舒适。按更换方式分为传统型（半年抛、年抛等更换周期较长）、定期更换型（2 周到 3 个月更换）和抛弃型（配戴一次或 1～2 周后即抛弃）。由于软镜配戴易引起蛋白质、脂类等沉淀于镜片表面，配戴或护理不当常引起巨乳头性结膜炎、角膜炎症等并发症。软镜适合不同类型的屈光不正患者，有泪膜和角膜等眼表疾病患者要慎重选择。除了矫正屈光不正外，一些特殊设计的软镜可用于美容和特殊用途，如彩色角膜接触镜、人工瞳孔角膜接触镜、绷带镜、药物缓释镜。

（二）硬性接触镜

硬性接触镜一般指硬性透气性接触镜（rigid gas-permeable contact lens，RGP），由质地较硬的疏水材料制成，其透氧性较高。硬镜的特点是透氧性高、表面抗蛋白沉淀能力强，护理方便、光学成像质量佳，但验配要求比较高，配戴者需要一定的适应过程。硬镜矫正散光效果好，能矫正角膜规则散光和不规则散光。一般角膜接触镜验配有关的镜片基本参数有直径、基弧（镜片后表面曲率半径）和度数。

（三）角膜塑形镜

角膜塑形镜（orthokeratology Lens），简称 OK 镜，是特殊设计的高透氧硬镜，通过机械压迫、镜片移动的按摩作用及泪液的液压作用达到压平角膜中央形状作用，从而暂时减低近视度数。由于角膜对形态具有一定的记忆性和可恢复性，一旦停止配戴镜片后原屈光不正度数将回复，故称为可逆性近视矫正方法。因 OK 镜验配较复杂，使用不当易引起严重并发症，应严格控制使用，须在医疗机构中由专业医疗人员进行规范验配。

第五节　屈光不正手术矫治

屈光手术是以手术的方法改变眼的屈光状态。

屈光手术按其手术部位可分为角膜屈光手术、眼内屈光手术和巩膜屈光手术；按手术作用可分为：矫正近视、矫正远视、矫正散光及矫正老视的手术。现代的屈光手术不仅应用准分子激光，还有其他激光（如飞秒激光）和非激光的方式；不只采用一项技术一次完成，还可以采用联合手术或多种技术总体设计，分步实施的方式。

（一）角膜屈光手术

角膜屈光手术是通过手术的方法改变角膜前表面的形态，以矫正屈光不正。根据是否采用激光又分为非激光性和激光性手术。

1. 非激光角膜屈光手术　包括：放射状角膜切开术（RK）、角膜基质环植入式（ICRS）、散光性角膜切开术（AK）、角膜胶原交联术（CXL）等。由于激光的准确性、安全性、可预测性，大多数非激光手术已渐渐被激光性手术取代（表 18-5）。

表 18-5　非激光角膜屈光手术

方式	名称	手术原理
RK	放射状角膜切开术	于角膜光学区外的旁周边部做若干条非穿透性放射状对称松解切口，在眼内压的作用下使角膜中央前表面相对变平，屈光力降低，达到矫正近视的方法
ICRS	角膜基质环植入式	在角膜周边实质层 2/3 深度植入 PMMA 材料制成的一对半环或一个圆环，重塑角膜前表面使之光学区变平
AK	散光性角膜切开术	在角膜曲率陡的径线上对称地切开角膜实质层使之变平，而与其垂直之径线曲率相应变抖，达到矫正散光的目的
CXL	角膜胶原交联	利用核黄素作为光敏剂，在紫外线作用下产生活性氧，并进一步与多种分子作用后，在相邻胶原纤维的氨基间形成共价键，从而增加角膜的强度。

2. 激光角膜屈光手术　是指应用准分子激光等手段，通过切削角膜基质改变角膜的曲率半径以达到矫正屈光不正的目的。准分子激光是指受到电子束激发的惰性气体和卤素气体结合的混合气体形成的分子向其基态跃迁时发射所产生的激光，持续时间为几十毫微秒。准分子激光与生物组织之间产生光化反应，将分子间的结合键打断，使组织直接分离成挥发性的碎片消散无踪，达到对角膜

的重塑目的。飞秒激光是一种在中心波长左右的一段波长连续变化的光的组合，利用这段范围内连续波长光的空间相干来获得时间上极大的压缩，从而实现飞秒量级的脉冲输出，持续时间只有几个飞秒（1 分秒=1/1000 万亿秒）。当高频率的飞秒激光脉冲在非常短的时间里聚焦于组织内极小的空间时，通过多光子电离激励过程，使组织电离，并形成等离子体，最终使组织通过光裂解作用，爆破产生含 CO_2 和 H_2O 的微小气泡，成千上万紧密相连的飞秒激光脉冲产生数以万计的小气泡连在一起，结果达到精密的角膜组织切割效应。

基于准分子激光的角膜屈光手术方式主要有：准分子激光屈光性角膜切削术（PRK）、准分子激光原位角膜磨镶术（LASIK）、前弹力层下激光角膜磨镶术（SBK，亦称薄瓣 LASIK 技术）。基于飞秒激光角膜屈光手术方式主要有：飞秒激光制作角膜瓣联合基质面行准分子激光切削的飞秒激光 LASIK 术（Femto-LASIK）、飞秒激光制作隧道的角膜基质环植入式（Femto-ICRS）、飞秒激光角膜基质透镜切除术（FLEx）、小切口飞秒激光角膜基质透镜切除术（SMILE）等（表 18-6）。

表 18-6 激光角膜屈光手术

方式	名称	原理	特点
PRK	准分子激光屈光性角膜切削术	角膜上皮刀刮除上皮+准分子激光消融	去瓣，表层切削手术
LASIK	准分子激光原位角膜磨镶术	显微角膜板层刀+准分子激光消融	厚角膜瓣（90～150μm），板层切削手术
LASEK	准分子激光上皮瓣下角膜磨镶术	乙醇加手工制瓣+准分子激光消融	上皮瓣（50～70 μm），表层切削手术
Epi-LASIK	机械法准分子激光上皮瓣下角膜磨镶术	机械上皮刀制瓣+准分子激光消融	上皮瓣或去瓣，表层切削手术
SBK	前弹力层下激光角膜磨镶术	显微角膜板层刀+准分子激光消融	薄角膜瓣（90～110 μm），板层切削手术及全激光手术
Femto-LASIK	飞秒激光 LASIK	飞秒激光制瓣+准分子激光消融	可控角膜瓣（90～140 μm），板层切削手术及全激光手术
Trans-PRK	经上皮 PRK	准分子激光切削角膜上皮+准分子激光消融	去瓣，表层切削手术及全激光手术
FLEX	飞秒激光基质透镜切除术	飞秒激光制瓣+飞秒激光透镜切割	可控角膜瓣（90～140 μm），全飞秒手术
SMILE	小切口飞秒激光基质透镜切除术	飞秒激光制小切口+飞秒激光透镜切割	无瓣，全飞秒手术

激光角膜屈光手术的适应证和注意事项：①排除眼部活动性疾病和引起眼部改变的全身性疾病；②对手术效果期望值过高者应谨慎手术；③年龄一般要求在 18 周岁以上，且无特殊职业要求者；④一般认为屈光力矫正范围：近视-1.00～-12.00D；远视+1.00～+6.00D，散光 6.00D 以下，且近两年屈光状态稳定；⑤角膜曲率在 39.00～48.00D，厚度一般大于 460 μm。对于 LASIK 术式，角膜瓣下剩余基质床厚度达 280 μm 以上，对于 PRK、LASEK 和 Epi-LASIK 术式，术后角膜总厚度保留 360 μm 以上，基质层厚度约 300 μm；⑥测量暗室及一般照明下的瞳孔直径，瞳孔直径过大者（暗室中达 7mm 以上）应慎重或不行手术，以避免术后眩光和夜间视力障碍等问题。

目前角膜屈光手术已发展到全激光手术时代，即单纯准分子激光、飞秒激光+准分子激光、单纯飞秒激光手术，全程“无刀化”使得手术具有更好的安全性和有效性，切削更加精确，减少了对角膜神经的损害，肯定能给患者带来更好的视觉质量，提高患者的舒适度，必然会成为未来屈光手术的主要发展方向。

（二）眼内屈光手术

眼内屈光手术是在晶状体和前、后房施行手术以改变眼的屈光状态。根据手术时是否保留晶状体又分为两类：一类屈光性晶状体置换术，如白内障摘除合并人工晶状体植入术、透明晶状体摘除合并人工晶状体植入术；另一类有晶状体眼人工晶状体植入术，包括前房型人工晶状体（又分房角固定和虹膜夹型），后房型人工晶状体等。两大类手术的最大区别是是否保留晶状体的调节功能，后者对年轻患者有利。

有晶体眼人工晶体植入术

（三）巩膜屈光手术

除角膜屈光手术和眼内屈光手术外，在巩膜上施行的手术也归属于屈光手术。

1. 后巩膜加固术 后巩膜加固术（PSR），又称巩膜后兜扣术、后巩膜支撑术或后巩膜加强术，是应用异体或自体的生物材料或人工合成材料加固眼球后极部，以期阻止或缓解近视发展的一种手术。临床上可用于近视度数在-10.00～-8.00D 以上，且每年增长-2.00～-0.50D 以上进展性近视患者。对青光眼、既往有视网膜脱离史、眼部慢性炎症史的患者，一般不宜选择该手术。

2. 巩膜扩张术 是老视逆转手术，其机制是应用巩膜扩张带重建晶状体赤道部与睫状肌之间的生理空间，使前部睫状肌纤维扩张儿开始增加调节，术后经过视近训练，使睫状肌恢复力量来提高调节力，但疗效和理论有待进一步观察和证实。

第十九章　眼外伤与职业性眼病

第一节　概　述

眼外伤（ocular trauma）是指眼球或其附属器官因受外来的机械性、物理性、化学性伤害，造成眼组织器质性和（或）功能性损害。我国每年会有数百万到上千万人发生眼外伤，眼外伤常导致视力损害，其后果严重，是目前儿童和青壮年视功能损害或致盲的首要原因，所以正确处理眼外伤具有十分重要的临床意义。

眼外伤的分类

临床上通常按致伤原因或轻重程度进行分类。国际眼外伤学会已推荐新的分类方法，按其性质分为开放性和闭合性两类。

1. 按致伤原因分类　分为机械性眼外伤和非机械性眼外伤。机械性眼外伤（mechanical ocular trauma）指暴力冲击所致的损伤，以及锐器或高速异物的刺伤或弹击伤。根据损伤的后果分为穿孔伤和非穿孔伤。非机械性眼外伤（non-mechanical ocular trauma）：可分为化学性眼外伤和物理性眼外伤，如酸碱烧伤、射线损伤等。

2. 根据轻重程度分类　分为轻、中、重度眼外伤。轻伤：包括眼睑擦伤、瘀血、结膜下出血、结膜及角膜表面异物、角膜上皮擦伤、眼睑Ⅰ度热烧伤和电光性眼炎等。中度伤：包括眼睑及泪小管撕裂伤、眼睑Ⅱ度烧伤、球结膜撕裂伤、角膜浅层异物等。重度伤：包括眼睑广泛撕脱和缺损、眼睑Ⅲ度烧伤、眼球穿通伤、眼内异物、眼球钝挫伤合并眼内出血、眼球Ⅱ度以上化学伤、辐射伤和眶骨骨折等。

眼睛是位于人体最暴露部位的器官，也是人体组织最精密、最脆弱的器官，许多看起来微不足道的损伤，如果抢救不及时，处理不恰当，常常可以造成严重后果，甚至失明。就眼外伤而言，第一次的处理十分重要。应当指出的是眼与全身许多器官相连，全身的外伤，可以直接或间接波及眼，如颅脑外伤、胸腹挤压伤、长骨骨折等，应当注意。

第二节　眼外伤的检查及处理原则

眼外伤的病史采集十分重要。患者到达医院后，首先是采集病史，重点应询问何时受伤，什么情况下受伤，致伤力大小，有否眼内异物，估计可能是什么样的异物，受伤后经过哪种急诊处理。根据病史有针对性地进行全身及眼局部检查。

检查生命体征，包括脉搏、体温、呼吸、血压，其次是检查全身各部分，特别是一些重要的器官如颅脑、胸、腹、四肢，如为多发伤，特别要注意肝脾有无破裂，颅脑有无损伤，呼吸道有无阻塞，应及时请神经内、外科，耳鼻喉科，颌面外科等有关科室进行急会诊。生命体征稳定之后，如果患者神志清楚，应当检查双眼视力，包括裸眼视力、矫正视力、小孔视力。如果因眼睑痉挛、球结膜高度水肿不能进行检查时，可先滴表面麻醉剂，以开睑钩分开眼睑，然后进行测试。如果患者不合作，可酌量服用镇静剂。遇有严重眼球伤及眶骨骨折，可在手术室全麻下进行检查。首先要检查眼球的位置，有无突出或下陷，有无偏位及眼眶有无骨折或缺损，可用手指轻扪眶缘是否光滑整齐、皮肤有无气肿及捻发音。裂隙灯显微镜下重点检查眼前段，角膜有无创口、前房积血、虹膜损伤及嵌顿、瞳孔的形状及大小、直接及间接光反应和调节反射、晶状体及玻璃体情况等。仔细检查眼底有无视乳头水肿、视网膜出血、视网膜脱离及脉络膜裂伤等。若屈光间质混浊，注意眼后段穿通伤或者眼内异物。针对眼外伤的性质，如果考虑眼球穿通伤、眼眶眶骨骨折、海绵窦动静脉瘘或者异物伤时，通常行双眼眼眶 B 超、CT 或者 MR 检查。

眼外伤后的及时正确的紧急处理，对于减少眼组织破坏，挽救视功能极其重要。发生外伤后首先要注意全身情况，如同时有休克、大出血及重要器官损伤等，应由有关科室首先抢救。待生命体征平稳后，再行眼科检查处理。对于化学伤，应争分夺秒的用大量水冲洗眼部；对于眼球穿通伤，切忌挤压眼球，并尽快行清创缝合术；若同时合并有眼睑裂伤，应先修复眼球后再缝合眼睑；对于开放性损伤，应注射抗破伤风血清；为预防感染合理的应用抗生素。

第三节　眼及眼附属器钝挫伤

眼球钝挫伤（ocular blunt trauma）是由机械性钝力直接伤及眼球和眼睑，造成眼组织的器质性病变及视功能的障碍。其临床表现常因撞击程度和撞击部位不同，而有不同的表现。一般无破裂伤口，眼前段挫伤包括角膜、前房角、睫状体及晶状体的挫伤。

中医学在古代根据损伤部位命名，如振胞瘀痛、惊振外障、惊振内障等，当代教材以撞击伤目概括之。

一、病因病理

本病多因钝性物体如球类、拳头、棍棒、铁块、砖石等击伤眼部，或高压液体气体冲击眼部，一般除接触处直接受伤外，还可因作用力的传导伤及眼内深部组织。此外，眼球邻近组织损伤或头部受强烈震击，亦可伤及眼球。

二、临床表现及治疗

1. 眼睑钝挫伤　表现为眼睑瘀血、肿胀，疼痛不适，皮肤呈青紫色。少数情况出血量多时，可越过鼻梁至对侧眼睑而发生青紫肿胀。治疗：出血初期局部冷敷，3 日后局部热敷，可以给予活血化瘀中药口服。

2. 球结膜下出血　量少者白睛呈局限瘀血、色泽鲜红，量多者可遮满整个白睛，继之变为淡黄而逐渐消失。治疗：出血初期局部冷敷，3 日后局部热敷，2～3 周后出血吸收，可以给予活血化瘀中药口服。

3. 角膜挫伤　轻的表浅的外伤称为角膜上皮擦伤。由于上皮损伤，角膜感觉神经末梢受到刺激，有明显的疼痛、流泪、畏光及眼睑痉挛等症状，视力受到影响。若合并有感染，则症状更为明显，治愈后多有较厚的瘢痕。治疗：对角膜擦伤的治疗可以涂抗生素眼膏后包扎，多在 1～2 日修复。若伤及基质层，受伤部位的角膜水肿、增厚及混浊，可以用糖皮质激素眼液滴眼，合并虹膜炎时应用散瞳剂。

4. 虹膜与睫状体挫伤　严重的有虹膜根部断离、瞳孔变形和睫状体分离及脱离。虹膜根部断离致瞳孔变形如半月状，或有多个瞳孔，自觉视力障碍，或出现视一为二等。若瞳孔括约肌撕裂，或支配该肌之神经受损，均可致瞳孔散大，终不复原。严重的挫伤，可致虹膜全部断离，成为外伤性无虹膜状态。治疗：瞳孔缘或者基质部位的裂口无需特殊处理；虹膜根部断离出现复视症状者行手术修复。

睫状体分离是指睫状体在巩膜突处，睫状体纵形肌与巩膜突分离，导致睫状体上腔与前房直接交通。睫状体脱离是指睫状体与巩膜之间的分离，睫状体纵形肌与巩膜突未分离。轻者经过药物治疗修复，重者需要手术治疗。

5. 前房积血 即外伤血灌瞳神。因血管渗透性改变或血管破裂引起。积血量少者常是血管渗透性改变所致，易吸收治愈；若积血量多，遮满瞳孔，反复发生，常是血管破裂所致，可继发角膜血染、青光眼等并发症，需要行前房冲洗术治疗。

6. 外伤性白内障 即惊振内障。晶状体受伤后发生混浊，轻者晶状体囊膜未破，晶状体皮质逐渐发生混浊，经过较长时间成为乳白色全部混浊。重者数日内即可发生片状乃至全部混浊。更重者囊膜破裂，晶状体皮质外溢，不仅可以出现晶体混浊，而且可以因皮质的刺激出现过敏性葡萄膜炎，若皮质堵塞房角，还可继发青光眼。治疗：晶状体混浊较轻，视力下降不明显者给予药物治疗，当晶状体混浊严重，导致视力明显下降者行白内障手术治疗。

7. 晶状体脱位 因晶状体悬韧带断离所致。部分断离者即在原位脱位，曰半脱位，可见虹膜震颤，双重眼底等症状。全部断离者晶状体必离开了原位向可脱在后方之玻璃体内，亦可脱向前方之瞳孔区或前房内，甚至球结膜下（此时必有穿透伤）。脱在后方之玻璃体内者，类似于针拨白内障，如无并发症，预后相对较好，也可引起继发性青光眼、视网膜脱离等并发症，可行晶状体切除或玻璃体手术；脱在前方之瞳孔区或前房内者，因阻碍房水循环，常继发青光眼，预后相对较差，治疗：手术摘除晶状体。

8. 眼底挫伤 以眼底出血多见，重者积满玻璃体，眼底不能窥及。若脉络膜破裂，其破裂部位常在视乳头与黄斑部之间，呈弓形半月状，弯曲面朝视乳头方向，色淡黄，周围有色素或出血，日久颜色苍白而边缘色素增加，视力常有较大影响。若视网膜震荡，表现为后极部水肿，色灰白，边缘不清。若黄斑部裂孔，表现为黄斑部有圆形或不规则圆形红色斑。治疗：以中药治疗为主，促进出血吸收，尽快恢复视功能，黄斑裂孔也可考虑手术治疗。以眼底出血，视力剧降为主症，属络伤出血，治宜止血凉血，方选生蒲黄散加减。以角膜水肿，视网膜渗出水肿，或晶状体、玻璃体混浊，或其他组织受伤，视力剧降，眼球刺痛胀痛等为主症者，属气滞血瘀，治宜行气活血，方选桃红四物汤加减。

总之，眼球钝挫伤临床表现是复杂的，除上述伤情外，还有睫状体、玻璃体等组织受伤，因很少单独存在，常合并在其他伤情之内，故未单独介绍。同时，眼球受伤也常兼有邻近组织受伤，如眶内瘀血、眶骨骨折、眼外肌损伤等，临证须当注意。

第四节 眼异物伤

在临床上眼异物伤较常见，属于开放性外伤，常见的异物多为金属，也有非磁性金属异物如铜和铅，非金属异物包括玻璃、碎石及植物性（如木刺、竹签）、动物性（如毛、刺）异物等。不同性质的异物引起的损伤及其处理有所不同。

一、眼球前部及浅表组织异物

1. 眼睑异物（eyelid foreign body） 多见爆炸伤时，可使眼睑布满细小火药渣、尘土、沙石、煤渣。对大的异物可用镊子直接夹取。

2. 结膜异物（conjunctiva foreign body） 常见的有灰尘、砂粒、煤屑、玻璃、棉絮等，多隐藏在睑板下沟、穹隆部及半月皱襞，异物摩擦角膜会引起刺激症状。治疗：用表面麻醉剂点眼后，用无菌湿棉签拭出异物，然后点抗生素滴眼液。

3. 角膜异物 以铁屑、煤屑较多见，有明显刺激征，如刺痛、流泪、眼睑痉挛等（图 19-1）。铁质异物可形成锈斑。植物性异物容易引起感染。治疗：对角膜浅层异物，可在表麻下，用盐水湿棉签拭去。较深的异物可用无菌注射针头剔除。如有锈斑，尽量一次刮除干净。对多个异物可分期取出，即先取出暴露的浅层异物，对深层的异物暂不处理。若异物较大，已部分穿透角膜进入前房，应行显微手术摘除异物。挑取异物时应严格执行无菌操作，否则有引起化脓性角膜溃疡的危险。异物取出后点抗生素滴眼液或眼膏。

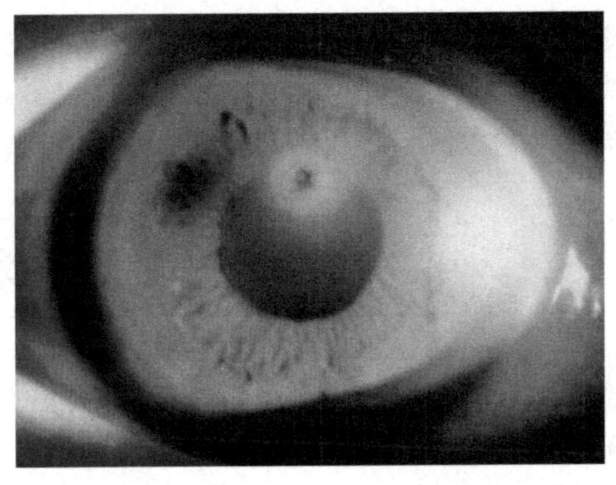

图 19-1 角膜异物

4. 眶内异物 常见的有金属弹片、气枪弹、木块、竹碎片等。可有局部肿胀，疼痛。若合并化脓性感染时，可引起眶蜂窝组织炎或瘘道。眶内金属异物多被软组织包裹，可不必勉强摘出。但植物性异物会引起慢性化脓性炎症，应尽早完全取出。

二、眼内异物

眼内异物（intraocular foreign body）伤是严重危害视力的一类眼外伤。任何眼部或眶外伤，都应怀疑并排除异物。异物的损伤因素包括机械性破坏、化学及毒性反应、继发感染等。除穿通伤之外，还有异物特殊的损害。将眼内异物分成金属异物和非金属异物两大类。非金属异物包括不活泼的无菌异物，如石、沙、玻璃、瓷器、塑料、睫毛，一般能耐受，对眼睛的损害比较轻。常见的金属异物包括：铁、铜、铝、锌。纯铜有特别的毒性，引起急性铜质沉着症和严重炎症，需要立即取出。若铜为合金，含量少于 85%，会引起慢性铜质沉着症。铜亲合膜性结构，典型的表现是在后弹力层沉着，绿色房水颗粒，虹膜变绿色，向日葵样白内障，棕红玻璃体混浊，条索形成，视网膜血管上和黄斑区有金属斑。金属弥散后，摘除异物不能减轻损害。铁最容易沉着在上皮组织、虹膜括约肌和开大肌、无色素睫状上皮和晶状体上皮、视网膜。光感受器和 RPE 对铁质沉着最敏感。损害后的症状为夜盲、向心性视野缺损或失明。体征包括：角膜基质铁锈色沉着、虹膜异色症、瞳孔扩大及反应迟钝、晶状体前棕色沉着、白内障、玻璃体混浊、早期周边视网膜色素增殖，晚期弥漫性；视网膜血管变窄，视盘色淡、萎缩。因为铁离子聚集在小梁网，可继发开角型青光眼。建议取出异物（图 19-2）。

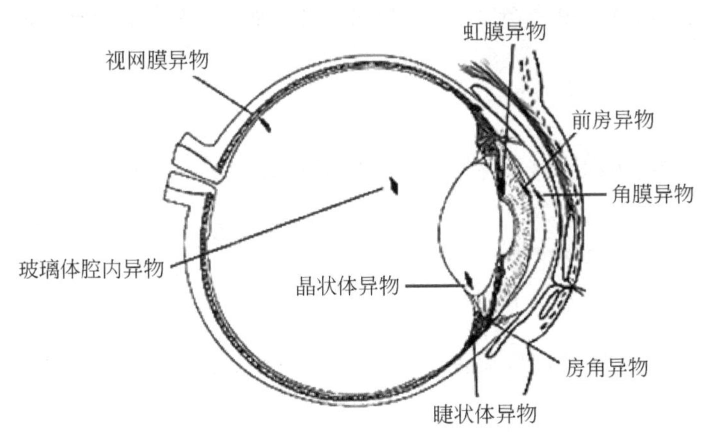

图 19-2 眼内异物位置

治疗眼内异物一般应及早手术取出。手术方法取决于异物位置、磁性、可否看见、是否包裹或位于玻璃体、视网膜及其他结构内。

1. 前房及虹膜异物 经靠近异物的方向或相对方向作角膜缘切口取出，磁性异物可用电磁铁吸出，非磁性异物用镊子夹出。

2. 晶状体异物 若晶状体大部分透明，可不必立即手术。若晶状体已混浊，可连同异物摘出。

3. 玻璃体内或球壁异物 小的未包裹或可见的玻璃体内铁质异物，没有包埋的异物，无视网膜并发症，可以用磁铁摘除。其他情况如异物大、包裹、粘连、非磁性，需要行玻璃体切割手术摘除，同时处理并发症。较大的异物可通过角巩膜切口或原入口取出，以减少周围视网膜损伤。

第五节　眼球穿通伤

锐器或高速飞行的金属碎片刺透眼球壁为眼球穿通伤。伤眼的预后主要取决于损伤的严重程度和部位，有无感染或并发症，治疗是否及时和恰当。

一、临床表现

按眼球穿通部位，可分为角膜穿通伤、角巩膜穿通伤和巩膜穿通伤。

1. 角膜穿通伤（penetrating corneal trauma） 伤口位于角膜。当伤口较小时，可自行闭合，检查时仅见点状或线状混浊。伤口较大时常伴有虹膜脱出或嵌顿，前房变浅。伤眼有明显疼痛、流泪、视力减退等。如致伤物刺入较深可伤及晶状体，引起囊膜穿孔或破裂及局限性混浊。

2. 角巩膜穿通伤（penetrating corneoscleral trauma） 伤口累及角膜和巩膜，可引起虹膜睫状体、晶状体和玻璃体的损伤、脱出及眼内出血。伤眼可有明显的眼痛和刺激症状。视力明显下降。

3. 巩膜穿通伤（scleral perforating wound） 较小的伤口仅见结膜下出血，常常被忽视。大的伤口伴有脉络膜、玻璃体、视网膜、晶状体的损伤及玻璃体积血，常伴有眼痛、羞明、流泪、低眼压及视力骤降等。

二、治疗

（一）中医治疗

1. 治疗原则 穿通伤的处理原则是及时清创缝合伤口；预防感染和并发症；对并发症选择合适的手术。

2. 中医辨证论治

（1）脓毒侵袭证

症候：伤后出现角膜或巩膜破损，球内组织脱出，畏光流泪，视力剧降，疼痛，前房积脓。舌红，苔黄，脉数。

治法：清热解毒，凉血化瘀。

方药：五味消毒饮加减。

（2）气滞血瘀证

症候：伤后出现组织破损，以视力剧降，眼球刺痛胀痛，角膜或巩膜穿破、晶状体混浊、眼内出血。舌暗红或有瘀斑，苔薄白，脉涩。

治法：行气活血。

方药：桃红四物汤加味。

（二）西医治疗

（1）单纯的角膜伤口，如果前房存在，创口对合整齐，可不缝合，给予结膜囊内涂抗生素眼膏，加压包扎。

（2）角膜伤口大于 3mm，多数需要在显微镜下缝合伤口，恢复前房，有虹膜嵌顿时，用抗生素溶液冲洗后尽可能送还眼内，不能还纳时可予剪除，脱出的睫状体应予复位。

（3）脱出的晶状体和玻璃体予以切除。对角巩膜伤口，应先缝合角膜缘一针固定后再缝合角膜，然后缝合巩膜，术后滴散瞳剂及抗生素眼液。

（4）对复杂的病例可采取分步手术即缝合伤口使前房恢复，控制感染在半个月内行内眼手术或玻璃体手术处理白内障、玻璃体出血、眼内异物、视网膜脱离等。有入口和出口的为贯通伤，前面的伤口既行缝合，后面伤口不易发现或缝合有困难时可于伤后 1～2 周行玻璃体手术，清除积血，缝合伤口。必要时在巩膜伤口外垫压封闭视网膜破口。

（5）预防感染常规注射抗破伤风血清，局部及全身应用抗生素与糖皮质激素。

（6）必要时使用扩瞳剂。一旦发生感染性眼内炎，应全身应用大剂量抗生素及糖皮质激素，充分散瞳，玻璃体内注药是提供有效药物浓度的可靠方法，同时抽取房水及玻璃体液进行细菌培养和药敏试验。必要时应尽早行玻璃体切割手术及玻璃体内药物灌注。

第六节　眼化学性烧伤

眼化学性烧伤是指酸、碱化学物质烧伤眼部组织。其烧伤程度与预后取决于化学物质的性质、浓度、进入眼内量的多少、接触时间的长短，以及与当时紧急处理的措施等因素密切相关。如果浓度高，入眼量多，接触时间长，可致严重后果，甚至毁坏整个眼球。因此，必须高度重视，认真防治。

一、病因病理

临床上常见的酸性伤主要是硫酸、盐酸、硝酸、醋酸及有机酸等。酸只溶于水，不溶于脂肪，接触眼组织后与蛋白质结合很快凝固形成一层膜。此膜可阻挡剩余酸继续向深部渗透和扩散，因此造成的损害相对较轻；但若浓度高，接触时间长，同样可造成眼组织的严重损害。碱性烧伤常见于氢氧化钠、生石灰、氨水等引起。碱能溶解脂肪和蛋白质，与组织接触后能很快渗透到深层和眼内，使细胞分解坏死。因此，碱烧伤的后果要严重得多。

二、临床表现

临床上常见的碱性伤主要是氢氧化钾、氢氧化钠、石灰、氨水等。碱性物质既可溶于水，又可溶于脂肪，接触眼组织后除使组织蛋白凝固外，还有皂化作用，使组织溶解，以致碱性物质继续向深部发展，渗透和扩散，进一步损害眼内深部组织。因此，碱性伤较酸性伤为重。当化学物质进入眼内后，轻者仅见灼热刺痛，畏光流泪，结膜充血，角膜混浊等。重者则伤眼剧烈疼痛，强烈畏光，热泪如泉，视力剧降，结膜坏死，角膜上皮坏死脱落，深层混浊水肿，迅则形成溃疡，甚则穿孔。如伤及深部（特别是碱性伤）可出现前房积脓，瞳孔缩小或干缺不圆，晶状体混浊等。病至后期，角膜均有新生血管伸入，尤以碱性伤为多，不仅角膜浅层而且角膜深层均有。以致角膜新生血管与角膜瘢痕混杂，即使眼球免于陷没，视功能将严重障碍。

由于酸碱的浓度剂量、作用方式、接触时间、接触面积等不同，临床表现则有不同，根据酸碱烧伤后的组织反应，一般可分为轻、中、重三种不同程度的烧伤。轻度：眼睑与结膜轻度充血水肿，角膜上皮有点状损害或水肿，数日后消退，上皮修复，不留瘢痕，无明显并发症，视力多不受影响。中度：睑皮肤可引起水泡或糜烂，结膜水肿，并有小片缺血坏死灶；角膜混浊水肿，上皮层完全脱落，或形成白色凝固层。严重影响视力，治愈后会留角膜斑翳。重度：结膜出现广泛的缺血坏死，角膜全层呈灰白或瓷白色混浊。由于坏死，角膜基质层溶解，出现角膜溃疡或穿孔，碱可以即渗入前房，引起葡萄膜炎、继发性青光眼和白内障等。角膜穿孔愈合后形成前粘性角膜白斑、角膜葡萄肿或眼球萎缩。由于结膜缺损，愈合时可造成睑球粘连，最终引起视功能或眼球的丧失。此外，眼睑、泪道的烧伤还可以引起眼睑畸形、眼睑闭合不全、泪溢等并发症。

酸性伤与碱性伤的区别主要根据病史，其临床区别，一般说来，酸性伤创面边界清楚，创面较浅，不扩大加深，伤后数日与受伤当时无甚差别，坏死组织容易分离脱落，眼内组织反应较少也较轻。碱性伤创面边界不清，创面较深，且易扩大加深，伤后二三日与受伤当时相比，明显加深扩大，坏死组织不易分离，眼内反应较多也较重。

三、治疗

（一）中医治疗

1. 治疗原则 本病以彻底清除化学物质，减轻眼部损伤预防并发症，提高视力为原则。先行急救后再结合中药治疗。

2. 中医辨证论治

（1）热毒侵目证

症候：眼痛，畏光流泪，结膜充血或混合充血，角膜混浊或坏死，视力剧降等，舌红，苔黄，脉弦。

治法：平肝清热，明目退翳。

方药：石决明散加减。

（2）阴亏翳留证

症候：伤已初愈，自觉视物不清，眼内干涩，角膜留有翳膜，结膜充血不明显，舌质红少苔，脉细。

治法：滋阴退翳。

方药：消翳汤加减。

（二）西医治疗

（1）紧急冲洗：当化学物质进入眼内时，在现场应争分抢秒地进行冲洗，冲洗越早越彻底，预后就越好。酸性伤用3%碳酸氢钠液中和冲洗，碱性伤用3%硼酸液冲洗，但石灰伤须用0.37%依地酸二钠溶液冲洗，有利于钙离子释放，避免钙离子沉着于角膜。若无消毒水，可以就地取水，如自来水、井水、河水等均可，最好的方法是将眼部浸泡在水中（如用盆水浸泡等）睁开或拉开眼睑，头部左右摆动，眼睑不断开闭，浸洗10～20min，如能在水中翻转眼睑或更换盆水，彻底清除穹隆部残余颗粒，则清洗效果更好。

（2）中和注射酸性伤：用5%磺胺嘧啶钠约2mg，碱性伤用5%～12.5%维生素C 2ml，球结膜下注射，以中和渗入组织内的化学物质，保护深部组织。本法宜早期进行，根据病情可以重复注射。

（3）防止感染及并发症：局部用抗生素类眼药水及清热解毒类中药眼药水滴眼，必要时全身可用抗生素。

（4）有虹膜炎证者，滴用扩瞳剂，保持瞳孔散大，直至炎症消失。

（5）每日用玻璃棒涂抗生素眼膏分离结膜囊2～3次，以防睑球粘连。

（6）局部或全身使用糖皮质激素，以抑制炎症反应、新生血管和肉芽组织形成，但伤后2～3周应停用。

第七节　其他类型的眼外伤

一、热烧伤

热烧伤是指因高温物质如铁水、开水、沸油、火焰等引起的眼部损伤。其临床表现轻重不等，轻度仅见眼睑皮肤潮红，结膜充血，角膜呈境界清楚的乳白色混浊，自觉有眼痛，怕光流泪等症状。重者眼睑皮肤红肿，起泡或坏死，结膜苍白，角膜灰白坏死，坏死组织脱落后形成较深的溃陷，甚则穿孔。伤处痊愈后可有各种不同的后遗症，如眼睑瘢痕、睑球粘连、角膜白斑等。治疗原则是防止感染，促进创面愈合，预防睑球粘连等并发症。对轻度热烧伤，局部点用散瞳剂及抗生素眼液。严重的热烧伤应除去坏死组织，处理大致同碱烧伤。有角膜坏死时，可以行羊膜移植，或带角膜缘上皮的全角膜板层移植。晚期根据病情治疗并发症。

二、冻伤

冻伤是由寒冷引起的原发性组织冻结和继发性血液循环障碍造成。轻度冻伤复温后皮肤发红，有刺痒发热感，可有水疱出现；重度冻伤可累及深层组织，出现坏死。眼球被冻伤的机会较少，在特殊情况下可能出现眼睑或角膜冻伤，应对症处理。

三、辐射性眼损伤

辐射性眼损伤包括电磁波谱中各种辐射线造成的损害，如微波、红外线、可见光、紫外线、X线。中子和质子束照射也能引起这类损伤。

1. 电光性眼炎 是指眼部受紫外线过度照射后引起的眼球浅层病变，又称紫外线眼炎。多见于未加防护措施的电焊或气焊工人，临证以双眼沙涩灼热，怕光流泪，疼痛剧烈为特征。病程短，大多经过 1～2 日症状消失，预后一般良好。本病多在电焊或气焊时，由电弧与溶化金属产生的紫外线照射后引起，也可在用紫外线灯消毒或太阳灯照射时，因防护不慎而受伤，亦有在冰川、雪地、海面、沙漠等地工作，受阳光照射后反射之紫外线所伤。眼部被照射后，产生光电损害，引起结膜角膜浅层病变。受紫外线照射后经过一定的潜伏期（最短半小时，最长不超过 24h）后发作，有强烈的异物感，刺痛，畏光，流泪及眼睑痉挛，结膜混合充血，角膜上皮点状脱落。24h后症状减轻或痊愈。治疗：对症处理，减轻疼痛，可涂抗生素眼膏包扎。应配戴防护面罩或眼镜预防。

2. 红外线损伤 玻璃加工和高温环境可产生大量红外线，对眼部的损伤主要是热作用。其中短波红外线（波长 800～1200nm）可被晶状体和虹膜吸收，造成白内障。

3. 可见光损伤热和光化学作用 可以引起黄斑损伤，如观察日蚀造成的“日光性视网膜病变”。对视力有不同程度的影响，严重者有中央暗点，视物变形，头痛。在强光下应戴有色镜。视网膜的光损伤可由眼科检查仪器的强光源或手术显微镜引起，出现旁中心暗点，中心凹旁有黄白色深层病变，以后呈斑驳状，造影显示荧光增强。激光的机械性、热和光化学作用能引起视网膜炎症和瘢痕。应注意防护。

4. 离子辐射性损伤 X线、γ线、中子或质子束可引起角膜炎、虹膜睫状体炎、放射性白内障、放射性视网膜病变或视神经病变等，应注意防护。肿瘤患者的放射治疗是常见致病原因。眼底可表现为视网膜水肿、渗出、出血、脱离，视网膜中央动脉变细、静脉迂曲扩张，视盘水肿和视神经萎缩等。放射治疗或从事放射职业的工作人员，应根据不同的辐射源性质和能量，分别选用不同厚度的铅屏蔽和防护眼镜。视网膜损伤者，可使用维生素类药物、能量合剂、血管扩张药物及激素类药物治疗。

第二十章　常见全身病的眼部表现

眼是人体不可分割的器官组成之一，许多全身疾病都可能在眼部具有特殊表现和并发症，如神经系统疾病、糖尿病、高血压、结核病、甲状腺功能亢进、梅毒、维生素缺乏、颅内高压、血液病、皮肤病等均可有眼部损害，有些甚至还会有一些特征性的体征，如肝豆状核变性在角膜表现的 K-F 环，临床上往往可以从眼部的这些特殊体征来协助其他学科做出正确的诊断及预后估计。而有时某些疾病其首发症状就可能表现在眼部，患者多先到眼科就诊，眼科医生如无全局观念，常会造成误诊、漏诊，以致贻误治疗。另外，还有一些眼病的发病原因是由全身病引起。因此在临床工作中，必须树立整体的观念，充分认识眼与全身病之间的密切关系，从而提高某些全身病和眼病的诊疗水平。

第一节　内科疾病的眼部表现

一、动脉硬化与高血压

通常所说的动脉硬化包括动脉粥样硬化、动脉中层硬化、老年退化性硬化和小动脉硬化四种。动脉粥样硬化主要累及大型及中型动脉，以主动脉、冠状动脉为多见。视网膜中央动脉除在视乳头的主干及紧邻视乳头旁的大血管管径超过 100μm 外，其余分支的管径均在 100μm 以下，属小动脉。因此，动脉粥样硬化累及眼底的视网膜中央动脉，偶尔可在视乳头的第一分支小动脉上见灰白色的动脉粥样硬化斑，对诊断有价值。如发生在视网膜中央动脉进入视神经筛板之间一段，可引起视网膜中央动脉阻塞。有认为凡直径小于 125μm 的动脉应称为小动脉，在视乳头附近的动脉直径为 100μm 左右，以后动脉逐渐分支越分越细，一般在第一分支后，而距视乳头 1～2PD 以外属小动脉，故全身动脉硬化可引起视网膜动脉病变。眼血管粥样硬化通常发生在视网膜中央动脉视神经内段和筛板区，视网膜部分仅发生在视乳头附近的主干动脉上。视网膜动脉硬化与全身血管有一定的关系，当视网膜动脉有老年性硬化的时候，提示周身血管有改变，但不一定表示病变的程度，有时周身已有广泛的严重的病理改变，而眼底无明显异常，因此，眼底无血管硬化改变亦不能排除全身无血管硬化。有统计表明，眼底改变以视网膜动脉硬化为主的患者易发生充血性心力衰竭、冠状动脉硬化性心脏病、脑血管功能障碍，而以视网膜或者视神经视网膜病变为主者则易发生尿毒症。眼底动脉硬化可见视网膜动脉血管细小狭窄、管壁光反射带增强，呈铜丝状或银丝状，在动静脉交叉处可有压迫征等。其改变与高血压早期略同。通常所说的动脉硬化和高血压的眼底表现常相互联系。

高血压病程越长，眼底病变程度越严重。高血压性视网膜病变可反映高血压病的病程及其与全身重要器官的关系。眼底正常者，心、肾功能常无异常；而有视乳头、视网膜病变者，据统计有左心室扩大者占 62.5%，左心室肥厚者 75%，肾功能不全者 87.5%。高血压患者眼底病变严重而肾功能较好者，多为原发性高血压；反之，则多为肾性高血压。高血压性视网膜病变可分为慢性进行性（良性）和急性进行性（恶性）两型。

（一）良性高血压性视网膜病变

早期视网膜动脉可呈痉挛状态，视网膜管径呈不均狭窄，行径弯曲，动脉管壁粗细不均，管壁反光增强，甚至呈铜丝状或银丝状，静脉扩张和行径迂曲。动静脉管径之比由正常 2∶3 减少为 1∶2，甚至更小。由于动静脉交叉处有共同鞘膜，依据动脉和静脉交叉处所在的位置，可呈现静脉下陷或呈笔尖状，或隆起呈驼峰状，这是视网膜血管硬化的表现，进一步发展可出现视网膜水肿、出血及硬性渗出。临床上常采用 Keith-Wagener 四级分类法，对高血压视网膜病变程度进行分级。Ⅰ级：视网膜动脉痉挛或合并轻度硬化。此改变主要发生于第二分支及以下的分支；Ⅱ级：视网膜动脉硬化程度比Ⅰ级明显，动静脉交叉处常可见到不同程度的病理变化，动脉管径狭窄而不均匀；Ⅲ级：除视网膜动脉狭窄与硬化外，尚有视网膜水肿、棉绒状斑、硬性白斑、出血斑等；Ⅳ级：除Ⅲ级改变外，并有视乳头水肿（图 20-1）。

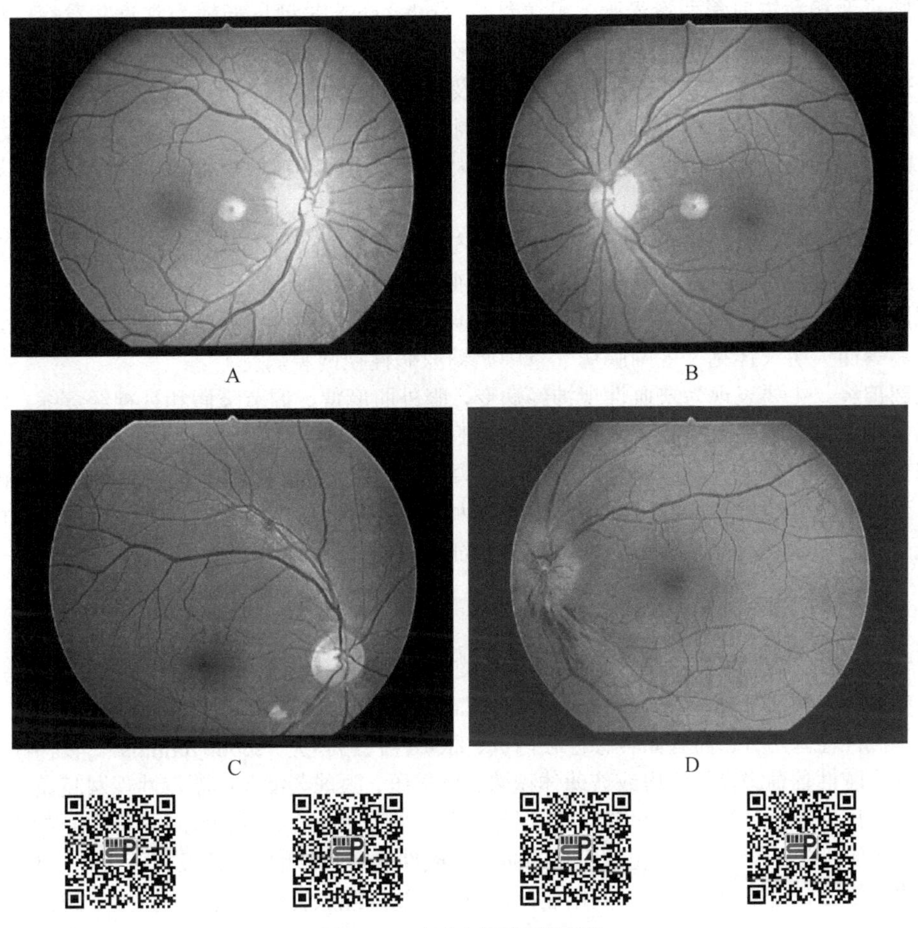

图 20-1 高血压视网膜病变

A.高血压视网膜病变Ⅰ级；B.高血压视网膜病变Ⅱ级；C.高血压视网膜病变Ⅲ级；D.高血压视网膜病变 Ⅳ级

（二）恶性高血压性视网膜病变

恶性高血压常伴有眼底、肾脏和大脑损害，眼底可见动脉显著狭窄、出血、渗出，视乳头及其周围视网膜水肿，若视乳头周围视网膜神经纤维层有火焰状出血，应视为恶性高血压的病症之一。软性渗出意味着高血压的严重性，渗出多位于后极部距视乳头 1～4PD 处，尚可见微动脉瘤和毛细血管迂曲扩张，在水肿、出血消退后，视网膜深层的硬性渗出物往往在黄斑区呈星芒状排列，视乳头附近亦可见边缘清晰，形状不规则的白色渗出点，视乳头水肿不消退预示预后不良。

因此，动脉硬化和高血压的视网膜病变对动脉硬化和高血压本身的诊断、病情观察、疗效的判断及预后均有一定价值。

二、糖尿病

本病引起的眼部并发症较多，其中以晶状体和眼底视网膜病变最为常见，且与病程长短有密切关系。糖尿病发病后 20 年，几乎所有患者都有眼部并发症。

1. 结膜血管病变 表现为梭形或囊状的深红色小点状微血管瘤，多发生于近角膜缘或穹隆部结膜，易误诊为球结膜下出血；还有静脉迂曲、囊样扩张、血柱不均匀，其位置、大小、形状常与时间无关，其发生率与年龄、发病时间有关。

2. 角膜 主要表现为知觉减退，可先于视网膜病变发生，与糖尿病病程及血糖的控制程度有关。

3. 虹膜红变和新生血管型青光眼 虹膜红变（rubeosis）是糖尿病较为常见并发症，虹膜表面特别是瞳孔缘处可见细小的新生血管。虹膜红变多发生于晚期及青少年性糖尿病患者，与组织缺氧有关，常提示眼底新生血管形成，如新生血管累及房角，房水排出障碍，则可发生新生血管性青光眼。有些患者亦可伴有虹膜睫状体炎，此型虹膜睫状体炎对局部应用皮质类固醇及散瞳剂反应良好。由于糖原沉积在虹膜色素上皮、瞳孔括约肌和开大肌上，或由于糖尿病性自主神经病变可导致瞳孔对光反射迟钝。

4. 晶状体 主要是引起屈光不正和代谢性白内障。高血糖可使晶状体纤维肿胀变性混浊，发生白内障，典型者为晶状体前囊下乳白色雪片状混浊，且发展迅速。

5. 视网膜 糖尿病视网膜病变分为单纯型和增殖型两型，后者可引起广泛玻璃体出血，继发性视网膜脱离等而失明（详见“视网膜病”章中“糖尿病性视网膜病变）。

6. 眼部神经 主要表现为缺血性视神经病变，眼外肌麻痹、调节障碍和视神经萎缩。眼外肌麻痹常突然发生，可伴呕吐，瞳孔多不受累。一般眼肌麻痹常在 1～2 个月或 1 年内恢复。

7. 屈光不正 血糖的升高可引起房水渗透压降低，房水渗入晶状体，使晶状体屈光度改变而发生近视，当血糖降低时房水渗透压升高，晶状体内水分外渗，形成相对的远视，这种短期内屈光度的迅速变化是糖尿病引起晶状体屈光度改变的特征，可达 3～4 个屈光度。

三、亚急性细菌性心内膜炎

亚急性细菌性心内膜炎往往是在原有心脏瓣膜病的基础上继发了绿色链球菌等细菌性感染。其眼部的表现主要分为细菌性的脓毒性小栓子引起的脓毒性炎症，以及心瓣膜赘生物的脱落形成的栓子而致的血管机械性栓塞两种。前者如转移性眼内炎、脓毒性视网膜炎（septic retinitis）。转移性眼内炎多表现为急性化脓性葡萄膜炎、前房或玻璃体积脓、低眼压、眼球萎缩等；脓毒性视网膜炎则表现为视网膜出血和渗出。出血可为浅层火焰状、深层点状及视网膜前出血，并出现中心有白点的出血（Roth 斑）和视网膜血管炎等改变。栓子脱落引起的血管机械性阻塞，依阻塞部位及血管大小而有不同表现，眼睑、结膜等小血管阻塞可发生细小的出血；视网膜、视神经血管的阻塞，则因主干和分支阻塞部位的不同表现为视力丧失或相应的视野缺损，或视乳头水肿和视神经萎缩。

四、肾炎

肾炎通常指弥漫性肾小球肾炎，临床可分为急性和慢性二型。

1. 急性肾小球肾炎 本病多见于儿童或青少年。常见眼睑水肿，多数患者眼底无异常，少数可有视乳头水肿、小动脉轻度狭窄、视网膜轻度水肿、浅层视网膜线状或火焰状出血及棉絮斑（图 20-2）。随着病情好转，眼

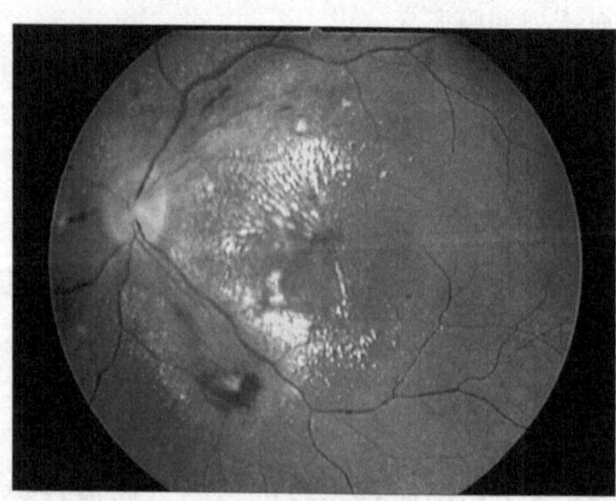

图 20-2 肾病性视网膜病变

底可恢复正常。

2. 慢性肾小球肾炎 多有眼睑水肿，严重贫血者可见球结膜水肿和球结膜下出血，眼底常呈高血压性视网膜病变和贫血性眼底改变，视乳头常因贫血色泽变淡，视网膜血管早期呈功能性狭窄。由于血压急剧升高，毛细血管收缩（如动脉痉挛等，多位于视乳头旁小动脉，可见动脉受损狭窄，管壁光反射增宽，及动静脉交叉压迫征），可有较多棉絮斑。病情进展迅速而严重者，可呈视乳头视网膜病变，或渗出性视网膜脱离，慢性期如伴有视乳头水肿，常为预后不良之兆。

眼底改变与高血压呈正相关，当收缩压大于 150mmHg，舒张压大于 130mmHg 时，88%患者可伴有眼底改变；而收缩压大于 210mmHg 则 100%有眼底改变。收缩压增高是导致眼底出血及渗出的主要原因。尿素氮高患者眼底改变常较明显，血红蛋白低者视乳头病变发生率高。慢性肾衰竭的眼底改变与尿毒症毒素增高有关。

五、贫血

贫血的眼部表现可因病情的轻重缓急而不同。红细胞或血红蛋白降至正常的 30%以下时，眼底才出现明显的变化。随着贫血病程的进展，视网膜病变也随之加剧。急性大出血可引起皮肤和结膜苍白，眼底可见视乳头色泽变淡，境界不清或轻度的视乳头水肿、出血呈火焰状、线状、圆点状，视网膜前出血和玻璃体出血罕见。严重的贫血由于视网膜高度缺氧。使视网膜神经纤维层缺血，轴浆流阻滞而出现棉絮斑。有些尚可见视网膜脱离，前部缺血性视神经病变，视物模糊或一过性黑矇，甚至永久性失明。慢性贫血主要表现为眼睑水肿，眼睑皮肤及结膜苍白等。

六、白血病

白血病引起的眼部病变多发生于血液循环丰富的组织，如视网膜、脉络膜及视神经等。各种类型的白血病均可出现结膜下出血，急性粒细胞性白血病多伴有眼底改变。眼底改变在急性期约占 70%，慢性期约占 63%。早期改变为视网膜静脉扩张、充盈和迂曲，动脉变化不大，出血可呈火焰状、圆点状，多位于眼底周边部，典型的为 Roths 斑，与不成熟的白细胞成纤维蛋白的聚集及血小板聚集形成有关。亦可见渗出改变，整个眼底视网膜水肿、变厚，色泽可由橘红色变为橘黄色。视乳头水肿轻重不等，为视乳头局部细胞浸润或颅内白血病浸润引起颅内压增高所致。病变浸润眼眶及颅骨的骨膜时，可引起眼球突出，形成绿色瘤。绿色瘤多见于急性粒细胞性白血病，以儿童多见。

眼底改变对于各型白血病的诊断、预后有一定的临床参考价值。有报道显示急性白血病患者如合并黄斑部出血，则提示颅内出血的发生率增高。因此，对白血病患者如发现黄斑出血，应密切观察颅内有无出血。

七、红细胞增多症

红细胞增多症可分原发性及继发性两种，前者病因不明，后者多见于先天性心脏病、肺气肿及高山病。当红细胞超过（6～10）$\times 10^{12}$/L 时，由于血红蛋白和血容量增加，以致血黏稠度和周围循环阻力增大，血流迟缓，小静脉和毛细血管扩张。眼底改变：视网膜呈青紫色，静脉明显扩张迂曲，呈腊肠状，距视乳头越近越显著，动、静脉管径之比超过 1∶3 以上，动静脉血流均较正常者深浓，呈紫红色，血管的光反射带增宽。在缺氧情况下有毛细血管扩张、微动脉瘤和新生血管形成，视乳头充血或水肿，有时还可见视网膜出血，偶有视网膜静脉阻塞和玻璃体出血。上述改变随红细胞、血红蛋白的增加而加重。

八、流行性出血热

1982 年世界卫生组织（WHO）定名为肾病综合征出血热。其病原体为 RNA 病毒，本病属自然疫源性疾病。流行性出血热的眼部改变与病程有一定的关系，其症状具有可逆性。因而观察眼部改变对于了解病情进展和转归具有一定的意义。发热期可见视物模糊，通常 1 周内恢复正常。结膜充血、水肿和出血、毛细血管扩张、出血为重要体征，其量的多少与病情的轻重关系密切，双侧眼眶疼痛为本病特有症状。多尿及少尿期间常见眼睑、结膜水肿及结膜下出血。出血点多在毛细血管末端呈球状或囊状，这与血管的受损、脆性增加、血小板减少及贫血等密切相关，同时还有视网膜水肿、血管痉挛和视网膜出血。视网膜出血可能是体内器官出血的特征之一，系病情严重及预后不良的征兆，多见于少尿期。多尿期及恢复期病情缓解，眼部症状多不明显，仅少数有轻度结膜充血。本病偶可见皮质盲。

九、钩端螺旋体病

钩端螺旋体病（Leptospirosis）是由致病的钩端螺旋体引起的急性传染病。本病急性期可见结膜充血、结膜下出血及巩膜黄疸，在恢复期后 2～6 周可发生双眼急性虹膜睫状体炎或全葡萄膜炎，眼底可见黄白色渗出物，多位于周边部血管旁，少数可在后极部，亦可见视网膜出血。若累及视神经则视乳头充血，边界模糊，静脉充盈迂曲，少数病例可伴发角膜炎、巩膜炎、球后视神经炎、眼球震颤或眼外肌麻痹。本病多为轻型或良性，经皮质类固醇治疗，预后良好，发病时前房穿刺房水做动物接种或直接培养可检出病原体。

十、疟疾

疟疾的眼部表现是多种多样的，有时可见眼睑水肿、睑缘炎、流泪、结膜充血或结膜下出血、巩膜炎及角膜缘处浅层血管呈螺旋状迂曲等改变。疟疾以间日疟多见，其中较常见的眼部改变是角膜并发病，如树枝状角膜炎、盘状角膜炎、深层角膜炎及麻痹性角膜炎和角膜溃疡，既往有角膜病变者更易发生，可能与高热诱发单纯疱疹病毒复发有关。虹膜睫状体炎少见。恶性疟疾致严重贫血时可发生视网膜出血，严重者偶有视网膜前出血，甚至玻璃体出血。出血吸收缓慢，可形成增殖性玻璃体视网膜病变，引起牵引性视网膜脱离。部分患者痊愈期后发生脉络膜炎，甚至转移性眼内炎。发热期可发生周期性视力障碍，也可见视乳头炎、球后视神经炎及眼外肌麻痹等。此外，治疗疟疾的药物奎宁常可引起中毒性视神经视网膜病变。

十一、结核病

结核病在眼部的表现形式多样，除晶状体外，眼部各组织均可累及，由于全身或局部病灶的内源性播散引起。眼部结核多继发于全身结核，尤以肺结核为主。

眼睑：眼睑结核初为皮下大小不定的硬结，以后发生干酪样坏死，形成溃疡及瘘管，经久不愈。愈后可形成瘢痕性睑外翻。

结膜：结膜上的溃疡型结核较为少见。结膜结核更多表现为泡性结膜炎，多见于青少年，其发生原因与对结核菌蛋白过敏有关。病变如发生在角膜缘处，则称为泡性结膜角膜炎。睑结膜结核诊断的关键在于活检。

角膜：结核性角膜基质炎，为角膜对结核菌菌体蛋白的一种过敏反应，多发生在年轻女性，病程较长，易反复发作。

巩膜：巩膜也可因对结核菌蛋白的过敏而产生表层巩膜炎、前巩膜炎或后巩膜炎。如病变向角膜扩展，形成三角形或舌状的角膜浸润区，称角巩膜炎或硬化性角膜炎。偶尔结核菌可直接损害巩膜，引起巩膜局限性干酪坏死、溃疡，导致巩膜全层穿破。

葡萄膜：内因性葡萄膜炎中，结核占相当重要的地位。结核性葡萄膜炎也有多种表现：结核性虹膜睫状体炎，虹膜表面可见 Koeppe 结节、羊脂状角膜后沉着物，罕见虹膜睫状体团球状结核瘤。渗出性虹膜睫状体炎则为葡萄膜组织对结核菌的过敏性炎症。全身粟粒性结核可在脉络膜出现大小不一，直径为 0.5～2.5mm 黄白色结节，可分布于整个眼底，多见于后极部，对结核性脑膜炎的诊断具有一定的价值。有时脉络膜可有一团球状结核瘤，多位于后极部，严重影响视力。

视网膜、视神经的结核较少见。有人认为视网膜静脉周围炎与结核有关，为年轻男性患者较为常见的眼病之一。

眼眶：结核性眶骨膜炎亦较为常见，多发生在儿童或青年，易形成瘘管或死骨，经久不愈。

十二、风湿热及类风湿关节炎

风湿热可见眼睑痉挛，眼睑轻度水肿、眼轮匝肌麻痹导致泪溢，暂时性复视、虹膜睫状体炎、视网膜脉络膜炎等；类风湿性关节炎常见结节性浅层巩膜炎、巩膜炎和非肉芽肿性虹膜睫状体炎，尚可见全葡萄膜炎、干燥性角结膜炎等，严重者可导致穿孔性巩膜软化症。

十三、强直性脊柱炎

本病是一种主要累及脊柱关节和骶髂关节的自身免疫病，常并发急性非肉芽肿性虹膜炎，亦可见巩膜炎。HIL-AB27 抗原阳性率可高达 90%以上，对临床诊断具有特异性。我国原因不明的男性青年复发性前葡萄膜炎应考虑可能与该病有关，可常规行骶髂关节摄片及血 HIL-AB27 检测，以协助诊断。

十四、系统性红斑狼疮

该病为一种多器官受累的结缔组织病，眼球各部分均可受累，10%～25%患者出现眼底病变，常见眼底病变为静脉迂曲扩张，FFA 显示小动脉闭塞，常见视乳头周围及后极部典型的棉絮状斑，亦可见视网膜出血、微动脉瘤、视乳头及其周围视网膜水肿，非典型视网膜病变可见动脉狭窄或阻塞。一般认为该病眼底改变与病情活动有关，与病程长短无关。其他还可见浅层巩膜炎、干性结角膜炎等。眼部改变均发生于急性活动期，可伴有不同程度的全身脏器损害，因此该病眼部改变提示了狼疮侵犯多系统和病情活动的情况。眼部检查可为治疗和预后提供客观依据。

十五、获得性免疫缺陷综合征

该病又称艾滋病（AIDS）。眼部并发症占 40%～63%，可高达 82.6%以上，眼部表现有视网膜絮状白斑，巨细胞病毒性视网膜炎，结膜炎，角膜炎，巩膜炎，虹膜睫状体炎，脉络膜肉芽肿，眼睑穹隆部结膜，泪囊及眼眶 Kaposi 肉瘤，视网膜脱离，青光眼等。其中较为常见者有：

1. 视网膜棉絮状白斑 多在眼底后极部视乳头周围血管处或其附近，视网膜神经纤维层出现白色边界不清的混浊斑块。眼底荧光血管造影显示视网膜毛细血管无灌注及微血管异常区，有此征象者死亡率可高达 81%，而阴性者则为 44%。

2. 巨细胞病毒性视网膜炎 单眼或双眼发病，病变多累及眼底后极部，范围较广。该症发生前均有棉絮状白斑出现，初期为一些白色颗粒状病灶，逐渐互相融合并向周围扩展，形成边缘水肿的炎性斑块，血管附近视网膜常有出血，血管有白鞘。晚期可产生大片视网膜坏死。4～6 周以后，病变逐渐消退，形成广泛而大小不等的色素瘢痕，亦可导致视网膜脱离。

3. 视网膜出血 约占 27%，眼底后极部点状或火焰状出血者约占 10%，赤道部有点状视网膜出血者约 17%，10%出现 Roth 斑。

4. 眼部的 Kaposi 肉瘤 常位于眼睑结膜或泪囊区，多因出血而被误诊为单纯球结膜下出血。典型者表现为软性浅蓝色皮肤结节，或位于下穹隆或睑结膜处孤立的青紫色结膜下肿块，有时伴有结膜下出血。

十六、内分泌腺病

1. 甲状腺功能亢进（hyperthyroidism） 简称甲亢。以甲状腺性弥漫性肿伴功能亢进最为常见。

眼球突出为甲亢的典型症状之一，也称为突眼性甲状腺肿，多呈轴性突出，双眼程度可不相等，亦有以单眼先发生者，眼睑常有典型特征性表现，如睑裂增宽，瞬目运动减少（stellwag 征）；眼球向下看时，上睑退缩，且不能立即随眼球运动向下移动（von Graefe 征）；上眼睑翻转困难（Gifford 征）；双眼看近物时辐辏能力减退（Moebius 征）。

2. 浸润性眼病变 亦称恶性突眼症。为促甲状腺激素性突眼症，多见于中年男性。眼征有畏光，眼睑水肿明显，球结膜充血水肿，眼球突出，常超过 20mm，重症者眼球突出常伴眼外肌重度增生，为此病的眼部特征性表现。眼球运动明显障碍，甚至固定，眼睑闭合不全，视力减退，乃由于视神经受眶内病变的压迫，以及眶顶部血液循环受损和眼肌肿大肥厚等压迫视神经所致。视野向心性缩窄，眼压明显增高，眼球壁硬度系数降低，常伴发胫骨前黏液性水肿。

十七、维生素缺乏

1. 维生素 A 缺乏 人体每日需要维生素 A 的量为 5000～7000U，正常血液中的维生素 A 含量为 50～70U / L，低于 20U / L 将引起维生素 A 缺乏症状，如夜盲、干眼症及角膜软化症。

2. 维生素 B_1 缺乏 人体每日需要的维生素 B_1 约为 1mg，正常血浆中的维生素 B_1 含量约为 21μg/L。维生素 B_1 缺乏者约 70%有眼部症状，如结膜角膜上皮损害引起干眼症、球后视神经炎、视神经萎缩或眼球运动神经麻痹等。

3. 维生素 B_2 及维生素 PP 缺乏 包括烟酸及核黄素两种，人体每日需要量为 12～15mg。烟酸缺乏可引起视神经炎或视网膜炎。核黄素缺乏可引起睑缘炎、结膜炎、酒糟鼻性角膜炎、角膜缘周围新生血管形成及白内障等。

4. 维生素 C 缺乏 人体每日需要量 50～100mg，正常血浆中含量约为 6.32μg/L。缺乏维生素 C 可引起眼睑、结膜、前房、视网膜和眼眶等处出血。此外白内障的发生也可能与维生素 C 的含量不足有关。

5. 维生素 D 缺乏 缺乏维生素 D 的儿童往往有骨发育异常。因此可引起眼眶狭窄、眼球突出、眼睑痉挛及屈光不正等。也可由于钙的缺乏，发生低钙性白内障。维生素 D 的摄入过量，可因钙的沉着引起结膜、角膜带状混浊，此外，也可发生斜视、眼眶骨化、眼球震颤、视乳头水肿、虹膜炎及白内障。

6. 维生素 E 缺乏 主要影响视网膜色素上皮功能，可导致视力减退。

7. 维生素 K 缺乏 少数合并视网膜出血，如颅内出血可引起颅内高压致视乳头水肿及皮质盲等。继发性视神经萎缩可致盲。

第二节 外科疾病的眼部表现

一、面部疖肿及体内深部脓肿

颜面部血液循环丰富，面部静脉无静脉瓣，因此当面部疖肿等化脓性感染，尤以位于眉尖及两侧口角之间的危险三角区时，不恰当的处理或自行挤压，常使脓毒性栓子进入面静脉、内眦静脉、眼静脉进入海绵窦，发生海绵窦静脉炎或海绵窦血栓形成。体内深部感染或脓肿可因败血症引起转移性眼内炎或球后脓肿。

二、胸腹部严重挤压伤

车祸、地震、房屋或矿井的倒塌等所致的严重胸腹部挤压伤、头部损伤、四肢骨折，甚至骨盆骨折，虽未直接损伤及眼部，但可引起间接性眼部损伤。一般在伤后 1～2 日，除可表现眼睑和结膜充血、水肿及眼球突出外，眼底可有视乳头水肿、视网膜静脉充盈、迂曲，视网膜火焰状或线状出血，视乳头和黄斑类圆形棉绒斑，有的可有玻璃体出血，称为远达性视网膜病，又称 Purtscher 病。然而这些改变常可自行恢复，一般预后良好，不需特殊治疗。

三、急性大出血

外科手术时大出血，外伤或其他病因发生的脏器严重出血（如胃肠道），可呈突发性失明，常由于前部或后部缺血性视神经病变所致。亦可有视网膜缺血、瞳孔散大、光反射迟钝或消失、视网膜动脉痉挛，视乳头苍白萎缩。

四、颅脑损伤

颅底骨折可引起双侧眼睑及球结膜下瘀血。颅前凹骨折还可因眶内血肿而致眼球突出或眼睑皮下气肿。骨折位于眶尖可引起眶尖综合征，视神经管骨折，或因缺血或血块、骨折片压迫视神经而造成失明。由于患者多处于昏迷状态下，易忽略眼部体征，以致失去早期手术减压的机会。因此颅脑损伤时应特别注意双眼瞳孔反射，如发现一侧瞳孔进行性散大，直接对光反射消失，间接对光反射存在，则提示该侧视神经受损。即使 X 线摄片未发现视神经管骨折，也可试行视神经管减压术。如行断层摄片或头颅 CT，可提高阳性发现率。

硬膜外血肿多因脑膜中动脉的破裂所致，血肿使大脑半球向对侧移位，因而使颞叶的沟回疝入小脑幕切迹，及时手术可挽救患者生命。沟回疝的重要体征是先有同侧瞳孔短时间的缩小，继之瞳孔进行性散大而固定。值得注意的是应与强直性瞳孔和 Adie 综合征鉴别，后两者无意识障碍和对侧肢体瘫痪，更重要的是瞳孔无进行性散大。

硬膜下血肿多因外伤引起颅内小静脉破裂所致，发病多较缓慢，引起颅内压慢性增高，导致头痛、呕吐和视乳头水肿，极易误诊为颅内肿瘤，应该警惕。

颅脑损伤常致眼球、眼眶、瞳孔、眼球运动神经、视神经、视路等损害，颅脑损伤引起颅内高压时双视乳头水肿。视路受损可产生相应的视野缺损。瞳孔缩小、对光反射迟钝或消失多见于重度闭合性颅脑外伤合并小脑幕裂孔疝的早期及脑挫裂伤。瞳孔缩小常由于中脑严重损伤或提示深度昏迷。

颅脑损伤常伴有瞳孔改变，对定位及预后均有一定意义。视乳头水肿、视网膜出血、视网膜渗出提示预后不佳。原发性脑干损伤常有眼震，自发性垂直型眼震对脑干损伤定位诊断、判断预后等均有一定的参考价值。

第三节　儿科病的眼部表现

一、未成熟儿

未成熟儿视网膜病变（retinopathy of prematurity，ROP），旧称晶状体后纤维增生症。患儿多为妊娠 32 周以下，出生体重低于 1500g，多有吸入高浓度氧史或发育迟缓的低体重儿多发。因患儿血管未完全发育成熟，若吸入高浓度氧，则使未成熟视网膜血管发生收缩与阻塞，影响血管发育，同时组织缺氧也导致新生血管形成纤维组织增生，最终至牵引性视网膜脱离及眼球萎缩。ROP 是婴儿致盲的重要原因，也是导致白瞳症的重要眼病之一。早产、出生低体重和吸高浓度氧为已知的发病因素。

二、麻疹

患儿不同时期感染麻疹病毒，其眼部临床表现也不同。如母亲妊娠前 3 个月感染麻疹病毒，可引起新生儿先天性白内障或色素性视网膜病变。如幼儿期感染麻疹者，初期常有畏光、流泪、结膜充血等；后期可因继发感染而产生脓性分泌物，呈急性卡他性结膜炎、角膜炎，严重者可发展成角膜溃疡；也有可能出现视神经及视网膜炎等症状。若出现亚急性全脑膜炎，多可引起眼部损害，表现为皮质盲、幻视、眼球运动障碍，以及视神经视网膜病变。

三、风疹

风疹多发生于儿童，如妊娠妇女在怀孕早期患风疹，则出生的婴儿往往患双眼先天性白内障，同时也常患其他先天畸形，如先天性心脏病、小头畸形和智力迟钝等。晶状体呈乳白色混浊，以中央部最显著，视网膜后部常出现棕黄的色素沉着，呈细点状或斑纹状，大小不一，散在性分布，互不融合，称为风疹性视网膜病变。

四、流行性腮腺炎

妊娠期妇女若患腮腺炎，其新生儿往往会有小眼球、小角膜、角膜混浊及先天性白内障、眼球震颤等眼部异常。儿童期感染腮腺炎，常可表现为结膜炎、角膜炎、虹膜炎、葡萄膜炎、泪腺炎、视神经炎、青光眼或眼外肌麻痹等。

五、百日咳

由于剧咳常可引起眼睑水肿，眼睑皮下瘀血及球结膜下出血，严重者可有前房积血、视网膜出血，甚至玻璃体出血。

六、流行性乙型脑炎

流行性乙型脑炎可表现为眼外肌麻痹，特别是双眼的共轭运动失调、垂直性或水平性眼球震颤、调节麻痹及瞳孔运动障碍、角膜感觉迟钝，甚至消失。瞳孔双眼不等大，对光反应迟钝或消失，视神经炎、双颞侧或同侧偏盲。颅底脑膜炎可致视乳头水肿。

七、急性细菌性痢疾

急性细菌性痢疾（acute bacillary dysentery）可因严重腹泻脱水而引起眼睑皮肤干燥及眼球凹陷，亦可因维生素 A 缺乏引起眼球干燥、角膜软化，偶可伴有虹膜睫状体炎或视神经炎。中毒型菌痢可因高热或毒素引起视网膜动脉痉挛、狭窄和视网膜水肿。累及枕叶皮层可因血管痉挛、供血不足缺氧而引起皮质盲。临床上该病引起黑矇可分皮质盲型和视神经型，前者为功能性，瞳孔及眼底正常，可逆性，预后好；后者为器质性，瞳孔散大，视乳头常有改变，为不可逆性，预后差。皮质盲型有时亦可发生视神经萎缩。中毒型菌痢患儿昏迷清醒后，应密切观察视力、瞳孔和眼底的改变。

八、产伤

产伤可分自然分娩时产道对胎儿头部压迫和产钳伤 2 种，眼部损伤如眼睑出血、挫伤或上睑下垂，结膜出血、水肿；角膜上皮擦伤、实质层水肿或后弹力层皱襞角膜继发感染，前房积血、虹膜根部离断；视网膜或玻璃体出血；晶状体脱位或外伤性白内障；眼肌麻痹、眼眶骨折，甚至眼球脱位。亦可因产伤发生颅内血肿导致颅内高压、蛛网膜下腔出血，从而发生视乳头水肿、视网膜前出血及眼肌麻痹和瞳孔障碍。有些婴幼儿原因不明的弱视、斜视、视神经萎缩、眼球震颤或眼球凹陷等均可能与产伤有关。

第四节　妇产科病的眼部表现

妊娠高血压综合征（pregnancy induced hypertension，PIH）简称妊高征，多出现在妊娠后期或妊娠 6 个月后，其眼征可见眼睑及球结膜水肿，球结膜小动脉痉挛，毛细血管弯曲以及球结膜贫血等改变。眼底改变可分为三期，亦有从痉挛期直接发展为视网膜病变期。

1. 视网膜动脉痉挛期 视网膜小动脉狭窄，粗细不等，动脉细，静脉粗，比例可为正常的 2∶3 变为 1∶（2～4）。

2. 视网膜动脉硬化期 由于血压持续升高，视网膜动脉管径变窄，管壁光反射增宽，有动静脉交叉压迫征。

3. 视网膜病变期 眼底可见视网膜水肿、渗出、棉絮斑、黄斑星状渗出，甚至发生渗出性视网膜脱离。

本病偶见皮质盲，应当指出的是，眼底检查对观察该病有一定的意义，即当眼底仅有视网膜动脉痉挛期，可继续观察，常可缓解。经治疗无效，或进入视网膜病变期，甚至有视网膜脱离，应考虑中止妊娠。有蛋白尿则妊高征视网膜病变严重。另外，与低体重儿、围产儿死亡成正比关系，即视网膜病变越重，低体重儿发生率及围产儿死亡率越高。血压越高，球结膜微循环改变越严重。球结膜微循环可见缓流、泥流、间歇流，微血管管径变细等，毛细血管瘤多为 3～10 个，微动脉变窄多见，并有局限性出血及小出血灶等。

第五节 皮肤病及性病的眼部表现

一、麻风

瘤型和结核样型皆可累及眼部。眉毛部分或全部脱落。眼睑有结节，粗糙、变厚，倒睫、上睑下垂、睑外翻或兔眼，结膜炎分泌物中可发现大量麻风杆菌。角膜上皮易脱落和溃疡形成，且可发生浅层点状角膜炎、麻痹性角膜炎或深层角膜炎。角膜混浊是麻风致盲的主要原因之一。偶见虹膜睫状体炎，虹膜表面有粟粒状白色小结节或孤立性麻风结节，可有虹膜后粘连，继发性青光眼，并发性白内障，亦可有眼球运动障碍。

二、梅毒

梅毒可分先天性和后天性两大类，各期梅毒都可能发生于眼的各个部位，通常双眼受累。

1. 先天性梅毒 主要表现为基质性角膜炎及脉络膜视网膜炎。眼底周边部有大量细小棕色或黑色尘埃状色素点，夹杂有黄灰色脱色斑点，形成典型的“椒盐状”眼底；也有表现为大的孤立病灶，或类似视网膜色素变性。多发生在 5～15 岁，尚可见鞍鼻、霍奇金齿。

2. 后天性梅毒 早期梅毒可表现为接触部位的皮肤或黏膜发生下疳，眼睑、结膜偶有下疳发生。约 5%二期梅毒患者表现为急性虹膜睫状体炎，常与皮疹同时出现，多在初期感染后 4～6 个月发生，有时虹膜表现为结节或梅毒性蔷薇疹，少数可见视网膜脉络膜炎。三期梅毒为神经梅毒，感染后 20～30 年发生，脊髓痨患者约 10%有瞳孔缩小，光反射消失而近反射正常（即 Argyll-Robertson 瞳孔），20%可伴有原发性视神经萎缩：脑膜血管梅毒多损害颅底部脑膜，因而可引起眼球运动神经麻痹、视神经炎和继发性视神经萎缩；麻痹性痴呆偶可伴有 Argyll-Robertson 瞳孔、视神经萎缩或眼肌麻痹。

三、结缔组织病

1. Sjögren 综合征 又称眼、口黏膜干燥综合征或称干燥综合征，典型者有干性结角膜炎，口腔干燥及类风湿关节炎三联征。中老年女性多见，一般认为系自身免疫性疾病。眼部表现有眼干、异物感、烧灼感或畏光等，结膜有泡沫状分泌物，结膜充血，角膜上皮点状脱落或呈丝状角膜炎。荧光素染色阳性，1%虎红染色，结膜、角膜着色明显。Schirmer 试验阳性。其他尚有泪液溶菌酶减少或消失，泪膜破裂时间缩短，血清抗核抗体阳性，血清 IgG、IgA、IgM 增高，类风湿因子阳性等。唇、涎腺体组织活检淋巴细胞浸润增殖均有助于诊断。其他可见口腔、鼻、咽喉发干，黏膜萎缩，泪腺和腮腺分泌减少，多发性类风湿性关节炎。对于长期诊治为慢性结膜炎或病毒性角膜炎治疗无效者，应考虑本病的可能，进行必要的辅助检查，以明确诊断。以往该病多用皮质类胆固醇治疗，因其不良反应多，近年来有人用转移因子等治疗，溴己新（别名必嗽平）对该病有一定的疗效，但机制尚不明确。

2. Stevens-Johnson 综合征　又称多形渗出性红斑症，为一种严重的皮肤黏膜病，多发生于 10～30 岁男性，可能与病毒或药物过敏有关。眼部表现有眼睑红肿、糜烂，卡他性、黏液脓性、出血性或膜状结膜炎，结膜充血、水肿，可见大疱样损害，干性结膜角膜炎，浅层或深层角膜炎，角膜溃疡甚至穿孔；泪点和鼻泪管阻塞、泪腺管阻塞、睑球粘连、睑内翻等。全身表现有恶寒、高热、急性呼吸道感染，皮肤有多形性渗出性红斑，阿弗他性口炎、龟头炎、尿道炎、阴道炎等。

第六节　神经科病的眼部表现

一、多发性硬化

本病是中枢神经系统脱髓鞘疾病，多发病灶及缓解与复发交替的病程为其特点，病因至今不明，一般认为与自身免疫病因有关。此病在我国起病急，病程短，软化坏死灶较多见，多见于 20～40 岁。眼部最常见改变为单眼或双眼急性球后视神经炎，表现为视力突然减退，早期眼底多无改变，有中心或旁中心暗点，色觉障碍，严重的甚至可失明。大部分患者可在数周内恢复，但易复发，重者可遗留视神经萎缩。亦可见复视、眼肌麻痹、核上性眼球运动病变（以侧向运动麻痹最多见），眼震和核间性麻痹共存，提示脑干病灶；双侧核间性眼肌麻痹等，均被认为是本病特征性表现。

动眼神经麻痹占 25%～70%，外展神经麻痹或单纯上睑下垂也较常见，此外尚可有眼球震颤、Horner 综合征及视网膜静脉周围白鞘等。头颅 CT 可显示大脑各叶白质、视神经、脑干、小脑和脑室周围低密度多发病灶。视诱发电位（VEP）和体感诱发电位（BAEP）、头颅 MRI 等检查有助于诊断，其中头颅 MRI 较 CT 更有诊断价值。脑脊液髓鞘碱性蛋白及单克隆抗体增高等。

二、视神经脊髓炎

视神经脊髓炎又称 Devic 病，是累及视神经和脊髓的中枢神经系统脱髓鞘疾病，自发现 NMO-IgG 较特异的一项免疫标志物（水通道蛋白 4，Aqp4），目前普遍认为该病为一种独立的神经科疾病，头颅 MRI、脑脊髓及临床病程等均与多发性硬化不同。

本病可双眼先后或同时发生，呈急性和亚急性发病，常有缓解和复发，多因呼吸肌麻痹或继发感染而死亡。临床上常见双侧急性视神经炎或球后视神经炎，同时或先后发生脊髓炎，大脑及脑干亦可累及。视神经炎时视乳头充血、水肿；球后视神经炎早期眼底无异常，晚期视乳头颞侧苍白，有中心或哑铃状暗点，视野向心性缩窄，色觉障碍等。脊髓症状常表现为急性或亚急性脊髓横贯性损害，以胸段最易受累，引起截瘫。

三、肝豆状核变性

肝豆状核变性又称 Wilson 病，系由铜代谢障碍所致，现已知该病系由于基因突变引起，基因定位于 13 号染色体长臂上（13q14.3），主要病变位于基底神经节的豆状核和肝脏。典型者有锥体外系症状，肝硬化和肾脏损害及角膜缘棕黄色色素环（Kayser-Fleischer 环，简称 K-F 环）。本病多发于 10～25 岁。眼部特征性改变为角膜周边色素环，由于铜在周边角膜后弹力层及附近沉积而形成。

约 95%的患者有 K-F 环，脑型患者几乎 100%有此环，因此 K-F 环是诊断 Wilson 病的重要依据。K-F 环大多呈单环，棕黄色略带绿色，近角膜缘色素浓，近角膜中心部色素淡，主要沉着在后弹力层及角膜深层，在色素环与巩膜间有很狭窄的透明带。明显者用斜照法即可见，不明显者须用裂隙灯检查。其他尚可见晶状体前后囊有棕红色、蓝色、绿色、黄色发亮的粉末状，称向日葵形白内障。锥体外系症状如肢体震颤，肌强直，吞咽、咀嚼、说话困难，或可伴智力减退。血清铜含量减低，铜蓝蛋白及血清铜氧化酶活性降低等检查有助诊断。对青少年起病的肢体震颤和肌强直等锥体外系症状，有精神症状或儿童原因不明的肝硬化，应考虑本病的可能，需常规行裂隙灯检查有无角膜周边色素环，以便作出早期诊断。本病早期诊断可有效治疗。

四、重症肌无力

本病系神经肌肉传递功能障碍的一种疾病，与乙酰胆碱不足有关，近年来认为属自身免疫性疾病，与胸腺增生或胸腺瘤有关，有一定的遗传易感性。运动后横纹肌无力加重，休息后肌力增强为本病特征。本病多见于 20～40 岁，国内幼儿及儿童也常见，女性患者较多。临床症状多由眼部症状开始，突然发生，有上睑下垂（多表现为晨轻暮重）、复视、眼外肌麻痹等。眼内肌一般不受累，因而瞳孔及睫状肌无异常。诊断主要依据临床症状及肌内注射新斯的明或静脉滴注腾喜龙，症状可分别在 15～30s 及 1min 内明显缓解，为预防新斯的明所引起的胃肠痉挛，在注射新斯的明前可肌内注射阿托品。治疗可应用大剂量泼尼松 60～100mg 或 15 岁以下每公斤体重 2～3mg，隔日晨顿服，好转后减量。2 年内眼型重症肌无力多不会发展为全身型。

五、颞动脉炎

颞动脉炎又称巨细胞动脉炎，为一种动脉阻塞性炎症，系全身性血管病变的部分表现。其发病并不局限于颞动脉，因特别易累及颞动脉，故而命名。本病多见于 60 岁以上，可突然发病，全身不适、低热、乏力、颞区疼痛，触诊时有坚实的结节，压痛明显，血沉快，白细胞增高。其多侵犯双眼，可先后发病。主要表现为缺血性视神经病变，视力突然减退，视野中出现与视盘相连的扇形缺损，如不及时治疗，可迅速发生视神经萎缩。偶可发生视网膜中央动脉痉挛或阻塞，引起一过性黑矇，尚可伴有眼外肌运动障碍，其中以外直肌麻痹多见。如果血沉超过 50mm/h，应行颞动脉活检，以期确诊。本病应作急诊处理，及时给予大剂量皮质类固醇治疗，以抢救视力；另外，对预防对侧眼的发病亦有一定的作用。

六、脑血管病

（一）短暂性脑缺血发作

短暂性脑缺血发作（transient ischemic attack，TIA）系缺血性脑血管病的常见类型，指颈动脉系统或椎基底动脉系统的一过性供血不足，导致局灶性神经功能障碍。临床表现有反复发作的运动或感觉障碍、失语等症状，偏瘫通常以上肢和面部为重，如出现一侧短暂性失明为颈内动脉分支眼动脉缺血的特征性改变。如发作性偏瘫伴有对侧的短暂性无痛性的单眼失明或视觉障碍可考虑为失明侧颈动脉系统 TIA。黑矇多数持续 2～15min，24h 内完全缓解，无任何后遗症，可反复发作，少者 1～2 次，多至数十次。TIA 由于颈动脉系统引起黑矇者占 34%，视野障碍呈双眼对侧偏盲者占 6%～14%；椎基底动脉系统 TIA 无黑矇，多有视野障碍，可占 13%～32%。单眼一过性黑矇系同侧颈内动脉眼支缺血特征性改变，如同时伴对侧肢体 TIA 则高度提示黑矇侧颈动脉有粥样硬化或狭窄。尚可见视神经萎缩、视网膜微动脉瘤、白内障、新生血管性青光眼等。诊断主要依靠病史，如中年患者，突发短暂的脑局灶性功能障碍，不能以其他疾病解释者应考虑 TIA。为了预防再发或脑梗死，应尽力寻找病因，可常规行血压、血脂、血糖、血液流变学、心电图及颈动脉超声多普勒检查，颈部杂音有助于颈动脉狭窄的诊断。儿童或青少年 TIA 为脑动脉炎引起，老年人主要是动脉硬化所致。

（二）脑血管阻塞

脑血管阻塞因损害部位不同而眼部症状不同。

（1）大脑中动脉阻塞引起双眼病灶对侧的同侧偏盲，无黄斑回避。

（2）基底动脉阻塞可引起瞳孔缩小及第Ⅲ、Ⅳ、Ⅵ对脑神经麻痹。

（3）大脑后动脉阻塞则表现为皮质盲或双眼病灶对侧的同向偏盲，伴黄斑回避。

（4）小脑后下动脉阻塞（Wallenberg 综合征）眼征：复视，同侧眼球凹陷，上睑下垂，瞳孔缩小（同侧 Horner 综合征），同侧外展神经麻痹，自发性同侧或对侧水平性或旋转性眼球震颤（前庭核受损），视动性眼震正常，病变侧角膜知觉消失。尚可见同侧小脑性运动不能，肌张力低下，吞咽及语言困难，声音嘶哑，同侧软腭、咽喉和声带麻痹。同侧面部痛觉和温度觉丧失，病灶对侧躯干与四肢痛觉和温度觉丧失，偶见对侧肢体麻痹。

（三）脑出血

脑出血一般系指脑实质内出血，由于出血的部位不同，临床表现各异，常见内囊出血，多为双眼向病侧偏斜。如小脑出血常呈强迫性头位和眼球震颤，角膜感觉消失，瞳孔不等大。

（四）脑血管瘤

脑血管瘤位于海绵窦段动脉瘤因视神经或视交叉受压而引起视力减退，或双眼颞侧偏盲，此外尚可有第Ⅲ、Ⅳ、Ⅵ对脑神经麻痹及角膜反射迟钝，眼静脉回流受阻。大脑前动脉及前交通动脉血管瘤则因视神经或视交叉受压而引起视力障碍或双眼颞侧偏盲，无支配眼球运动神经麻痹。大脑后动脉或后交通动脉瘤可致第Ⅲ对脑神经麻痹。小脑血管瘤常伴有视网膜血管瘤，称为 von Hippel-Lindau 综合征。此外，如动脉瘤破裂可引起蛛网膜下腔出血，导致视乳头水肿及视网膜出血，合并有玻璃体出血者，称 Terson 综合征。

七、脑炎和脑膜炎

乙型脑炎眼部症状见本章“儿科病的眼部表现”。甲型脑炎更为多见，有眼肌麻痹、眼球震颤、上睑下垂、瞳孔异常及调节麻痹。慢性期有动眼危象的发作，即双眼多向上方凝视数分钟至数小时之久。流行性脑脊髓膜炎，几乎眼球各组织都可能受累，眼部症状与乙型脑炎相似，有时也可见转移性眼内炎、全眼球炎、视神经炎或视神经萎缩。

八、脑肿瘤

眼部症状有两大类：一类因肿瘤所致颅内高压而发生视乳头水肿及一过性黑朦，其后可发生继发性视神经萎缩，一类则依其肿瘤的所在部位而引起相应的眼征。额叶底部肿瘤或嗅沟脑膜瘤压迫同侧视神经可引起患侧原发性视神经萎缩，对侧视乳头水肿，称 Foster-Kennedy 综合征。垂体腺瘤可引起双侧原发性视神经萎缩及颞侧偏盲。颞叶肿瘤压迫视放射下方纤维则致对侧上方象限同侧偏盲，顶叶肿瘤则压迫视放射上方纤维引起对侧下方象限同侧偏盲。枕叶肿瘤多出现肿瘤对侧的同侧偏盲且常有黄斑回避。蝶骨嵴脑膜瘤可见第Ⅲ、Ⅳ、Ⅵ对脑神经的损害。蝶骨嵴内 1/3 肿瘤，早期即可出现视力减退、视神经萎缩、视野缺损，进一步发展可致眶上裂综合征、Foster-Kennedy 综合征；蝶骨嵴中 1/3 肿瘤，早期无明显眼症，晚期可见视神经萎缩，视乳头水肿和同侧偏盲；蝶骨嵴外 1/3 肿瘤：早期眼球突出和蝶骨大翼增厚导致颞侧部隆起。脑干肿瘤可因部位不同而表现有Ⅲ、Ⅳ、Ⅵ对脑神经的损害及侧方同向运动麻痹。小脑桥脑角肿瘤表现为视乳头水肿，同侧角膜反射消失及面神经损害引起的眼睑闭合不全。小脑肿瘤则多有视乳头水肿及眼球震颤等体征。早期视乳头水肿仅凭眼底检查难以肯定，除随访观察外，检查生理盲点有无扩大，特别是水平径扩大者有一定辅助诊断意义。眼底荧光血管造影发现视乳头周围有毛细血管扩张及渗漏，亦有一定帮助。另外，脑肿瘤常由于视力减退而首先就诊于眼科，因此，对于原因不明的视力减退，如考虑或诊断视神经炎、球后视神经炎或视神经萎缩等，应行头颅 CT 或 MRI 等检查。

九、癔症

癔症常见眼部症状有眼睑痉挛、单眼或双眼突然失明、上睑下垂，但瞳孔对光反射正常，且行动自如，有畏光、复视、眼眶或眼球剧烈疼痛。色觉异常、眼球运动障碍（有意转动时则麻痹，无意时却可运动）、眼球震颤、调节痉挛或调节功能麻痹。有患者自述全盲而走路毫无困难。视野呈向心性缩小或呈螺旋形缩小、色视野不符合正常规律、视野可随暗示的影响而改变，眼底正常。发病常有诱因，所有症状常可在暗示情况下加重，缓解或消失。VEP 正常有助于诊断。癔病常伴有情绪障碍，与诈病不同。

十、脑出血

脑出血眼部症状有健侧角膜反射消失，深昏迷者双侧均消失，双侧瞳孔大小不等，昏迷时瞳孔光反射消失，危重者瞳孔散大。桥脑出血时双侧瞳孔缩小，内囊区出血时双侧同侧偏斜，双侧视野象限性缺损或偏盲。中脑出血时往往有眼球震颤等，颅内高压时可出现视乳头水肿。

十一、眼性偏头痛

偏头痛可有不少眼征，有些眼病亦会引起偏头痛，下面仅简单介绍两种较常见眼性偏头痛。

1. 眼肌麻痹型偏头痛　发病机制仍不清，头痛侧常伴有眼肌麻痹，多呈暂时性，少数为永久性，特别是在反复发生数次后。眼肌麻痹型偏头痛以动眼神经最常受累，其次为展神经和滑车神经，有典型病史者，不难诊断。应尽量寻找病因，排除颅内动脉瘤、海绵窦肿瘤、糖尿病、蝶窦黏液囊肿等所致。除病因治疗外，一般药物可给予阿司匹林类、钙通道阻滞剂、β 受体阻滞剂或少量糖皮质激素等治疗。

2. 闪辉样暗点　又称为视网膜型偏头痛，发病机制仍不清，眼征可能由于视网膜中央动脉或眼动脉收缩引起，偏头痛与大脑枕叶舒缩血管调节紊乱有关。本病多见于 20 岁前发病，可随年龄增长而缓解发作。典型的临床症状为有或无先兆性偏头痛，突发单眼或双眼前闪辉性暗点，多单眼发生或双眼同侧半视野中先有一小点闪光，呈锯齿状逐渐扩大，典型者可持续 20s，偏盲不越过垂直正中线，两侧引起者常见垂直正中线有一段距离，闪辉可能是单色的或彩色的，背景明亮，半侧视野中的视觉模糊，在闪光渐渐消失的轨迹中可见一暗点，暗点占半侧视野而成偏盲，所以该病又称闪辉性暗点。眼征发生后出现同侧头痛，有时也可是对侧头痛。常伴有恶心、呕吐，有时面色苍白，一般头痛可持续 1h 至数小时，其后可自行缓解。女性多见，常有诱因，发病至一定年龄症状可消失，一般预后好。

第七节　五官科病的眼部表现

一、扁桃体炎

慢性扁桃体炎常可作为眼病的病灶，由于细菌或其产生的毒素不断进入血液内引起菌血症或毒血症，从而导致葡萄膜组织等过敏，常见的有急性虹膜睫状体炎、视网膜脉络膜炎、全葡萄炎及视神经炎等。

二、中耳炎及乳突炎

化脓性中耳炎严重者常伴发乳突炎，可引起颞骨岩尖炎及颞叶脓肿，或引起局限性脑膜炎，从而导致患侧第Ⅲ、Ⅳ、Ⅵ对脑神经或兼有Ⅶ对脑神经损害，称 Gradenigo 综合征。严重者可引起颞叶脓肿，眼底除有视乳头水肿外，尚可见病灶对侧的双眼上象限同侧偏盲。炎症累及乙状窦、横窦或部分海绵窦，血栓形成时，则眼睑、球结膜水肿和眼球轻度突出。有时可作为慢性感染病灶引起虹膜睫状体炎、视神经视网膜炎或视乳头炎等。

三、鼻窦炎

由于眼眶壁和鼻窦紧邻，因此鼻窦炎常可侵犯眼眶，引起眶蜂窝织炎、眼眶脓肿、视神经炎或球后视神经炎等。鼻窦炎也可引起眼眶反应性水肿、眼睑充血水肿、眼球轻度突出等，应与眶蜂窝织炎鉴别。前者反应较轻，且无明显触痛；后者反应较重，触痛明显。其他尚可见眼睑痉挛、慢性睑缘炎、结膜炎、葡萄膜炎及不明原因的流泪等。

四、鼻窦肿瘤

鼻窦囊肿或肿瘤常侵入眼眶引起突眼，其临床表现可因来自鼻窦方向的不同而各异：上颌窦病变使眼球向前向上突出，眼球下转受限；额窦病变则使眼球向前外下方突出，上转受限；前组筛窦病变（以囊肿常见）使眼球向前向外下方突出，眼球内转困难，诊断较易；蝶窦和后组筛窦病变使眼球向正前方呈轴性突出，亦可出现视神经炎、视乳头水肿、球后视神经炎，甚至视神经萎缩。累及眶尖时可引起眶尖综合征，诊断较难。鼻窦断层 CT 检查有助于诊断。

五、鼻咽癌

我国南方多见，广东、广西及福建为高发区，不少病例因眼外肌麻痹首先就诊于眼科。病变易向颅底及颅内扩散，经颅底破裂孔等处长入颅中凹而引起第Ⅲ～Ⅶ对脑神经受损，常首先侵犯外展神经而出现外直肌麻痹，有复视症状有一定诊断意义。癌肿经鼻腔入筛窦而后进入眼眶，亦可经翼腭凹、眶下裂入眼眶，从而引起突眼、眼外肌麻痹、斜视、眼球后及眼眶疼痛、角膜感觉消失及麻痹性角膜炎等，也可表现为 Horner 综合征。因此，凡遇眼眶内肿瘤或眼外肌麻痹，特别是原因不明的外展神经麻痹者，应考虑鼻咽癌的可能。

六、齿槽脓肿

齿槽脓肿多由龋齿引起，细菌毒素或组织蛋白分解物经常进入血液循环，引起眼部过敏反应。作为眼病的病灶可引起角膜炎、葡萄膜炎、视神经炎等。对原因不明的一些眼病均应常规作口腔检查，发现病灶及时根治。上齿槽脓肿脓液通过面颌骨及上颌窦可直接引起眼眶感染，导致眶蜂窝组织炎及骨髓炎。新生儿较易发生上颌骨骨髓炎。

七、下颌瞬目综合征

下颌瞬目综合征（Jaw-winking syndrome），又称 Marcus-Gunn 现象。单眼上睑下垂，检查时当张口或下颌向侧方运动时，下垂之上睑可立即提起，睑裂开大甚至超过健眼；闭口时上睑又恢复下垂位置，此现象被认为系由三叉神经支配的翼外肌与动眼神经中枢或末梢有异常联系之故。少数后天性动眼神经中枢损害恢复期也可发生该现象。常需手术治疗。

第八节　眼与药物反应

不少眼病是因应用药物所致，称药源性眼病。不仅全身用药，局部用药也可引起。

一、皮质类固醇

1. 皮质类固醇性青光眼　全身或局部长期应用皮质类固醇可致继发性开角型青光眼。以局部用药较为多见，如长期滴用该类药治疗春季卡他性结膜炎或结膜下注射药物均可引起，近年来随着玻璃体腔注射曲安奈德或玻璃体视网膜手术中激素的使用，常出现继发性高眼压，甚至继发性青光眼。其临床表现与原发性开角型青光眼相似，早期症状轻微，严重者表现为典型的青光眼视野缺损、视神经损伤等改变。一般停药后眼压可下降，晚期患者如药物不能控制眼压则需手术治疗。

皮质类固醇诱导的高眼压反应与所应用的激素种类、用药浓度、方法、剂量、频率、时间长短等有关。易感人群为原发性开角型青光眼及其一级亲属，糖尿病、高度近视者等。地塞米松、倍他米松、泼尼松龙局部应用较易引起眼压升高，而可的松则较少发生。发病机制多认为是皮质类固醇影响了黏多糖代谢，使黏多糖积聚于小梁，以致房水排出阻力增加，眼压升高，导致青光眼。

2. 皮质类固醇性白内障　局部或全身应用皮质类固醇均可引起白内障。晶状体混浊多见于后囊下皮质，初期晶状体后囊下出现小空泡、聚集呈颗粒状，闪闪发光，严重者可完全混浊。全身服用泼尼松 1 年以上，剂量每日 60mg，75%以上的患者发生后囊下皮质混浊。多见于肾移植长期存活者、系统性红斑狼疮等病患者。

3. 长期大剂量应用皮质类固醇　可引起黄斑区色素上皮屏障功能受损，可使原有中心性浆液性视网膜病变加重，严重时可发生泡状视网膜脱离。

4. 长期局部使用皮质类固醇　可使角膜继发细菌性感染、单疱病毒性角膜炎及真菌性角膜炎，反复发作者甚至可引起角膜穿孔。亦可使眼结核病灶扩展。

二、氯喹

长期或大剂量应用（总量超过 100g 或长期服用超过 1 年者）可导致角膜和视网膜病变。角膜病变表现为上皮或上皮下氯喹的沉着，裂隙灯下可见细小的灰白色小点沉积，呈环状混浊，继而发展成稍带黄绿色的混浊小条纹于实质层内，开始位于角膜中下部，有视物不清、畏光、虹视等，为可逆性改变，停药后即可恢复正常或自行消失，也可见角膜感觉减退、睫状肌调节功能减弱。氯喹对视网膜的损害为不可逆性，表现为黄斑区色素沉着，围以环形的色素脱失区，外周再围以色素环，因而表现为“靶心”状，眼底荧光血管造影改变更明显。有中心视力下降，中心或旁中心暗点，最后可导致管状视野，偶见双颞侧偏盲，后期视网膜萎缩，动脉普遍变狭窄、视神经萎缩呈蜡黄色，ERG、EOG 异常。氯喹对视网膜的损害有蓄积作用，中毒后即使停药，病变仍可继续发展，有时甚至在停药数年后才发生视网膜病变。因此应用该药前必须进行视力、色觉、眼底等检查，用药期间间亦应定期作眼部检查：眼电图有助于诊断。皮肤科在该病的治疗前后均定期检查眼底，以早期发现病变。

三、氯丙嗪

长期服用该药总剂量超过 300g 者，可发生晶状体和角膜的改变，超过 500g 者，几乎全部病例均可发生眼部病变。眼睑呈蓝灰色或紫色。结膜暴露部呈棕色，角膜内皮和后弹力层可见弥漫性浅棕色或白色微粒沉着，逐渐发展至实质层，越近浅层色越淡，上睑遮盖部位无损害。晶状体前囊及前囊下呈现浅棕色或灰白色小点沉着，最后可发展成晶状体全混浊。眼底有色素沉着，黄斑区有游离棕色色素，呈点状，也可堆积成簇，多为双眼发病，损害为不可逆性。从损害的部位来看，这种改变多与长期服用氯丙嗪后遭受日光或紫外线的照射有关。偶见动眼危象。

四、洋地黄

少数患者服用洋地黄后可引起视物模糊及视物变色症，占10%～25%。视物为黄色，少数见绿色、棕色、红色或白色，也可有畏光或闪光感。少数有暗点、视力减退和弱视，可能与视网膜感光细胞的直接受累、球后视神经炎或中枢受抑制有关。

五、胺碘酮

短期大量用药时，部分患者可见灯光周围有晕环，呈绿色或蓝色，药物减量后即消失。用药2周以上者，易产生角膜内色素沉着，表现为角膜上皮内棕色微细碘颗粒沉着，似粉末状色素，多见于下方1/3～1/2角膜，也可见于瞳孔区，呈暗灰色、浅棕色，排列成小点状、粉末状、线条状。随病变的发展，线条可组成放射状或菊花状。晚期整个角膜呈均一的颗粒状混浊。病变大多数出现于用药后1～3个月，停药后数月可完全吸收。

六、乙胺丁醇

该药对眼部的主要毒性反应是对视神经的损害，特别是视神经的球后段，中毒剂量为每日超过25mg / kg。临床上可见3种类型的视神经病变：①轴性视神经炎，视力减退，哑铃状暗点，色觉障碍多为红绿色盲，眼底正常或轻度视乳头水肿，视网膜静脉充盈迂曲等；②轴旁性视神经炎，视神经外周纤维受损，视力好，色觉与眼底正常，视野周边缺损及象限性缺损；③视网膜炎，中心视力下降，深层视网膜出血点、色素紊乱、黄斑中心凹反光不清或消失。尚可伴下肢末梢神经炎。停药后视力可逐渐恢复。晚期患者可遗留视神经萎缩，以视乳头颞侧苍白为主。因此，服用乙胺丁醇的患者应定期进行视力、视野、色觉和眼底检查，控制剂量［15mg/（kg·d）］可预防和减轻眼部并发症，早期发现及时停药最重要。

七、避孕药

长期服用避孕药可致视网膜血液循环障碍，眼部表现为视网膜小动脉和静脉阻塞引起的视网膜、玻璃体出血。此外尚可引起视神经炎，视网膜水肿，视网膜上有大量灰白色或灰黄色小点，境界清楚，位于视网膜血管深层组织中，呈“水磨石地”样隐约可见的斑点，在后极部至赤道部分布较密，相应部位的视网膜血管可有白鞘，视网膜上可见散在的色素斑块及色素沉着。视乳头水肿、眼睑水肿、眼肌麻痹、眼球突出、眼球震颤、偏头痛等，病史的询问对该类眼底病变的诊断很重要。临床可偶见因长期服用避孕药致眼底出血，还有海绵窦血栓。因此，有生育能力的妇女如出现不明原因眼部病变时应注意有无服用避孕药史，以免延误诊断。

八、抗恶性肿瘤药

长期使用噻替哌滴眼可致色素生成障碍，眼周围皮肤或睫毛永久性脱色素。妊娠期服用甲氨蝶呤可致突眼。白血病长期服用白消安（马利兰）可损伤晶状体上皮细胞引起白内障。长春新碱毒性主要是表现为神经毒性，可引起视神经炎、视神经网膜炎、脑神经麻痹、眼外肌麻痹引起眼球运动障碍、复视等。停药可缓慢好转。

九、维生素中毒

1. 维生素A摄入过量　可引起头痛、恶心、呕吐、视乳头水肿等一系列颅内高压综合征，为长期过量服用维生素A引起脑脊液分泌增多所致。眼征中有视乳头水肿、视网膜出血、轻度突眼、眼球震颤和眼外肌麻痹等，停用维生素 A 后症状迅速消失，但视乳头水肿消退缓慢。应详细询问病史，否则易误诊为视交叉蛛网膜炎或颅内占位性病变。

2. 维生素 D 中毒 常见于佝偻病患儿治疗过程中长期大量滥用维生素 D 所致。表现为钙沉着于结膜的基底膜和角膜的上皮下，病变部位多在睑裂部，与角膜缘间存有一透明带，最先累及角膜浅层，严重的角膜带状变性混浊可影响视力。其他尚可见斜视、眶骨硬化性骨质增生、眼球震颤、视乳头水肿等。

十、孕期用药可能引起先天性眼畸形的问题

近年来，临床上常见一些先天性眼部畸形，如小眼球、小角膜，甚至无眼球等病例的发生。详细询问病史时发现这些孕妇中一些曾服用感冒药、保胎药等（包括中药），但用药与先天性眼部畸形两者之间的关系尚难肯定。有报道服用胰岛素的糖尿病孕妇，其子女的牵牛花综合征发病率明显高于一般孕妇。目前已证实利血平、甲状腺素、皮质激素、磺胺丁脲、甲苯磺脲、甲基硫脲嘧啶、碘苷等药物均可导致先天性畸形。因此，孕妇在妊娠早期如不必用药物，则应尽量不用；如一定需要应用时则应考虑该药物对胎儿的影响，以免造成不必要的损害。

第二十一章 防盲治盲

许多眼病虽不会直接危及患者生命，但损伤视觉器官，导致盲和视力损伤，极大地影响患者的生活和工作，对患者本人及其家属造成巨大痛苦，同时也给家庭和社会带来了沉重负担，十分不利于社会和经济的健康发展。因此，防盲治盲工作的开展变得非常必要，这一直是公共卫生事业的重要组成部分，也是现代中医眼科学的重要组成部分。现代中医眼科学的主要任务是为提供眼保健服务，眼科医师是防盲治盲工作的主力，当一些眼病威胁到患者的视觉器官和功能时，提供及时、有效的治疗手段来防治视功能损伤并协助政府制定、规划和实施防盲治盲工作。防盲治盲的主要内容包括造成盲及低视力眼病的流行病学调查，盲和低视力的康复研究等。目前，防盲治盲已成为我国重要的公共卫生课题。

第一节 主要致盲眼病流行病学

一、白内障

白内障是引起全世界致盲和视力障碍的主要原因，也是我国老年人群视力损伤的主要病因，而我国目前盲人中约半数为白内障引起。我国大规模白内障盲的防治始于 20 世纪 80 年代初。随着人口的老龄化和预期寿命的延长，每年将会有 40 万 ~ 120 万例新增白内障，而人口数量的增加，这一数字还将增加，估计至 2020 年我国白内障盲人数将在 500 万以上。基于上述原因，全国防盲治盲的重点已从防治沙眼为代表的传染性眼病转变为白内障盲的筛查和手术复明。影响我国白内障发生的危险因素主要包括年龄、高血压、糖尿病、吸烟等。白内障是可以有效治疗的，尽管手术是直接有效的治疗手段，但并非所有患者，且在白内障初期可行中、西药物及针刺治疗，可以减缓白内障病情发展，这对于延缓手术，恢复视力，提高患者生活质量具有积极的意义。

二、青光眼

青光眼是一种严重的致盲眼病，其致盲率高，也是我国主要的致盲眼病之一，已对全球公共卫生产生了极大压力。由于青光眼属于复杂疾病，缺乏有效的实施筛查和早期诊断的方法，需要长期治疗而尚无有效的根治方法，因此长期以来青光眼的防治未受到重视。但国际社会已经认识到青光眼防治的重要性。到 2020 年，全球青光眼患者数将会达到 8000 万人，其中 74%是开角型青光眼，且青光眼引起的盲人数达到 1120 万人，开角型青光眼和闭角型青光眼引起的各为 590 万人和 530 万人。如果加上因原发性青光眼造成的单眼盲和视力损伤者，青光眼所引起的社会负担将会很大。在大多数基于人群的青光眼流行病学调查发现，原发性开角型青光眼患病率为 0.5% ~ 8.8%。由于青光眼引起的视功能损害是不可逆转的，因此早期发现、诊断与治疗对于防治青光眼是十分必要的，应重视青光眼的规范治疗和定期复诊。中药、针灸在防治青光眼、保护视功能等方面有很好效果，应积极采用。此外，努力开发治疗青光眼、保护视功能的新药、新术式也是预防青光眼盲的重要措施。最后，采用目前循证的临床干预措施来治疗青光眼是有效的，很可能改善其视力预后和生活质量。

三、沙眼

沙眼属于常见的可预防的致盲眼病，感染沙眼可以延续数年以至数十年之久。其患病和病变的严重程度与环境卫生生活条件密切相关，固多发于世界上缺少住房、水和卫生设施等基本需要的社会经济不发达的国家和地区。估计全球现约有 8400 万人患有活动性沙眼，760 万人因患有重症沙眼而致盲。新中国成立前我国沙眼患病率约为 50%以上，偏远农村地区达到 90%，是第一位致盲眼病，造成盲和视力损伤达 62.8%。新中国成立以来沙眼的患病率和严重程度明显下降，这归功于广大眼科医务工作者的努力和群众性的沙眼防治工作的积极开展，1987 年全国视力残疾采用抽样调查，沙眼致盲占盲人总数的 10.87%。根据最近几年在我国四川、湖南等省市的调查，沙眼的患病率为 5.5% ~48. 15%。目前沙眼在我国已很少致盲。沙眼已成为视觉 2020 消灭可避免盲中的五种眼病之一。而中医中药在其防治过程中也能发挥一定作用。

四、角膜病

各种角膜病引起的角膜混浊是全球盲和视力损伤的主要原因之一。多种角膜病引起角膜瘢痕所致的盲和视力损伤是可以避免和治疗的。角膜病的早期，若能得到及时和正确的治疗，多数是可以治愈的。角膜盲是仅次于白内障的第二大致盲眼病。我国角膜盲患者约为 400 万名，并且每年新增 10 万多病例。

在我国角膜病也是致盲的主要原因，引起角膜病的原因复杂多样，新中国成立前、后，我国致盲眼病主要是以沙眼为主的传染性眼病及维生素 A 缺乏所致的角膜软化症，目前以感染所致的角膜炎为多见，随着人民卫生医疗水平的提高和抗生素的应用，目前细菌所致的角膜炎已减少，而病毒性角膜炎则相对增多，尤其是单纯疱疹性角膜炎居致盲角膜病的第 1 位。除了微生物感染性角膜炎外，角膜变性、免疫性角膜病、外伤、接触镜及屈光性角膜手术并发症等也是较常见的致盲性角膜病。角膜病的危害性在于它破坏角膜组织结构，导致角膜混浊，阻挡光线进入眼内，使视物模糊、视力减退，严重者甚至引起失明。因此，积极预防和治疗以病毒感染为主的角膜炎是防止角膜病致盲的积极措施。角膜移植术可使大多数患者重见光明，但因角膜材料来源的限制，影响此手术的开展，使很多因角膜病致盲的患者不能及时通过手术复明。应加大科普宣传力度，破除迷信，鼓励和表彰捐献角膜，形成良好风气。多方面开展角膜病的防治研究，降低角膜病的致盲率。中医药在防治角膜病方面有独特之处，要积极应用。尚需大力开展科研工作，开发新药，使中医药防治角膜病发挥更大的作用。

五、儿童盲

尽管儿童盲占盲人总数的比例很低，但因其致残时间长，对家庭和社会是一个巨大的负担。引起儿童盲的主要原因有先天性眼病、传染性眼病和眼外伤等。在我国儿童盲最常见的病因是营养缺乏和感染性疾病。1987 年我国残疾人抽样调查表明：14 岁以下儿童盲的患病率是 0.42‰，即在 1 万名儿童中约有 4.2 个盲童，这个数字比经济水平较高的发达国家或地区高。据估算，全世界约有盲童 140 万，其中 75%生活在发展中国家，即 105 万。我国儿童盲的患病率为 0.42‰，也就是说我国约有儿童盲 29.6 万。中国儿童盲的主要致盲原因依次是视网膜病变（25%）、白内障（19%）、视神经病变（14%）和角膜瘢痕（4%）。

我国遗传性疾病约占儿童盲和严重视力损伤原因的 1/2。随着健康状况的改善和社会经济的发展，营养缺乏和感染性致盲原因已不常见，遗传性因素是目前儿童盲的主要原因。

角膜混浊是 5 岁以下儿童死亡率高于 30/1000 的国家的主要致盲原因。角膜混浊的主要原因可能是麻疹后的角膜溃疡、单纯疱疹病毒感染、维生素 A 缺乏和新生儿眼炎，维生素 A 缺乏症发病可能会骤然增加。由于低体重婴儿的成活率提高，但视神经保护技术尚未进步，早产儿视网膜病变是许多 5 岁以下儿童死亡率低于 30/1000 的国家的主要致盲原因。针对儿童盲发生的原因，大多数儿童盲是可以防治的。

六、糖尿病性视网膜病变

伴随着我国糖尿病患者人数激增，糖尿病性视网膜病变发病率也随之增加。长时期的高血糖是发生视网膜病变的决定因素，而年龄、性别和糖尿病类型则影响不大。糖尿病视网膜病变是 50 岁以上患者重要的致盲原因，在西方成为首要致盲病。患糖尿病 2~ 3 年的患者开始出现眼底视网膜病变，5~ 10 年的患者约有 1/4 合并眼底视网膜病变，15 年以上的患者该比例高达 2/3。国内一组调查显示：由于社会经济条件改善，人们的寿命显著延长，我国糖尿病患者日渐增多，1997 年我国糖尿病患病率为 2.51%，糖尿病患病率是 1980 年的 3 倍，糖尿病患者总数每年至少增加 100 万。我国糖尿病患者中糖尿病视网膜病变的患病率高达 44% ~ 51.3%。中医药防治糖尿病性视网膜病变确有其特色与优势，值得推广应用。预防糖尿病致盲要做到控制血糖、定期检查、早期干预、早期治疗。

七、年龄相关性黄斑变性

年龄相关性黄斑变性属于难治性眼病范畴，能导致永久性的中心视力丧失，是全球老年人主要的致盲眼病。该病一般发病在 50 岁左右，其发病率随着年龄的增长而升高，病情逐渐加重，病变特征也更加明显，影响全球大约 3000 万的人口，2020 年美国的 AMD 患者就可能高达 300 万，每年约有 50 万人因此致盲，已成为发达国家 55 岁以上人群最主要的视力损害和致盲原因。AMD 在我国的发病率也逐年上升，成为我国的第三大致盲原因。2010 年对上海卢湾区淮海街 65 岁以上人群进行了一次眼相关流行病学调查显示，致盲与低视力损伤原因中，年龄相关性黄斑变性、老年性白内障、白内障术后、高度近视、眼球萎缩是前 5 位致盲与低视力眼病。2007～2008 年对上海市北新泾街道 60 岁以上人群中 AMD 患病情况进行调查，确诊 AMD 患者 477 例（778 眼），占受检人群的 13.36%。确诊湿性 AMD 患者 64 例（85 眼），占受检人群的 1.79%。在 60～69 岁、70～79 岁及 80 岁以上各年龄段人群中，AMD 的检出率分别为 6.23%、14.98%和 29.91%，一些地区的发病率甚至接近国外发达国家水平。中医药在延缓本病病情发展上有一定优势，结合中药使用将有助于该病的防治。

八、屈光不正和低视力

随着世界卫生组织对盲和视力损伤标准的修改，屈光不正和低视力得到了更多的关注。我国患有不同程度远视力缺陷的总人群达 3.45 亿～3.51 亿，远视力缺陷患病率高达 27.8%～28.27%。其中，98%以上的远视力缺陷属于轻中度视力缺陷。我国近视的总患病人数在 4.37 亿～4.87 亿。预计到 2020 年，我国 5 岁以上人口的近视患病率将增长到 50.86%～51.36%，患病人口接近 7.04 亿～7.11 亿，患有高度近视的总人口将达到 4000 万～5155 万人。高度近视眼患者黄斑变性、视网膜脱离等眼病发生率显著增加，严重的甚至可致盲。目前近视尚无根治办法，早期发现和科学防治是控制其发生和发展的关键。低视力是用手术、药物治疗或常规屈光矫正无法改善的视功能损害，在我国，每年会出现新盲人大约 45 万，低视力 135 万，即约每分钟就会出现 1 个盲人，3 个低视力患者，而 70%以上的低视力患者可依靠助视器提高视力。

第二节　盲和低视力的康复

从眼科角度讲，盲是指是指视力完全丧失、无光感而言；但从社会学角度讲，盲是指双眼失去清晰识别周围环境的能力，不能胜任某些职业，甚至生活不能自理者，故又有职业盲和生活盲之称。我国采用的是世界卫生组织（WHO）1973 年制定的盲与视力损伤的标准，这一标准将盲目和低视力损伤分为 5 级（表 21-1）。

表 21-1　视力损伤的分类

类别	较好眼	较差眼
低视力		
1 级	＜0.3	≥0.1
2 级	＜0.1	≥0.05
盲		
3 级	＜0.05	≥0.02
4 级	＜0.02	光感（LP）
5 级	无光感（NLP）	无光感（NLP）

注：如中心视力好，而视野缩小，以注视点为中心，视野半径小于 10°，而大于 5° 者为 3 级；如半径小于 5° 者为 4 级

尽管一些眼病患者虽经积极治疗，仍处于盲和低视力状态，但并不意味着已经毫无希望，应当采取积极的康复措施尽可能使这些患者能与正常人一样生活。从 20 世纪 80 年代，我国就展开了低视力的康复工作，受到眼科医生和社会各界的重视，关注处于盲和低视力状态患者的康复也是眼科医生的责任。

应当尽快地使盲人适应生活。盲人适应生活的能力可因盲发生年龄、患者的性格、受教育程度、经济状况及其他因素而有很大的差别。老年盲人可能会较平静地接受盲的事实，而对青壮年来说，盲的状态常会对他们的职业和社会生活造成巨大冲击。出生时就失明的人或视力是逐渐而不是突然丧失的人会相对平静地接受盲的事实。

不同类型的盲人会有不同的需要，因此盲人的康复应根据具体情况采取个体化实施。老年盲人可能最需要适应家庭生活方面的训练，而年轻的盲人则需要适应社会生活、教育、工作等比较全面的训练，包括盲文方面的训练。

对于仍有部分视力的盲人和低视力患者，应当采用光学助视器和非光学助视器来改进他们的视觉活动能力，使他们仍能利用残余视力来工作和学习，以便获得较高的生活质量。现代科学技术的进步也为盲人带来了福音，如声纳眼镜、触觉助视器、障碍感应发生器等的出现虽然不能使盲人获得正常人那样的影像，但明显提高了他们的生活质量。人工视觉的研究有可能使盲人重建视觉。由眼科医师、视光师、助视器辅导员、职业治疗员、活动指导员、社会工作者等组成的低视力诊所，为患者服务分担责任，旨在提高康复质量、保持长期康复的效果。低视力的康复治疗也可采用中医特色的治疗方法，如眼周及全身按摩、耳穴贴压等。

同时，还需要解决盲人的教育和就业问题。在民政部门和残疾人联合会的支持下，我国许多地方设立了盲童学校，进行文化和专业技术培训。国家对吸收盲人的单位给予优惠政策，有助于全社会都来关心和帮助盲人，使他们能像健康人一样地幸福地生活。

盲与低视力康复是一项长期而艰巨的工程，需要全社会的参与实施。

附录一 眼科常用正常参考值

一、解剖生理部分

眼球

前后径（外径）24mm，水平径 23.5mm，垂直径 23mm

眼球内轴长 22.12mm，赤道部周长 74.91mm。眼球容积约为 6.5ml

角膜

横径 11.5～12mm，垂直径 10.5～11mm

厚度　中央 0.5～0.57mm，周边 1mm

曲率半径　前表面 7.8mm，后表面 6.8mm

屈光力　前表面 +48.83D，后面－5.88D，总屈光力+43D

屈光指数 1.3771

角膜缘宽度（mm）

上方 1.9～2.67，平均 2.37

下方 1.83～2.4，平均 2.15

颞侧 1～1.67，平均 1.35

鼻侧 0.83～1.58，平均 1.29

巩膜厚度

后极部 1mm，赤道部 0.4～0.6mm，直肌附着处 0.3mm

前房

中央深度 2.5～3mm

房水总量 0.15～0.3ml，比重 1.002～1.012，pH7.3～7.5

屈光指数 1.3374

瞳孔

直径 2.5～4mm，幼儿及老年人稍小

间距　男性 60.9±0.18mm，女性 58.3±0.13mm

晶状体

直径 9～10mm，厚度 4～5mm，容积 0.2ml

曲率半径　前表面 10mm，后表面 6mm

屈光指数 1.4371

屈光力　前表面 +7D，后表面 +11.66D，总屈光力 +18.46D

玻璃体

容积约 4.5ml，屈光指数 1.336

视网膜

视乳头直径 1.5mm

黄斑直径 1～3mm；黄斑中心凹位于视乳头颞侧缘 3mm，视乳头中心水平线下方 0.8mm

视网膜中央动脉直径 0.096～0.112mm

视网膜中央静脉直径 0.123～0.142mm

视网膜动静脉管径比例为动脉：静脉＝2：3

视网膜中央动脉于眼球后 9～12mm 处穿入视神经。

视神经

全长 42～50mm，球内段长约 1mm，眶内段长 25～30mm，
管内段长 6～10mm，颅内段长约 10mm

眼球表面各部分与角膜缘最短距离（弧长，mm）

内直肌 5.5；下直肌 6.5；外直肌 6.9；上直肌 7.7
锯齿缘约 8.5
赤道部约 14.5
视神经颞侧约 30；视神经鼻侧约 25
涡状静脉　内上 20.5（上直肌内缘）
内下 20.5（下直肌内缘旁 1mm）
外下 20（下直肌外缘深面）
外上 22.5（上直肌外缘旁 2mm，上斜肌深面）

黄斑部与下斜肌最短距离 2.2mm

眼外肌肌腱宽度（mm）

内直肌 10.3；外直肌 9.2
上直肌 10.8；下直肌 9.8
上斜肌 9.4；下斜肌 9.4

睑裂大小及内外眦距离（mm）

宽度 7～10，平均 8
长度 26～30，平均 28
两侧内眦距离 30～35，平均 34
两侧外眦距离 88～92，平均 90

睫毛

上睑 100～150 根，下睑 50～75 根。
睁眼平视时上睑睫毛倾斜度为 110°～120°，下睑为 100°～120°

睑板

上睑板中部宽 男性为 7～9mm，女性 6～8mm；下睑板中部宽 5mm；
睑板长约 29mm，厚为 1mm

结膜

结膜囊深度（睑缘至穹隆部深处）上方 20mm，下方 10mm
穹隆结膜与角膜缘距离上下方均为 8～10mm，颞侧为 14mm，鼻侧为 7mm

泪器

泪小点直径 0.2～0.3mm，上泪小点在内眦外侧 6mm
下泪小点在内眦外侧 6.5mm
泪小管管径 0.5～0.8mm，垂直部长度 2mm，横部长度 8mm，总长 10mm
泪小管能扩张 3 倍

泪囊

长 12mm，前后宽 4～7mm，左右宽 2～3mm
其上 1 / 3 位于内眦韧带上方、余 2 / 3 在内眦韧带下方

鼻泪管

骨内部长 12.4mm，鼻内部长约 5.32mm，全长约 18mm
管径成人平均为 4mm，小儿为 2mm
鼻泪管下口位于鼻前孔外侧缘后方 30～40mm

泪囊窝 长 17.86mm，宽 8.01mm

泪腺

眶部 20mm×11mm× 5mm，重 0.75g

睑部 15mm×7mm×3mm，重 0.2g

泪液

正常清醒状态下，泪腺分泌泪液量每 16h0.5～0.6ml（0.9～2.2μl/min）

泪液比重 1.008，pH7.35～7.45，屈光指数 2.336

眼球突出度 12～14mm；两眼相差不超过 2mm

骨性眼眶（mm）

眶宽 男 39.1，女 38.5

眶高 男 35.4，女 34.8

眶深 男 48.3，女 47

内眶距 男 20.8，女 20.3

外眶距 男 96，女 93.1

眶容积（ml）男 28，女 25.1

眶指数（眶率）=（眶高×100）/ 眶宽 男 88.3，女 90.3

视神经管长为 4～9mm

视神经孔直径为 4～6mm

简化眼的光学常数

屈光指数 1.336

角膜曲率半径 5.73mm

结点在角膜后 7.08mm（即在晶状体之后，相当于简化眼角膜之球心）

前焦点在角膜前 15.7mm

后焦点在角膜后 24.13mm（正好在视网膜上）

全眼屈光度 58.6D

二、检查部分

1. 各年龄最大调节力与近点距离 见附表 1。

附表 1 各年龄最大调节力与近点距离

年龄（岁）	10	20	30	40	50	60	70	75
调节力（屈光度 D）	14	10	7	4.5	2.5	1.0	0.25	0
近点距离（cm）	7.1	10	14.3	22.2	40	100	400	∞

2. Schirmer 泪液分泌试验 正常为 10～15mm；<10mm 为低分泌；<5mm 为干眼

3. 泪膜破裂时间 正常为 10～45s，短于 10s 表明泪液分泌不足

4. Kowa 干眼计检查 G1 和 G2 正常，G3 和 G4 为异常

5. 角膜内皮镜检查 正常值为 2400 个/mm^2 以上

6. 正常视野平均值 用 3/330 色标及 Goldman 视野计检查，白色视野颞侧 90°、鼻侧 60°、上方 55°、下方 70°；蓝色、红色、绿色视野依次递减 10°

7. 生理盲点 呈长椭圆形，垂直径 7.5±2°，横径 5.5±2°，其中心在注视点外侧 15.5°，水平线下 1.5°

8. 全自动中心视野检查（Octopus）

平均缺损值（MD）：-2～+2dB

缺损方差（LV）：0～6dB^2

矫正缺损方差（CLV）：0～4dB^2

短期波动（SF）：0～2dB。

Humphrey：平均偏差（MD）：P>5% 或 S>P5

9. 荧光眼底血管造影

臂-脉络膜循环时间平均为 8.4s，

臂-视网膜中央动脉循环时间为 10～15s

10. 有关眼压和青光眼的各项数据

眼压　正常值：1.47～2.79kPa（10～21mmHg）

杯／盘（C／D）：正常≤0.3，异常≥0.6；两眼相差≤0.2

巩膜硬度（E）正常值：0.0215

房水流畅系数（c）正常值：0.19～0.65.病理值：≤0.12

房水流量（F）正常值：1.838±0.05，＞4.5 为分泌过高

压畅比（Po／C）正常值：≤100，病理值>120

24 小时眼压　波动正常值：≤0.665kPa（5mmHg）

病理值：≥1.064kPa（8mmHg）

双眼眼压差　正常值：≤0.532kPa（4mmHg）

病理值：≥0.665kPa（5mmHg）

暗室试验　试验前后眼压相差　正常值：≤0.665kPa（5mmHg）

病理值：≥1.064kPa（8mmHg）

暗室加俯卧试验　试验前后眼压相差　正常值：≤0.665kPa（5mmHg）

病理值：≥1.064kPa（8mmg）

11. 视网膜中央动脉血压（弹簧式视网膜血管血压计）

正常值：7.999～10.666kPa / 3.999～5.333kPa

60～80mmHg / 30～40mmHg）。

12. 立体视觉　立体视锐度≤60 弧秒。

13. 超声生物显微镜检查

睫状体厚度：（815±81）μm；

睫状突厚度：201±32μm

睫状体晶状体距离：（646±122）μm；

前房深度：2510±239μm

小梁睫状体距离：（763±239）μm；

虹膜睫状体：168±147μm

虹膜厚度（根部）：（407±79）μm；

虹膜厚度（瞳孔缘）：605±88μm

虹膜悬韧带距离：（528±92）μm；

虹膜晶状体接触距离：613±180μm

小梁虹膜夹角：27.31°±4.87°；

虹膜晶状体夹角：14.15±2.56°

巩膜虹膜夹角：30.93°±5.13°；

巩膜睫状体夹角：40.83±7.09°

14. 光学相干断层成像（OCT 检查视网膜厚度，μm）：

颞侧：90.09±10.81；

鼻侧：85.03±14.01

上方：140.26±10.60；

下方：140.27±9.70

15. 视网膜厚度分析（RTA 检查）：

视盘面积：（1.98±0.35）mm^2；

视杯面积：0.44+0.29 mm^2

杯盘比：0.21±0.12；

盘沿面积：1.55±0.3 mm^2

视杯深度：（0.19±0.072）mm

后极部视网膜厚度：（167.65±15.88）μm

环黄斑中心凹视网膜厚度：（174.65±16.67）μm

黄斑中心凹视网膜厚度：（147.55±15.57）μm

黄斑中心凹厚度个体差异：（9.20±4.36）μm

附录二　中医方剂索引

二画

二陈汤：半夏　陈皮　茯苓　甘草

二至丸：女贞子　旱莲草

八珍汤：川芎　白芍　熟地黄　党参　白术　茯苓　当归　炙甘草

十全大补丸：人参　白术　茯苓　炙甘草　当归　白芍　川芎　熟地黄　黄芪　肉桂

人参养荣汤：人参　白术　茯苓　炙甘草　当归　白芍　熟地黄　黄芪　肉桂　五味子　远志　陈皮

三画

三仁汤：杏仁　滑石　通草　竹叶　白蔻仁　厚朴　生薏仁　半夏

小续命汤：麻黄　防己　防风　杏仁　人参　黄芩　桂心　附子　川芎　芍药　甘草　生姜

四画

丹栀逍遥散：丹皮　栀子　甘草　当归　茯苓　白芍　白术　柴胡　薄荷　生姜

化坚二陈汤：陈皮　制半夏　茯苓　甘草　白僵蚕（炒）　黄连

六味地黄丸：熟地黄　山茱萸　山药　丹皮　泽泻　茯苓

六君子汤：白术　人参　茯苓　陈皮　半夏　甘草

天麻钩藤饮：天麻　钩藤　生石决　栀子　黄芩　川牛膝　杜仲　益母草　桑寄生　夜交藤　茯神

止泪补肝散：熟地黄　当归　川芎　白芍　木贼　防风　刺蒺藜　夏枯草

五苓散：白术　猪苓　泽泻　茯苓　桂枝

五味消毒饮：金银花　野菊花　蒲公英　紫花地丁　紫背天葵

五画

白薇丸：白薇　石榴皮　防风　白蒺藜　羌活

半夏羚羊角散：羚羊角　薄荷　羌活　半夏　菊花　川乌　川芎　防风　车前子　细辛

甘露饮：生地黄　熟地黄　石斛　天门冬　麦门冬　黄芩　黄柏　知母　石决明　木贼草

甘露消毒丹：藿香　白蔻仁　石菖蒲　薄荷　川贝母　连翘　射干　黄芩　茵陈　滑石　木通

宁血汤：仙鹤草　旱莲草　生地黄　栀子炭　白芍　白及　侧柏叶　阿胶　白茅根　白蔹

龙胆泻肝汤：龙胆草　山栀　黄芩　柴胡　泽泻　车前子　干地黄　当归　木通　甘草

龙胆泻肝丸：龙胆草　生地黄　当归　柴胡　木通　泽泻　车前子　栀子　黄芩　甘草

四物汤：川芎　当归　白芍　熟地黄

生蒲黄散：生蒲黄　旱莲草　生地黄　荆芥炭　丹参　丹皮　郁金　川芎

生脉散：人参　麦冬（去心）　五味子

石决明散：石决明　草决明　青葙子　赤芍　栀子　麦冬　羌活　木贼　大黄　荆芥

石斛夜光丸：天门冬　人参　茯苓　五味子　甘菊花　麦门冬　杏仁　熟地黄　蒺藜　菟丝子　山药　枸杞子　牛膝　生地黄　石斛　肉苁蓉　川芎　炙甘草　枳壳　青葙子　防风　黄连草　决明　犀角　羚羊角

归脾汤：黄芪　白术　陈皮　人参　远志　当归　炒枣仁　龙眼肉　木香　生姜　大枣

归芍红花散：当归　大黄　栀子　黄芩　红花　赤芍　防风　生地黄　连翘　白芷

右归丸：熟地黄　山药　枸杞子　山茱萸　菟丝子　鹿角胶　杜仲（姜、酒炒）　肉桂　制附子　当归

仙方活命饮：穿山甲　天花粉　甘草　乳香　白芷　赤芍药　浙贝母　防风　没药　炒皂刺　当归身　陈皮　金银花

正容汤：羌活　防风　秦艽　半夏　白附子　胆南星　僵蚕　松节　木瓜

左归丸：熟地黄　淮山药　山茱萸肉　枸杞子　鹿角胶　菟丝子　川牛膝　龟板胶

左金丸：黄连　吴茱萸

六画

导痰汤：半夏　南星　枳实　茯苓　橘红　生姜　甘草

导赤散：生地黄　木通　甘草梢　竹叶

托里消毒散：黄芪　皂角刺　金银花　甘草　桔梗　白芷　川芎　当归　白芍　白术　茯苓　人参

百合固金丸：熟地黄　川贝母　百合　当归　白芍　甘草　玄参　桔梗　麦门冬

防风通圣散：荆芥　防风　薄荷　麻黄　大黄　芒硝　滑石　甘草　栀子　黄芩　连翘　石膏　桔梗　当归　白芍　川芎　白术

竹叶泻经汤：柴胡　栀子　羌活　升麻　炙甘草　黄芩　黄连　大黄　茯苓　赤芍　泽泻　草决明　车前子　淡竹叶

血府逐瘀汤：生地黄　柴胡　当归　桃仁　红花　枳壳　赤芍　甘草　牛膝　桔梗

七画

补中益气汤：黄芪　炙甘草　党参　当归　陈皮　升麻　柴胡　白术

补阳还五汤：黄芪　当归尾　赤芍　地龙　川芎　桃仁　红花

还阴救苦汤：黄连　黄芩　黄柏　生地黄　知母　连翘　龙胆草　川芎　红花　当归尾　柴胡　防风　羌活　细辛　藁本　苍术　甘草　升麻　桔梗

杞菊地黄丸：枸杞子　菊花　熟地黄　山茱萸　牡丹皮　山药　茯苓　泽泻

附子理中丸：人参　甘草　白术　干姜　附子

驱风散热饮子：连翘　羌活　牛蒡子　薄荷　大黄　赤芍　防风　当归尾　甘草　川芎　栀子

吴茱萸汤：吴茱萸　人参　生姜　大枣

八画

明目地黄丸：熟地黄　生地黄　山萸肉　山药　泽泻　茯苓　丹皮　柴胡　当归身　五味子

羌活胜风汤：柴胡　荆芥　防风　薄荷　黄芩　白芷　龙胆草　川芎　谷精草

泻肝散：龙胆草　黄芩　栀子　大黄（酒炒）　柴胡　前胡　荆芥　防风　当归　青皮　木贼　蒺藜　石决明

泻心汤：黄连　黄芩　大黄　连翘　荆芥　车前子　薄荷　菊花　赤芍　丹皮　栀子

泻肺饮：石膏　黄芩　桑白皮　栀子　连翘　木通　甘草　羌活　防风　荆芥　白芷　赤芍　枳壳

泻肺汤：桑白皮　地骨皮　黄芩　知母　麦冬　桔梗

泻脾除热饮：黄芪　防风　茺蔚子　桔梗　大黄　黄芩　车前子　芒硝　黄连

泻白散：桑白皮　地骨皮　粳米　甘草

参苓白术散：人参　白术　茯苓　山药　炙甘草　白扁豆　莲子肉　薏苡仁　砂仁　桔梗　陈皮

知柏地黄丸：知母　黄柏　熟地黄　山萸肉　淮山药　茯苓　泽泻　丹皮

知柏地黄汤：知母　黄柏　熟地黄　山萸肉　山药　茯苓　泽泻　丹皮

驻景丸：楮实子　枸杞子　五味子　人参　熟地黄　肉苁蓉　菟丝子　乳香　川椒

金匮肾气丸：干地黄　山药　山萸肉　泽泻　茯苓　丹皮　桂枝　附子

泻脑汤：防风　车前子　木通　茺蔚子　茯苓　熟大黄　玄参　元明粉　桔梗　黄芩

九画

除风清脾饮：陈皮　连翘　知母　元明粉　黄芩　元参　黄连　荆芥　大黄　桔梗　生地黄

除湿汤：黄芩　黄连　滑石　车前子　木通　茯苓　连翘　防风　荆芥　枳壳　陈皮　甘草

将军定痛丸：黄芩　白僵蚕　陈皮　天麻　桔梗　青礞石　白芷　薄荷　大黄　半夏　川芎

退赤散：桑白皮　黄芩　当归尾　赤芍　牡丹皮　天花粉　瓜蒌仁　甘草　桔梗　麦冬

钩藤饮子：麻黄　防风　川芎　生姜　天麻　钩藤　全蝎　僵蚕　人参　甘草

养阴清肺汤：生地黄　麦冬　甘草　元参　贝母　丹皮　薄荷　炒白芍

十画

柴胡疏肝散：柴胡　陈皮　芍药　枳壳　炙甘草　川芎　香附

逍遥散：柴胡　当归　白芍　白术　茯苓　薄荷　煨姜　炙甘草

桑白皮汤：桑白皮　黄芩　菊花　旋覆花　桔梗　地骨皮　玄参　麦冬　茯苓　泽泻　甘草

桑菊饮：桑叶　菊花　桔梗　连翘　杏仁　芦根　薄荷　甘草

桃红四物汤：当归　白芍　川芎　熟地黄　桃仁　红花

消翳汤：密蒙花　柴胡　川芎　归尾　甘草　生地黄　荆芥穗　防风　木贼　蔓荆子　枳壳

真武汤：茯苓　芍药　白术　生姜　制附子

涤痰汤：半夏　胆星　橘红　茯苓　枳实　人参　石菖蒲　竹茹　甘草　生姜　大枣

十一画

清营汤：犀角　玄参　丹参　麦冬　连翘　生地黄　黄连　金银花　竹叶　卷心

银花解毒汤：金银花　蒲公英　炙桑皮　天花粉　黄芩　龙胆草　大黄　蔓荆子　枳壳

银翘散：金银花　连翘　桔梗　薄荷　淡竹叶　甘草　荆芥　豆豉　牛蒡子　芦根

银翘解毒片：金银花　连翘　薄荷　荆芥　淡豆豉　牛蒡子　桔梗　淡竹叶　甘草

黄连解毒汤：黄连　黄柏　黄芩　栀子

黄连温胆汤：黄连　法半夏　陈皮　茯苓　甘草　枳壳　竹茹

栀子胜奇散：白蒺藜　蝉蜕　谷精草　甘草　木贼草　黄芩　草决明　菊花　山栀子　川芎　荆芥穗　羌活　密蒙花　防风　蔓荆子

十二画

普济消毒饮：酒炒黄芩　酒炒黄连　陈皮　玄参　连翘　板蓝根　马勃　牛蒡子　薄荷　桔梗　僵蚕　升麻　柴胡　甘草

温胆汤：陈皮　半夏　茯苓　甘草　枳实　竹茹

犀角地黄汤：犀角　生地黄　白芍　牡丹皮

十三画

新制柴连汤：柴胡　川黄连　黄芩　赤芍　蔓荆子　山栀　龙胆草　木通　甘草　荆芥　防风

十四画

镇肝息风汤：牛膝　龙骨　白芍　天冬　麦芽　代赭石　牡蛎　玄参　川楝子　茵陈　甘草　龟板

附录三　中英眼科名称

A

鞍结节脑膜瘤（tuberculum sellae meningioma）
暗适应（dark adaption）
Amsler 方格表（Amsler chart）

B

白内障（cataract）
白内障囊外摘除术（extracapsular cataract extraction，ECCE）
白内障手术率（cataract surgical rate，CSR）
白内障针拨术（couching of lens）
半月皱襞（plica semilunaris）
包涵体性结膜炎（inclusion conjunctivitis）
暴露性角膜炎（exposure keratitis）
鼻泪管（nasolacrimal duct）
闭角型青光眼（angleclosure glaucoma）
变性（degeneration）
表层巩膜炎（episcleritis）
表面麻醉剂（topical anesthetics）
病毒性结膜炎（viral conjunctivitis）
并发性白内障（complicated cataract）
玻璃膜疣（drusen）
玻璃体（vitreous）
玻璃体后脱离（posterior vitreous detachment）
玻璃体积血（vitreous hemorrhage）
玻璃体皮质（vitreous cortex）
玻璃体切割术（vitrectomy）
玻璃体液化（synchysis）
Behcet 病（Behcet's disease）

C

蚕食性角膜溃疡（mooren's ulcer/chronic serpiginous corneal ulcer）
掺钕钇铝石榴石激光（Neodymium –yttrium，aluminum，garnet；Nd：YAG）
超声乳化白内障吸出术（phacoemulsification）
超声生物显微镜（ultrasound biomicroscope，UBM）
超声探查（ultrasonography）
垂体腺瘤（pituitary adenoma）
磁共振成像（magnetic resonance imaging，MRI）
Cloquet 管（Cloquet canal）
Coats 病（Coats disease）

D

大角膜（megalocornea）
代谢性白内障（metabolic cataract）
带状角膜病变（band-shaped keratopathy）
带状疱疹病毒性睑皮炎（harpes zoster palpebral dermatitis）
单疱病毒性角膜炎（herpes simplex keratitis，HSK）
单纯性表层巩膜炎（simple episcleritis）
单纯疱疹病毒性睑皮炎（herpes simplex palpebral dermatitis）
低视力（low vision）
第二玻璃体（secondary vitreous）
第三玻璃体（tertiary vitreous）
电光性眼炎（electric ophthalmia，flash ophthalmia）
电子计算机体层扫描（computerized tomography，CT）
动静脉瘘（arteriovenous fistula）
动脉硬化性视网膜病变（arteriosclerotic retinopathy）
动眼神经（oculomotor nerve）
对比敏感度（contrast sensitivity）

E

Eales 病（Eales disease）

F

发育性青光眼（developmental glaucoma）
反射性分泌（reflex secretion）
防盲治盲（blindness prevention and treatment）
房水（aqueous humor）
房水闪辉（aqueous flare）
非共同性斜视（non-concomitant strabismus）
非机械性眼外伤（non-mechanical ocular trauma）
飞蚊症（vitreous floaters）
分子生物学（moleular biology）
辐射性损伤（radiation injury）
副泪腺（accessory lacrimal gland）
复视（diplopia）

G

干眼症（dry eye syndrome）
高血压性视网膜病变（hypertensive retinopathy）
巩膜（sclera）
巩膜穿通伤（sclera perforating wound）
巩膜色素斑（pigmentary patches of sclera）
巩膜炎（scleritis）
共同性内斜视（concomitant esotropia）
共同性外斜视（concomitant exotropia）
共同性斜视（concomitant strabismus）
光动力疗法（photodynamic therapy，PDT）

光凝（photocoagulation）
光学相干断层成像术（optical coherence tomography OCT）
过敏性结膜炎（allergic conjunctivitis）
Graves 眼病（Graves ophthalmopathy）

H

海绵窦血栓（cavernous sinus thrombosis）
核性白内障（nuclear cataract）
虹膜（iris）
虹膜后粘连（posterior synechia of iris）
虹膜角膜内皮综合征（iridocorneal endothelial syndrome，ICE）
虹膜睫状体炎（iridocyclitis）
虹膜囊肿（iris cyst）
虹膜膨隆（iris bombe）
虹膜缺损（coloboma of iris）
虹膜痣（iris nevus）
虹膜周边前粘连（peripheral anterior synechia of the iris）
后发性白内障（after-cataract）
后巩膜葡萄肿（posterior scleral staphyloma）
后囊下白内障（posterior subcapsular cataract）
后弹力层（descemet membrance）
后像疗法（after image therapy）
滑车神经（trochlear nerve）
坏死性巩膜炎（necrotizing scleritis）
黄斑（macula lutea）
黄斑分裂（macular splitting）
黄斑回避（macular sparing）
黄斑裂孔（macular hole）
黄斑囊样水肿（cystoid macular edema，CME）
黄斑中心凹（fovea centralis）
黄色瘤（xanthelasma）

J

基础分泌（basic secretion）
激光（light amplification by stimulation emission of radiation，laser）
激光乳化白内障吸除术（laseremulsification）
激光扫描检眼镜（scanning laser opthalmoscope，SLO）
激光生物作用（biological effect of laser）
机械性眼外伤（mechanical ocular trauma）
急性或亚急性细菌性结膜炎（acute or subacute bacterial conjunctivitis）
急性视网膜坏死综合征（acute retinal necrosis syndrome）
继发性青光眼（secondary glaucoma）
睑板（tarsi plate）
睑板腺（tarsal glands，meibomian glands）
睑板腺囊肿（chalazion）

睑裂（palpebral fissure）
睑裂斑（pinguecula）
睑内翻（entropion）
睑外翻（ectropion）
睑腺炎（hordeolum）
交感性眼炎（sympathetic ophthalmia）
角巩膜穿通伤（penetrating corneoscleral trauma）
角膜（cornea）
角膜白斑（corneal leucoma）
角膜斑翳（corneal macula）
角膜穿通伤（penetrating corneal trauma）
角膜后沉着物（keratic precipitates，KP）
角膜基质炎（interstitial keratitis）
角膜接触镜（corneal contact lens）
角膜溃疡（corneal ulcer）
角膜老年环（cornea arcus senilis）
角膜鳞状细胞癌（corneal squamous cell carcinoma）
角膜瘘（corneal fistula）
角膜葡萄肿（corneal staphyloma）
角膜软化症（keratomalacia）
角膜炎（keratitis）
角膜异物（corneal foreign bodies）
角膜营养不良（corneal dystrophy）
角膜映光法（corneal light reflection test）
角膜缘（limbus corneae）
角膜缘干细胞（corneal limbal stem cell）
结节性表层巩膜炎（nodular episcleritis）
结节性前巩膜炎（nodular anterior scleritis）
拮抗肌（antagonistic muscles）
结膜（conjunctiva）
结膜结石（conjunctival concretion）
结膜色素痣（conjunctival nevi）
结膜下出血（subconjunctival hemorrhage）
结膜血管瘤（conjunctival hemangioma）
结膜炎（conjunctivitis）
结膜异物（conjunctival foreign body）
睫状动脉（ciliary artery）
睫状前静脉（anterior ciliary vein）
睫状体（ciliary body）
近反射（near reflex）
近视（myopia）
近视性黄斑变性（myopic macular degeneration）
晶状体（lens）

晶状体蛋白（crystallin）
晶状体囊（lens capsule）
晶状体泡（lens vesicle）
晶状体上皮（lens epithelium）
晶状体脱位（dislocation of lens）
晶状体纤维（lens fiber）
晶状体悬韧带（lens zonule）
晶状体异位（ectopia lentis）
巨乳头性结膜炎（giant papillary conjunctivitis）

K

开角型青光眼（open angle glaucoma）
抗病毒药（antiviral agents）
抗真菌药（antifungal agents）
颗粒状角膜营养不良（granular dystrophy）
孔源性视网膜脱离（rhegmatogenous retinal detachment，RRD）
眶蜂窝织炎（orbital cellulitis）
眶隔（orbital septum）
眶上裂（superior orbital fissure）
眶下孔（infraorbital foramen）
眶下裂（inferior orbital fissure）
溃疡性睑缘炎（ulcerative blepharitis）

L

蓝色巩膜（blue sclera）
老年性白内障（senile cataract）
老视（presbyopia）
泪阜（lacrimal caruncle）
泪膜（tear film）
泪膜破裂时间（break-up time of tear film，BUT）
泪囊（lacrimal sac）
泪囊炎（dacryocystitis）
泪器（lacrimal apparatus）
泪腺（lacrimal gland）
泪腺炎（dacryoadenitis）
泪小点（lacrimal punctum）
泪小管（lacrimal canaliculi）
冷凝（cryotherapy）
立体视觉（stereoscopic vision）
裂隙灯显微镜（slit lamp microscope）
淋菌性结膜炎（gonococcal conjunctivitis）
鳞屑性睑缘炎（squamous blepharitis）
流行性出血性结膜炎（epidemic hemorrhagic conjunctivitis）
流行性角结膜炎（epidemic keratoconjunctivitis）
颅咽管瘤（craniopharyngioma）

绿色瘤（chloroma）

M

马蹄形裂孔（horseshoe retinal tear）
脉络膜（choroid）
脉络膜缺损（coloboma of the choroid）
脉络膜血管瘤（choroidal hemangioma）
脉络膜炎（choroiditis）
盲（blindness）
毛细血管无灌注（capillary nonperfusion，CNP）
弥漫性前巩膜炎（diffuse anterior scleritis）
Marchesani 综合征（Marchesani syndrome）
Marfan 综合征（Marfan syndrome）

N

内界膜撕除术（inner limiting membrane evulsion）
内斜视（esotropia）
内直肌（medial rectus）
内眦（internal canthus）
内眦赘皮（epicanthus）
逆向内眦赘皮（epicanthus inversus）

P

泡性角结膜炎（phlyctenular kerato conjunctivitis）
配偶肌（yoke muscles）
皮质盲（cortical blindness）
皮质性白内障（cortical cataract）
葡萄膜（uvea）
葡萄膜炎（uveitis）

Q

漆裂纹（lacquer cracks）
牵拉性视网膜脱离（tractional detachment of retina）
前部缺血性视神经病变（anterior ischemic optic neuropathy，AION）
前房（anterior chamber）
前房穿刺术（paracentesis of anterior chamber）
前房积血（hyphema）
前房角（angle of anterior chamber）
前房角镜（gonioscope）
前弹力层（Bowman membrane）
青光眼（glaucoma）
球后视神经炎（retrobulbar neuritis）
球形晶状体（spherophakia）
屈光不正（ametropia，error of refraction）
屈光参差（anisometropia）
缺血性视神经病变（ischemic optic neuropathy）

R

热烧伤（heat injury）
人工晶体（intraocular lens，IOL）
人工晶体植入术（intraocular lens implantation）
人工泪液（artificial tears）
妊娠高血压综合征（pregnancy induced hypertension）
软性渗出（soft exudate）
弱视（amblyopia）

S

散光（astigmatism）
散瞳剂（madriatics）
色觉（color vision）
色素上皮移植（pigment epithelium transplantation）
色素性青光眼（pigmentary glaucoma）
沙眼（trochoma）
闪光感（photopsia）
闪辉性玻璃体液化（synchysis scintillans）
上睑下垂（ptosis）
上斜肌（superior oblique）
上直肌（superior rectus）
神经麻痹性角膜炎（neuroparalytic keratitis）
神经纤维层（nerve fiber layer）
渗出性视网膜脱离（exudative retinal detachment）
视杯（optic cup）
视放射（optic radiations）
视杆细胞（rod cell）
视交叉（optic chiasma）
视睫状短路血管（opticociliary shunt vessels）
视茎（optic stalk）
视觉 2020（vision 2020）
视觉诱发电位（visual evoked potential，VEP）
视力（visual acuity）
视力损伤（vision impairment）
视路（visual pathway）
视泡（optic vesicle）
视乳头（视盘）（optic papilla，optic disc）
视乳头水肿（papilloedema）
视神经（optic nerve）
视神经保护（neuroprotection）
视神经胶质瘤（glioma of optic nerve）
视神经孔（optic foramen）
视神经脑膜瘤（meningioma of optic nerve）
视神经网膜炎（neuroretinitis）

视神经萎缩（optic atrophy）
视神经炎（optic neuritis）
视束（optic tract）
视网膜出血（retinal hemorrhage）
视网膜电图（electroretinogram，ERG）
视网膜动脉阻塞（retinal artery occlusion）
视网膜对应（retinal correspondence）
视网膜格子样变性（retinal lattice degeneration）
视网膜光凝（retinal photocoagulation）
视网膜厚度分析仪（retinal thickness analyzer RTA）
视网膜静脉周围炎（retinal periphlebitis）
视网膜静脉阻塞（retinal vein occlusion，RVO）
视网膜母细胞瘤（retinoblastoma，RB）
视网膜屏障（retinal barrier）
视网膜色素变性（retinitis pigmentosa，RP）
视网膜色素上皮层（retinal pigment epithelium）
视网膜神经节细胞（retinal ganglion cells，RGCs）
视网膜水肿（retinal edema）
视网膜脱离（retinal detachment）
视网膜血管瘤（retinal hemangioma）
视网膜中央动脉（central retinal artery）
视网膜中央静脉（central retinal vein）
视野（visual field）
视锥细胞（cone cell）
双行睫（distichiasis）
双眼单视（binocular single vision）
双眼视觉（binocular vision）
Soemmering 环（Soemmering ring）
Schiotz 眼压计（Schiotz tonometer）
Schlemm 管（Schlemm canal）
Schwalbe 线（Schwalbe line）

T

糖尿病性视网膜病变（diabetic retinopathy，DR）
糖皮质激素（glucocorticoid）
糖皮质激素性青光眼（glucocorticoid-induced glaucoma）
提上睑肌（levator palpebrae superioris）
瞳孔闭锁（seclusion of pupil）
瞳孔膜闭（occlusion of pupil）
兔眼（lagophthalmus）
Terson 综合征（Terson syndrome）
Tyndall 现象（Tyndall phenomenon）

V

Vogt-小柳原田综合征（Vogt-Koyanagi-Harada syndrome）

W

外侧膝状体（lateral geniculate body）
外伤性白内障（traumatic cataract）
外伤性视神经病变（traumatic optic neuropathy，TON）
外斜视（exotropia）
外展神经（abducens nerve）
外直肌（lateral rectus）
外眦（external canthus）
微动脉瘤（microaneurysm，MA）
涡静脉（vortex vein）
Weiss 环（Weiss ring）

X

细菌性角膜溃疡（bacterial corneal ulcer）
细菌性角膜炎（bacterial keratitis）
细菌性结膜炎（bacterial conjunctivitis）
下睑赘皮（epiblepharon of lower lid）
下斜肌（inferior oblique muscle）
下直肌（inferior rectus）
先天性白内障（congenital cataract）
先天性上睑缺损（congenital coloboma of upper eye lid）
先天性上睑下垂（congenital blepharoptosis）
小角膜（microcornea）
小梁网（trabecular meshwork）
斜视（strabismus）
协同肌（synergist）
新生血管性青光眼（neovascular glaucoma）
星状玻璃体变性（asteroid hyalosis）
血管收缩剂（vasoconstrictors）

Y

氩激光小梁成形术（Argon laser trabeculoplasty，ALT）
咽结膜热（pharyngoconjunctival fever）
眼底荧光素血管造影（fundus fluorescein angiography FFA）
眼电图（electrooculogram，EOG）
眼睑（eyelids）
眼睑闭合不全（hypophasis）
眼睑血管瘤（hemangioma of eyelid）
眼睑异物（eyelid foreign bodies）
眼睑肿瘤（tumor of eyelid）
眼眶（orbit）
眼眶皮样囊肿（orbital dermoid cyst）
眼眶异物（intraorbital foreign bodies）
眼眶肿瘤（orbital tumor）
眼轮匝肌（orbicularis muscle）

眼内压/眼压（intraocular pressure，IOP）
眼内异物（intraocular foreign bodies）
眼球钝挫伤（ocular blunt trauma）
眼球筋膜（tenon capsule）
眼球内陷（enophthalmos）
眼球破裂（eyeball rupture）
眼球突出（exophthalmos）
眼球摘除术（ophthalmectomy）
眼球震颤（nystagmus）
眼外肌（extraocular muscles）
眼外伤（ocular trauma）
眼周注射（periocular injection）
药物动力学（pharmacokinetics）
夜盲（nyctalopia）
溢泪（epiphora）
翼状胬肉（pterygium）
应激性眼损伤（ocular irritable injury）
硬性渗出（hard exudate）
原发性开角型青光眼（primary open angle glaucoma，POAG）
原始玻璃体（primary vitreous）
圆锥角膜（keratoconus）
远视（hyperopia）

Z

早产儿视网膜病变（retinopathy of prematurity）
增殖性玻璃体视网膜病变（proliferative vitreoretinopathy，PVR）
粘连性角膜白斑（adherent leucoma）
遮盖疗法（occlusion therapy）
折射（refraction）
真菌性角膜炎（fungal keratitis）
正视眼（emmertropia）
中间葡萄膜炎（intermediate uveitis）
中心性浆液性脉络膜视网膜病变（central serous choroidoretinopathy，CSC）
转移性眼内炎（metastatic endophthalmitis）
准分子激光（excimer laser）
准分子激光原位角膜磨镶术（laser in situ keratomileusis，Lasik）